Macromedia® Flash™ 5

David Karlins

Macromedia® Flash™ 5

```
        ┌─────────────────────────────────────────────┐
        │       Datos de catalogación bibliográfica   │
┌───────┴─────────────────────────────────────────────┴──────┐
│ 681.3.06      Karlins, David                               │
│ KAR              Macromedia Flash 5 : anime sus páginas Web.- │
│               1ª ed.- Buenos Aires : Pearson Education, 2001. │
│                  300 p. ; 24x16 cm.                        │
│                                                            │
│                  Traducción de: Esteban Flamini            │
│                                                            │
│                  ISBN 987-9460-35-9                        │
│                                                            │
│                  I. Título - 1. Computación                │
│                                                            │
└────────────────────────────────────────────────────────────┘
```

Editor: Damián Férnandez
Diseño de Tapa e interior: Sinapsis / Diego Linares / Patricia Baggio
Traducción: Esteban Flamini
Corrección: Cristian Rodriguez Tabares
Revisión Técnica: María Eugenia Durán, instructora de Image Campus
Producción: Laura G. Lago

Traducido de:
Complete Idiot's Guide to Macromedia Flash 5 by David Karlins,
Copyright © 2000, Reservados todos los derechos. Publicado por
Macmillan Lifestyles.
ISBN: 0-78972442-1

Edición en Español publicada por :
Copyright © 2001 Pearson Education, S.A.
Av. Regimiento de Patricios 1959 (C1266AAF), Buenos Aires,
Rep. Argentina

ISBN : 987-9460-35-9

Este libro no puede ser reproducido total ni parcialmente en ninguna forma, ni por ningún medio o procedimiento, sea reprográfico, fotocopia, microfilmación, mimeográfico o cualquier otro sistema mecánico, fotoquímico, electrónico, informático, magnético, electroóptico, etcétera. Cualquier reproducción sin el permiso previo por escrito de la editorial viola derechos reservados, es ilegal y constituye un delito.

PRENTICE HALL Y PEARSON EDUCACION son marcas de propiedad de **PEARSON EDUCATION S.A.**

Queda hecho el depósito que dispone la ley 11.723

Impreso en Brasil por RR Donnelley en el mes de julio de 2001

Primera Edición: Julio de 2001

Macromedia, Flash y el logotipo de Flash son marcas comerciales de Macromedia, Inc.

Herramientas de Flash 5

Este lado de nuestra útil ficha recortable muestra el cuadro de herramientas que contiene todas las herramientas de dibujo, pintura y selección disponibles en Flash, además de las opciones de visualización, de color y opciones específicas de cada herramienta. La letra entre paréntesis, junto al nombre de la herramienta, es el correspondiente método abreviado de teclado. También se muestra la sección de opciones del cuadro de herramientas para cada una de ellas seleccionada, para ayudar al lector a encontrar rápidamente la herramienta correcta para cada tarea, a partir de las opciones disponibles.

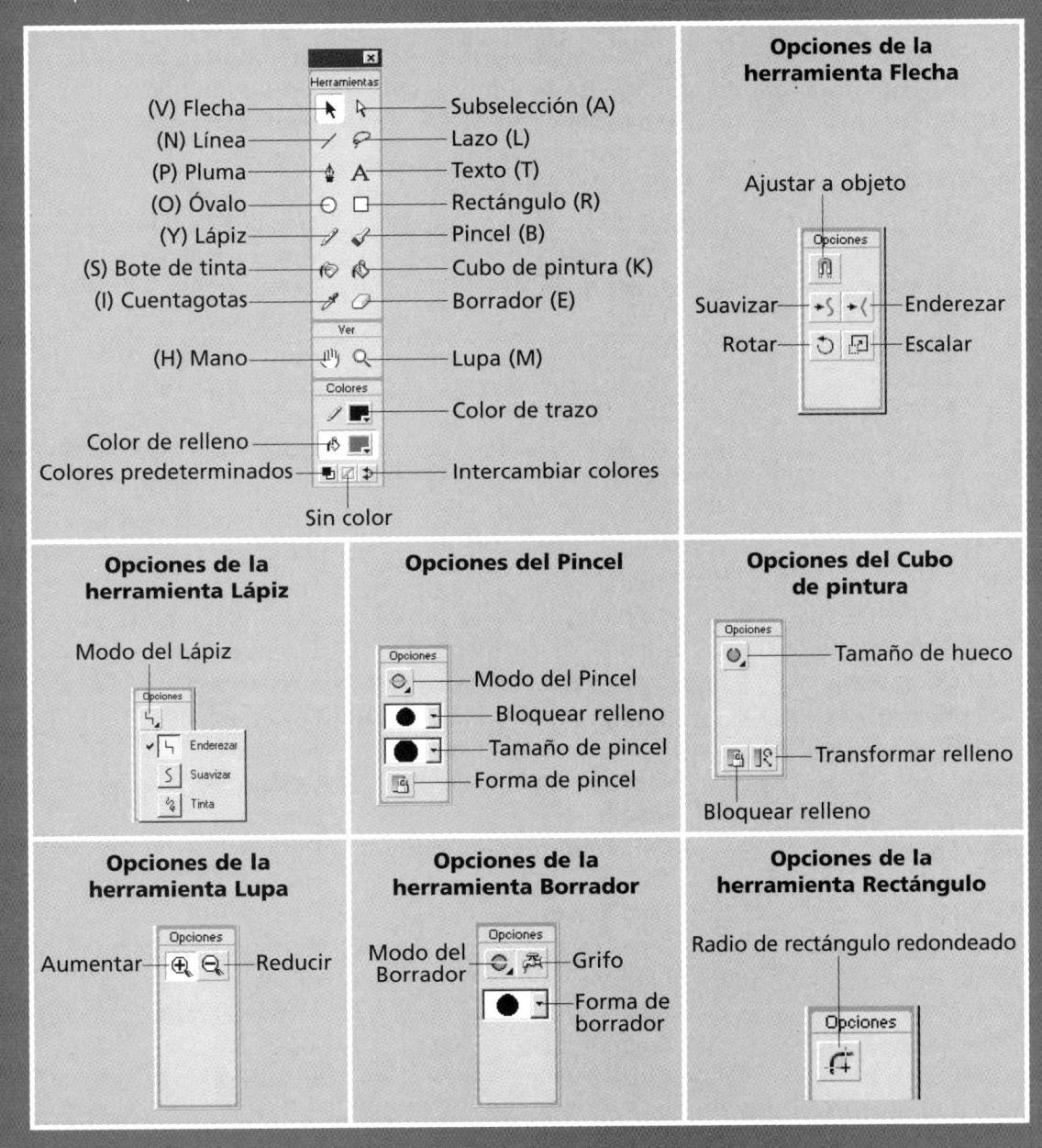

Cuadro de herramientas:
- (V) Flecha
- (N) Línea
- (P) Pluma
- (O) Óvalo
- (Y) Lápiz
- (S) Bote de tinta
- (I) Cuentagotas
- (H) Mano
- Subselección (A)
- Lazo (L)
- Texto (T)
- Rectángulo (R)
- Pincel (B)
- Cubo de pintura (K)
- Borrador (E)
- Lupa (M)
- Color de trazo
- Color de relleno
- Colores predeterminados
- Intercambiar colores
- Sin color

Opciones de la herramienta Flecha
- Ajustar a objeto
- Suavizar
- Enderezar
- Rotar
- Escalar

Opciones de la herramienta Lápiz
- Modo del Lápiz
  - Enderezar
  - Suavizar
  - Tinta

Opciones del Pincel
- Modo del Pincel
- Bloquear relleno
- Tamaño de pincel
- Forma de pincel

Opciones del Cubo de pintura
- Tamaño de hueco
- Transformar relleno
- Bloquear relleno

Opciones de la herramienta Lupa
- Aumentar
- Reducir

Opciones de la herramienta Borrador
- Modo del Borrador
- Grifo
- Forma de borrador

Opciones de la herramienta Rectángulo
- Radio de rectángulo redondeado

Teclas de método abreviado especiales de Flash

Las siguientes teclas de método abreviado no son de uso general en Windows o Mac, pero le simplificarán la vida cuando esté editando películas Flash.

Método abreviado en Windows	Método abreviado en Mac	Acción
Ctrl+Mayús+S	Cmd-Mayús-S	Guardar como
Mayús+F12	Mayús-F12	Publicar
Ctrl+Mayús+V	Cmd-Mayús-V	Pegar en el lugar
Ctrl+Alt+X	Cmd-Option-X	Cortar fotograma
Ctrl+Alt+C	Cmd-Option-C	Copiar fotograma
Ctrl+Alt+V	Cmd-Option-V	Pegar fotograma
Ctrl+Alt+Mayús+O	Cmd-Option-Mayús-O	Contorno
Ctrl+Alt+Mayús+F	Cmd-Option-Mayús-F	Vista rápida
Ctrl+Alt+T	Cmd-Option-T	Línea de tiempo
Ctrl+Mayús+W	Cmd-Mayús-W	Área de trabajo
Ctrl+Alt+Mayús+R	Cmd-Option-Mayús-R	Reglas
Ctrl+´	Cmd-´	Cuadrícula
Ctrl+Mayús+´	Cmd-Mayús-´	Ajustar a cuadrícula
Ctrl+Alt+G	Cmd-Option-G	Editar cuadrícula
F8	F8	Convertir en símbolo
Ctrl+F8	Cmd-F8	Insertar símbolo
F6	F6	Fotograma clave
F7	F7	Fotograma clave vacío
Ctrl+I	Cmd-I	Instancia
Ctrl+F	Cmd-F	Fotograma
Ctrl+Mayús+Flecha arriba	Cmd-Mayús- Flecha arriba	Traer al primer plano
Ctrl+Flecha arriba	Cmd-Flecha arriba	Traer adelante
Ctrl+Flecha abajo	Cmd-Flecha abajo	Enviar atrás
Ctrl+Mayús+Flecha abajo	Cmd-Option-Mayús-Flecha abajo	Enviar al fondo
Ctrl+G	Cmd-G	Agrupar
Ctrl+Mayús+G	Cmd-Mayús-G	Desagrupar
Ctrl+B	Cmd-B	Separar
Ctrl+Mayús+P	Cmd-Mayús-P	Normal
Ctrl+Mayús+B	Cmd-Mayús-B	Negrita
Ctrl+Mayús+I	Cmd-Mayús-I	Cursiva
Ctrl+Mayús+L	Cmd-Mayús-L	Alinear a la izquierda
Ctrl+Mayús+R	Cmd-Mayús-R	Alinear a la derecha
Ctrl+Mayús+C	Cmd-Mayús-C	Alinear al centro
Ctrl+Mayús+J	Cmd-Mayús-J	Justificar
Ctrl+L	Cmd-L	Biblioteca

Un vistazo a los contenidos

1ª Parte: Una introducción rapidísima a Flash — 5
Flash está en la avanzada del diseño gráfico para la Web. Y ahora está al alcance de cualquiera.

1. Comenzando a trabajar con Flash — 7
Descubra cómo se crean gráficos y animaciones para Web en Flash.

2. Una visita al estudio de filmación — 21
Conozca las herramientas y ventanas que se usan para crear y editar en Flash.

2ª Parte: ¡Luz! ¡Cámara! ¿Vectores? — 35
Creación y organización de los elementos gráficos que luego se combinarán en una película animada.

3. ¡Preparados! ¡Listos! ¡Dibujar! — 37
Use las herramientas de Flash para crear las líneas y las curvas que compondrán sus ilustraciones.

4. ¡A divertirse pintando! — 51
Use los pinceles de Flash para crear imágenes artísticas y llamativas para incluir en sus películas Flash

5. Rellenos — 59
Realce sus objetos con colores sólidos y rellenos degradados compatibles con la Web.

6. Cortar, separar, unir — 71
Mueva, copie, redimensione y modifique imágenes para crear fácilmente contenidos únicos para sus películas Flash.

3ª Parte: Preparar el escenario — 85
Uso de capas y texto en el diseño de la película Flash.

7. Diseño del escenario — 87
Aprenda a fijar el tamaño y la distribución del área en la que compondrá su película animada.

8. Trabajar con capas — 97
Cree animaciones con sofisticados efectos, disponiendo imágenes en varias capas.

Macromedia Flash 5

9. Escribir texto — 111
Agréguele texto a la animación y dispóngalo de modo que el público del sitio web reciba su mensaje.

4ª Parte: Reciclado en Flash — 125

10. Reciclado de elementos: los símbolos — 127
Convierta los gráficos en símbolos que luego podrá insertar en películas animadas

11. Crear una biblioteca propia — 137
Organice los objetos y símbolos para facilitar la tarea de componer el contenido de la película.

5ª Parte: Botones — 145
Haga que los objetos de Flash interactúen con el público del sitio web.

12. Botones de control — 147
Diseñe los botones que el visitante usará para interactuar con el sitio web.

13. Interactuar con el público — 155
Aprenda cómo poner a trabajar para usted los botones que ha creado.

14. Pedir información al usuario — 167
Obtenga información del espectador y haga que la película responda a ella.

6ª Parte: Animación con películas Flash — 181
Aquí es donde la película toma forma: al animar los elementos.

15. ¡Ahora, todos a bailar! — 183
Cree animación reuniendo una serie de fotogramas.

16. Animación automatizada — 193
Secuencias animadas: déjele todo el trabajo a Flash.

17. Organizar las películas por partes — 205
Mantenga en orden los elementos de sus películas.

18. ¡Enciendan el sonido!   213
Haga el sitio web aun más atractivo para sus visitantes agregándole sonido a las películas y objetos.

19. Técnicas avanzadas de animación   225
Use *scripts* para darle más vida a su película Flash.

7ª Parte: Publicación de Flash en la Web   235
Aprenda a presentar la película Flash en la Web o en el Reproductor de Flash

20. Ayuda externa: importación de objetos   237
Combine gráficos y otros elementos provenientes de fuentes externas con el contenido creado en Flash.

21. Poner a Flash on-line   247
Genere las páginas web que se encargarán de presentar la película Flash.

22. Exportar películas Flash   259
Como Flash maneja otros formatos de animación e imagen, podemos exportar nuestras películas Flash a casi cualquier formato de archivo.

Glosario   **271**

Índice   **277**

Tabla de contenidos

Introducción 1

Por qué leer este libro 1
Cómo usar este libro 1
Para sacar el máximo provecho de este libro 2

1ª parte: Una introducción rapidísima a Flash 5

1 Comenzando a trabajar con Flash 7

El lugar de Flash en el mundo del diseño web 7
¡Comencemos por el postre! 9
Cómo trabaja Flash 12
Cómo crea Flash la animación 13
   - Todo es posible gracias al visor 13
   - Gráficos vectoriales y de mapa de bits 14
   - Flash y las páginas web 14
¿Qué hay de nuevo en Flash 5? 15
Instalación de Flash 17
   - Elección de una carpeta de instalación 17
   - ¿Típica, personalizada o compacta? 17
   - Instalación del Reproductor de Flash 18

2 Una visita al estudio de filmación 21

Bienvenido al entorno de Flash 21
La barra de herramientas y las herramientas 22
   - La barra de herramientas 23
   - El cuadro de herramientas 23
Creación de películas 25
   - El escenario 26
   - Los fotogramas y la línea de tiempo 27
   - Las capas 27
Paneles de control 28
   - Paneles acoplados 28
   - Paneles y objetos 29
   - Manejo de los paneles 29
   - Uso de la barra de estado para ver paneles 30
Cambiar las propiedades de una película 31

El poderoso cuadro Preferencias — 32
- Cambiar el modo de trabajo de Flash con la ficha General — 32
- Definición del modo de edición y copia — 33

2ª Parte: ¡Luz! ¡Cámara! ¿Vectores? — 35

3 ¡Preparados! ¡listos! ¡dibujar! — 37

Líneas rectas — 38
- Configurar el color de trazo — 39
- Configurar el grosor y el estilo de trazo — 40
- Líneas con estilo personalizado — 41
- Dibujar líneas rectas y ángulos — 43

Curvas — 43
- Zigzags con líneas rectas — 44
- Dibujar curvas suavizadas — 44
- Curvar y enderezar — 44
- Obtener más ayuda... o menos — 45
- Curvas abiertas y cerradas — 45
- Uso de la herramienta Pluma — 46
- Modificar líneas ya dibujadas — 47

Figuras — 48
- Óvalos — 48
- Rectángulos — 48

Intersección de figuras y líneas — 49

4 ¡A divertirse pintando! — 51

Uso de pinceles — 51
- Elección de un pincel — 52
- Creación de efectos de pincel — 54

Borrar objetos — 55
- Hacer limpieza con el Borrador — 56
- Abrir el grifo — 56
- El borrador como una herramienta de **dibujo** — 56

5 **Rellenos** — 59

Poner los colores a trabajar — 59
- Elegir y cambiar colores de relleno sólido — 60
- Organizar los colores — 61
- Transparencia — 62
- Rellenos degradados — 62

Uso del Cubo de pintura 64
- Rellenar con el Cubo de pintura 65
- Cambiar la forma de un relleno 66
Tomar colores prestados 67
Modificar líneas 68
- Cambiar el color de la línea 68
- Cambiar la altura y el estilo de la línea 68

6 Cortar, separar, unir 71

¡A mover objetos! 72
- Las tres caras de la herramienta Flecha 72
- Seleccionar múltiples objetos 74
- Seleccionar áreas rectangulares y enlazar objetos 74
- Enderezar y curvar la selección 76
- Copiar, cortar y mover objetos 77
- Cambiar la forma y el tamaño de un objeto 78
- Rotar objetos 78
Combinar objetos en grupos 79
- Llevar objetos al frente o al fondo 80
- Bloquear objetos agrupados 81
Microedición: la herramienta subselección 81
- Mover nodos 82
- Editar curvas con puntos de control 83

3ª Parte: Preparar el escenario 85

7 Diseño del escenario 87

¿Qué elementos hay en el escenario? 87
- Uso de las reglas 88
- Creación de guías personalizadas 89
- Uso de la cuadrícula y el ajuste 90
Estética del diseño del escenario 92
- Configurar el tamaño del escenario 93
- Configurar el color de fondo del escenario 94

8 Trabajar con capas 97

Más allá del dibujo unidimensional 98
Uso de las capas 99
- Agregar (o eliminar) capas 100
- Ver múltiples capas a la vez 100

- Pasar capas adelante y atrás	103
- Edición en múltiples capas	104
Tipos especiales de capas	104
- Definir una capa de guía	105
- Crear agujeros para espiar: capas de máscara	106

9 Escribir texto   **111**

El texto en Flash	111
Insertar texto en la película	112
Torcer y girar el texto	113
- Escalar texto	114
- Rotar texto	115
- Sesgar texto	116
Formatear el texto	117
- Elección del texto a formatear	118
- Cambiar la fuente	118
- Estilo de fuente	120
- Subíndices y superíndices	120
Alineación y espaciado de párrafos	121
En Flash se ve bien, pero... ¿cómo se verá en el navegador?	122
- Texto como figuras	123
- Conversión parcial de texto en figuras	124

4ª Parte: Reciclado en Flash   **125**

10 Reciclado de elementos: los símbolos   **127**

Almacenar objetos como símbolos	127
- Crear símbolos gráficos	128
- Convertir gráficos en símbolos	130
- Poner los símbolos en la película	130
Organización de los símbolos	131
- La biblioteca de símbolos	131
- Cómo distinguir un símbolo en el escenario	132
Uso de símbolos en películas	132
- Modificar símbolos	132
- Modificar instancias de símbolos	133

11 Crear una biblioteca propia   **137**

Mantener a los actores en reserva	137
Las bibliotecas prediseñadas de Flash	138

Organizar las bibliotecas _____ 139
    - Darle más espacio a la ventana de símbolos _____ 139
    - Crear carpetas _____ 140
    - Compartir bibliotecas entre películas _____ 142
Uso ordenado de los símbolos _____ 142
    - Identificar símbolos: el panel Info _____ 142
    - Reemplazar símbolos usando una biblioteca _____ 143

5ª Parte: Botones   145

12   Botones de control   147

Preparar un botón para la página web _____ 147
Crear botones con la biblioteca de botones _____ 149
    - Uso de símbolos de botón _____ 149
    - Edición de instancias de símbolo _____ 150
Crear un botón desde cero _____ 150
    - Un brevísimo vistazo a los fotogramas _____ 150
    - Crear los cuatro fotogramas de una película de botón _____ 150
    - Edición un botón _____ 152
    - Prueba del fotograma Zona Activa _____ 153

13   Interactuar con el público   155

Asignar acciones a los botones _____ 156
Definir el evento del mouse que iniciará la acción _____ 158
Darle al espectador control sobre la acción _____ 161
    - ¡Mantengan esa pose! _____ 161
    - Agregar acciones *Go To* para saltar a fotogramas específicos __ 163
Agregar vínculos a sitios web _____ 164

14   Pedir información al usuario   167

Películas interactivas _____ 167
Agregar acciones *Stop* a fotogramas _____ 169
    - Acciones y fotogramas _____ 169
    - Acciones y capas _____ 170
    - Agregar la acción *Stop* a un fotograma _____ 171
Crear campos de texto _____ 171
    - Obtener datos en un campo de texto _____ 172
    - Presentar datos en un campo de texto _____ 173
    - Crear un botón que haga algo con los datos obtenidos _____ 174

- Crear un botón que realice cálculos con los datos obtenidos 176
- Formatear campos de texto 177

6ª Parte: Animación de las películas Flash   181

15   ¡Ahora, todos a bailar!   183

Cómo se logra la animación en Flash 184
- Insertar fotogramas clave 185
- Crear movimiento fotograma a fotograma con fotogramas clave 186
- Generar fotogramas estáticos 186
- Crear fotogramas clave vacíos 187
- Reunir las partes 187

Ver la animación 189
- Ver múltiples fotogramas usando el papel cebolla 189
- Uso de la ventana Controlador 191
- Probar películas en el reproductor de Flash 191

Cambiar la velocidad de fotogramas 192

16   Animación automatizada   193

Crear fotogramas de interpolación 194
- Agregar interpolación 194
- Crear una guía de movimiento 196
- Agregar rotación y escalado a una interpolación 197
- Otras divertidas técnicas de interpolación 197
- Eliminar la interpolación 198

Interpolación de forma 199
- Usar dibujos para interpolación de forma 199
- Una interpolación de forma sencilla 199

Animación y máscaras 200
- Crear una capa de máscara para una película 201
- Configurar las capas enmascaradas 202

17   Organizar las películas por partes   205

Crear símbolos animados 207
- Crear un símbolo animado desde cero 207
- Convertir capas animadas en símbolos 208
- Uso de símbolos animados en películas 209

Crear clips de película 209

Crear escenas 211
- Dividir películas en escenas 211
- Combinar escenas en películas 212

18 ¡Enciendan el sonido! 213

¿Dónde obtener sonidos? 214
- Usar la biblioteca de sonidos 214
- Sonido "hágalo usted mismo" 215
- Los sonidos son símbolos 216
Agregar sonido a botones 216
Agregar sonido a fotogramas de la película 217
Editar instancias de archivos de sonido 218
- Repetir archivos de sonido 218
- Detener archivos de sonido 219
- Editar el volumen y la separación estéreo 220
Sincronizar sonido y video 222

19 Técnicas avanzadas de animación 225

Esperar hasta que se cargue un fotograma 226
- A diferentes tiempos de descarga, diferentes películas 226
- Uso de la acción `If Frame Loaded` 226
Iniciar una película desde otra 228
- ¿Para qué sirve la carga de películas? 229
- Carga de películas 229
Uso de variables 230
- Usar variables para cargar películas 230
- Combinar una acción `If` con una acción `LoadMovie` 230

7ª Parte: Publicación de Flash en la Web 235

20 Ayuda externa: importación de objetos 237

Importar gráficos vectoriales a Flash 238
- Importar gráficos vectoriales 238
- Copiar y pegar gráficos vectoriales 238
Importar archivos de mapa de bits 239
- Recortar áreas de color en mapas de bits: la varita mágica 241
- Convertir mapas de bits en gráficos vectoriales de Flash 243
Importar texto 245

21 Poner a Flash on-line — **247**

Ver películas con el Reproductor de Flash — 247
- Guardar archivos del Reproductor de Flash — 248
- Ver la película — 248
- Descargar el Reproductor de Flash — 250

Crear páginas web con archivos Flash insertados — 250
- Agregar una película Flash a un sitio web: la forma más fácil — 250
- Insertar una película Flash en una página web — 252

Insertar la película Flash escribiendo el HTML manualmente — 257
Probar la película en una página web — 258

22 Exportar películas Flash — **259**

Exportar películas Flash a gráficos estáticos — 260
- Elección de un formato de archivo para la exportación — 261
- Opciones de exportación — 262
- Exportar a GIF — 262
- Exportar a JPEG — 263

Exportar a secuencias de imágenes — 264
Exportar a otros formatos de película — 265
- Exportar al formato AVI de Windows — 266
- Exportar a formato de animación QuickTime — 267
- Exportar a GIF animado — 268

Exportar archivos de sonido — 269

Glosario — **271**

Índice — **277**

Acerca del autor

DAVID KARLINS es un escritor, docente y consultor en temas relacionados con gráficos y diseño Web.

Los últimos libros de David incluyen *FrontPage 2000 Bible* (con DAVID ELDERBROCK), *MCSD: Designing & Implementing Web Sites Using Microsoft FrontPage 98, Teach Yourself FrontPage 98 in a Week, Wild Web Graphics with Microsoft Image Composer,* y *Teach Yourself CorelDRAW 9 in 24 Hours.*

El sitio web de David en www.ppinet.com brinda asesoramiento, recursos y foros para diseñadores web y diseñadores gráficos.

PAUL MIKULECKY, autor de las ilustraciones del libro, es el propietario del premiado Electronic Design Studio. Paul es diseñador gráfico, ilustrador y diseñador de las películas Flash de muchos sitios web comerciales.

Dedicatoria

Este libro está dedicado a mi padre, Sheldon Karlins, un espíritu creador toda su vida.

Agradecimientos

- Este libro incorpora muchas cosas que aprendí dictando cursos de diseño web y trabajando en la creación de películas Flash para mis clientes. A todos ellos les expreso mi agradecimiento. Todos encontrarán algo de sí mismos en los trucos, sugerencias y consejos que he incluido en este libro.

- Las ilustraciones de Paul Mikulecky le aportaron a este proyecto una importante contribución. De alguna manera, Paul logró combinar las cosas más interesantes que puede crear Flash con técnicas fáciles y accesibles, que se adaptan de maravillas al espíritu de un libro orientado a un público no iniciado.

- Los editores que armaron este libro hicieron, todos ellos, un trabajo maravilloso. Un agradecimiento especial para Laura Norman y Heather Kane, quienes se plantearon el compromiso de hacer un libro entretenido, útil y divertido, y trabajaron arduamente para hacerlo realidad.

- Deseo expresar también mi agradecimiento a mi agente Lisa Swayne, por ayudar a hacer posible este libro, y a Beth Millett, de Que, quien ayudó a iniciar este proyecto.

Prólogo

- Si hiciéramos el experimento de retroceder el reloj siete años veríamos una WORLD WIDE WEB bastante simple. El HTML era algo fácil, al alcance de cualquiera, lo que a veces consternó a mascotas y amigos, que de pronto encontraran sus fotos, expuestas a la mirada de todo el mundo en un sitio web. Y en eso radicaba lo maravilloso de la Web: uno podía mostrarse a sí mismo fácilmente y divertirse explorando sus instintos creativos.

- Luego, en conformidad con las leyes que parecen gobernar el desarrollo de toda tecnología, las cosas se hicieron mucho más complicadas. De JavaScript a bases de datos, las tecnologías para la Web han avanzado rápidamente en la búsqueda de nuevas formas de crear contenidos más atractivos e interactivos. Probablemente, la tecnología más popular para la creación de contenido web dinámico, actualmente, es Flash. Este prodigioso producto de Macromedia empezó siendo una herramienta bastante simple para crear animaciones basadas en gráficos vectoriales, pero con cada nueva versión, su pendiente de aprendizaje fue aumentando, hasta convertirse en un empinado declive capaz de dejar sin aliento.

- Pero no tema. Con humor y la mirada puesta en todo momento en ofrecer explicaciones simples, David Karlins creó una excelente guía de las complejidades de Flash 5.0. No hay nada mejor que tener a alguien que lo tome a uno de la mano y lo guíe paso a paso por el proceso de crear toda clase de animaciones diferentes con componentes interactivos y multimedia. Así que zambúllase en el mundo de Flash y explórelo. Se sorprenderá de las cosas que David le enseñará a hacer y no lamentará ni un minuto del tiempo que le dedique a este libro.

Christopher Marler
Director
Universidad del Estado de San Francisco
Programa de Estudios en Multimedia
msp.sfsu.edu

Introducción

Al final de mis seminarios de Flash suelo escuchar al pasar los comentarios de los alumnos: "¡Ah, ahora lo entiendo!" Aparte de la satisfacción que me produce el hecho de haber conectado a los estudiantes con una fascinante herramienta de desarrollo para la Web, comentarios como este también me recuerdan que aunque Flash es muy divertido, no es particularmente intuitivo.

Flash representa un avance fascinante en el diseño web. Pero incluso diseñadores web experimentados necesitan algo de ayuda para hincarle el diente a la creación de sitios web y objetos interactivos animados basados en los gráficos vectoriales de Flash. En otras palabras, para crear buenas películas Flash, incluso los individuos más creativos que hayan trabajado con otras herramientas de diseño web, necesitan ayuda.

Este libro presenta las principales características de Flash de la misma forma que en mis seminarios ha resultado exitosa. Los veintidos capítulos desmenuzan a Flash en bocadillos pequeños que el lector pueda digerir leyendo el libro de principio a fin, o uno por uno a medida que los necesite.

Por qué leer este libro

Flash es a la vez tremendamente divertido y seriamente complicado. La creación de sitios y elementos web interactivos y animados en Flash suele considerarse reservada a personas que estén dispuestas a dedicarse a un estudio del programa a tiempo completo, pero esto no es necesario.

Si el lector tiene el tiempo y la inclinación necesarios para entrar en algún lejano monasterio y consagrar todo su tiempo a obtener el dominio de Flash, quizá prefiera el libro más grueso que encuentre en los estantes de la librería. Pero si es un diseñador web con un poco, algo o bastante experiencia en diseño Web, en este libro encontrará un mapa de caminos que lo llevará hacia la creación de sofisticadas películas Flash en muy poco tiempo.

Al ser este un libro orientado a un público no iniciado, no se da por supuesto que el lector ya esté familiarizado con ninguna de las cuestiones técnicas implicadas en la creación de películas Flash. Ofrece explicaciones claras, completas y algunas veces humorísticas, y ejemplos prácticos para que el lector se divierta tanto aprendiendo Flash, como me divierto yo usándolo.

Cómo usar este libro

La 1ª Parte de este libro (los dos primeros capítulos) es algo así como una introducción al programa, del tipo "cómo usar Flash, en no más de 25 palabras". Le presenta rápidamente al lector las características básicas de Flash e, incluso, le muestra cómo improvisar una pequeña película. Si quiere tener una iniciación a Flash realmente sucinta, comience por esos dos capítulos.

El núcleo de este libro (las Partes 2ª a 6ª) está en correspondencia con los principales elementos de Flash: las herramientas de dibujo (2ª Parte), las capas (3ª Parte), los símbolos (4ª Parte), los botones interactivos (5ª Parte) y la animación (6ª Parte).

Macromedia Flash 5

Cada una de estas secciones es "autosuficiente". El lector puede saltar directamente al tema de los botones, las capas o la animación. O puede seguir el orden del libro. Si tiene un poco de tiempo (o puede hacerse un poco de tiempo) el enfoque de lectura de principio a fin probablemente le signifique, a la larga, un ahorro de tiempo, ya que le así tendrá una base firme para aplicar las características más complejas de Flash, que se encuentran hacia el final del libro.

He dedicado una sección entera del libro a la integración de Flash dentro de otras formas de páginas web. Tratar de incorporar en una página web ese maravilloso video Flash que hemos creado puede ser como querer meter una estaca redonda en un agujero cuadrado, así que el libro incluye tres capítulos que ayudan a suavizar las dificultades del proceso.

En síntesis, este libro tiene todo lo que el lector necesita para crear rápidamente maravillosas animaciones con Flash.

Para sacar el máximo provecho a este libro

El lector hallará que en este libro nos hemos tomado muy en serio el trabajo de brindarle toda clase de bocadillos que le ayudarán a medida que progresa en su experiencia de aprendizaje de Flash.

Si el lector está familiarizado con esta serie, seguramente se sentirá en terreno conocido cuando vea las pistas visuales y otras ayudas habituales, puestas allí para que todo sea fácil de encontrar y reconocer.

Si el lector no está familiarizado con este formato, aquí tiene una breve explicación de lo que encontrará en el libro que le ayudará a acelerar el recorrido:

- Primero, observe que usamos **texto en negrita** para representar las diversas opciones de menú. Estos menúes son los que hallará en la parte superior de la ventana. También observará la utilización de negrita allí donde aparecerán definidos nuevos términos.

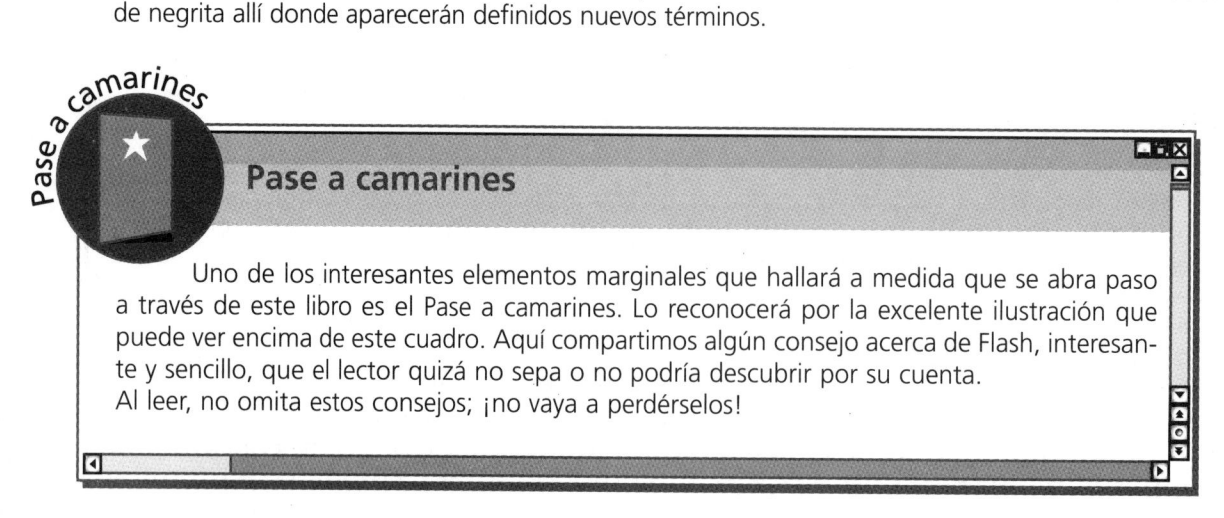

Pase a camarines

Uno de los interesantes elementos marginales que hallará a medida que se abra paso a través de este libro es el Pase a camarines. Lo reconocerá por la excelente ilustración que puede ver encima de este cuadro. Aquí compartimos algún consejo acerca de Flash, interesante y sencillo, que el lector quizá no sepa o no podría descubrir por su cuenta.
Al leer, no omita estos consejos; ¡no vaya a perdérselos!

- Para aquellos lectores que tienen más inclinación por el teclado que por el mouse, he tratado hacerles las cosas un poco más fáciles suministrando algunos de los métodos abreviados de teclado más comunes de Flash. Presentamos los métodos abreviados tanto para Macintosh como para Windows, que aparecen en este orden:

en este orden: **(Cmd+D) [Ctrl+D]**, donde figura primero el método para Mac entre paréntesis y después el de Windows entre corchetes. Aquellos lectores poco familiarizados con el uso de teclas de método abreviado deberían probar a utilizarlas ocasionalmente, ya que pueden significar un gran ahorro de tiempo. (Por supuesto, a veces parece que hiciera falta usar ambas manos para tener apretadas todas las teclas al mismo tiempo.) En la ficha recortable, al principio de este libro, el lector hallará una valiosa lista de útiles teclas de método abreviado en Flash.

Detalles

Sabemos que la razón por la que el lector compró un libro de esta serie es porque quiere aprender Flash en una forma divertida y libre de tecnicismos. Sin embargo, para usar Flash con eficacia, hay ciertos bocadillos técnicos que realmente conviene conocer. De tiempo en tiempo los iremos insertando al lado del texto del capítulo. Cuando vea el ícono de aquí arriba, asegúrese de detenerse un momento y darle un vistazo a la información.

¡Flash informativo!

Cuando se trabaja con Flash, hay algunas cosas que no se puede o no conviene hacer. Cada vez que sea necesario advertirle algo al lector antes de seguir con la exposición, insertaremos uno de estos elementos "¡Flash informativo!". No olvide tomar nota de ellos cuando los vea, ya que podrían tener una profunda incidencia sobre los resultados que logre en Flash.

1a Parte

Una introducción rapidísima a Flash

En los primeros capítulos de este libro el lector aprenderá qué hace Flash y cómo lo hace. Presentaré una introducción básica (no demasiado técnica) a la manera como Flash crea sus gráficos (caracterizada por el ahorro de memoria que implica), y los convierte en películas animadas.
También aprenderemos a movernos por el entorno de Flash. Configuraremos el área de trabajo y conoceremos las barras de herramientas, que nos brindarán todo lo que necesitamos para crear películas.

Capítulo 1

Comenzando a trabajar con Flash

En Este Capítulo

- Cómo trabaja Flash
- La animación en Flash
- El lugar de Flash dentro del mundo del diseño web
- ¿Qué se puede hacer con Flash?

EL LUGAR DE FLASH EN EL MUNDO DEL DISEÑO WEB

Macromedia Flash 5 permite añadirle a un sitio web un nivel único de animación e interactividad.
Si el lector no está familiarizado con Flash en absoluto, un buen comienzo sería ir con el navegador al sitio web macromedia.com y allí seguir los vínculos que señalan en dirección de ejemplos de sitios creados en Flash. O seguir los vínculos que encontrará en, www.ppinet.com (en inglés), que lo levarán a proyectos Flash modelo, que están en estrecha correspondencia con los temas tratados en este libro.

En vez de texto y gráficos estáticos –cosas que simplemente están allí quietas– los objetos Flash le añaden a las páginas web una animación fluida y una gran interactividad. Hablar de animación en Flash es hablar de presentar en pantalla películas que se descargan rápidamente, fluyen sin interrupciones y se ven bien en una ventana de navegador o monitor de cualquier tamaño.
La Figura 1.1 captura un fotograma de la página de inicio animada, creada en Flash, de sitio web, que se encuentra en www.ppinet.com.

1º Parte — Introducción rapídisima a Flash

Figura 1.1

Sin Flash, los sitios web se quedan quietos.
Agréguese Flash y... ¡acción!

La interactividad implica que los sitios web reaccionan ante los visitantes. La presentación e, incluso, el contenido del sitio cambian dependiendo de las acciones del espectador. En la Figura 1.2, el botón rotulado Arriba sirve para enviar el ascensor hacia arriba.

Figura 1.2

Los objetos Flash le añaden interactividad a los sitios web. Basta hacer clic en un botón para que el contenido del sitio cambie.

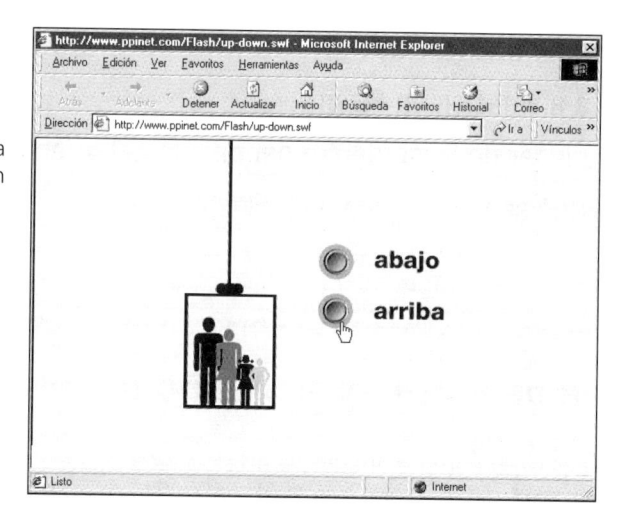

Y en la Figura 1.3, personalizamos un sitio web de acuerdo al espectador, añadiendo el nombre de este último al contenido del sitio. Algunas de las cosas que se logran con Flash también se pueden hacer con otras tecnologías, como JavaScript, HTML dinámico, u otros formatos de película tales como Macintosh QuickTime. Pero Flash tiene dos grandes ventajas sobre otros métodos de animación e interactividad: es más fácil y es más confiable.
¿Por qué? En la mayor parte de este libro nos concentraremos en cómo trabaja Flash. Nuestro objetivo es explorar y aprender Flash de forma fácil y divertida. Pero una rápida explicación básica de lo que ocurre detrás de escena –y que hace de Flash algo tan bueno– no está de más, y eso es lo que haremos en este capítulo.

Comenzando a trabajar con Flash — **Capítulo 1**

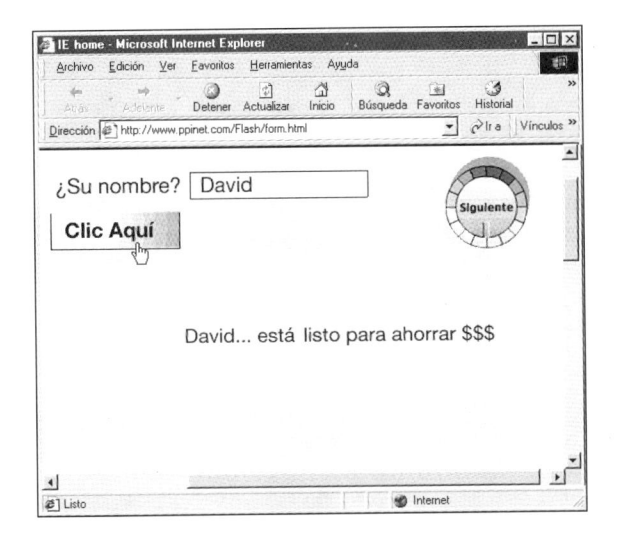

Figura 1.3

En este objeto Flash, el espectador ingresa su nombre en el cuadro de texto y luego Flash los transfiere al contenido de la página.

¡COMENCEMOS POR EL POSTRE!

Cuando dicto seminarios de Flash, siempre les digo a mis alumnos que la animación es la parte más fácil del uso de Flash. El trabajo difícil (si podemos llamar "trabajo difícil" al hecho de divertirse con Flash) es crear imágenes de forma tal que sean fáciles de animar.

Pero los alumnos nunca se quedan conformes hasta que hacen una animación. Después de todo, esa es la parte SEXY de Flash, ¿no? Así que, antes de continuar, guiaré al lector paso a paso por la creación de una breve animación. Luego retrocederemos sobre nuestros pasos y analizaremos cada una de las cosas que hacen falta para controlar realmente lo que hemos hecho.

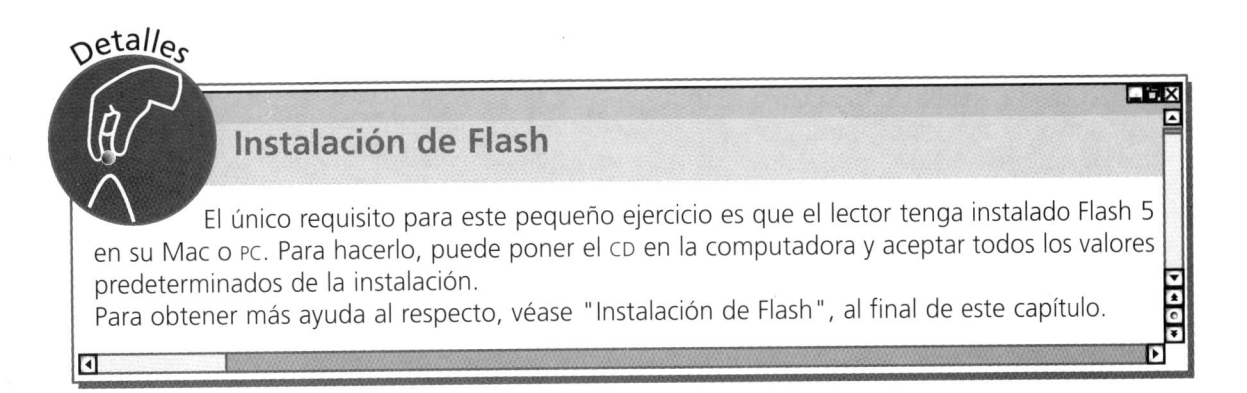

Detalles

Instalación de Flash

El único requisito para este pequeño ejercicio es que el lector tenga instalado Flash 5 en su Mac o PC. Para hacerlo, puede poner el CD en la computadora y aceptar todos los valores predeterminados de la instalación.

Para obtener más ayuda al respecto, véase "Instalación de Flash", al final de este capítulo.

1º Parte ▸ Introducción rapídisima a Flash

Así que, ajústese su cinturón, y siga estas instrucciones para crear su primera película Flash:

1. Inicie Flash 5. Los usuarios de PC pueden hacerlo desde el menú **Inicio**; los de Mac, desde la carpeta de aplicación de Flash.

2. Una vez abierto Flash, elija **Ventana**, **Cerrar todos los paneles**, para limpiar la pantalla de cosas de las que todavía no hemos aprendido nada. Además, abra el menú **Ventana** y verifique que es té marcada la opción **Herramientas**.

3. La ventana que queda abierta es el panel de herramientas. Al pasar el mouse por encima de una herramienta aparece su nombre, como se ve en la Figura 1.4. Haga clic en la herramienta Óvalo (la que se ve en la figura).

Figura 1.4

Las herramientas en Flash tienen teclas de método abreviado. En esta figura la herramienta Óvalo muestra su tecla, que es "O".

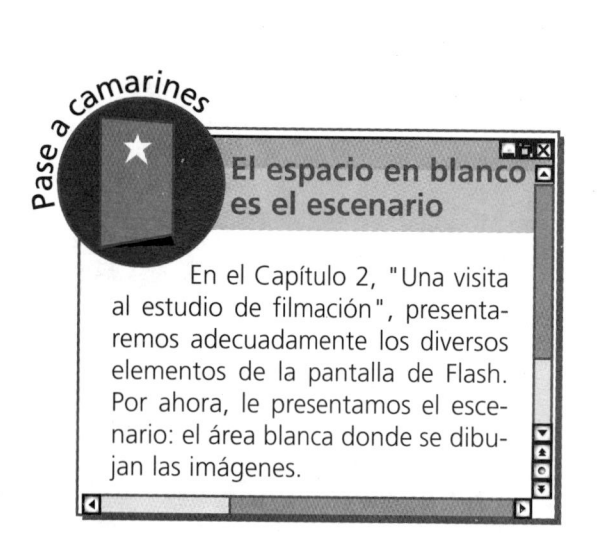

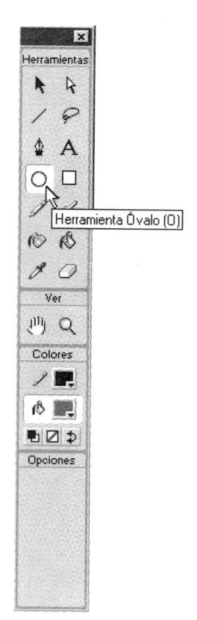

El espacio en blanco es el escenario

Pase a camarines

En el Capítulo 2, "Una visita al estudio de filmación", presentaremos adecuadamente los diversos elementos de la pantalla de Flash. Por ahora, le presentamos el escenario: el área blanca donde se dibujan las imágenes.

4. Con la herramienta Óvalo seleccionada, haga clic y arrastre para dibujar un óvalo en la esquina superior izquierda del área blanca que está en medio de la pantalla de Flash, como se ve en la Figura 1.5.

5. Hora de conocer a un nuevo miembro del equipo Flash: la línea de tiempo. Se trata del área numerada que se encuentra encima del escenario. Los fotogramas están numerados de a cinco. Haga clic en el fotograma número 25, en la línea de tiempo, y oprima la tecla de función F6. En el fotograma 25 aparecerá un punto, como se ve en la Figura 1.6.

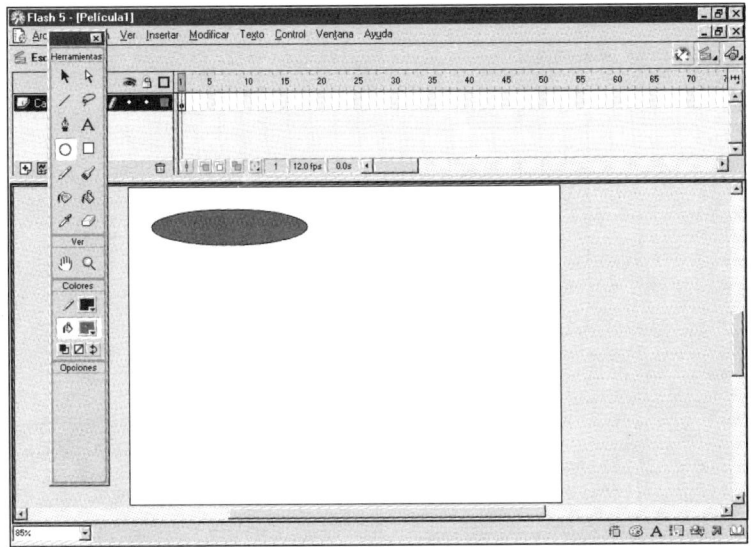

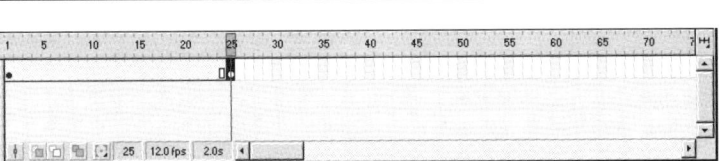

Figura 1.5

Haga clic y arrastre con la herramienta Óvalo para dibujar en el escenario un óvalo con relleno. Por ahora, usaremos los colores predeterminados.

Figura 1.6

Los fotogramas con puntos son aquellos que tienen uno o más objetos en su interior.

6. Luego de crear el nuevo fotograma el Óvalo sigue seleccionado; es por eso que se ve tan raro. Seleccione **Herramienta Flecha** y haga clic en el Óvalo y arrástrelo para moverlo a la esquina inferior derecha de la pantalla, como se ve en la Figura 1.7.

7. Ahora la parte interesante. Vamos a animar el movimiento entre el fotograma 1 y el fotograma 25. Para ello, primero haga clic en la línea de tiempo en el fotograma 1. Mantenga apretada la tecla Mayús y haga clic en el fotograma 25, para seleccionar todos los fotogramas.

8. Ahora, con los fotogramas seleccionados, vaya al menú y elija **Insertar, Crear interpolación de movimiento**. Los fotogramas entre el 1 y el 25 se pintan de azul, y aparece una flecha (que se ve en la Figura 1.8) que indica que Flash creó una animación entre los fotogramas 1 y 25.

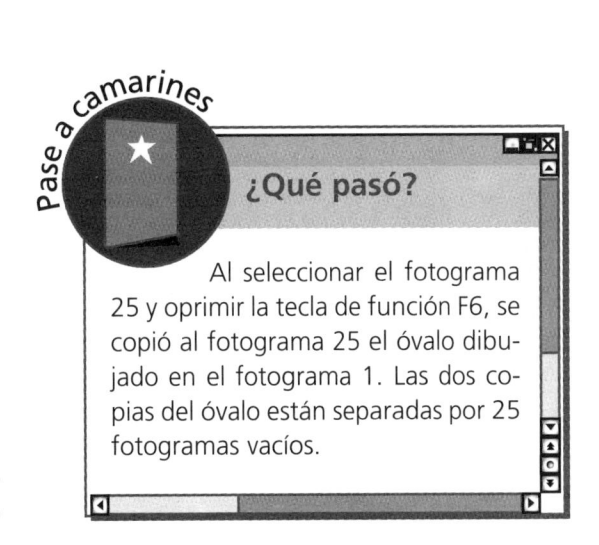

Pase a camarines

¿Qué pasó?

Al seleccionar el fotograma 25 y oprimir la tecla de función F6, se copió al fotograma 25 el óvalo dibujado en el fotograma 1. Las dos copias del óvalo están separadas por 25 fotogramas vacíos.

1º Parte — Introducción rapídisima a Flash

Figura 1.7

Aquí estamos moviendo la copia del óvalo en el fotograma 25 a la esquina inferior derecha del escenario.

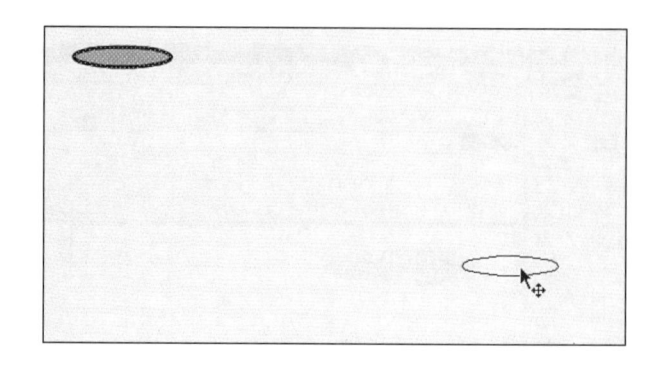

Figura 1.8

Al pasar el puntero del mouse por encima de los fotogramas comprendidos entre el 1 y el 25 aparece una pista de herramienta que indica que los fotogramas han sido animados con lo que Flash llama una interpolación de movimiento (*motion tweening*).

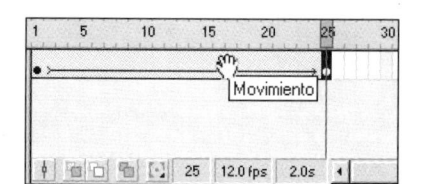

9. Para probar la película animada pulse la tecla Intro. ¡Así de simple! Hemos creado una película animada. Con eso como avance preliminar, volvamos sobre nuestros pasos para entender cómo trabaja Flash. Después de todo, es probable que al lector le interese crear una animación un poco más sofisticada que un óvalo que se mueve desde una esquina del escenario a la otra...

Cómo trabaja Flash

Flash no es el único programa que puede crear animación e interactividad. Pero Flash es único por su capacidad para integrarse con la Web.

Para ello, las principales herramientas que usa Flash son dos:
- Gráficos vectoriales para crear la animación
- Guiones de acción (scripts) para crear la interactividad

Estos gráficos vectoriales y películas con *scripts* funcionan gracias a que se los ve con el Reproductor de Flash.

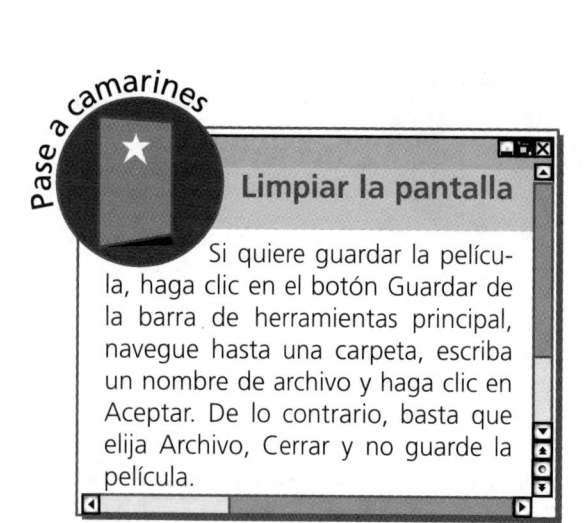

Pase a camarines

Limpiar la pantalla

Si quiere guardar la película, haga clic en el botón Guardar de la barra de herramientas principal, navegue hasta una carpeta, escriba un nombre de archivo y haga clic en Aceptar. De lo contrario, basta que elija Archivo, Cerrar y no guarde la película.

Cómo crea Flash la animación

Vayamos por partes. Flash crea la animación (movimiento) al mostrar rápidamente en secuencia muchos fotogramas, como se ve en la Figura 1.9.

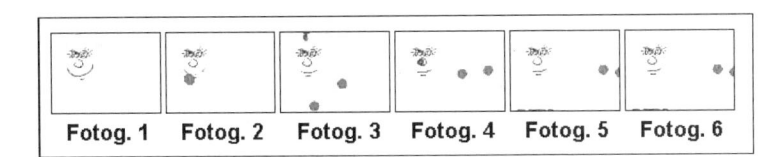

Figura 1.9

Flash genera la animación al mostrar fotogramas como estos en secuencia.

Como las que se proyectan en el cine, las películas Flash crean la ilusión de movimiento al mostrar varios fotogramas en rápida sucesión (usualmente, unos doce fotogramas por segundo).

Una película larga puede estar compuesta de cientos, incluso miles de fotogramas. Si se usaran gráficos convencionales de mapa de bits, tales fotogramas consumirían tanto espacio de archivo que no se los podría descargar a un navegador en la vida de una persona (o al menos, en el tiempo que dura la atención del visitante típico de un sitio web).

Sin embargo, los gráficos vectoriales de Flash, combinados con otros trucos que exploraremos en este libro, mantienen los archivos en un tamaño mucho menor de lo que demandarían los gráficos de mapa de bits.

Todo es posible gracias al reproductor

Tanto los gráficos vectoriales como la interactividad de Flash –por ejemplo, los botones que envían a los visitantes a partes escogidas de una película, o a un sitio web– funcionan porque el espectador ve las películas Flash usando el Reproductor de Flash.

La gente de RR.PP. de Macromedia dice tener un estudio que muestra que el 92 % de los usuarios de la Web pueden ver contenido Flash con sus navegadores, en comparación con el 84 % que puede ver contenido Java.

El reproductor Flash (también conocido como reproductor Shockwave) está disponible en www.macromedia.com para cualquiera que quiera descargarlo. ¡Y es gratis! La razón de esto es que Macromedia quiere vender muchas copias de Flash, y sabe que cuantas más personas tengan el reproductor Flash, mejor.

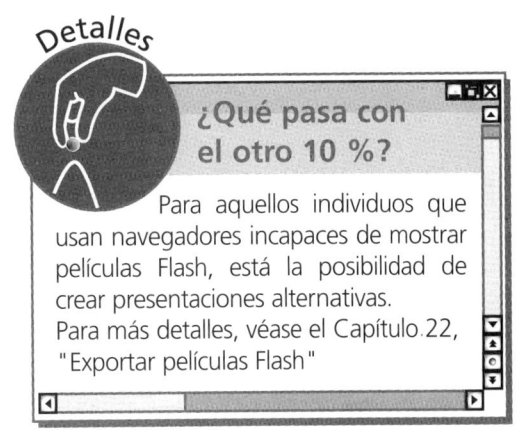

Detalles

¿Qué pasa con el otro 10 %?

Para aquellos individuos que usan navegadores incapaces de mostrar películas Flash, está la posibilidad de crear presentaciones alternativas.
Para más detalles, véase el Capítulo 22, "Exportar películas Flash"

1° Parte — Introducción rapidísima a Flash

Gráficos vectoriales y de mapa de bits

Para entender cómo maneja los gráficos Flash, veamos brevemente cómo funcionan otros tipos de gráficos que se usan en la Web. Los dos formatos gráficos para la Web universalmente reconocidos, GIF y JPEG, son formatos gráficos de mapa de bits.

Un archivo gráfico de mapa de bits *(bitmap)* almacena cada uno de los píxeles individuales que conforman el gráfico. El archivo registra el color, tamaño, brillo y ubicación de cada uno de estos **píxeles**.

Los gráficos de mapa de bits están bien para mostrar una bonita foto del presidente de nuestra empresa, o una vista de nuestro spa turístico. Pero estos gráficos demandan demasiado espacio de archivo para usarlos en animaciones.

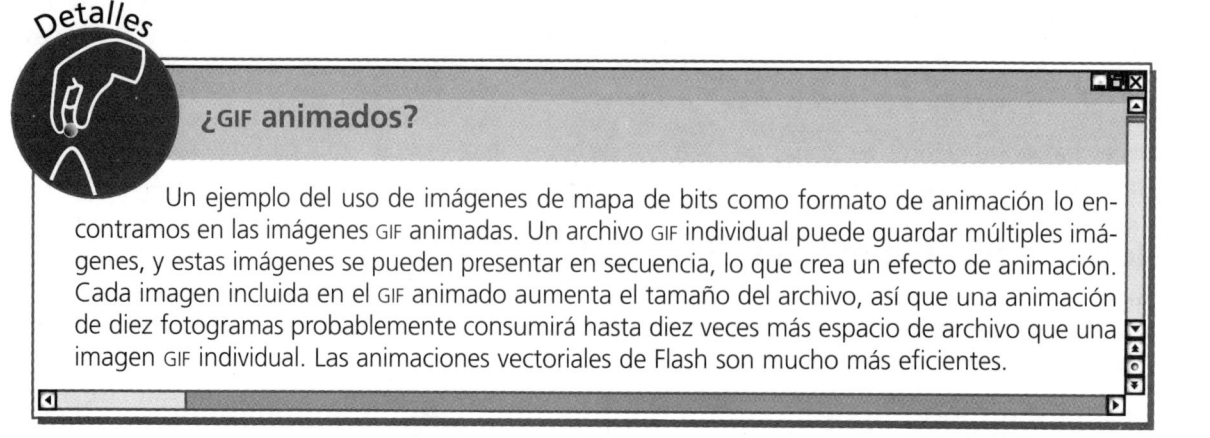

Detalles

Píxeles

Los píxeles son los pequeños puntos que forman el monitor de la computadora. Si mira su monitor de cerca (¡no tan de cerca!), puede ver que el texto y los gráficos están formados por estos píxeles.

Detalles

¿GIF animados?

Un ejemplo del uso de imágenes de mapa de bits como formato de animación lo encontramos en las imágenes GIF animadas. Un archivo GIF individual puede guardar múltiples imágenes, y estas imágenes se pueden presentar en secuencia, lo que crea un efecto de animación. Cada imagen incluida en el GIF animado aumenta el tamaño del archivo, así que una animación de diez fotogramas probablemente consumirá hasta diez veces más espacio de archivo que una imagen GIF individual. Las animaciones vectoriales de Flash son mucho más eficientes.

FLASH Y LAS PÁGINAS WEB

Las películas vectoriales Flash (todas las publicaciones Flash reciben el nombre de "películas") se pueden usar ya sea como sitios web independientes o para integrarlas dentro de una página web existente. La Figura 1.10 muestra tres diferentes películas Flash, integradas dentro de una página web que también incluye instrucciones de formato de página web convencionales conocidas como HTML, (*HyperText Markup Language*, Lenguaje de Marcado de Hipertexto).

Alternativamente, las películas Flash pueden crear una interfaz web completa, como la que se ve en la Figura 1.11.

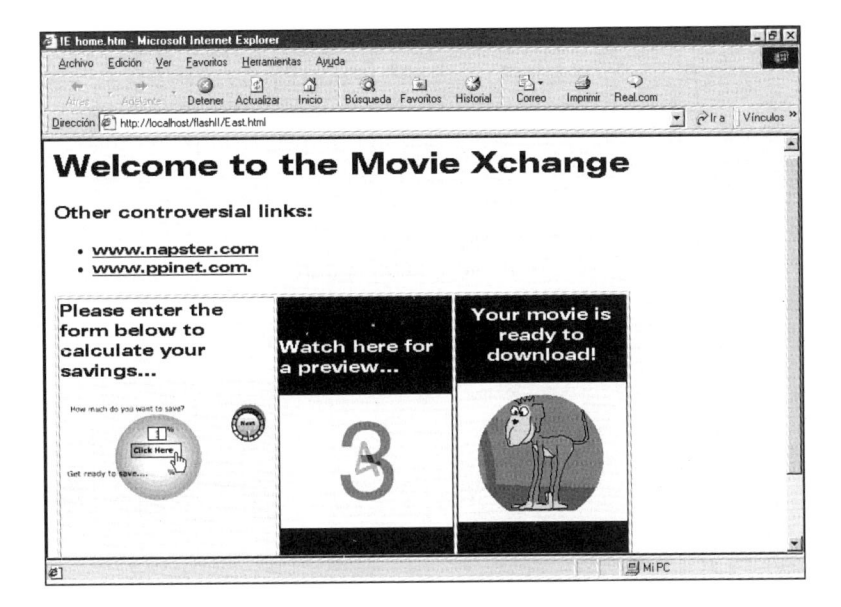

Figura 1.10

Las tres películas Flash incluyen dos animaciones y un formulario interactivo con botones que responden a los datos ingresados por el usuario. Están insertadas en una página web que incluye vínculos y texto formateado convencionales en HTML.

Figura 1.11

A menudo se usan películas Flash independientes, como la que vemos aquí, a modo de presentación de un sitio web.

Meter películas Flash dentro de páginas web se ve simplificado gracias a las herramientas de publicación de Flash. Recorreremos el proceso en detalle en el Capítulo 21, "Poner a Flash online".

¿QUÉ HAY DE NUEVO EN FLASH 5?

Para la mayor parte de quienes lo usamos, el mayor y más notorio cambio en Flash 5 es la interfaz basada en paneles (o ventanas). La nueva apariencia hace que Flash se vea y funcione de manera mucho más parecida a la de sus parientes de Macromedia, FreeHand, Dreamweaver y Fireworks:

1º Parte — Introducción rapídisima a Flash

Pase a camarines: La interfaz de Flash

Exploraremos la interfaz de Flash en detalle en el Capítulo 2, "Una visita al estudio de filmación".

Si el lector ya ha usado versiones previas de Flash, al principio, los paneles le pueden parecer un poco confusos. Pero en cuanto le haya tomado la mano a su manejo, habrá dado el primer paso para aprender a usar los productos relacionados de Macromedia.

Con la versión 5, Flash refuerza su conjunto de herramientas de dibujo con el agregado de una herramienta Pluma que permite dibujar curvas de Bèzier.

Pase a camarines: ¿Quién es Bèzier?

Las curvas de Bèzier reciben su nombre del ingeniero y matemático francés que las inventó, Pierre Bèzier. Las curvas de Bèzier se definen por medio de puntos de control. De la herramienta Pluma (y de las curvas de Bèzier) nos ocuparemos en el Capítulo 3, "¡Preparados!, ¡Listos!, ¡Dibujar!"

Otros cambios en Flash 5 son más sutiles, o están más orientados a usuarios avanzados. Por ejemplo, ha cambiado el lenguaje de *script*, que define mucho de la interactividad de Flash.

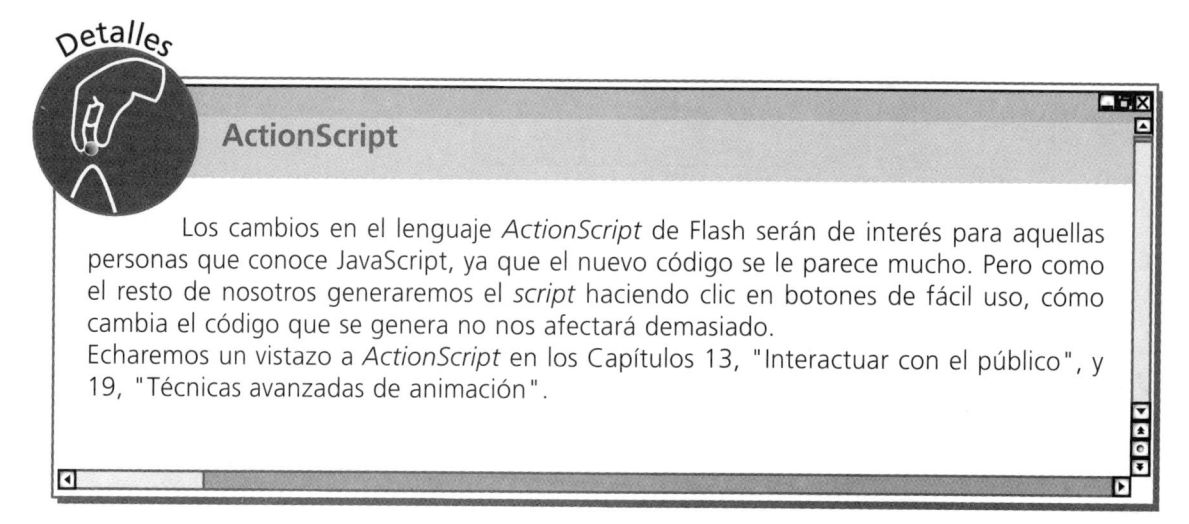

Detalles: ActionScript

Los cambios en el lenguaje *ActionScript* de Flash serán de interés para aquellas personas que conoce JavaScript, ya que el nuevo código se le parece mucho. Pero como el resto de nosotros generaremos el *script* haciendo clic en botones de fácil uso, cómo cambia el código que se genera no nos afectará demasiado.
Echaremos un vistazo a *ActionScript* en los Capítulos 13, "Interactuar con el público", y 19, "Técnicas avanzadas de animación".

Entre otras mejoras que incluye Flash 5 encontramos el soporte para archivos de audio MP3, una ventana de colores más fácil de usar y bibliotecas de símbolos más fáciles de compartir.

Instalación de Flash

Tan pronto como el lector inserte en su CD o Mac el nuevo CD de Flash 5, aparecerá la ventana de instalación y dará comienzo el proceso de instalación de Flash.

Puede limitarse a aceptar todos los valores predeterminados e instalar Flash en la carpeta sugerida por Macromedia, con las opciones más aceptadas por la mayoría de las personas. Para ello, basta hacer clic en **Siguiente** a lo largo de todo el proceso de instalación. Alternativamente, puede personalizar la instalación utilizando las siguientes opciones.

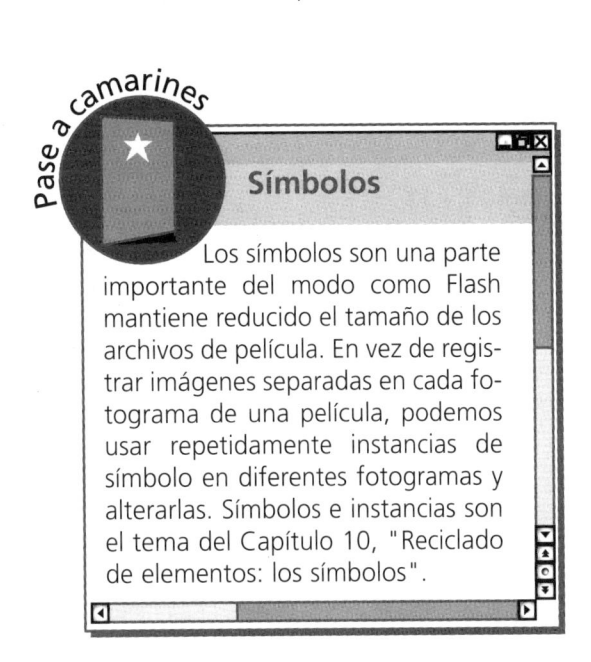

> **Pase a camarines**
>
> **Símbolos**
>
> Los símbolos son una parte importante del modo como Flash mantiene reducido el tamaño de los archivos de película. En vez de registrar imágenes separadas en cada fotograma de una película, podemos usar repetidamente instancias de símbolo en diferentes fotogramas y alterarlas. Símbolos e instancias son el tema del Capítulo 10, "Reciclado de elementos: los símbolos".

Elección de una carpeta de instalación

La primera opción que aparece en el proceso de instalación permite elegir el lugar donde instalaremos el programa. El valor predeterminado reduce la posibilidad de que los archivos requeridos queden mal ubicados durante la instalación. Pero si el lector siente una necesidad apremiante de modificar la carpeta predeterminada, use el botón Examinar, en la ventana Elegir ubicación de destino del Asistente de Instalación, y navegue hasta una carpeta alternativa. Luego, haga clic en Siguiente.

¿Típica, personalizada o compacta?

La ventana de tipo de instalación en el Asistente de instalación permite elegir entre instalar las características de Flash deseadas por la mayoría de los usuarios (Típica), una versión de Flash que use un mínimo de espacio en el disco (Compacta) o una combinación de herramientas personalizada.

La instalación típica incluye los archivos necesarios para ejecutar el programa Flash, bibliotecas (que son, esencialmente, galerías de elementos prediseñados con archivos gráficos y de sonido), ejemplos de películas y lecciones (tutoriales interactivos para aprender Flash).

1º Parte ▸ Introducción rapidísima a Flash

Si el lector opta por la opción Personalizada, podrá elegir las herramientas específicas que desee instalar. La pantalla de instalación personalizada que se ve en la Figura 1.12 puede ser un poco diferente a la que verá el lector, pero incluye casillas de verificación para instalar (o no instalar) los archivos de programa, las lecciones, los ejemplos y los archivos de biblioteca.

Figura 1.12

Esta instalación personalizada incluye los archivos de aplicación (requeridos para ejecutar Flash) así como las bibliotecas y los ejemplos. Vale la pena instalar las lecciones para tener ayuda interactiva acerca de las tareas básicas en Flash.

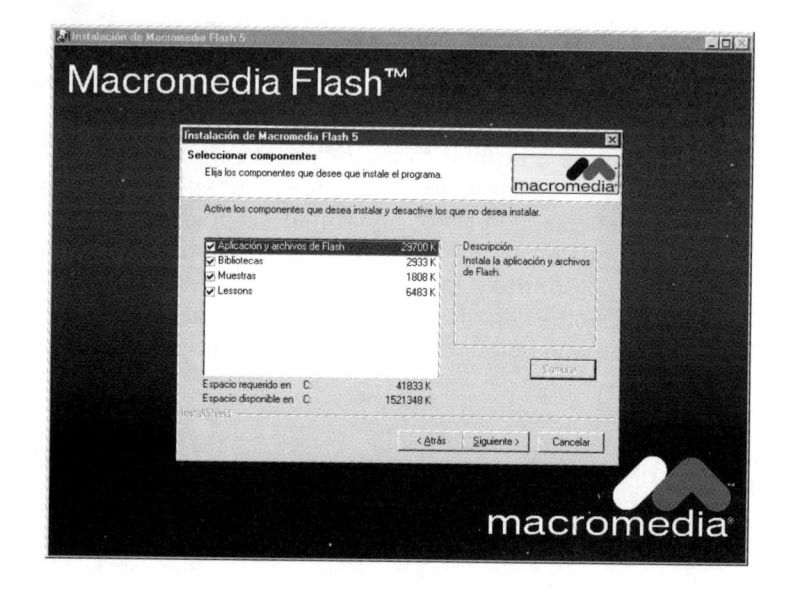

Si elige la instalación compacta, el programa de instalación no incluirá los ejemplos ni las bibliotecas, pero sí las lecciones.

INSTALACIÓN DEL REPRODUCTOR DE FLASH

Una vez que el usuario le haya dicho a Flash lo que quiere instalar, se le preguntará si también quiere instalar el reproductor de Flash para Internet Explorer y para Netscape Navigator. Marque las casillas de verificación para las opciones deseadas.

¡Eso es todo! La instalación de Flash es veloz y fácil. Si más tarde quiere agregar o quitar herramientas, reinicie la instalación de Flash y elija nuevas opciones.

Lo mínimo que debe saber

- Flash 5 crea contenidos animados e interactivos para sitios web.

- Flash usa gráficos vectoriales para ahorrar espacio de archivo, y ActionScript para hacer que las películas sean interactivas. Solamente los navegadores equipados con el Reproductor de Flash pueden presentar contenido Flash.

- Macromedia regala el Reproductor de Flash en su sitio web. La mayoría de los navegadores lo tienen instalado.

  - Se puede usar la opción de instalación personalizada de Flash para incluir (o no incluir) un conjunto de útiles lecciones interactivas.

Capítulo 2

Una visita al estudio de filmación

En Este Capítulo

- Presentación del entorno de Flash
- Paneles de control
- Preparación de la película
- Edición de fotogramas
- Manejar los diversos elementos

Este es el capítulo en el que haremos una recorrida por el entorno de Flash. Algo parecido a lo que hace un gato en una nueva casa: olfatear por aquí y por allá, como para comenzar a acostumbrarse al lugar.

Mucho de lo que el lector necesita saber acerca del entorno de Flash lo irá viendo a medida que exploremos lo que Flash hace. Así que no hay necesidad de que pierda tiempo tratando de memorizar el nombre de cada uno de los elementos de la pantalla, ya que los repetiremos a medida que vayamos avanzando.

Bienvenido al entorno de Flash

Parte de lo que hace del entorno de Flash algo, podríamos decir, "sobrecargado", es el hecho de que Flash 5 señala la transición desde un entorno más viejo a uno nuevo que coincide con el de otros productos de Macromedia (como Dreamweaver). Así que, en muchos casos, hay dos o tres formas de lograr lo mismo en Flash. A lo largo del libro, nos atendremos siempre a la forma más simple de hacer las cosas. Pero en este capítulo presentaremos modos alternativos de organizar el entorno de Flash, para que el lector esté al tanto de las opciones de que dispone, y pueda configurar el programa del modo más conveniente para su modalidad de trabajo.

1° Parte — Introducción rapídisima a Flash

Si está familiarizado con los menúes, las barras de herramientas y las herramientas que se encuentran en un entorno Macintosh o Windows, el menú de Flash y su barra de herramientas no le resultarán extraños. Pero Flash también tiene elementos que le son únicos.

Cuando se inicia Flash 5 se abre automáticamente una película nueva. La gran área en blanco en el medio de la pantalla recibe el nombre de escenario (¿lo ve?; una analogía con el cine). Las filas que se encuentran en la parte superior (Capa 1) se llaman capas. Y los pequeños rectángulos numerados en 1, 5, 10, 15, etc., son los fotogramas. La franja que contiene los fotogramas se llama línea de tiempo. A partir de Flash 5 se agregó una barra de estado en la esquina inferior izquierda de la ventana.

Esto es, a grandes rasgos, el entorno de Flash, que aparece en la Figura 2.1 con los elementos clave identificados.

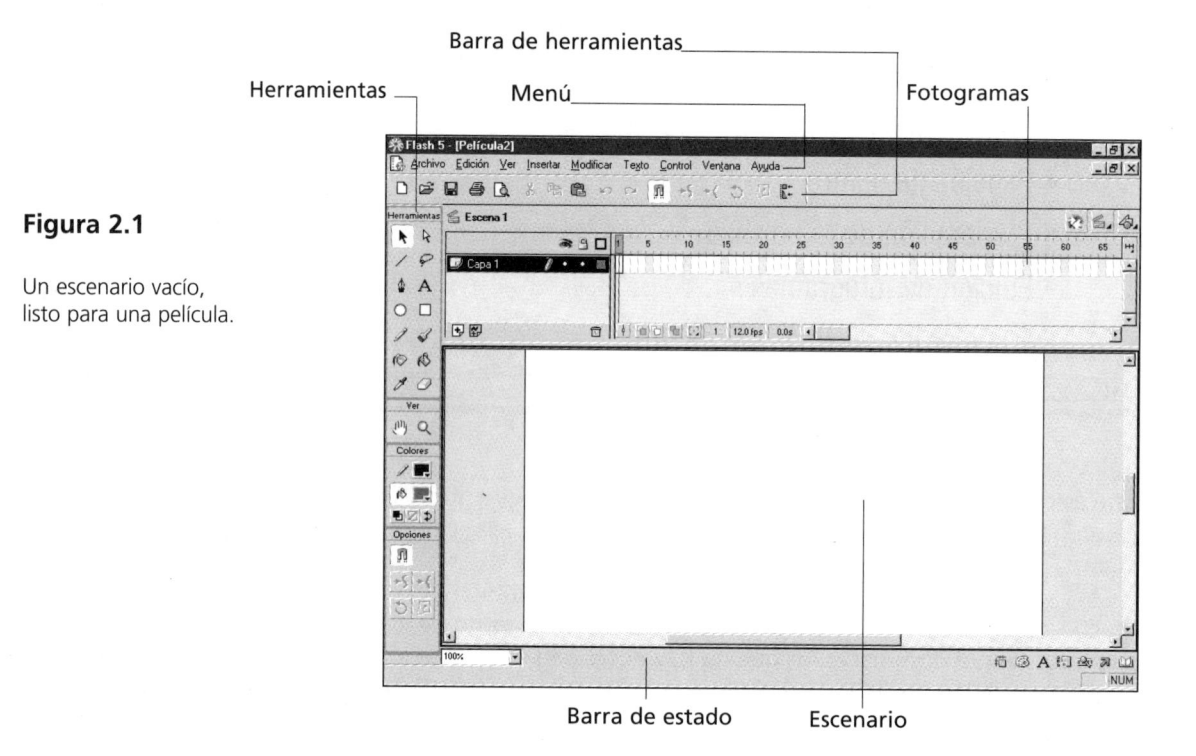

Figura 2.1

Un escenario vacío,
listo para una película.

Todos los dibujos se crean en el escenario. La línea de tiempo controla la animación, y las capas sirven para apilar imágenes una encima de la otra y editarlas por separado.

La barra de herramientas y las herramientas

La mayor parte de lo que se hace en Flash se puede hacer realizar mediante la barra de herramientas, que se encuentra en la parte superior de la ventana de Flash, o en el cuadro de herramientas.

Una visita al estudio de filmación **Capítulo 2**

Este último normalmente está anclado en el costado izquierdo de la pantalla, pero se puede arrastrar su título ("Herramientas") y mover la ventana a cualquier lugar de la pantalla.

Las opciones presentes en la barra de herramientas y en el cuadro de herramientas duplican prestaciones a las que también se puede acceder desde el menú Archivo. ¿Cuál es la mejor manera de activar estas prestaciones? En general, ahorrará tiempo y podrá concentrarse mejor en la película que está creando si se maneja con las herramientas que se encuentran en la barra y el cuadro de herramientas, cuando están disponibles, en vez de rastrear las opciones en el menú.

La barra de herramientas

¿Herramientas? ¿Barra de herramientas? Suenan parecido. Empecemos con la barra de herramientas principal, en la que encontramos las herramientas estándar de Windows, como Guardar e Imprimir. La Figura 2.2 identifica las herramientas de la barra de herramientas de Flash. Nuevo, Abrir, Guardar, Imprimir, etc., son típicas de la mayoría de las aplicaciones para Windows.

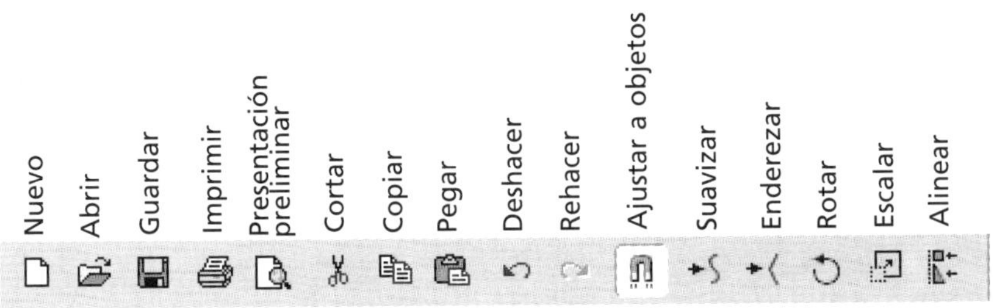

Figura 2.2

La barra de herramientas de Flash (no confundir con las herramientas de Flash).

La barra de herramientas estándar también incluye algunos íconos exclusivos de Flash. El botón Ajustar a objetos activa o desactiva una atracción mutua que puede existir entre los objetos (como si estuvieran imantados). Las herramientas Suavizar y Enderezar cambian el modo de editar las líneas; una característica que exploraremos en el Capítulo 3, "¡Preparados!, ¡Listos!, ¡Dibujar!".

La herramienta Rotar le añade a un objeto seleccionado controles en las esquinas con los que es posible rotarlo, y la herramienta Escalar permite cambiar interactivamente el tamaño de un objeto. La herramienta Alinear permite disponer los objetos en relación unos con otros. La alineación, la rotación y el escalado se explican en el Capítulo 6, "Cortar, separar, unir".

El cuadro de herramientas

El cuadro de herramientas es diferente de la barra de herramientas. Se lo puede hacer aparecer u ocultar eligiendo Ventana, Herramientas, en la barra de menúes.

El cuadro de herramientas contiene valiosos íconos de Flash que sirven para crear y controlar las ilustraciones.

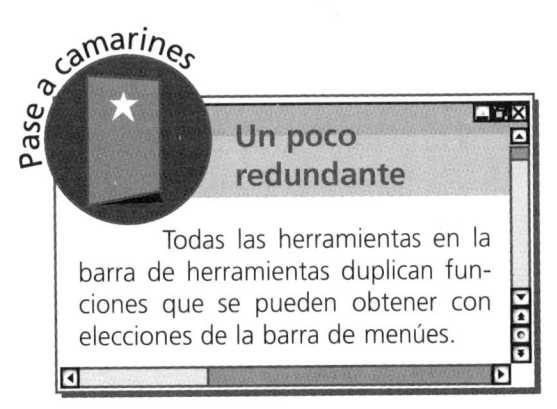

Pase a camarines

Un poco redundante

Todas las herramientas en la barra de herramientas duplican funciones que se pueden obtener con elecciones de la barra de menúes.

1º Parte — Introducción rapídisima a Flash

La Figura 2.3 identifica cada una de las herramientas presentes en el cuadro de herramientas.

Figura 2.3

El cuadro de herramientas de Flash contiene herramientas de dibujo y otras que sirven para controlar los dibujos. Según la herramienta que esté seleccionada, en el área de opciones del cuadro de herramientas aparecerán opciones diferentes.

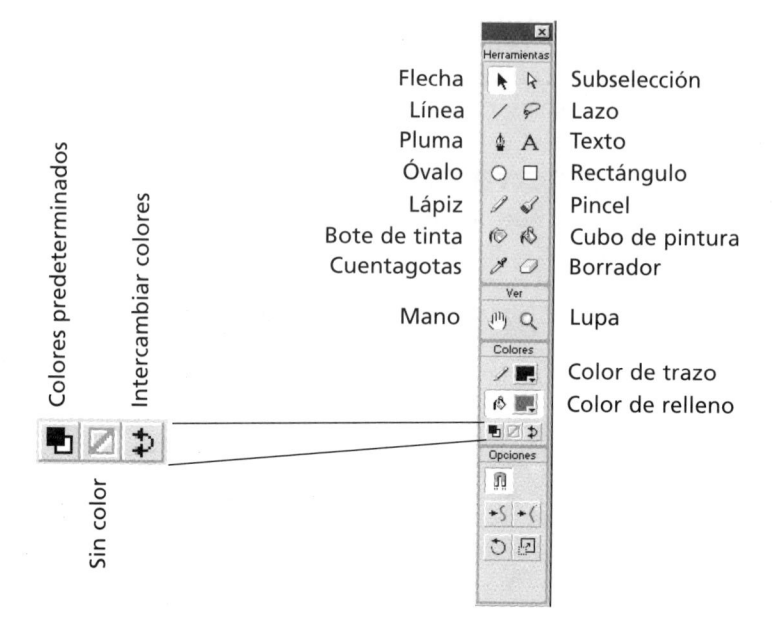

- Colores predeterminados
- Intercambiar colores
- Sin color

- Flecha — Subselección
- Línea — Lazo
- Pluma — Texto
- Óvalo — Rectángulo
- Lápiz — Pincel
- Bote de tinta — Cubo de pintura
- Cuentagotas — Borrador
- Mano — Lupa
- Color de trazo
- Color de relleno

El lector aprenderá el uso de todas estas herramientas en el transcurso de este libro. Por ahora, las describiremos brevemente:

- La herramienta **Flecha** sirve para seleccionar objetos (figuras y líneas).
- La herramienta **Subselección** hace aparecer nodos de edición individuales dentro de los objetos.
- La herramienta **Línea** permite para dibujar líneas.
- La herramienta **Lazo** permite seleccionar grupos de objetos dispuestos en forma irregular.
- La herramienta **Pluma** dibuja curvas de Bèzier mediante la definición de sus puntos nodales.
- La herramienta **Texto** permite crear cuadros de texto.
- La herramienta **Óvalo** dibuja círculos y óvalos.
- La herramienta **Rectángulo** dibuja cuadrados y rectángulos.
- La herramienta **Lápiz** dibuja líneas curvas o ángulos.
- La herramienta **Pincel** permite realizar sobre la pantalla trazos amplios.
- El **Bote de tinta** permite cambiar el color de las líneas.

Una visita al estudio de filmación   **Capítulo 2**

- El **Cubo de pintura** permite cambiar el color de los rellenos.
- El **Cuentagotas** transfiere colores de una línea o relleno a otro.
- El **Borrador** elimina áreas de un dibujo.
- La herramienta **Mano** permite hacer clic en un dibujo y arrastrarlo a otro lugar de la ventana.
- La herramienta **Lupa** permite magnificar o reducir la visión de las diversas secciones del dibujo.
- El **muestrario Color de trazo** permite elegir el color del contorno de los objetos seleccionados.
- El **muestrario Color de relleno** permite elegir el color de relleno de los objetos seleccionados.
- **Colores predeterminados** cambia los colores de trazo y relleno seleccionados por los predeterminados de la película.
- **Sin color** elimina el color de relleno o el color de trazo de un dibujo.
- **Intercambiar colores** convierte el color de trazo en color de relleno y viceversa.

Creación de películas

Tan pronto como el usuario inicia Flash, se abre una película nueva sobre la que puede comenzar a trabajar inmediatamente. Y, claro está, cuando el usuario haya terminado con ella deberá salvar su fabulosa creación eligiendo **Archivo, Guardar**.

Pase a camarines

Película1... Película2...

Se puede tener más de una película abierta al mismo tiempo. Para ello basta con ir al menú y elegir **Archivo, Nuevo**. A medida que se crean nuevas películas, Flash las nombra Película1, Película2, etc. Cuando guarde una película puede asignarle un nombre de archivo más original y descriptivo. Para alternar entre las películas abiertas use el menú Ventana.

El área de trabajo principal de Flash está dividida en dos regiones; el escenario es el amplio espacio abierto que ocupa la mayor parte de la ventana de Flash. Es aquí donde agregaremos el contenido que aparecerá en nuestra película.

Las películas casi siempre están compuestas por muchos fotogramas. La animación se produce al mostrar esos fotogramas en sucesión, usualmente a una velocidad que, cuando la película está destinada a presentarse en un sitio web, es de doce fotogramas por segundo. Si la película es para CD u otro medio distinto de la Web, se suele usar una velocidad de 24 o 30 fotogramas por segundo.

1º Parte — Introducción rapídisima a Flash

Detalles

La interactividad es producto de los fotogramas

Este es un concepto que seguiremos explorando a medida que aprendamos a movernos por el entorno de Flash: no solo la animación se crea mediante el uso de los fotogramas, sino también la interactividad. Para dar un ejemplo, podríamos programar una película de modo que el espectador oprima botones para elegir el contenido que quiere ver. La acción básica que realizan estos botones (detrás de escena) es conducir al espectador a una sección de fotogramas dentro de la película. Exploraremos esto en detalle en el Capítulo 19.

El escenario

Para crear objetos en un fotograma de Flash los añadimos al escenario. Los lectores de poca inclinación artística pueden copiar al escenario objetos tomados de otros programas, o importar allí archivos creados fuera de Flash. Sin embargo, como Flash es un programa tan fácil de usar, el usuario también puede crear por sí mismo nuevos objetos en el escenario. Gran parte de este libro tiene que ver con el modo de hacerlo.

Por ahora, basta observar que los objetos que estén fuera del escenario (el área en blanco del espacio de trabajo), por ejemplo las personas dentro del ascensor en la Figura 2.4, no aparecerán en la película.

Figura 2.4

A menudo se ubican objetos fuera del escenario en un fotograma de una película, para moverlos dentro del escenario en fotogramas posteriores; algo muy similar a un actor que espera "entre bastidores" su entrada a escena.

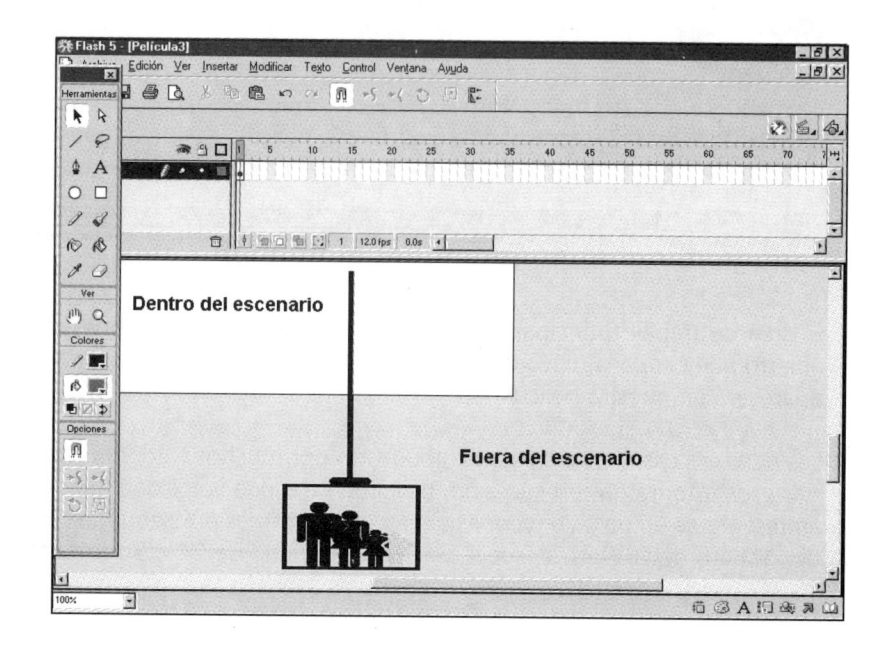

Los fotogramas y la línea de tiempo

La **línea de tiempo**, que está ubicada justo arriba del escenario, muestra una serie de fotogramas numerados en grupos de cinco: 5, 10, 15, 20, etc.

Para seleccionar un fotograma haga clic en él en la línea de tiempo.

Si quiere editar un fotograma, primero debe convertirlo en un **fotograma clave** *(keyframe)*. Para ello, elija **Insertar**, **Fotograma Clave**, lo que insertará un fotograma editable, que duplica el fotograma que estaba seleccionado previamente. Si, en cambio, elige **Insertar**, **Fotograma Clave Vacío**, Flash creará un fotograma vacío, editable, pero sin ningún contenido en su interior.

Debajo de la línea de tiempo hay un conjunto de íconos que se usa para ver múltiples fotogramas al mismo tiempo. Por ahora no entraremos en los correspondientes detalles, pero basta saber que estos íconos son de utilidad cuando se crean animaciones. Los usaremos en el Capítulo 16, "Animación automatizada".

Las capas

El lector observará que la línea de tiempo no está compuesta solamente de fotogramas, sino también de capas. Las **capas** dentro de un fotograma sirven para apilar objetos uno encima del otro. Por ejemplo, una capa puede contener el fondo, una segunda capa puede contener figuras en acción, y una tercera puede servir para almacenar archivos de sonido.

Las capas son una poderosa herramienta para el manejo de las películas Flash, y veremos sus detalles en el Capítulo 8.

> **Detalles**
>
> **Fotogramas... y fotogramas clave**
>
> Como veremos, la mayoría de los fotogramas en una película tienen contenido, pero no es el diseñador quien lo edita. Esto se debe a que el contenido de la mayoría de los fotogramas animados lo genera Flash cuando realiza automáticamente el proceso de animar la acción. Entraremos en esto en más detalle esto cuando exploremos la animación en el Capítulo 15.
>
> En la línea de tiempo, los fotogramas clave aparecen marcados con un punto. Toda modificación que se le haga a un objeto está asociada, siempre, a un fotograma clave.
>
> Si seleccionamos un fotograma sin crear en él un fotograma clave, y modificamos objetos en el escenario que están vinculados a esa capa, entonces será el fotograma clave a la izquierda del fotograma seleccionado el que resulte modificado.

1º Parte — Introducción rapidísima a Flash

Pase a camarines

Las capas son opcionales

Aunque es posible crear películas usando una sola capa, el uso de múltiples capas permite un trabajo más eficiente y simplifica la posterior edición.

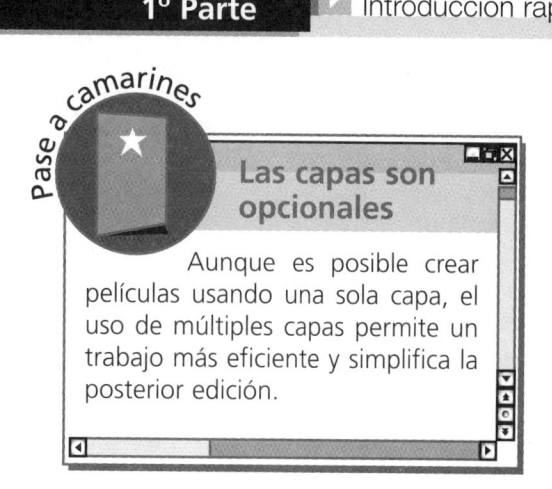

Paneles de control

La mayor reforma en Flash 5 es la incorporación del mismo entorno del **paneles** de control usado en otros productos de Macromedia, tales como Dreamweaver.

Los **paneles de control** ofrecen un conjunto de opciones que se les pueden aplicar a los objetos seleccionados. Para ver un panel, basta elegir en el menú **Ventana**, **Paneles**, y luego seleccionar alguno de los 17 paneles diferentes disponibles, como se ve en la Figura 2.5.

Figura 2.5

El submenú Ventana, Paneles incluye opciones para las funciones usadas habitualmente, como el Mezclador –que sirve para definir colores– u otras avanzadas como Parámetros de clip, que solamente está activa durante la creación de cierto tipo de minipelículas, llamadas clips de película.

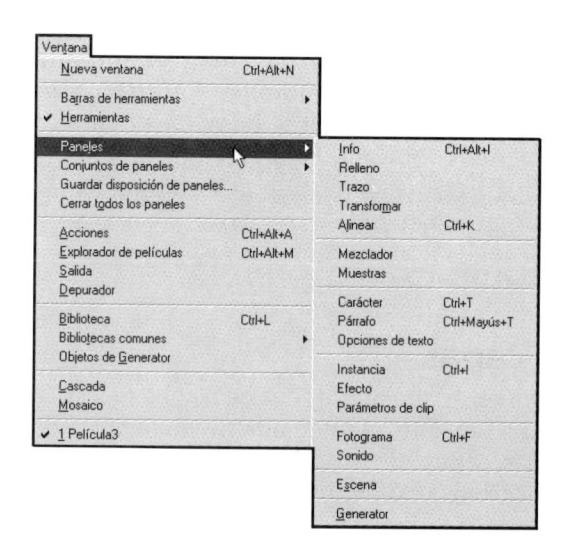

Paneles acoplados

La mayoría de los paneles se ven como paneles acoplados. Por ejemplo, el panel Info, en la Figura 2.6, está acoplado a otros tres paneles que muestran otra información y controles diferentes.

Figura 2.6

El panel Info está acoplado a los paneles Transformar, Trazo y Relleno. El usuario puede seleccionar cualquiera de estos paneles abriendo la ficha correspondiente (haciendo para ello clic en su correspondiente "solapa"). O puede hacer clic en la pestaña y arrastrarla, para separar la ficha de los otros paneles.

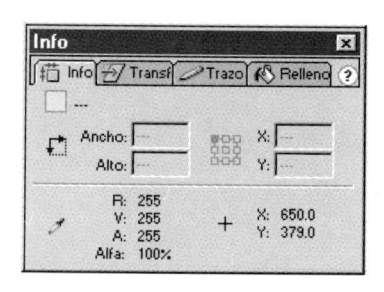

Paneles y objetos

Los paneles sirven para mostrar información acerca de los objetos seleccionados o aplicarles cambios a estos objetos. Por ejemplo, si estamos trabajando con un grupo de objetos, podemos seleccionarlos todos y usar el panel Mezclador para aplicarles ciertos cambios a todos ellos.

En la Figura 2.7, el color seleccionado en el panel Mezclador se aplica al óvalo seleccionado pero no a los otros dos, que no están seleccionados.

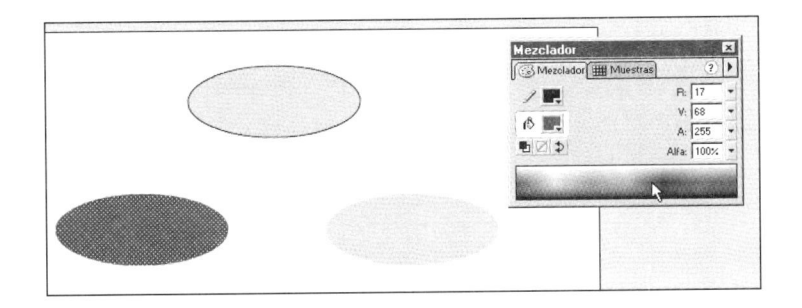

Figura 2.7

Solo el objeto seleccionado (oscuro) sufre el cambio de color cuando elegimos un nuevo color en el panel Mezclador.

Manejo de los paneles

Los paneles brindan una increíble capacidad de control sobre los dibujos, pero también pueden ser un estorbo y llenar la pantalla. La Figura 2.8 muestra una ventana que está prácticamente tapada de paneles.

Para ayudar al usuario a controlar los paneles, Flash 5 permite crear conjuntos de paneles y guardarlos. Para ello, abra los paneles que quiera usar, y luego elija **Ventana**, **Guardar disposición de paneles**. Aparecerá el cuadro de diálogo **Guardar disposición de paneles** (véase la Figura 2.9).

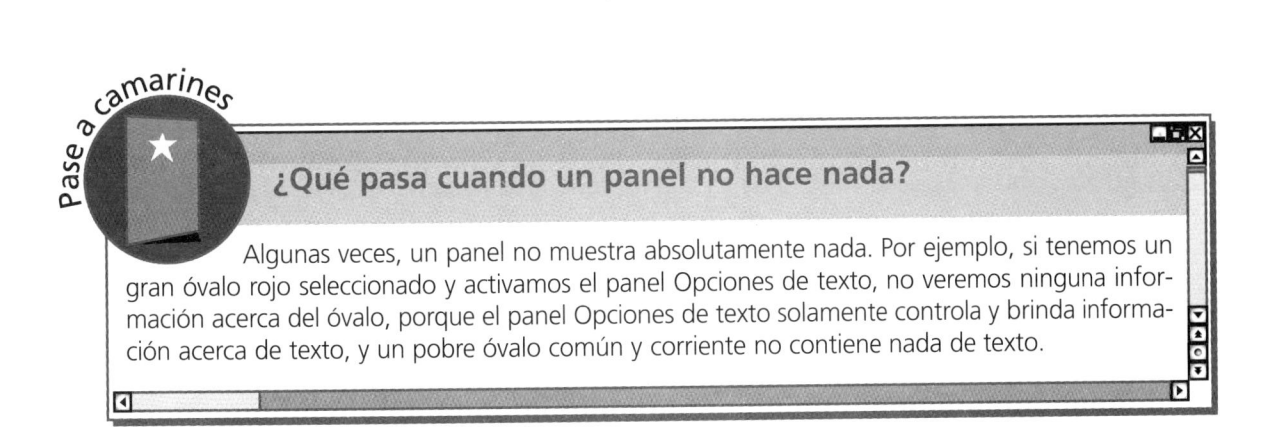

Pase a camarines

¿Qué pasa cuando un panel no hace nada?

Algunas veces, un panel no muestra absolutamente nada. Por ejemplo, si tenemos un gran óvalo rojo seleccionado y activamos el panel Opciones de texto, no veremos ninguna información acerca del óvalo, porque el panel Opciones de texto solamente controla y brinda información acerca de texto, y un pobre óvalo común y corriente no contiene nada de texto.

1º Parte ▸ Introducción rapidísima a Flash

Figura 2.8

¡Ufff! Esta sobrecargada pantalla de Flash está atestada de paneles abiertos: las cuatro ventanas que llenan el costado derecho de la pantalla. Aquellos que prefieren un espacio de trabajo más limpio, pueden subir la resolución de la pantalla o restringirse a no tener abiertos más de uno o dos paneles a la vez.

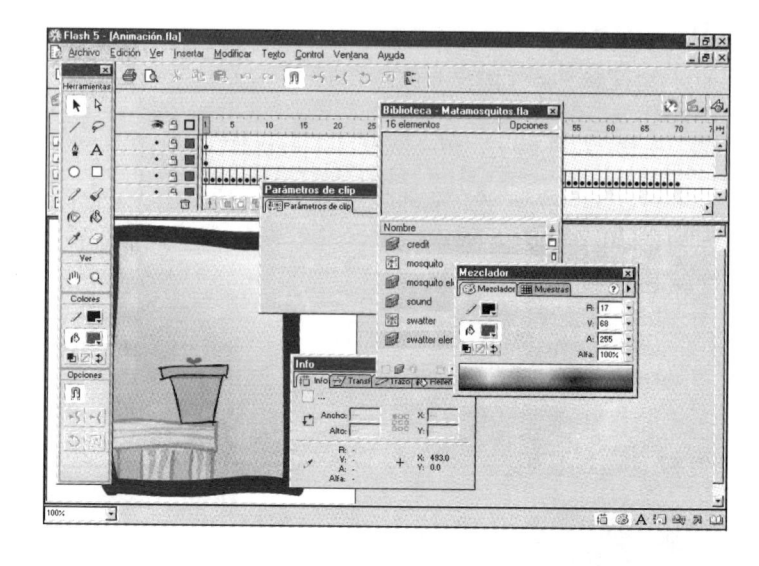

Figura 2.9

Puede guardar sus grupos favoritos de paneles como conjuntos de paneles. Los conjuntos de paneles están disponibles en todas las películas que cree. Para abrirlos, elija Ventana, Conjuntos de paneles y haga clic en un conjunto de paneles guardado.

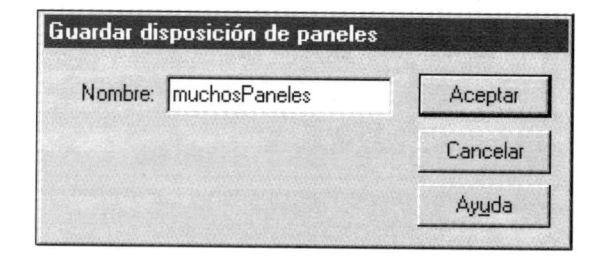

Uso de la barra de estado para ver paneles

En la barra de estado que reside en la esquina inferior derecha de la ventana de Flash hay siete íconos (no confundir con los siete enanitos). Estos íconos sirven para activar (u ocultar) algunos de los paneles más populares (considerados los más populares a juicio de, precisamente, un... panel de expertos).

La Figura 2.10 ilustra estos íconos.

Como a lo largo de este libro exploraremos muchos paneles, y como los diecisiete paneles tienen múltiples fichas y muchas opciones dentro de cada una, aquí nos limitaremos a describirlos brevemente:

- **Info:** Controla lo básico: tamaños y colores.
- **Relleno:** Controla el color de relleno de un objeto seleccionado.
- **Trazo:** Controla el contorno de un objeto seleccionado.
- **Transformar:** Rota, escala y sesga objetos seleccionados.

Una visita al estudio de filmación   Capítulo 2

- **Alinear:** Alinea los objetos seleccionados en relación unos con otros.

- **Mezclador y Muestras:** Dos fichas del mismo panel, que sirven para seleccionar colores.

- **Carácter, Párrafo y Opciones de texto:** Tres fichas de un mismo panel que controlan la apariencia del texto y las propiedades especiales asignadas a los cuadros de texto.

- **Instancia, Efecto, Fotograma y Sonido:** Cuatro fichas del mismo panel. Las fichas Instancia y Efecto controlan el modo como Flash muestra los símbolos usados repetidamente. La ficha Fotograma controla la animación y la ficha Sonido controla los sonidos asociados con una película.

- **Escena:** Sirve para organizar películas grandes divididas en escenas más pequeñas.

- **Generator:** Herramientas especiales para generar sitios web a partir de películas.

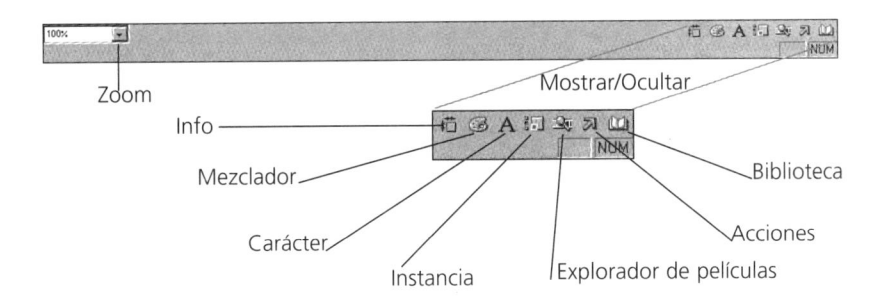

Figura 2.10

Los íconos en la barra de estado sirven para abrir o cerrar los paneles frecuentemente usados. La lista desplegable a la izquierda de la barra de estado permite hacer zoom para "acercarse" y "alejarse" del dibujo.

Ahora ya sabe lo que hace cada uno de los paneles. Úselos o ignórelos. Pero tenga en mente que todo lo que se puede hacer con un panel también se puede hacer con alguna opción de menú.

Cambiar las propiedades de una película

Existen ciertos elementos de una película que se aplican a lo largo de toda la película (por ejemplo, el color de fondo, el tamaño del escenario y la velocidad de fotogramas).

Para definir el color de fondo de una película basta elegir **Modificar, Película** y hacer clic en un color en la paleta de colores de fondo, en el cuadro de diálogo Propiedades de película (véase la Figura 2.11).

El tamaño del escenario se cambia modificando las dimensiones en los cuadros Anchura y Altura del cuadro de diálogo Propiedades de película.

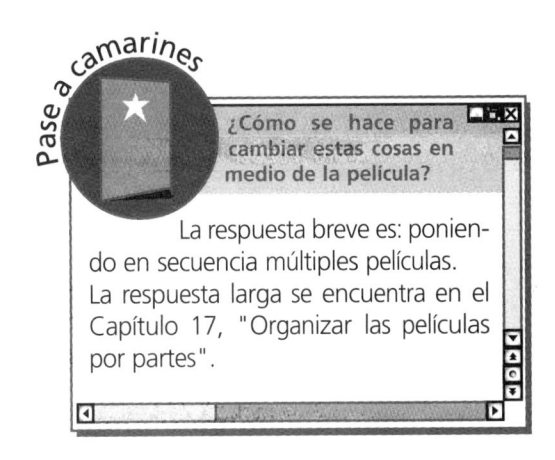

Pase a camarines

¿Cómo se hace para cambiar estas cosas en medio de la película?

La respuesta breve es: poniendo en secuencia múltiples películas. La respuesta larga se encuentra en el Capítulo 17, "Organizar las películas por partes".

1° Parte ▸ Introducción rapídisima a Flash

Figura 2.11

Los cambios hechos en el cuadro de diálogo Propiedades de película se aplican a toda la película.

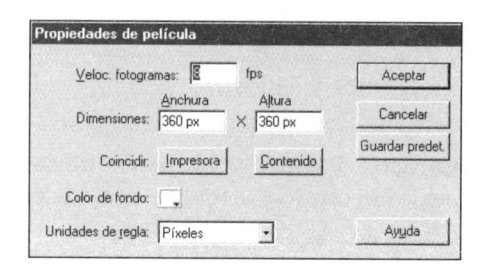

Aumentando la velocidad de fotograma en el cuadro Veloc. fotogramas se puede acelerar una película. Para desacelerarla, disminuya la velocidad de fotogramas.

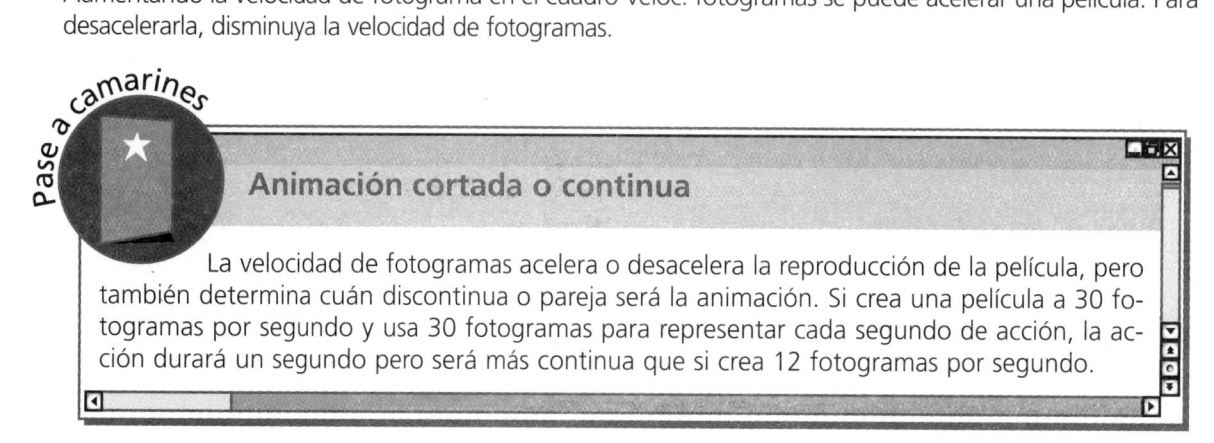

Pase a camarines

Animación cortada o continua

La velocidad de fotogramas acelera o desacelera la reproducción de la película, pero también determina cuán discontinua o pareja será la animación. Si crea una película a 30 fotogramas por segundo y usa 30 fotogramas para representar cada segundo de acción, la acción durará un segundo pero será más continua que si crea 12 fotogramas por segundo.

El poderoso cuadro Preferencias

Se puede definir la manera como trabaja Flash haciendo cambios en el cuadro de diálogo Preferencias que, aunque sea pequeño, es bastante poderoso; casi se podría decir que con él podemos crear un Flash a nuestra medida.

Probablemente, algunas de las configuraciones de preferencia no le dirán mucho hasta que hayamos explorado de hecho las herramientas de Flash. Pero al menos debería estar al tanto del tipo de controles disponibles en este cuadro de diálogo.

Para abrir el cuadro de diálogo Preferencias, elija **Editar, Preferencias** (véase la Figura 2.12).

Cambiar el modo de trabajo de Flash con la ficha General

La ficha General controla las funciones básicas de Flash, y aparece en la Figura 2.12.

- El campo **Niveles deshacer** define la cantidad de veces que se puede hacer clic en el botón Deshacer para revertir las acciones previas.

- La casilla de verificación **Deshabilitar PostScript** cancela la impresión PostScript. Esta opción no se encuentra disponible en computadoras Macintosh.

Una visita al estudio de filmación   **Capítulo 2**

- La casilla de verificación **Seleccionar con Mayús** habilita el uso de la tecla Mayús para seleccionar múltiples objetos cuando se hace clic con la herramienta Flecha (o cualquier herramienta de selección).

- La casilla de verificación **Mostrar información de herr.** hace que cuando el usuario pase el mouse por encima de un botón aparezcan esas útiles explicaciones (¿quién querría desactivarlas?).

- La casilla de verificación **Deshab. acopl. Línea tiempo** hace difícil fijar la línea de tiempo a la parte superior de la pantalla de Flash. Pasémosla de largo.

- La casilla de verificación **Estilo selección de Flash 4** permite seleccionar los fotogramas en la línea de tiempo del modo como se hacía en los viejos tiempos de Flash 4. ¿Está acostumbrado a Flash 4? Entonces esta opción puede evitarle algunas molestias, pero tenga en mente que en este libro todas las indicaciones se referirán al método de selección de Flash 5.

- La casilla de verificación **Dibujo fotograma de Flash 4** sirve para que en los fotogramas clave vacíos aparezcan esos bonitos circulitos huecos, a la manera como lo hacían en Flash 4.

- El **área Color de resalte** permite controlar la manera como se muestran los objetos seleccionados.

- La lista desplegable **Modo**, en la sección inferior del cuadro de diálogo, permite elegir entre el modo Normal y el modo Experto. En el modo predeterminado, Normal, cuando el usuario comienza a añadirle programación interactiva a la película, el programa muestra una útil lista de acciones básicas. En modo Experto esta utilísima lista no aparece.

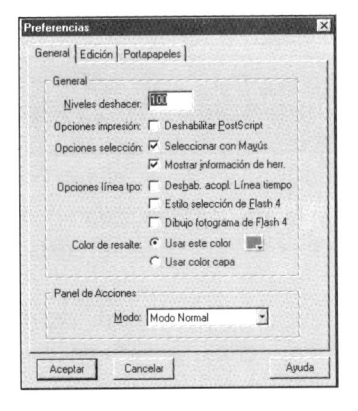

Figura 2.12

El cuadro de diálogo Preferencias, con la ficha General abierta.

Definición del modo de edición y copia

La ficha Edición del cuadro de diálogo Preferencias sirve para definir cómo se seleccionan los objetos y cómo se muestran para su edición. Aunque todavía no hemos empezado a hacer nada de dibujo ni edición, el lector debe estar al tanto de las opciones que tiene disponibles para cambiar sus preferencias de edición. De tal modo, cuando se encuentre con algo que no funciona como desea, sabrá si es posible cambiarlo y dónde buscar para hacerlo.

La ficha Edición aparece en la Figura 2.13.

1° Parte ▸ Introducción rapídisima a Flash

Figura 2.13

La configuración de dibujo define la cantidad de ayuda que se desea obtener de Flash al conectar líneas o suavizar curvas.

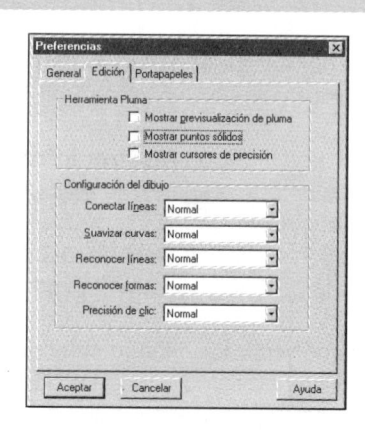

Las casillas de verificación correspondientes a la herramienta Pluma controlan el modo como se dibujan las curvas de Bèzier; si elige la opción Mostrar previsualización de pluma, podrá ver las curvas a medida que las dibuje. La casilla de verificación Mostrar puntos sólidos hará que se vean los puntos nodales dentro de la curva, y la casilla de verificación Mostrar cursores de precisión cambia el puntero del mouse por una cruz cuando se dibujan curvas de Bèzier.

Las Preferencias ubicadas en la sección Configuración del dibujo definen el modo como se convierten en figuras y curvas las líneas que dibuja el usuario.

La ficha Portapapeles del cuadro de diálogo Preferencias define el modo como se copian los objetos al Portapapeles. Esto es de utilidad si piensa copiar muchos objetos desde Flash a otros programas.

Lo mínimo que debe saber

- Si ya ha usado una computadora Macintosh o Windows, el entorno de Flash le parecerá familiar.
- La barra de herramientas de Flash normalmente está anclada en la parte superior de la pantalla. El cuadro de herramientas de Flash, normalmente anclado en el costado izquierdo de la pantalla, ofrece acceso a herramientas de dibujo.
- Flash permite acceder a casi todas sus funciones ya sea a través de menúes o paneles. Es algo así como una división "hemisferio derecho/hemisferio izquierdo del cerebro". Si le gusta la interfaz gráfica de los paneles, y tiene un buen monitor de 32" y una resolución 1280 x 1024, puede tener varios paneles a la vista y aún así tendrá suficiente espacio de trabajo visible en el monitor. Alternativamente, puede trabajar con una pantalla bien limpia, y manejarse con los menúes para todo lo que necesite de Flash.
- El entorno de Flash es altamente configurable; use Editar Preferencias para cambiar el modo como trabaja Flash, como se dibujan y editan las figuras y curvas, o como se copian los objetos de Flash al Portapapeles. También puede dejar las preferencias como están y trabajar con los valores predeterminados de Flash.

2ª Parte

¡Luz! ¡Cámara! ¿Vectores?

Flash incluye un conjunto profesional de herramientas de dibujo que permite la creación de excelentes gráficos para la Web y la organización de las figuras, líneas, y rellenos que serán algún día los actores de nuestra película Flash.

En los capítulos que siguen, aprenderemos a crear y editar dibujos en Flash. No se requiere talento para dibujar.

Capítulo 3

¡Preparados!
¡Listos!
¡Dibujar!

En Este Capítulo

- Dibujar líneas
- Cambiar la apariencia de las líneas
- Curvas y zigzags
- Dibujar curvas de Bèzier
- Crear óvalos y rectángulos

Dibujar líneas y figuras para una película Flash es algo así como contratar los actores para una película normal. Excepto que, en este caso, el director crea a los actores.

Gran parte del contenido de nuestra película animada consistirá de figuras, líneas y texto en movimiento. En este capítulo aprenderemos a usar las herramientas de dibujo de líneas y figuras incluidas en Flash para crear y manipular los objetos que luego darán vueltas por el sitio web para presentar nuestro mensaje.

Comencemos por analizar exactamente cómo usar las herramientas de trazo (línea) y figuras en Flash.

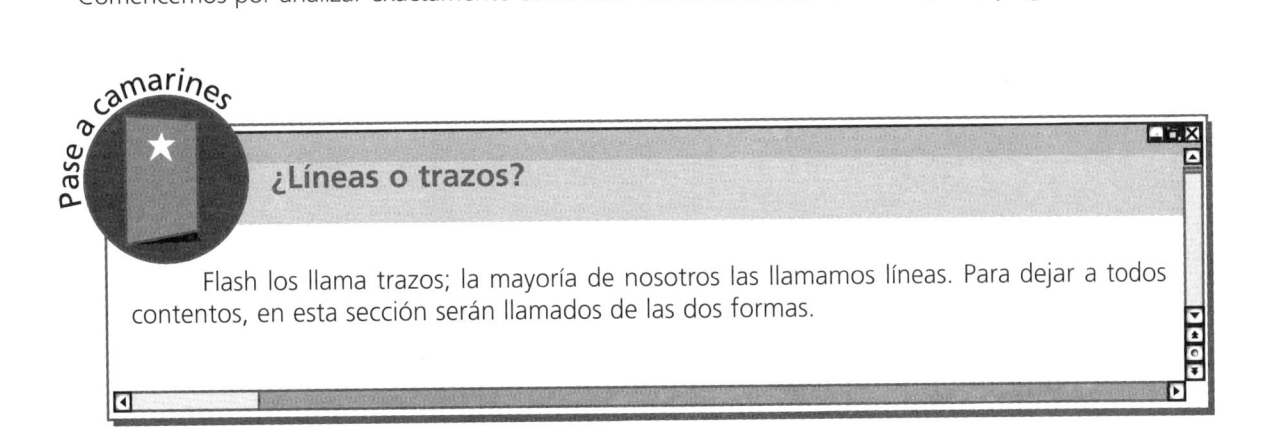

Pase a camarines

¿Líneas o trazos?

Flash los llama trazos; la mayoría de nosotros las llamamos líneas. Para dejar a todos contentos, en esta sección serán llamados de las dos formas.

2º Parte — ¡Luz! ¡Cámara! ¿Vectores?

Líneas Rectas

Aquí van dos pequeños consejos acerca del dibujo de líneas en Flash:

- Dibujar en Flash es divertido, se sepa o no dibujar.

- Flash brinda mucha ayuda.

Si el lector tiene talento para el dibujo a mano alzada hallará que las herramientas de Flash le dan suficiente libertad para crear algunas cosas realmente buenas. Si por el contrario, es torpe para el dibujo (como yo) igual, puede divertirse mucho, y Flash le permitirá disimular su falta de habilidad para dibujar usando opciones que permiten redondear, suavizar, enderezar y añadir efectos a sus dibujos.

Pase a camarines

¿Quién crea los dibujos?

El hecho es que la mayoría de los artistas no crean dibujos complejos en Flash. En vez de eso, las ilustraciones realmente complejas se suelen crear modificando imágenes tomadas de la biblioteca de Flash u otras fuentes. Las herramientas de dibujo de Flash se suelen usar para dibujos y figuras básicos y para mejorar ilustraciones importadas.

En Flash hay dos formas principales de dibujar líneas: la herramienta Línea y la herramienta Lápiz. El usuario puede elegir cualquiera de las dos en el cuadro de herramientas (a la izquierda del escenario); alternativamente, puede activar la herramienta Lápiz pulsando **Y** en el teclado, y la herramienta Línea pulsando **N**.

Figura 3.1

Antes de empezar a dibujar líneas en Flash, conviene definir opciones de línea tales como el color, el ancho y el tipo. Estas opciones se configuran en la sección Opciones que aparece en la parte inferior de la barra de herramientas cuando se seleccionan las herramientas Línea o Lápiz.

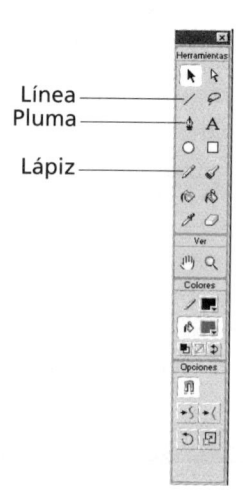

Línea
Pluma
Lápiz

¡Preparados¡ ¡listos¡ ¡dibujar! | **Capítulo 3**

La herramienta Pluma

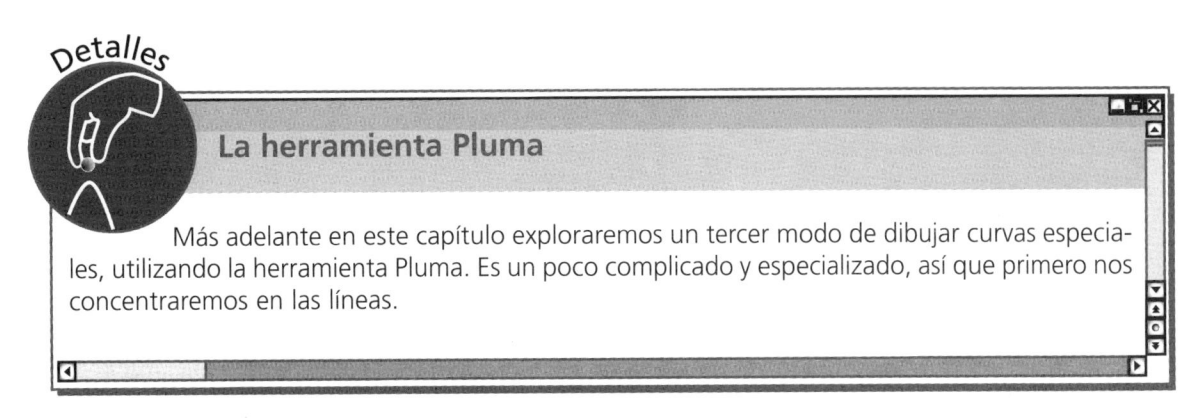

Más adelante en este capítulo exploraremos un tercer modo de dibujar curvas especiales, utilizando la herramienta Pluma. Es un poco complicado y especializado, así que primero nos concentraremos en las líneas.

Las herramientas Línea, Pluma y Lápiz permiten usar opciones para cambiar el color, el grosor y el estilo de la línea. La herramienta Lápiz también permite modificar el modo como se manejarán las curvas, pero nos ocuparemos de ello un poco más adelante en el capítulo.

Configurar el color de trazo

Al hacer clic en el botón **Color de trazo**, en la sección **Colores del cuadro de herramientas**, se abre una paleta de colores. La elección que allí se haga definirá el color de los trazos dibujados con las herramientas Lápiz, Línea y Pluma. A partir de ese momento, toda línea que se dibuje saldrá de ese color.

Figura 3.2

En el área Colores del cuadro de herramientas se puede modificar el color de trazo para las líneas. La configuración predeterminada de color dibuja las líneas de color negro.

Color de trazo

Colores predeterminados

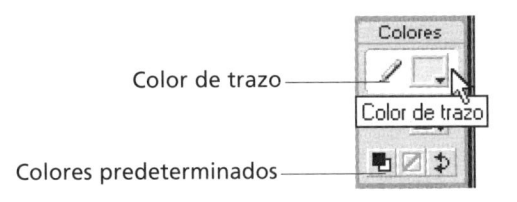

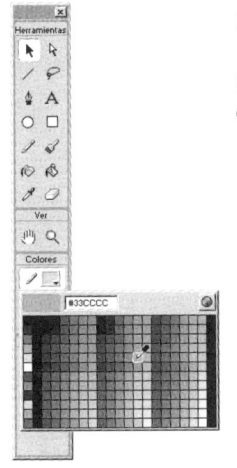

Figura 3.3

Elección de un color de línea en la paleta de colores.

¿Ninguno de los colores de la paleta le gusta? Puede mezclar su propio color haciendo clic en el botón Selector de color, que se encuentra en la esquina superior derecha de la paleta de colores. Como resultado, se abrirá el cuadro de diálogo Color, que permite definir colores que no están disponibles en la paleta de colores predeterminada de Flash. Se puede mezclar un color personalizado ingresando valores en los campos Rojo, Verde y Azul. O elegir un color del espacio de colores, en el costado derecho del cuadro de diálogo.

Examinaremos los colores en más detalle en el Capítulo 5.

2° Parte ¡Luz! ¡Cámara! ¿Vectores?

> **Detalles**
>
> ### Elija primero el color de línea
>
> ¿Se puede cambiar el color de una línea después de dibujarla? Sí, y exploraremos este proceso en el Capítulo 5, cuando nos ocupemos de la asignación de colores de relleno. Pero por ahora basta saber que es más fácil asignar el color de línea antes de dibujarla. Esto se debe a que, entre otras razones, suele ocurrir que luego de que el usuario dibuja una línea el programa la convierte en más de una línea, lo que implica que habrá que cambiar el color a varios objetos de línea diferentes. Para decirlo en pocas palabras, generalmente conviene pensar el color de línea por adelantado.

> **Detalles**
>
> ### Colores seguros para la Web
>
> El conjunto predeterminado de colores en Flash es "seguro para la Web", lo que quiere decir que es compatible con los colores que pueden interpretar navegadores web como Netscape Navigator e Internet Explorer. Exploraremos las paletas de colores y los colores seguros para la Web en más detalle en la Sección "Organizar los colores", del Capítulo 5. Por ahora, si quiere que los colores que elija se vean con precisión en el navegador web, sería buena idea atenerse a la paleta predeterminada.

Configurar el grosor y el estilo de trazo

El panel Trazo permite elegir el estilo, grosor y color de la línea. Para abrir el panel Trazo elija **Ventana, Paneles, Trazo**.

La lista desplegable Estilo de línea permite elegir entre una importante variedad de tipos de línea. Use el control deslizante Peso de línea (que se ve en la Figura 3.4) para elegir el grosor de la línea (o escriba un valor en el cuadro).

¡Preparados¡ !listos¡ !dibujar! ◄ **Capítulo 3**

Figura 3.4

— Estilo de línea
— Color del trazo
— Peso de línea
— Previsualización de la línea

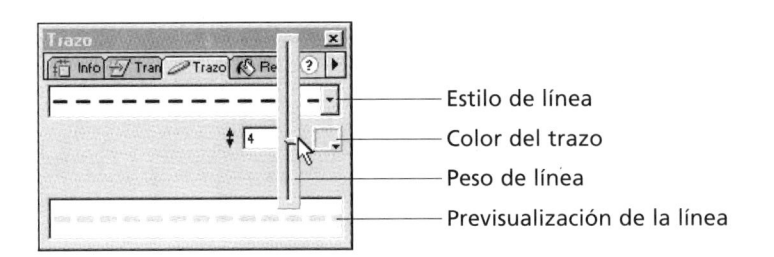

Modificación del grosor de línea con el control deslizante Peso de línea. Al cambiar la altura, el estilo y el color del trazo (línea), el área de previsualización del panel mostrará la apariencia que tendrá la línea.

Detalles

¿Grueso o fino? ¡De usted depende!

El hecho de disponer de líneas personalizadas es algo grandioso, ya que el usuario tiene más control sobre sus dibujos, al poder configurar el grosor de línea en cualquier valor deseado (dentro de ciertos parámetros). El grosor de línea se define en puntos; 72 puntos hacen una pulgada. El grosor de línea puede ir de 0,1 puntos a 10 puntos, y se lo puede configurar con precisión de hasta un centésimo de punto.

El panel Trazo también ofrece una manera alternativa de elegir el color del trazo: se puede hacer clic en la muestra Color del trazo para abrir la paleta de colores y elegir un nuevo color de línea.

Líneas con estilo personalizado

La lista desplegable Estilo de línea, en el panel Trazo, permite elegir entre varios estilos de línea predeterminados. Las opciones predeterminadas –trazo fino, sólido, discontinuo, de puntos, dentado, punteado y con sombra– aparecen al hacer clic en la lista desplegable, como se ve en la Figura 3.5.

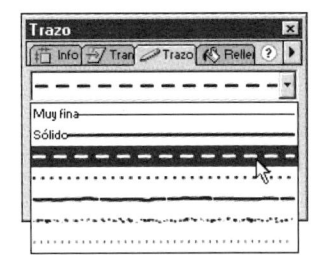

Figura 3.5

Se puede elegir entre estilos de línea predeterminados o definir estilos propios.

Para tener un control más detallado sobre el estilo de línea (y más diversión), abra el menú emergente que se encuentra a la derecha del panel Trazo y elija Personalizado (véase la Figura 3.6).

2º Parte — ¡Luz! ¡Cámara! ¿Vectores?

Figura 3.6

Elección de la opción Personalizado para el estilo de línea.

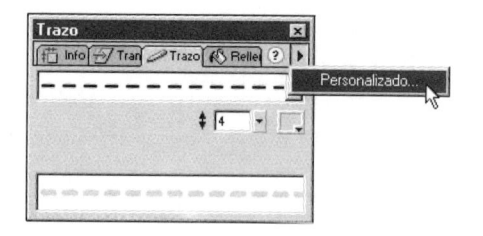

Cuando se define un estilo de línea personalizado en el cuadro de diálogo Estilo de línea, se accede a una multitud de opciones detalladas que se pueden usar para modificarlo.

La polémica por los estilos de trazo

La comunidad de Flash se encuentra dividida respecto a si los estilos de trazo raros funcionan bien en los sitios web. Algunos expertos dicen que hacerse los complicados con los estilos de línea es algo que hay que evitar a toda costa, y que toda sutileza en cuestión de estilos de línea se pierde cuando la película llega al navegador web. Quizá sea así, pero definitivamente hay un tiempo y un lugar para ciertos estilos de línea (especialmente cuando se trata de gráficos grandes y no muy detallados, como los de la Figura 3.7).

En la Figura 3.7, hemos tirado la casa por la ventana en cuestión de estilos de línea. En la figura de la derecha, retocamos el estilo de línea punteado y le asignamos:

- Tamaño de punto: Grande
- Variación de punto: Aleatoria
- Densidad: Muy poco denso
- Grosor: 4 pt, con esquinas en punta

Para la figura de la izquierda, usamos el patrón Simple del estilo Dentado, y seleccionamos estas opciones en el cuadro de diálogo Estilo de línea:

- Altura de onda: Extrema
- Longitud de onda: Muy corta
- Grosor: 4 pt, con esquinas en punta

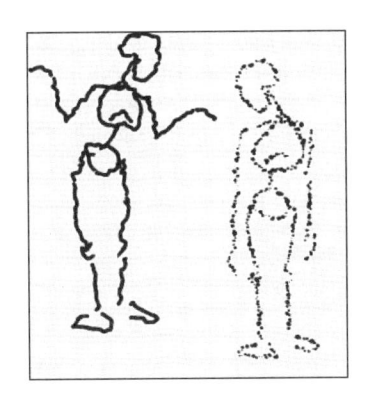

Figura 3.7

Se puede ajustar con precisión diferentes atributos de los estilos de línea.

Dibujar líneas rectas y ángulos

Una vez definidos el color, el grosor y el estilo de la línea, solamente resta dibujar. Si usa la herramienta Línea, las líneas saldrán derechas, independientemente de lo insegura que sea su mano para el dibujo.

Para dibujar una línea, haga clic y arrastre, con la herramienta Línea seleccionada. La línea aparecerá solamente cuando suelte el botón del mouse.

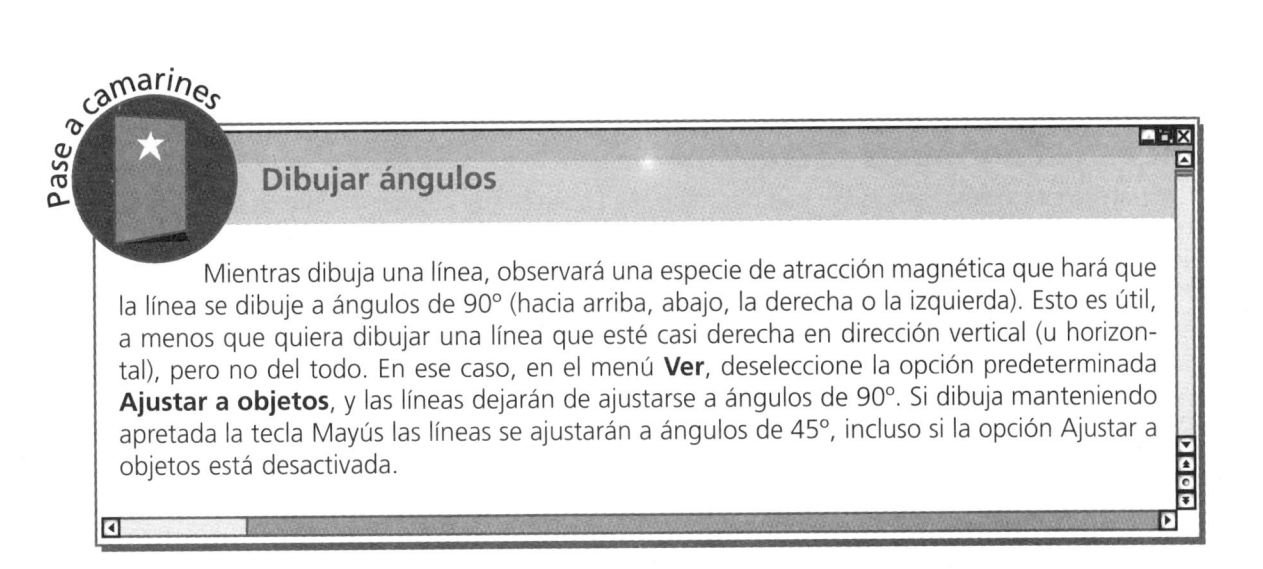

Pase a camarines

Dibujar ángulos

Mientras dibuja una línea, observará una especie de atracción magnética que hará que la línea se dibuje a ángulos de 90° (hacia arriba, abajo, la derecha o la izquierda). Esto es útil, a menos que quiera dibujar una línea que esté casi derecha en dirección vertical (u horizontal), pero no del todo. En ese caso, en el menú **Ver**, deseleccione la opción predeterminada **Ajustar a objetos**, y las líneas dejarán de ajustarse a ángulos de 90°. Si dibuja manteniendo apretada la tecla Mayús las líneas se ajustarán a ángulos de 45°, incluso si la opción Ajustar a objetos está desactivada.

Curvas

La herramienta Línea está bien para hacer líneas rectas, pero cuando se trata de dibujar ilustraciones, curvas o zigzags, cámbiela por la herramienta Lápiz.

2º Parte — ¡Luz! ¡Cámara! ¿Vectores?

Cuando seleccione la herramienta Lápiz (¿Recuerda el atajo? Basta pulsar **"Y"**), aparecerá una nueva opción que no está disponible para la herramienta Línea. La opción Modo del Lápiz permite elegir entre Enderezar, Suavizar o Tinta. Estas opciones no hacen exactamente lo que uno esperaría; por ejemplo, la opción "Enderezar" es genial para dibujar... ¡círculos! Y la herramienta Tinta se puede combinar tanto con el enderezamiento como con el suavizado.

Figura 3.8

En modo Enderezar, si dibujamos algo parecido a un círculo nos saldrá un círculo perfecto.

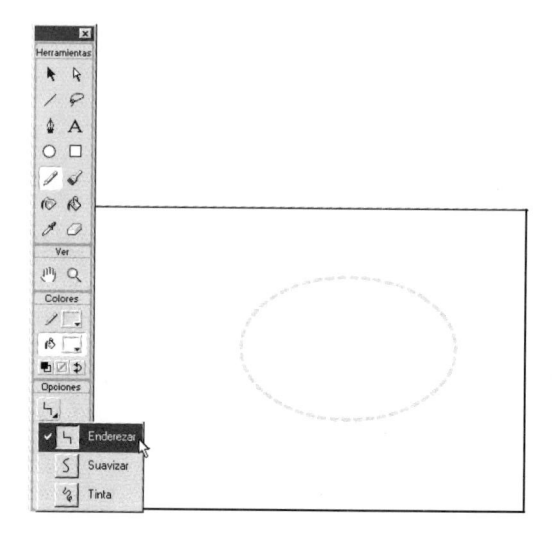

Zigzags con líneas rectas

Contrariamente a lo que implica su nombre, la opción Enderezar no necesariamente crea líneas rectas. Sí; cuando en el botón de opción Modo del Lápiz se elige Enderezar, Flash convertirá las líneas en zigzags relativamente simétricos. Y una línea ligeramente sinuosa se volverá recta. Pero Enderezar también convierte las curvas en figuras simétricas suavizadas. Por ejemplo, un zigzag impreciso se convierte en un prolijo ángulo. Y un óvalo desmañado y torpemente dibujado se convertirá en un óvalo bien dibujado.

Dibujar curvas suavizadas

La opción Suavizar elimina pequeñas distorsiones de las líneas, transformándolas en curvas suaves.

Curvar y enderezar

Es posible transformar una línea de curva a recta, o viceversa. Para ello dibuje un recuadro alrededor de la curva con la herramienta Selección y luego elija Modificar, Suavizar o Modificar, Enderezar, para suavizar o enderezar una curva existente, respectivamente.

¡Preparados, listos, dibujar!

Capítulo 3

¿Cómo lo hace Flash?

Para convertir las líneas mal dibujadas del usuario (de acuerdo, mis líneas mal dibujadas) en curvas suaves y ángulos simétricos, Flash aplica algo de matemática. El lector recordará lo que dijimos en el Capítulo 1 acerca de que Flash usa cálculos matemáticos para definir las líneas (algo conocido con el nombre de gráficos vectoriales). Alterando un poquito estos cálculos matemáticos al dibujar, Flash ayuda al usuario a suavizar y enderezar sus líneas.

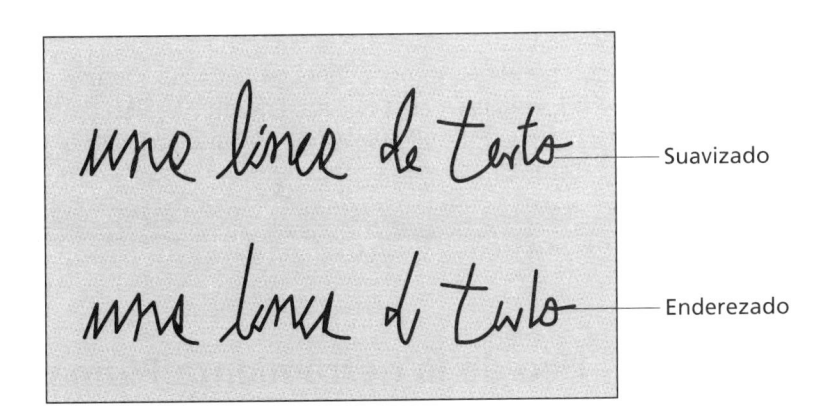

Figura 3.9

Este texto dibujado a mano se pasó de modo suavizado a modo enderezado.

Obtener más ayuda... o menos

Si quiere aplicarle cambios más dramáticos a sus curvas, elija Edición Preferencias en el menú y en la ficha Edición del cuadro de diálogo cambie a Suave la opción Suavizar Curvas (véase la Figura 3.10). ¿Quiere menos ayuda? Cambie la opción a Brusca. ¿No quiere que el programa lo ayude en absoluto a dibujar curvas? Abra la lista desplegable Suavizar curvas y elija Desactivado.

Curvas abiertas y cerradas

Flash también ayudará al usuario a conectar entre sí diversas líneas. Si usa la herramienta Lápiz con la opción Enderezar, puede dibujar líneas que casi se conecten, y Flash las conectará por usted.

2° Parte   ▶ ¡Luz! ¡Cámara! ¿Vectores?

Figura 3.10

Se puede mejorar o deshabilitar la capacidad de Flash de ayudar a enderezar o suavizar las curvas.

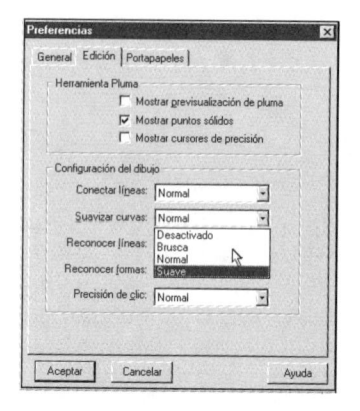

Pase a camarines

Cambiar la cantidad de ayuda de Flash para conectar líneas

Para ajustar la cantidad de ayuda que brinda Flash para conectar líneas (o desactivar esta ayuda por completo), elija **Edición Preferencias** y abra la ficha Edición. Verá las opciones Debe estar cerca, Normal y Puede estar lejos. Esta última opción forzará las líneas a conectarse aunque al dibujarlas apenas nos acerquemos a conectarlas.

Detalles

¿Quién es Bèzier?

Pierre Bèzier fue un diseñador de automóviles francés que creó un método para generar curvas mediante la definición de "puntos de control" que las gobiernan.

Uso de la herramienta Pluma

La herramienta Pluma se usa para generar cierto tipo de curvas suaves y sincronizadas, llamadas curvas de Bèzier.

La mejor manera de "explicar" el uso de la herramienta Pluma es con un ejemplo. ¿Todos tienen su pluma lista?

Para generar una curva ondulada con la herramienta Pluma, dibuje una línea vertical de arriba abajo, en el lado izquierdo del escenario. Con este primer paso lo que está haciendo es definir puntos de control para uno de los extremos de la curva.

Luego, haga clic en el lado derecho del escenario y dibuje otra línea vertical, una vez más comenzando en la parte superior del escenario en dirección hacia abajo. Al hacerlo, generará una curva entre los dos puntos de control definidos, como se ve en la Figura 3.11.

¡Preparados¡ !listos¡ !dibujar!   **Capítulo 3**

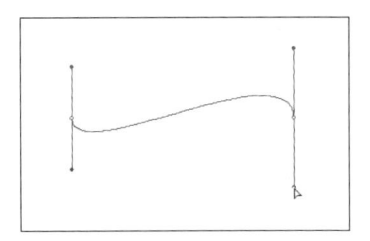

Figura 3.11

La herramienta Pluma se usa para generar curvas mediante la definición de puntos de control.

Modificar líneas ya dibujadas

Para cambiar la dirección, forma o longitud de una línea existente, use la herramienta Selección. Cuando haga clic en el extremo de una línea existente, la herramienta Selección se verá como un ángulo recto. Haga clic y arrastre para mover el extremo de la línea. En cuanto comience a hacerlo, el puntero del mouse mostrará un círculo, como se ve en la Figura 3.12.

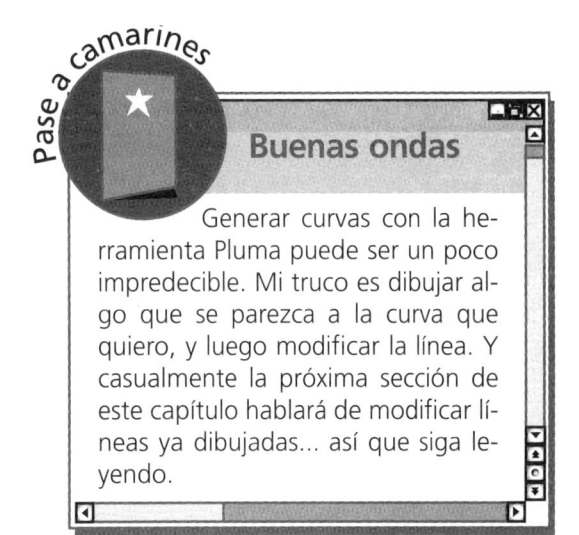

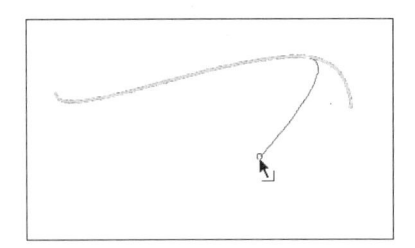

Pase a camarines

Buenas ondas

Generar curvas con la herramienta Pluma puede ser un poco impredecible. Mi truco es dibujar algo que se parezca a la curva que quiero, y luego modificar la línea. Y casualmente la próxima sección de este capítulo hablará de modificar líneas ya dibujadas... así que siga leyendo.

Figura 3.12

Para modificar una línea existente, use la herramienta Selección (no las herramientas Lápiz, Pluma o Línea).

Si usa la herramienta Selección y hace clic en el *medio* (no en el extremo) de una línea existente, el puntero mostrará un ícono con forma de curva. Haga clic y arrastre con este ícono para cambiar la curvatura de la línea seleccionada, como se ve en la Figura 3.13.

Figura 3.13

Haga clic y arrastre en el medio de una línea existente con la herramienta Selección para cambiar la curvatura de la línea.

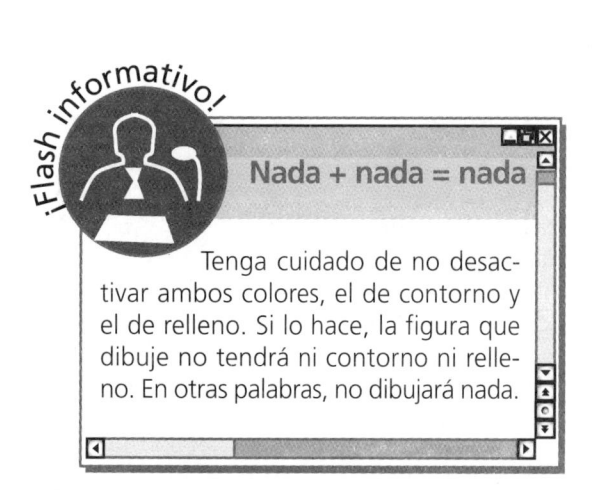

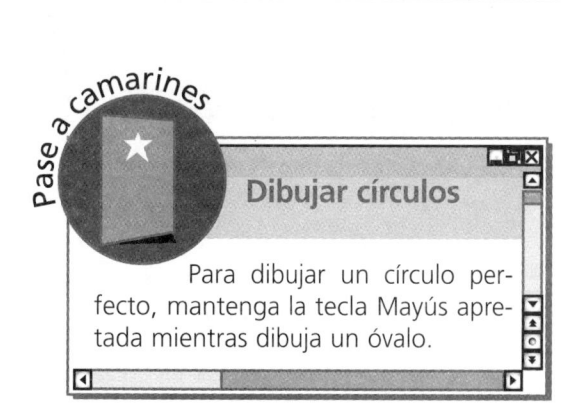

¡Flash informativo!

Nada + nada = nada

Tenga cuidado de no desactivar ambos colores, el de contorno y el de relleno. Si lo hace, la figura que dibuje no tendrá ni contorno ni relleno. En otras palabras, no dibujará nada.

Pase a camarines

Dibujar círculos

Para dibujar un círculo perfecto, mantenga la tecla Mayús apretada mientras dibuja un óvalo.

Figuras

Las herramientas Óvalo y Rectángulo sirven para dibujar figuras que incluyen un contorno, o figuras sin contorno. ¿Es que no se puede dibujar óvalos y rectángulos con las herramientas Línea o Lápiz? Claro que sí, pero las herramientas Óvalo y Rectángulo son atajos que ayudan a dibujar estas figuras más rápidamente.

Óvalos

Para dibujar un óvalo, basta seleccionar la herramienta Óvalo en la barra de herramientas (o pulsar **O** en el teclado). Al hacer clic en la opción Color del trazo, en el cuadro de herramientas, se abrirá la ya conocida paleta de colores. Lo que se elija aquí determinará el color que se asignará al contorno del óvalo. ¿No quiere que haya ningún contorno? Entonces primero haga clic en el ícono Color del trazo, en el cuadro de herramientas, y luego en la opción Sin color, para desactivar el contorno (véase la Figura 3.14).

El ícono Color de relleno, en el cuadro de herramientas, abre una paleta de colores que permite elegir un color para el interior del óvalo. Si quiere un óvalo sin relleno, seleccione el ícono de opciones de relleno, en el área de opciones del cuadro de herramientas, y haga clic en el ícono Sin color.

Una vez definidos el contorno y el relleno del óvalo, haga clic y arrastre para dibujarlo.

Rectángulos

Dibujar rectángulos es parecido a dibujar óvalos; primero se definen el color, grosor y estilo del contorno y el color de relleno, luego se hace clic y se arrastra. Si al dibujar mantiene apretada la tecla Mayús, le saldrá un cuadrado perfecto.

¡Preparados¡ !listos¡ !dibujar! **Capítulo 3**

Figura 3.14

Elegir Sin color con la opción Color del trazo seleccionada desactiva el contorno del óvalo, de modo que solamente aparecerá el color elegido para el relleno de la figura.

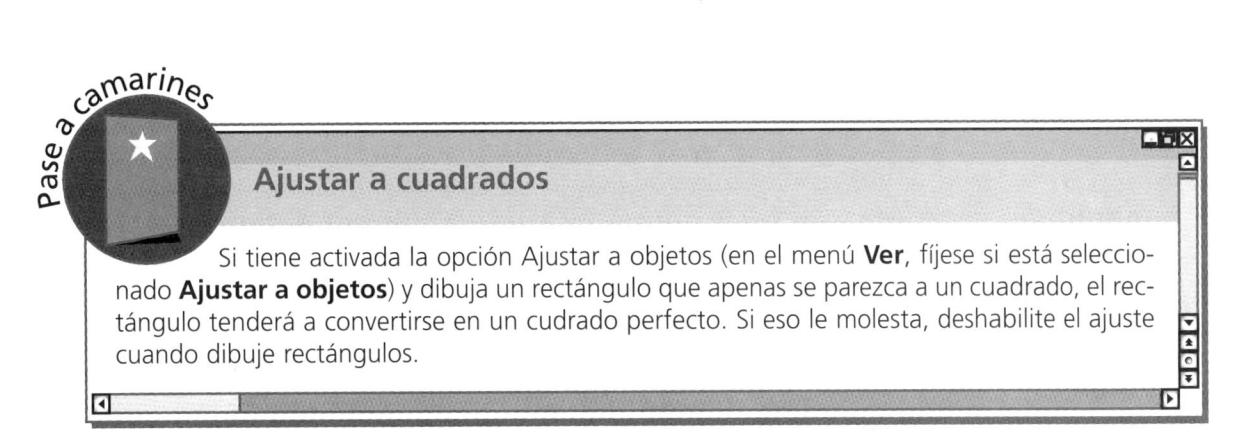

Ajustar a cuadrados

Si tiene activada la opción Ajustar a objetos (en el menú **Ver**, fíjese si está seleccionado **Ajustar a objetos**) y dibuja un rectángulo que apenas se parezca a un cuadrado, el rectángulo tenderá a convertirse en un cudrado perfecto. Si eso le molesta, deshabilite el ajuste cuando dibuje rectángulos.

La herramienta Rectángulo tiene una opción que no encontrará en la barra de herramientas del Óvalo: la opción Radio de rectángulo redondeado. Sus valores van desde 0 (nada) hasta 999 (muy redondeado).

Figura 3.15

Un radio de 999 crea esquinas muy redondeadas que convierten el rectángulo en algo más parecido a un óvalo, mientras que un radio de 1 suaviza ligeramente las esquinas, lo que produce una figura más reconocible como rectángulo.

Intersección de figuras y líneas

En Flash, cuando se cruzan figuras o líneas el resultado es la creación de nuevos objetos. En la mayoría de los programas de dibujo, una línea sigue siendo una línea incluso si la corta otra línea. Con Flash, una línea cortada se convierte en dos líneas. Lo mismo vale para las figuras.

Una vez que le tome la mano a trabajar con líneas y figuras cortadas, podrá usar la intersección como una útil técnica de dibujo.

2º Parte — ¡Luz! ¡Cámara! ¿Vectores?

Figura 3.16

Si mueve un objeto relleno encima de otro y luego lo retira, en el original quedará un recorte. Para hacer la separación en los brazos y las piernas del personaje de la figura, basta marcar la sección del antebrazo, por ejemplo, y arrastrarla hacia fuera.

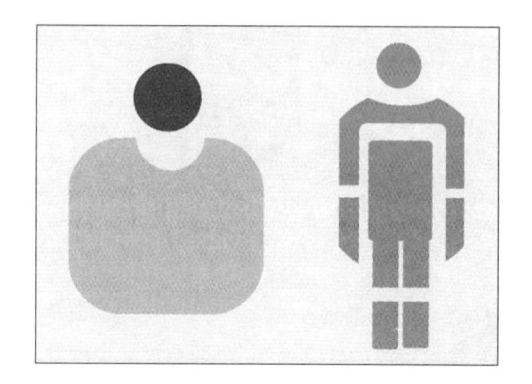

Pase a camarines

Una visión por adelantado de las capas

Si no quiere que los objetos se corten entre sí al cruzarse, la forma de evitarlo es ubicar esos objetos en capas diferentes. Para enterarse de todo lo que hay que saber acerca de las capas, dele un vistazo al Capítulo 8, "Trabajar con capas".

Lo mínimo que debe saber

- Las herramientas Línea, Óvalo, Rectángulo, Pluma y Lápiz sirven para dibujar líneas, curvas y figuras.

- Cada una de las herramientas de líneas y figuras tiene sus botones de opción en el cuadro de herramientas, que permiten configurar el color de línea (y relleno) antes de empezar a dibujar.

- La herramienta Lápiz es el modo más flexible de crear dibujos en Flash. La opción Modo del Lápiz permite enderezar o suavizar las curvas.

- Cuando se dibuja una figura o línea encima de otra, la segunda queda cortada. A veces esto produce dos líneas separadas; a veces produce una figura con un "recorte".

Capítulo 4

¡A divertirse pintando!

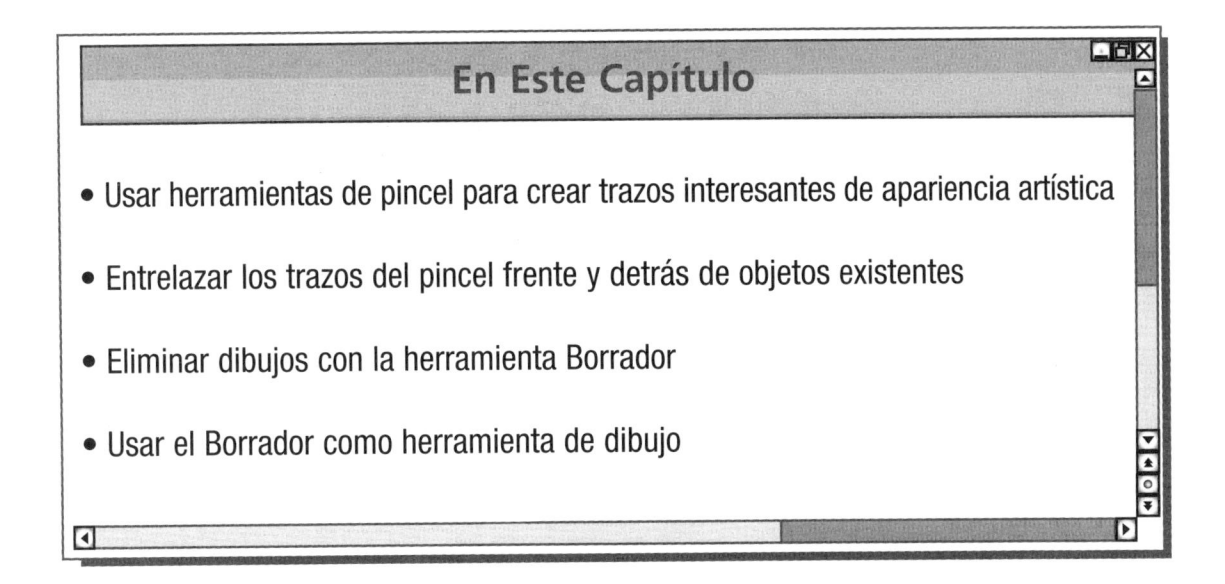

En Este Capítulo

- Usar herramientas de pincel para crear trazos interesantes de apariencia artística

- Entrelazar los trazos del pincel frente y detrás de objetos existentes

- Eliminar dibujos con la herramienta Borrador

- Usar el Borrador como herramienta de dibujo

El Pincel y el Borrador de Flash son capaces de hacer más de lo que uno supondría. Podemos usar el Pincel para simular la apariencia de los trazos de una pluma fuente o los de una brocha de pintura, y también podemos usar opciones que convierten a los Pinceles y Borradores en herramientas capaces de entrelazar sus trazos dentro y fuera de objetos existentes, aplicando su magia selectivamente.

USO DE PINCELES

La herramienta Pincel de Flash funciona como un pincel real o como una pluma fuente. Variando el pincel elegido y la manera de pintar se pueden crear algunos efectos realmente muy interesantes.

La herramienta Pincel tiene opciones para cambiar el Color de relleno, el Tamaño y la Forma del pincel (véase la Figura 4.1) También tiene una opción de Modo de pincel, que realmente es una de las mejores herramientas de dibujo que se puedan hallar.

Para activar la herramienta Pincel, pulse **B** en el teclado o haga clic en el ícono correspondiente, en el cuadro de herramientas.

2º Parte — ¡Luz! ¡Cámara! ¿Vectores?

Figura 4.1

El color del pincel depende del color elegido en la paleta de color de relleno. Las opciones de la herramienta Pincel permiten cambiar el color, tamaño y forma del pincel.

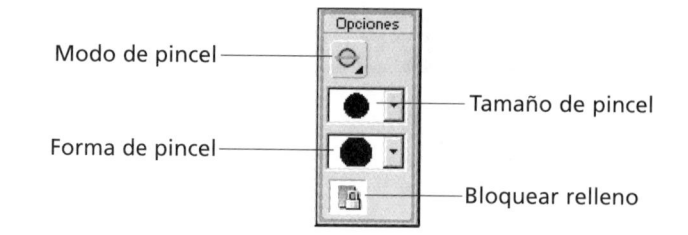

Modo de pincel
Tamaño de pincel
Forma de pincel
Bloquear relleno

Otras opciones

Pase a camarines

La opción Modo de pincel cambia el modo como interactúan las pinceladas con los otros objetos en la página. Ya hablaremos de ello un poco más adelante en este capítulo, porque es una característica tan poderosa que, merece que le dediquemos algo de espacio propio. Si el lector tiene una tablilla de dibujo conectada a su computadora, verá todavía una opción más: el ícono Presión. Seleccionar esta opción permite que la tablilla de dibujo funcione como una pluma fuente o un pincel embebido de pintura. A mayor presión, fluirá más "tinta".

Elección de un pincel

Para asignar un color de pincel, haga clic en la opción Color de relleno, y elija un color de la paleta. Si leyó lo que dijimos en el Capítulo 3 acerca de cómo dibujar, aquí no encontrará nada nuevo, pero son los tamaños y formas de pincel lo que hacen única esta herramienta.

Para elegir un tamaño de pincel abra la lista Tamaño de pincel y seleccione uno de los diez Tamaños de pincel disponibles en la lista desplegable (véase la figura 4.2).

Figura 4.2

Los pinceles pueden ser de diez tamaños, que se pueden ampliar aún más si pinta con el Zoom configurado en algún valor menor que 100%.

¡A divertirse pintando! **Capítulo 3**

Pase a camarines

¿Necesitan pinceles más grandes (o más pequeños)?

¡Qué! ¿Diez tamaños de pincel no le alcanzan? Una forma efectiva de agrandar efectivamente el tamaño de un pincel consiste en cambiar el porcentaje de zoom en la barra de herramientas Estándar. El valor más ancho de pincel se duplica cuando se lo usa en una pantalla con el zoom configurado en 50 %. Y, además, el tamaño más diminuto de pincel se reduce a la mitad al usarlo en una pantalla magnificada al 200 %.

Pero es probable que descubra que los pinceles disponibles al 100 % cubren prácticamente todas sus necesidades.

Las nueve formas de pincel que se muestran en la Figura 4.3 permiten controlar el modo como se vierte la pintura sobre la pantalla.

Formas de pincel

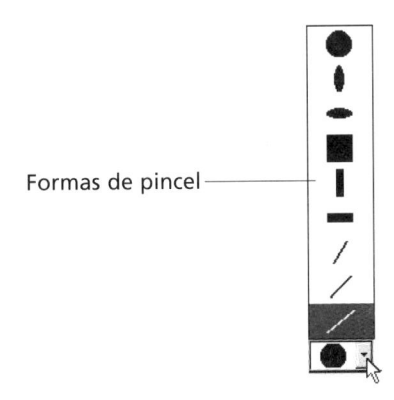

Figura 4.3

Formas de pincel

Las formas de pincel irregulares (ni redondas ni cuadradas) actúan de manera diferente según la dirección en la que arrastre el pincel (lo mismo que hace un pincel ancho cuando lo deslizamos de costado o de abajo arriba). La Figura 4.4 muestra una ilustración creada usando diferentes formas de pincel.

Figura 4.4

Para crear el efecto de zigzag que produce la apariencia de un pino en este dibujo, hemos usado un pincel de forma horizontal.

Creación de efectos de pincel

Lo realmente interesante del uso de pinceles surge cuando uno empieza a jugar con los cinco modos de pincel disponibles. Para ver las opciones haga clic en el ícono Modo de pincel, en las opciones del Pincel (véase la Figura 4.5).

Figura 4.5

Con los pinceles se puede pintar sobre, encima, o detrás de otros objetos.

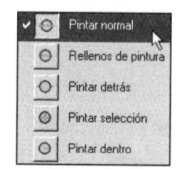

El modo de pincel Pintar normal sencillamente pinta encima de todo lo que encuentre en su camino. El modo Rellenos de pintura convierte el pincel en una herramienta que solamente pinta en los rellenos, no en las líneas. La opción Pintar detrás aplica las pinceladas solamente detrás de objetos existentes.

Figura 4.6

Diferentes tipos de trazo de pincel afectan a los dibujos en formas diferentes.

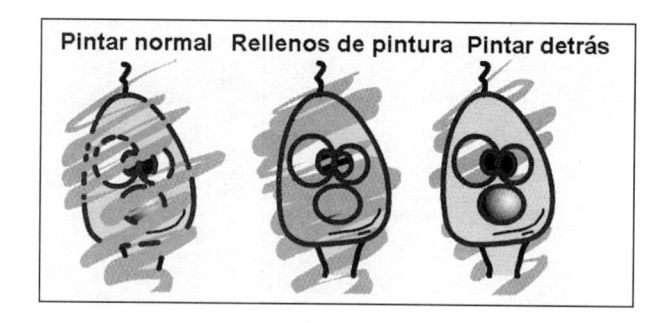

El modo de pincel Pintar selección aplica las pinceladas al objeto seleccionado. El nombre del modo Pintar dentro es algo engañoso. Aplica las pinceladas únicamente al área en la que se empieza a pintar. Si comenzamos a pintar en el escenario, fuera de todo objeto, en realidad pintaremos fuera de los objetos. Pero si empezamos a pintar en un objeto, la pintura únicamente se aplicará a ese objeto (véase la Figura 4.7).

Figura 4.7

En el dibujo de la izquierda, la cara estaba seleccionada antes de comenzar a pintar en modo Pintar selección. En el dibujo de la derecha, usamos el modo Pintar dentro, y comenzamos a dar las pinceladas fuera de la cara.

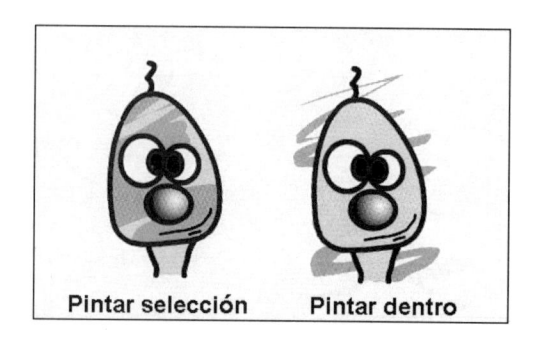

Borrar objetos

La herramienta Borrador es mucho más que una forma de eliminar basura no deseada. Incluye un complejo conjunto de opciones, similares a las que encontramos en la herramienta Pincel. Se puede definir el tamaño y la forma del borrador, y hacer que trabaje solamente sobre los rellenos o las líneas, dentro de un objeto, o solamente en el interior de un objeto seleccionado.

Para seleccionar la herramienta Borrador pulse **E**, o haga clic en la herramienta, en el cuadro de herramientas de dibujo. La opción Forma del borrador, que se ve en la Figura 4.8, permite elegir cinco tamaños diferentes de borradores redondos, y cinco de borradores cuadrados.

Detalles

Bloquear el relleno

La opción Bloquear relleno solamente es pertinente cuando al trazo del pincel le aplicamos un relleno degradado (o un relleno de mapa de bits). Examinamos los rellenos degradados en el Capítulo 5, "Rellenos". Pero, para decirlo brevemente, se trata de rellenos que cambian de color —por ejemplo, de negro a blanco— a lo largo del espacio de un objeto. Cuando se activa la opción Bloquear relleno, los rellenos degradados se aplican como si estuvieran asignados a todo el escenario y el pincel simplemente estuviera "descubriendo", un relleno degradado aplicado al escenario subyacente. Sin la opción Bloquear relleno, los degradados cubren toda la longitud del trazo del pincel, no la del escenario completo.

Figura 4.8

El borrador trae dos formas y cinco tamaños.

2º Parte   ¡Luz! ¡Cámara! ¿Vectores?

Hacer limpieza con el Borrador

Se puede usar la herramienta Borrador para hacer correcciones realmente muy pequeñas en un dibujo existente. Si ajusta el zoom al 800 % y selecciona el tamaño de borrador más pequeño, podrá editar los píxeles individuales (los elementos más pequeños de un dibujo).

También puede usar la herramienta Borrador para cortar objetos por la mitad (lo mismo que pasa cuando dibujamos una línea a través de un objeto).

Abrir el grifo

La opción Grifo, en la barra de herramientas del Borrador, cambia el modo de trabajo de la herramienta. Con esta opción seleccionada, se puede borrar rápidamente un objeto (línea o relleno) haciendo clic en él. En la Figura 4.9, estamos a punto de borrar una línea entera.

> **Pase a camarines**
>
> **Un modo de borrado más fácil**
>
> Si lo que está tratando de hacer es eliminar un objeto total o parcialmente, la manera más fácil de hacerlo es, generalmente, seleccionar el objeto (dibujando para ello un recuadro alrededor del objeto con la herramienta Selección o Lazo) y luego pulsar la tecla Supr. Reserve la herramienta Borrador para cuando quiera hacer eliminaciones más precisas.

Figura 4.9

Un clic con el Grifo, y dígale adiós a la cola.

El borrador es una herramienta de dibujo

La opción Modo de borrador funciona como la opción Modo de pincel: cambia el modo como interactúa el Borrador con los dibujos.

Borrar rellenos borra únicamente el relleno de los objetos, dejando intactas las líneas. Borrar líneas quita el contorno de los objetos sobre los que se pase el borrador, pero sin eliminar el relleno.

> **Detalles**
>
> **Deshacer el Borrador**
>
> Cuando use la opción Grifo, tenga a mano la herramienta Deshacer; a veces uno termina borrando más de lo que pensaba.

¡A divertirse pintando!   Capítulo 3

Figura 4.10

Un modo de borrador solamente elimina las líneas; el otro solamente los rellenos.

La opción Borrar rellenos seleccionados funciona así: primero, use la herramienta Selección para elegir un relleno; luego, use el Borrador (con la opción indicada) para borrar solamente dentro del relleno seleccionado.

La opción Borrar dentro convierte el borrador en una herramienta que borra solamente dentro del objeto en el que se comience a borrar. La Figura 4.11 muestra ambos modos, borrado de relleno y borrado "dentro" de un objeto.

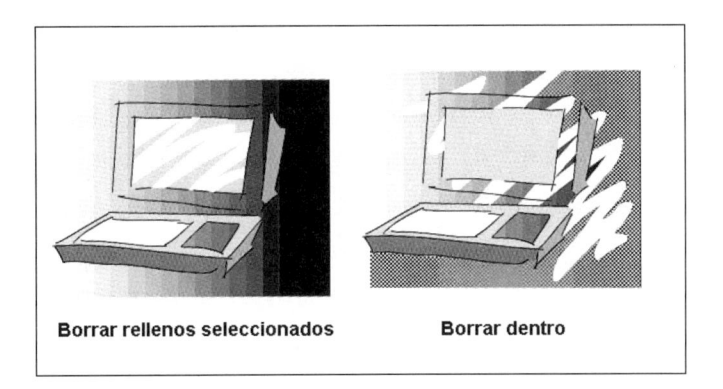

Figura 4.11

En el dibujo de la izquierda hemos borrado seleccionando en primer término la pantalla del monitor. En el dibujo de la derecha, hemos seleccionado y borrado el fondo.

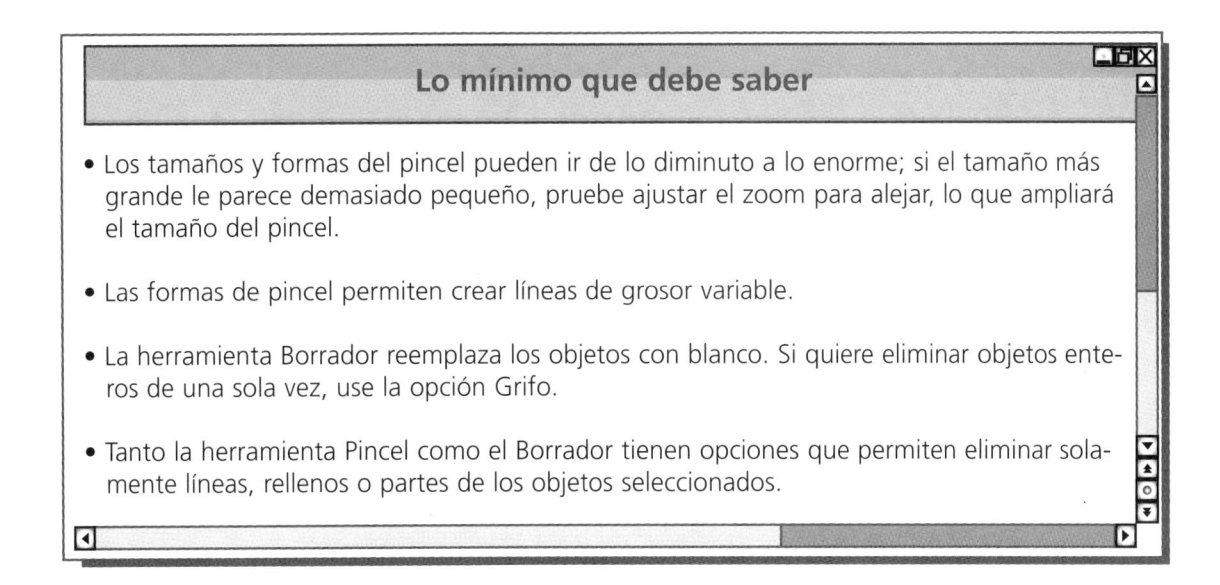

Lo mínimo que debe saber

- Los tamaños y formas del pincel pueden ir de lo diminuto a lo enorme; si el tamaño más grande le parece demasiado pequeño, pruebe ajustar el zoom para alejar, lo que ampliará el tamaño del pincel.

- Las formas de pincel permiten crear líneas de grosor variable.

- La herramienta Borrador reemplaza los objetos con blanco. Si quiere eliminar objetos enteros de una sola vez, use la opción Grifo.

- Tanto la herramienta Pincel como el Borrador tienen opciones que permiten eliminar solamente líneas, rellenos o partes de los objetos seleccionados.

Capítulo 5

Rellenos

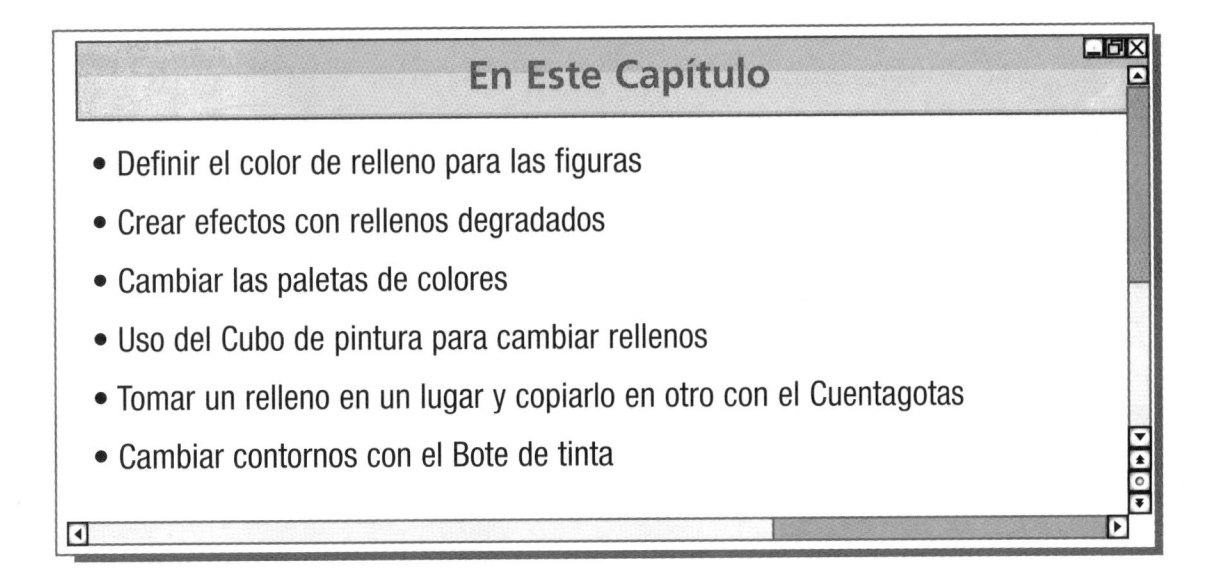

En Este Capítulo

- Definir el color de relleno para las figuras
- Crear efectos con rellenos degradados
- Cambiar las paletas de colores
- Uso del Cubo de pintura para cambiar rellenos
- Tomar un relleno en un lugar y copiarlo en otro con el Cuentagotas
- Cambiar contornos con el Bote de tinta

Flash ofrece muchas opciones para manejar rellenos y contornos. Si no quiere complicarse la vida, puede usar la paleta de colores predeterminada; si quiere un poco de emoción, puede crear sus propios colores y rellenos degradados.

PONER LOS COLORES A TRABAJAR

El ícono Color de relleno, en el cuadro de herramientas, define el color que se le asignará a los objetos que se dibujen. Al hacer clic en este ícono aparece una paleta de colores para elegir.

El conjunto predeterminado de colores en Flash está compuesto de 216 colores "seguros para la Web".

La gran utilidad de este conjunto de colores radica en que los navegadores los interpretan con precisión.

2° Parte ¡Luz! ¡Cámara! ¿Vectores?

Detalles

¿Cuántos colores hay?

A los 216 colores interpretados por los navegadores web se les suman otros 40 colores reservados para el sistema operativo. Si va a crear una película Flash para un entorno en el que sabe que los espectadores tienen acceso a un monitor color de 24 bits, en la película puede usar 16,7 millones de colores diferentes.

A veces, puede ser necesario aumentar o disminuir la cantidad de colores presentes en la paleta. Por ejemplo, si estamos trabajando en un proyecto con un esquema de colores previamente asignado que solamente usa ocho colores, podemos crear una paleta de colores personalizada que contenga únicamente esos ocho colores, con lo que elegir los colores de relleno será más fácil y más rápido.

Elegir y cambiar colores de relleno sólidos

Al hacer clic en el ícono Relleno de color, se abrirá la paleta de colores predeterminada, con el color actualmente seleccionado en la esquina superior izquierda. Puede seleccionar un color de la paleta, o mover el puntero del mouse a cualquier lugar de la ventana de Flash o sobre el escritorio (el puntero se convertirá en un cuentagotas) y hacer clic allí, para seleccionar el color que allí se encuentre. Al seleccionar un color, este último queda asignado al ícono Color de relleno.

Si quiere cambiar la paleta de colores, o seleccionar colores que no se encuentran en la paleta predeterminada, elija **Ventana**, **Paneles**, **Mezclador**, para abrir el panel Mezclador (véase la Figura 5.1).

Figura 5.1

El panel Mezclador permite elegir entre una amplia variedad de colores.

Para añadir un nuevo color a la paleta, haga clic en la barra de colores, y en el menú emergente elija Agregar muestra, como se ve en la Figura 5.2.

Figura 5.2

Con el Mezclador de colores podemos agregar nuevos colores a la paleta.

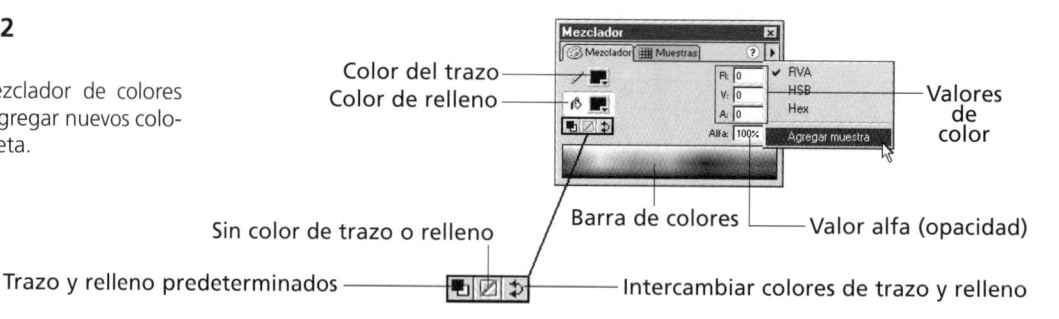

Color del trazo
Color de relleno
Valores de color
Sin color de trazo o relleno
Barra de colores
Valor alfa (opacidad)
Trazo y relleno predeterminados
Intercambiar colores de trazo y relleno

Rellenos | **Capítulo 5**

Para seleccionar un color que no se encuentra en la paleta, haga clic en el color, en el espacio de colores, o defina un color ingresando valores en los cuadros **R**, **V** y **A**. El nuevo color aparecerá en el área Color de relleno del panel Mezclador.

Una vez seleccionado un color, haga clic en el menú de opciones emergente y elija **Agregar muestra**, para agregarlo a la paleta.

Definir colores por número

Los cuadros R, V y A, en el panel Mezclador, permiten especificar los valores de rojo, verde y azul, respectivamente. Este sistema RVA (también conocido por las correspondientes siglas en inglés, RGB) es un estándar de definición de colores.

El menú emergente de opciones en el Mezclador (que se ve en la Figura 5.2) permite seleccionar otros métodos estandarizados alternativos para la definición de colores. El sistema HSB permite definir el tono (*hue*), la saturación y el brillo de un color, y el sistema Hex –usado frecuentemente por diseñadores web profesionales– es similar al sistema RGB, pero usa códigos de dos dígitos para identificar los colores.

Organizar los colores

Cuando se abre el panel Muestras (para lo que puede elegir **Ventana**, **Paneles**, **Muestras**) aparecen varias opciones que son de utilidad para manejar la paleta de colores.

La opción Guardar colores, que se ve en la Figura 5.3, guarda la paleta de colores actual como un archivo, de modo de poder volver a usarla más tarde. La opción Guardar como predeterminado convierte la paleta de colores actual en el nuevo conjunto predeterminado de colores de Flash. Y la opción Web 216 carga la paleta con 216 colores seguros para la web. La Figura 5.3 muestra este útil menú emergente.

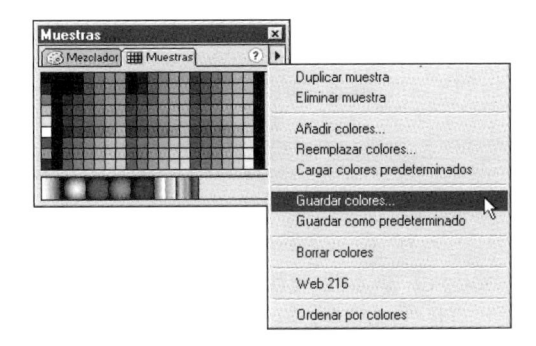

Figura 5.3

Entre otras opciones de utilidad para el manejo de las paletas de colores se encuentra Guardar colores, que guarda las paletas como archivos reutilizables.

2º Parte — ¡Luz! ¡Cámara! ¿Vectores?

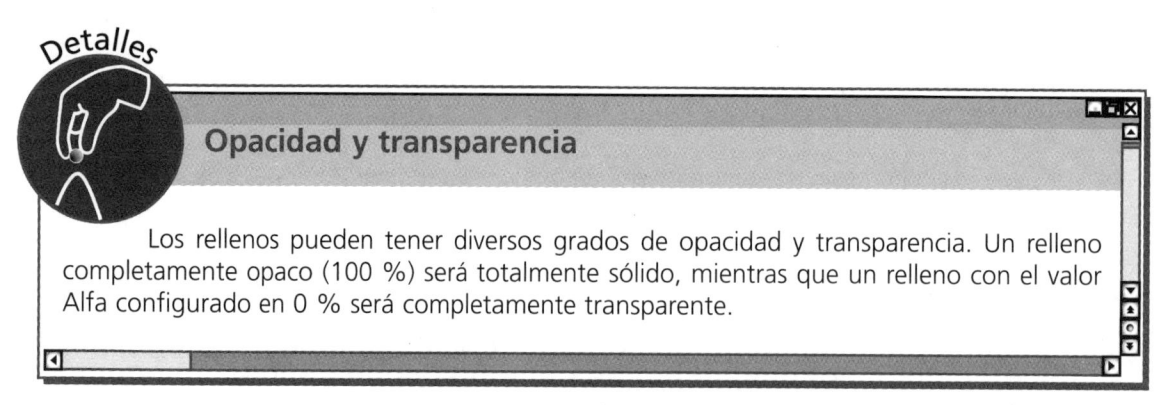

Detalles

Opacidad y transparencia

Los rellenos pueden tener diversos grados de opacidad y transparencia. Un relleno completamente opaco (100 %) será totalmente sólido, mientras que un relleno con el valor Alfa configurado en 0 % será completamente transparente.

Transparencia

El control Alfa (para verlo, haga clic en la flecha al lado del cuadro Alfa en el panel Mezclador) define el grado de opacidad del relleno. Si configura el control en 100 %, el relleno será completamente opaco. Valores más bajos dan lugar a rellenos transparentes.

Dado que mover una figura encima de otra (en la misma capa) produce un recorte en la segunda figura, para sacar partido de la transparencia lo primero que hay que hacer es configurar la figura como grupo (así se trate de un único objeto). Al convertir un objeto transparente en un grupo, es posible moverlo encima de otros grupos para producir un efecto como el que se muestra en la Figura 5.4.

Figura 5.4

Al mover un grupo con relleno transparente encima de otro grupo se produce una "apariencia nueva" en las áreas de ambos grupos que se superponen.

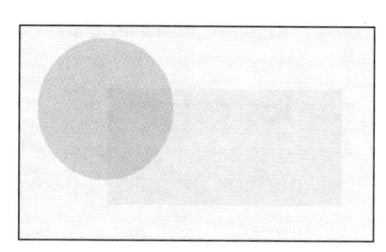

Pase a camarines

Capas con rellenos transparentes

Aunque para apilar objetos transparentes unos encima de otros en una misma capa es preciso definirlos como grupo, esto no es necesario cuando los objetos están ubicados en capas separadas. Hablaremos de las capas en el Capítulo 8, "Trabajar con capas".

Rellenos degradados

Los rellenos degradados son rellenos que van pasando de un color a otro. Un degradado puede ser Lineal (el que va de un costado al otro) o Radial (comienza en el centro y va hacia fuera); véase la Figura 5.5.

Rellenos | **Capítulo 5**

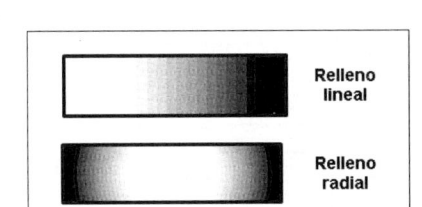

Figura 5.5

Los rellenos lineales y radiales pueden añadir algo de profundidad e interés a los objetos en Flash.

La paleta Color de relleno, en el cuadro de herramientas, trae varios degradados predefinidos. Basta hacer clic en alguno de ellos para convertirlo en color de relleno.

Para definir un relleno degradado personalizado, abra el panel Relleno, eligiendo para ello **Ventana**, **Paneles**, **Relleno**. La Figura 5.6 muestra este panel con sus principales componentes.

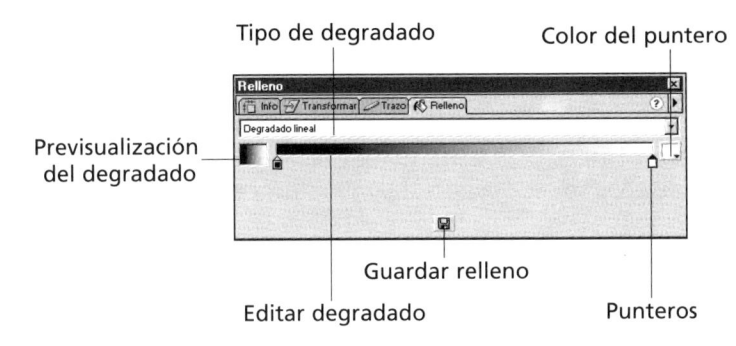

Figura 5.6

La barra coloreada debajo de la lista desplegable que define el tipo de degradado es la Barra de definición de degradado, que muestra los diversos "pasos" en el degradado elegido.

De la lista desplegable Tipo de degradado, elija **Degradado lineal** o **Degradado radial**. Debajo de la lista de tipos está el área de edición del degradado, y debajo de esta franja hay, al menos, dos punteros. Es posible mover estos punteros, agregar otros o eliminarlos, cambiando así el modo como se combinan los colores.

Para mover un puntero arrástrelo hacia la derecha o la izquierda. Para eliminar un puntero, arrástrelo hacia abajo, fuera del área de definición del degradado. Para agregar un puntero, haga clic debajo de la franja de edición.

Para cambiar el color de un puntero:

   1. Haga clic en el puntero.

   2. Haga clic en el ícono Color del puntero, para abrir la paleta de colores.

   3. Seleccione un color en la paleta. Si tiene abierto el panel Mezclador también puede tomar colores del selector de colores, luego de hacer clic en uno de los punteros.

Una vez definido un relleno degradado, haga clic en el botón Guardar para añadirlo a las muestras, en la paleta de colores. Hecho esto, el relleno degradado pasará a estar disponible en la paleta de Color de relleno del cuadro de herramientas, como se ve en la Figura 5.7.

2º Parte — ¡Luz! ¡Cámara! ¿Vectores?

Figura 5.7

Una vez definido un relleno degradado, al hacer clic en el botón Guardar del panel Relleno, el degradado será asignado a la paleta de rellenos.

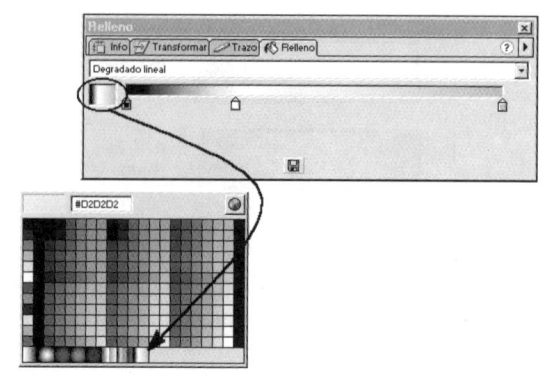

Pase a camarines: Degradados con muchos colores

Es posible arrastrar hasta ocho punteros a la barra de definición de degradado, y asignarle un nuevo color a cada uno de ellos seleccionando el puntero deseado.

Los degradados pueden ser muy divertidos y contribuir a la creación de efectos en los dibujos. En la Figura 5.8, el degradado ayuda al mensaje.

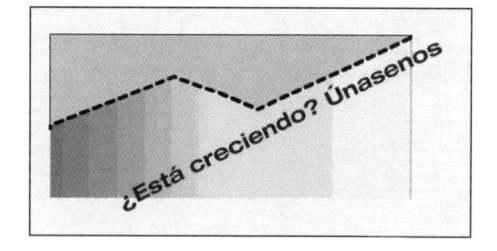

Figura 5.8

El degradado es el mensaje: El uso de un degradado que va de oscuro a claro a medida que aumenta el área del gráfico realza el mensaje de "aumento" que se quiere transmitir.

Uso del Cubo de pintura

Usando el Cubo de pintura es posible cambiar el relleno existente de una figura. La opción Color de relleno define el color que se le aplicará al Cubo de pintura. La opción Tamaño de hueco permite decirle a Flash cuánto debe "extenderse" al llenar dibujos que no están completamente cerrados (véase la Figura 5.9).

Rellenos ◀ **Capítulo 5**

Los degradados tienen un precio

La sabiduría convencional siempre ha aconsejado evitar los degradados en los gráficos destinados a la Web. En los gráficos tradicionales de mapa de bits para la Web los degradados tienden a no verse bien, a causa de la limitación de la paleta de colores y de los límites propios de este tipo de formatos de archivo a la hora de guardar colores. Pero con Flash es posible hacer que los colores de los rellenos degradados no pierdan su continuidad y su atractivo. El precio a pagar está en que cada degradado de color aumenta el tamaño del archivo, y el tiempo que lleva la descarga de la película Flash al navegador.

Figura 5.9

Se puede usar el Cubo de pintura para rellenar una figura (como la parte inferior del libro) que en el dibujo no está completamente cerrada.

Rellenar con el Cubo de pintura

Una vez seleccionado un color (o degradado) de relleno, en la opción Color de relleno del cuadro de herramientas, use la opción Tamaño de hueco para definir el modo como Flash aplicará el relleno a las diversas áreas.

La Figura 5.10 muestra las diversas opciones de Tamaño de hueco. Si selecciona No cerrar huecos, el Cubo de pintura solamente aplicará el relleno a figuras totalmente cerradas por líneas. Si selecciona Cerrar huecos grandes se les aplicará el relleno también a figuras que no estén totalmente cerradas. Las otras configuraciones tienen efectos intermedios.

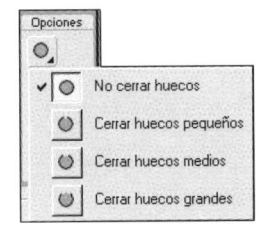

Figura 5.10

Opciones de tamaño de hueco para el Cubo de pintura. Usualmente se selecciona Cerrar huecos grandes para que sea más fácil llenar figuras que no están completamente cerradas.

2º Parte   ¡Luz! ¡Cámara! ¿Vectores?

Detalles

Otras opciones

La opción Transformar relleno, en el cuadro de herramientas, se usa en conjunción con el Cubo de pintura para aplicar un relleno vectorial de Flash a un relleno de mapa de bits importado. Para más información acerca de los mapas de bits véase "Importar archivos de mapa de bits", en el Capítulo 20: "Ayuda externa: importación de objetos".

La opción Bloquear relleno afecta el modo como el Cubo de pintura aplica el relleno a los objetos. Con la opción activada, los rellenos degradados se aplican como si estuvieran asignados a todo el escenario. El objeto al que se asigna el relleno actúa como una ventana que revela un relleno degradado aplicado al escenario subyacente. Sin la opción Bloquear relleno, el degradado se extiende de modo de cubrir la longitud del objeto, no la del escenario entero.

Pase a camarines

Centrar los rellenos degradados

Cuando se usa el Cubo de pintura para aplicar un relleno degradado radial, se puede definir la posición del "centro" del degradado dentro de la figura, de acuerdo al lugar donde se hace clic al asignar el relleno. Para experimentar con este efecto, haga la prueba de hacer clic con el Cubo de pintura cargado con un relleno degradado lineal en diferentes partes de una figura. Esto no funcionará si tiene activada la opción Bloquear relleno (véase la nota previa).

Cambiar la forma de un relleno

Cuando se crea un relleno en realidad se construye un objeto aparte. Por supuesto, uno puede cambiar su color (o degradado), pero también puede cambiar su forma. Para ello seleccione la herramienta Flecha y mueva el puntero del mouse sobre un relleno, hasta que al puntero se le agregue una curva o un ángulo. Con estos punteros modificados puede arrastrar el borde de un relleno para cambiar su forma, como se muestra en la Figura 5.11.

Rellenos | **Capítulo 5**

Figura 5.11

Se puede redimensionar y modificar la forma de un relleno para ajustar con más precisión los objetos.

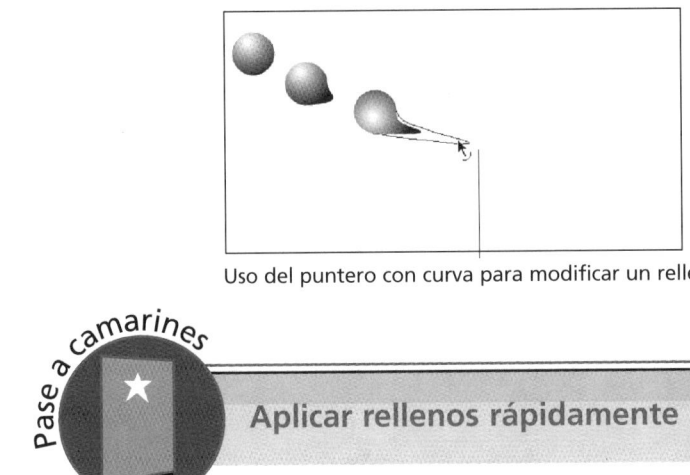

Uso del puntero con curva para modificar un relleno.

Pase a camarines

Aplicar rellenos rápidamente

Para cambiar rellenos no es imprescindible usar el Cubo de pintura. Hay un atajo: simplemente seleccione un área de relleno en el escenario y luego haga clic en el botón Color de relleno, en el cuadro de herramientas, y seleccione un color.

TOMAR COLORES PRESTADOS

La herramienta Cuentagotas permite tomar un color de un relleno y "echarlo" encima de otro relleno.

Para "cargar" el Cuentagotas, seleccione la herramienta Cuentagotas en la barra de herramientas (o pulse I). Apunte el Cuentagotas a un relleno y haga clic.

Tan pronto como lo haga, el puntero del mouse se convertirá en un Cubo de pintura, acompañado de un diminuto candado que indica que el color de relleno está bloqueado hasta que haga clic en una figura.

La Figura 5.12 muestra un relleno en el momento de ser transferido a otra figura dentro del Cuentagotas.

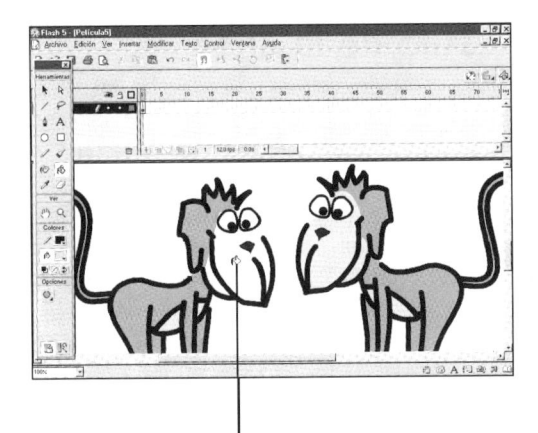

Figura 5.12

Tomar un relleno en una figura y "echarlo" en otra es más fácil que crear el relleno de cada objeto de la nada.

Cuando el Cuentagotas está "cargado" con un relleno, el puntero se convierte en un Cubo de pintura.

MODIFICAR LÍNEAS

Llamémoslas líneas o trazos, el caso es que podemos cambiar fácilmente su color, así como su estilo y grosor.

Cambiar el color de la línea

Se puede cambiar el color de una línea (o trazo) existente, eligiendo un color de la paleta de Color de trazo. Para acceder a esta paleta, haga clic en el ícono de la opción Color del trazo, en el cuadro de herramientas.

¡Flash informativo!

Salirse del Cuentagotas

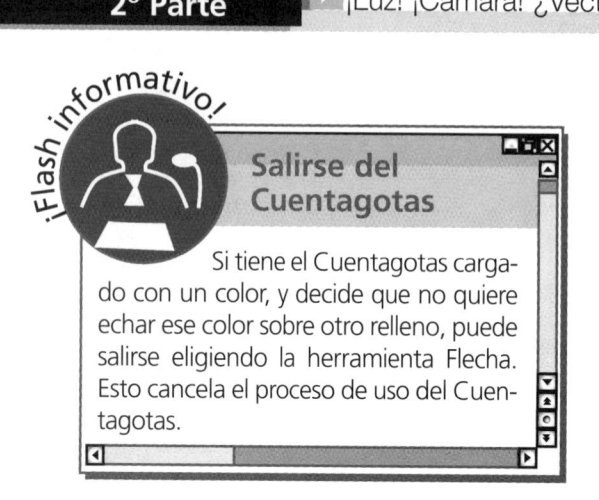

Si tiene el Cuentagotas cargado con un color, y decide que no quiere echar ese color sobre otro relleno, puede salirse eligiendo la herramienta Flecha. Esto cancela el proceso de uso del Cuentagotas.

Figura 5.13

Con el Bote de tinta se puede cambiar el color de las líneas.

Una vez cargado un nuevo color de línea en el ícono Color del trazo, pulse **S** para seleccionar la herramienta Bote de tinta. Luego haga clic en una línea con esta herramienta para aplicar el nuevo color, como se ve en la Figura 5.13.

Para cambiar el color del contorno también se puede seleccionar el contorno y hacer clic en la opción Color del trazo para seleccionar otro color. El Bote de tinta es un modo rápido de cambiar **varios contornos** a un color específico.

Algunas figuras no tienen contornos, pero igualmente se puede usar el Bote de tinta en ellas. Al hacer clic en una figura sin contorno, los atributos seleccionados en las opciones del Bote de tinta se aplican a la figura, lo que de hecho le crea un contorno.

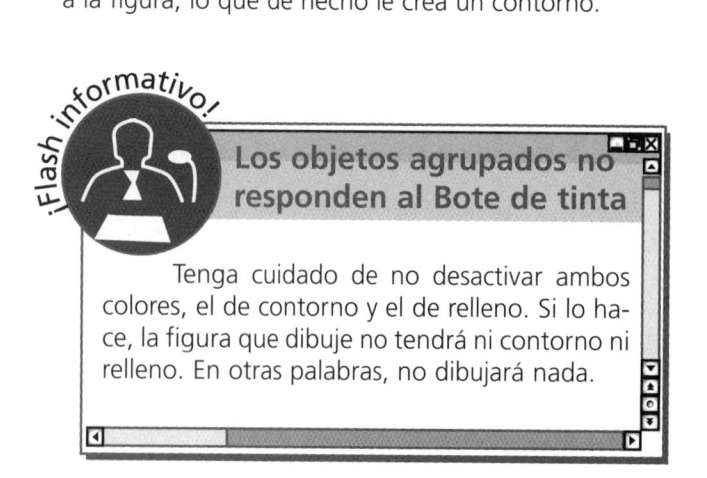

¡Flash informativo!

Los objetos agrupados no responden al Bote de tinta

Tenga cuidado de no desactivar ambos colores, el de contorno y el de relleno. Si lo hace, la figura que dibuje no tendrá ni contorno ni relleno. En otras palabras, no dibujará nada.

Cambiar la altura y el estilo de la línea

Para cambiar la altura o el estilo de líneas existentes, primero active el panel Trazo, eligiendo **Ventana**, **Paneles**, **Trazo**.

En el panel Trazo, use la lista desplegable Estilo de línea para elegir el tipo de trazo. Use el cuadro Peso de línea para definir el grosor de la línea. Si quiere, puede elegir colores de la muestra Color del trazo presente en el panel Trazo (también puede hacer lo mismo usando la opción Color del trazo, en el cuadro de herramientas).

Rellenos   Capítulo 5

El estilo y la altura del trazo que se definan en el panel Trazo se aplicarán a los atributos del Bote de tinta. Así que una vez definidos los atributos del trazo, use el Bote de tinta para aplicarlos a cualquier línea, como se muestra en la Figura 5.14.

Figura 5.14

Aquí estamos usando el Bote de tinta para aplicarle a líneas ya existentes los atributos de línea definidos en el panel Trazo (línea de guiones gris).

Lo mínimo que debe saber

- Un relleno puede ser un color sólido o un degradado que combine hasta ocho colores que se funden entre sí.

- Los colores de relleno se pueden elegir de la paleta emergente Color de relleno, en el cuadro de herramientas.

- Para definir nuevos rellenos degradados elija Degradado lineal o Degradado radial, en la lista desplegable Tipo de degradado, en el panel Relleno.

- La paleta de 216 colores seguros para la Web muestra colores que los navegadores web interpretan de manera confiable. No se aparte de ella y evitará sorpresas.

- La herramienta Cubo de pintura permite aplicar nuevos rellenos a figuras existentes.

- La herramienta Cuentagotas toma un color de un relleno y se lo aplica a otro.

- La herramienta Bote de tinta sirve para cambiar el color, grosor y estilo de líneas existentes, según los atributos definidos en el panel Trazo.

Capítulo 6

Cortar, separar, unir

En Este Capítulo

- Seleccionar objetos

- Cambiar la forma de los dibujos

- Agrupar objetos

- Pasar dibujos adelante y detrás de otros

- Hacer ajustes finos a dibujos y curvas con la herramienta Subselección

Imagínese que está dirigiendo una película con miles de actores. De acuerdo, no hablo de una comedia romántica intimista (digamos que es más bien como, *La Tierra contra Marte*, o algo así). El caso es que está en la silla del director y quiere mover un actor, o un grupo de actores, a otra ubicación. Si se limita a gritar "Eh, tú... muévete a la derecha..." ¡podría echar a cientos de extras por un precipicio!

Propongo esta analogía exagerada para enfatizar lo útil que es la capacidad de seleccionar objetos y grupos de objetos en Flash. Cuando trabaje con películas complejas, que impliquen técnicas que aún no hemos explorado, valorará muchísimo la capacidad de seleccionar y controlar los objetos en el escenario.

2º Parte   ¡Luz! ¡Cámara! ¿Vectores?

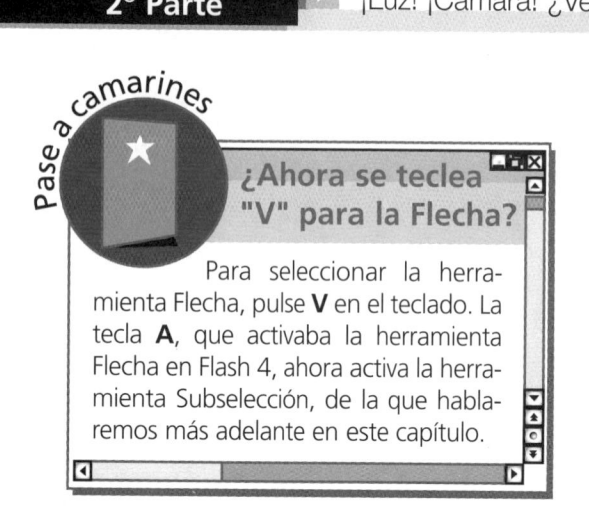

¡A MOVER OBJETOS!

Hay dos herramientas que sirven para seleccionar objetos en el escenario: la Flecha y el Lazo. La herramienta Lazo es útil para atrapar objetos separados, pero para la mayor parte de las operaciones de selección y modificación de objetos se usa la herramienta Flecha (también llamada herramienta Selección).

Cuando se elige la herramienta Selección, el cuadro de herramientas muestra opciones que sirven para cambiar la forma, el tamaño y la orientación de los objetos seleccionados. Estas opciones se encuentran identificadas en la Figura 6.1; recórtela, péguela en su monitor y úsela para referencia más tarde. En realidad, quizá sea mejor idea pegar aquí una nota autoadhesiva (así podrá volver a leer esta página más tarde...).

> **Pase a camarines**
>
> **¿Ahora se teclea "V" para la Flecha?**
>
> Para seleccionar la herramienta Flecha, pulse **V** en el teclado. La tecla **A**, que activaba la herramienta Flecha en Flash 4, ahora activa la herramienta Subselección, de la que hablaremos más adelante en este capítulo.

Figura 6.1

La herramienta Flecha se usa para seleccionar y modificar objetos.

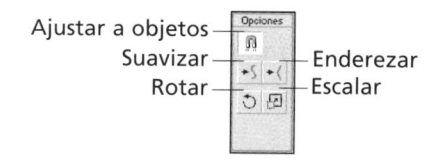

Ajustar a objetos — Suavizar — Rotar — Enderezar — Escalar

La opción Ajustar a objetos le confiere a los objetos en el escenario una cualidad "magnética" (para verlo en acción, elija **Ver, Ajustar a objetos**) que ayuda a ponerlos en contacto. Las opciones Suavizar y Enderezar convierten zigzags a curvas y viceversa. Las opciones Rotar y Escalar permiten cambiar el tamaño, la forma y el ángulo de rotación de los objetos.

Las tres caras de la herramienta Flecha

La herramienta Flecha (pulse **V** en el teclado, para activarla) trabaja de tres maneras diferentes. Se la puede usar para seleccionar un objeto, para cambiar la curvatura de un objeto, o para cambiar la forma de un objeto.

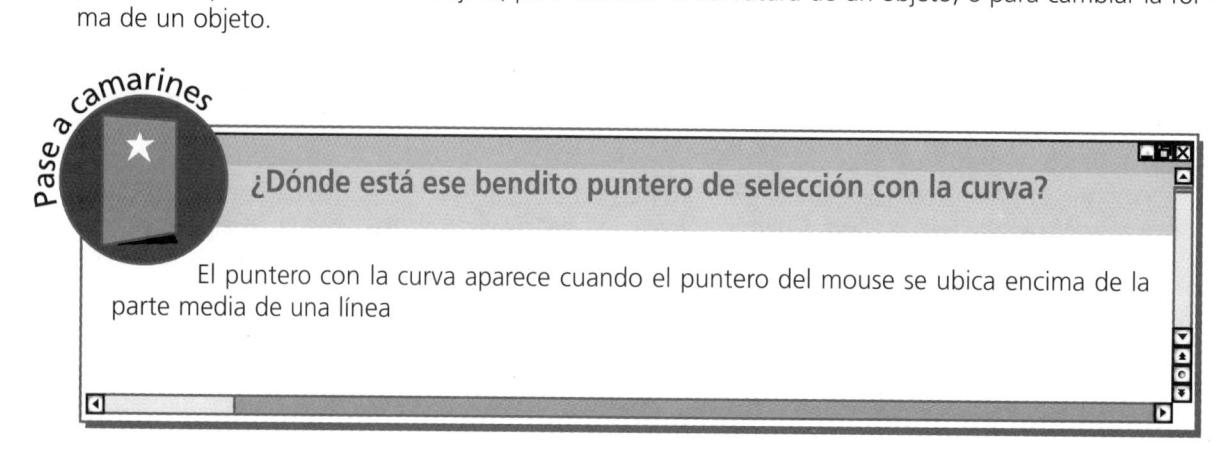

> **Pase a camarines**
>
> **¿Dónde está ese bendito puntero de selección con la curva?**
>
> El puntero con la curva aparece cuando el puntero del mouse se ubica encima de la parte media de una línea

Cortar, separar, unir **Capítulo 6**

¿Cómo distinguir cuál es cuál? Cuando pase el puntero de selección encima de un objeto, apenas cruce el borde de una figura o línea el puntero cambiará su apariencia. Verá que al puntero se le agrega, alternativamente, un ángulo o una curva.

Cuando está visible el ícono de selección con la curva, puede arrastrar una línea para cambiar su curvatura (como se ve en la Figura 6.2).

Puede usar la herramienta Flecha para cambiar la curvatura de una línea.

Figura 6.2

Aquí estamos seleccionando una línea para cambiar su curvatura.

Cuando el usuario mueve el puntero Flecha cerca del extremo de una línea, al puntero se le agrega una L invertida. Con este ícono, puede arrastrar para cambiar el tamaño y la dirección de una línea, como se muestra en la Figura 6.3.

Figura 6.3

Alternativamente, podemos usar la herramienta Flecha para cambiar la longitud de una línea..

Finalmente, si lo único que quiere hacer es seleccionar un objeto, solo seleccionarlo, basta que haga clic en él. El objeto seleccionado aparecerá destacado en un color más claro, como se ve en la Figura 6.4.

mover objetos seleccionados

Figura 6.4

Puede usar la herramienta Flecha para mover objetos seleccionados. El puntero con la flecha de cuatro puntas permite darse cuenta de que la Flecha está en "modo mover".

2º Parte — ¡Luz! ¡Cámara! ¿Vectores?

Pase a camarines

Únicamente se selecciona un objeto a la vez

Puede darse que uno haga clic en un objeto para seleccionarlo, y no ocurra exactamente lo que se espera. A menudo, Flash convierte los dibujos que crea el usuario en muchos objetos. Cada segmento individual de una línea es un objeto distinto, y otro tanto vale para el relleno de un objeto. Para seleccionar objetos contiguos, pruebe haciendo doble clic. Para seleccionar objetos todavía más contiguos, haga triple clic. ¿Quiere seleccionar con un poco más de precisión? Lea la siguiente sección.

Seleccionar múltiples objetos

A menudo, el lector querrá seleccionar más de un objeto para cortar, copiar, pegar, redimensionar o mover, especialmente ahora que ya sabe que en un solo dibujo puede haber muchos objetos.
Para seleccionar objetos adicionales, mantenga apretada la tecla Mayús mientras hace clic en ellos.

Pase a camarines

Formas rápidas de seleccionar objetos

Si quiere seleccionar todo lo que hay en la película, elija **Edición, Seleccionar todo**. El atajo de teclado es **(Cmd-A) [Ctrl+A]**. Se puede deseleccionar todo eligiendo **Edición, Anular selección de todo**, o pulsando **(Cmd-Mayús-A) [Ctrl+Mayús+A]**.

Seleccionar áreas rectangulares y enlazar objetos

Si se ve en la situación de tener que seleccionar varios objetos, se cansará de tener que hacer Mayús+clic una y otra vez. Una manera más fácil de seleccionar varios objetos es dibujar con la herramienta Flecha un rectángulo (a veces llamado marco o recuadro de selección) alrededor de los objetos, como se ve en la Figura 6.5.

Para seleccionar un conjunto de objetos dispuestos en forma irregular, use la herramienta Lazo. Para seleccionarla pulse **L** en el teclado o vaya al cuadro de herramientas y haga clic en el ícono del Lazo.

La herramienta Lazo se usa arrastrándola como si se estuviera dibujando un objeto. Dibuje con el Lazo un contorno alrededor de una zona del escenario: todos los objetos dentro del contorno dibujado por el lazo quedarán incluidos en la selección.

La Figura 6.6 muestra el uso de la herramienta Lazo para seleccionar varios objetos.

Cortar, separar, unir | **Capítulo 6**

Figura 6.5

Dibujar un marco de selección no es otra cosa que dibujar un cuadro alrededor de un objeto o grupos de objetos.

Figura 6.6

Aquí usamos la herramienta Lazo para encerrar algunos monos.

La herramienta Lazo tiene una opción que permite activar o desactivar el modo polígono. Si este modo está activado, el Lazo funciona diferente: no se lo usa dibujando el contorno de un área de selección, sino que se hace clic para definir extremos de segmentos. Para finalizar el proceso, se hace doble clic, lo que creará un polígono cerrado alrededor de los objetos seleccionados.

Las otras opciones de la herramienta Lazo sirven para intentar seleccionar secciones de gráficos que han sido creados a partir de gráficos de mapa de bits (imágenes importadas a Flash).

Si quiere seleccionar todos los objetos en el escenario, elija **Edición, Seleccionar todo**. Para deseleccionar todo el contenido del escenario, elija **Edición, Anular selección de todo**.

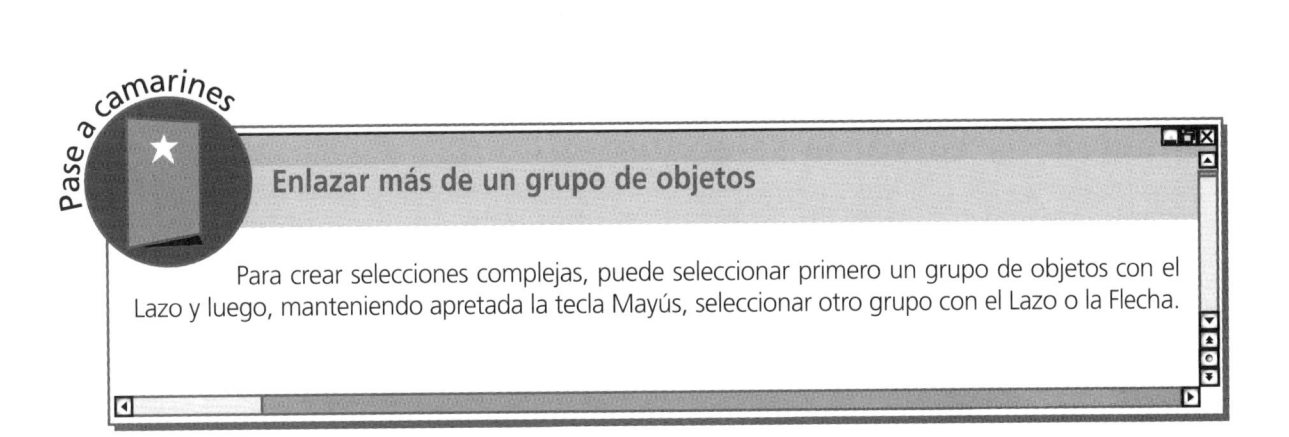

Enlazar más de un grupo de objetos

Para crear selecciones complejas, puede seleccionar primero un grupo de objetos con el Lazo y luego, manteniendo apretada la tecla Mayús, seleccionar otro grupo con el Lazo o la Flecha.

2º Parte — ¡Luz! ¡Cámara! ¿Vectores?

Pase a camarines

De los mapas de bits hablaremos después

Las opciones de la varita mágica en realidad no encajan demasiado dentro de la herramienta Lazo; sirven para trabajar con imágenes creadas por programas que usan mapas de bits en vez de la eficiente lógica de vectores que utiliza Flash para definir sus archivos gráficos. Todo diseñador avanzado de Flash se ve alguna vez en la necesidad de interactuar con el mundo de los mapas de bits; si eso llegara a sucederle al lector, remítase a la exposición acerca de los mapas de bits que haremos en el Capítulo 20.

¡Flash informativo!

Mire lo que selecciona (y lo que no)

Como la mayoría de los dibujos están compuestos de muchos objetos, es fácil creer que uno seleccionó un dibujo, cuando en realidad únicamente seleccionó algunos de los objetos del dibujo. Por ejemplo, si hace clic en el relleno de una figura, seleccionará únicamente el relleno, no el objeto o los objetos de contorno que pudiera haber. Para no correr riesgos, use la herramienta Selección (o Lazo) y dibuje un bonito y amplio recuadro de selección alrededor del objeto. Únicamente los objetos que estén encerrados completamente dentro del recuadro quedarán seleccionados.

Cuando el Lazo no rodea completamente un objeto, las áreas no seleccionadas que se "quedan afuera" se convierten en un nuevo objeto.

Enderezar y curvar la selección

Las opciones Suavizar y Enderezar de la herramienta Flecha sirven para convertir dibujos con bordes dentados a suavizados, y viceversa.

Para suavizar un dibujo, seleccione todos los objetos deseados, active la herramienta Flecha y haga clic en el ícono Suavizar, del área de opciones del cuadro de herramientas. Para convertir esquinas redondeadas en ángulos, haga clic en el ícono Enderezar.

Cortar, separar, unir — **Capítulo 6**

Para aumentar el grado de suavizado o enderezado, haga clic en los susodichos íconos más de una vez. La Figura 6.7 muestra el efecto de suavizar y enderezar líneas de objetos seleccionados.

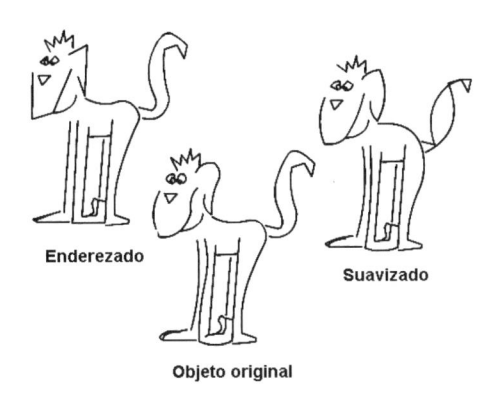

Figura 6.7

Se puede suavizar o enderezar objetos seleccionados

Copiar, cortar y mover objetos

Una vez seleccionado un objeto, es fácil cortarlo, copiarlo o moverlo. Se puede mover un objeto seleccionado (o grupo de objetos seleccionados) arrastrándolo. Cuando la herramienta Flecha o la herramienta Lazo están activas, al pasar el mouse por encima del centro de un grupo de objetos seleccionados el puntero del mouse muestra una flecha de cuatro puntas. Para mover los objetos arrastre usando esa flecha de cuatro puntas, como se ve en la Figura 6.8.

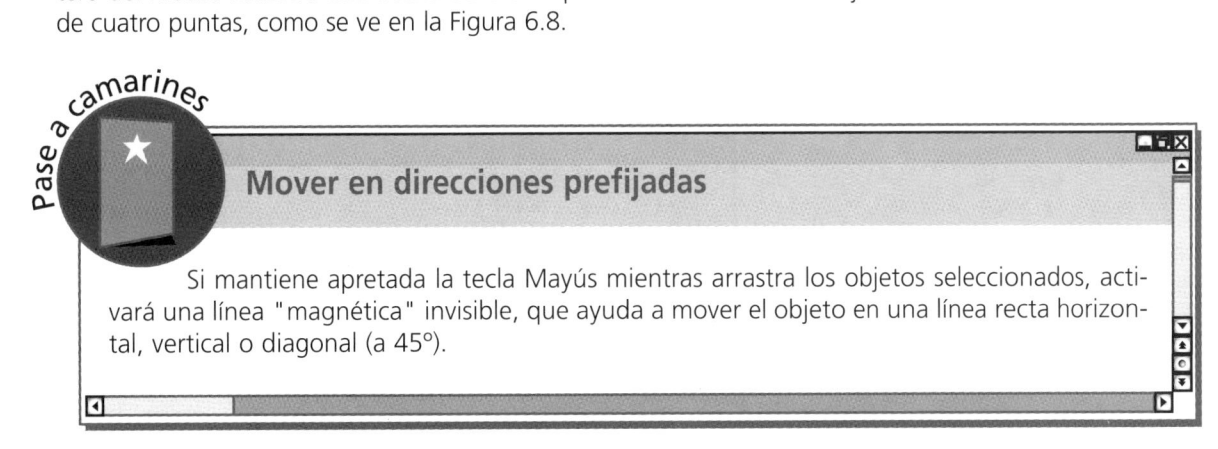

Pase a camarines

Mover en direcciones prefijadas

Si mantiene apretada la tecla Mayús mientras arrastra los objetos seleccionados, activará una línea "magnética" invisible, que ayuda a mover el objeto en una línea recta horizontal, vertical o diagonal (a 45°).

Figura 6.8

Mover un grupo de objetos a la vez: mientras se mueve el objeto, y hasta que se suelta el botón del mouse, aparece una nueva versión del objeto junto con la original.

Un modo rápido de crear duplicados

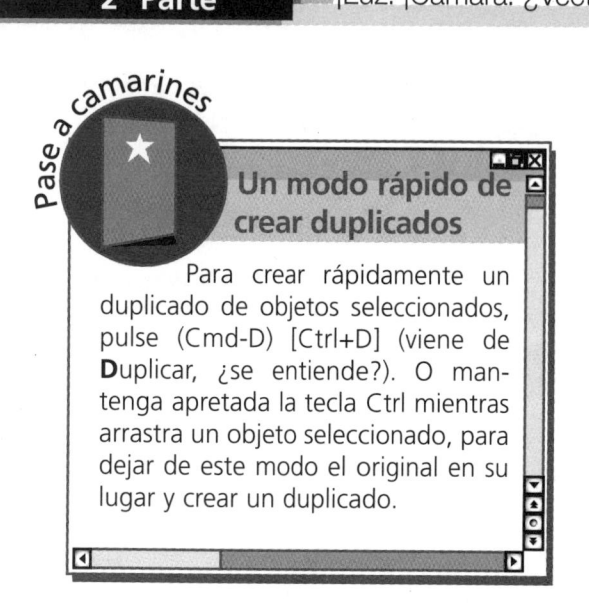

Para crear rápidamente un duplicado de objetos seleccionados, pulse (Cmd-D) [Ctrl+D] (viene de **D**uplicar, ¿se entiende?). O mantenga apretada la tecla Ctrl mientras arrastra un objeto seleccionado, para dejar de este modo el original en su lugar y crear un duplicado.

Puede cortar o copiar al portapapeles un grupo seleccionado de objetos eligiendo **Edición, Cortar** o **Edición, Copiar**. Para pegar los objetos desde el portapapeles elija **Edición, Pegar**.

Cambiar la forma y el tamaño de un objeto

La opción Escalar de la barra de herramientas de la Flecha sirve para cambiar la forma o el tamaño de los objetos.

Luego de seleccionar un objeto, haga clic en la opción Escalar y aparecerán ocho controles de tamaño en las esquinas y lados del objeto seleccionado (o los objetos seleccionados). Para cambiar la forma de los objetos, arrastre los controles de los costados, o los de arriba y abajo; para cambiar el tamaño arrastre los controles de las esquinas, como se ve en la Figura 6.9.

Figura 6.9

Al arrastrar los controles de tamaño de las esquinas, mantenemos la forma original de los objetos pero cambiamos su tamaño.

Rotar objetos

Al hacer clic en la opción Rotar de la barra de herramientas de la Flecha se activan ocho círculos de rotación en las esquinas y lados del objeto seleccionado (o los objetos seleccionados).

Para rotar los objetos, se deben arrastrar los círculos de rotación ubicados en las esquinas.

Al arrastrar los círculos de rotación de los lados del objeto, solamente se moverá el lado elegido. Puede usar esta prestación para crear ciertas graciosas distorsiones de los dibujos, como la que se muestra en la Figura 6.11.

Cortar, separar, unir — **Capítulo 6**

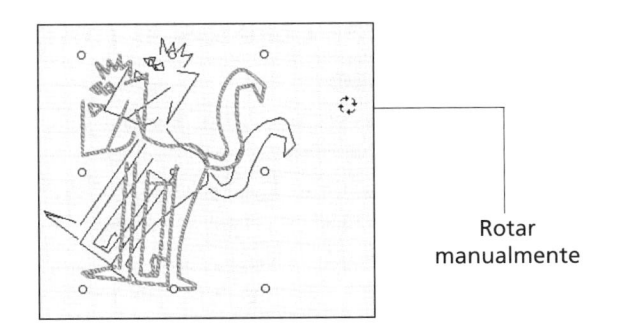

Figura 6.10

Rotar los objetos seleccionados les da una nueva apariencia llamativa.

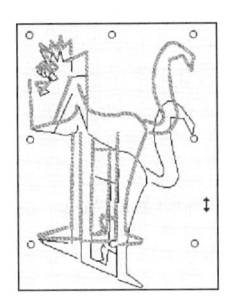

Rotar manualmente

Figura 6.11

Al arrastrar los círculos de rotación en los lados solamente se mueve el lado correspondiente. El efecto es como el de una palanca con un punto de apoyo, o punto de giro, ubicado en el control de rotación opuesto al seleccionado.

COMBINAR OBJETOS EN GRUPOS

Casi todos los dibujos están compuestos de más de un objeto; hasta el hecho de dibujar una simple curva puede producir muchos objetos. A menudo, es útil combinar esos objetos de modo de poder editarlos y moverlos todos juntos.

Agrupar objetos temporalmente los convierte en un objeto individual que podemos mover o modificar. Si más tarde queremos volver a trabajar sobre un solo objeto del grupo, podemos desagruparlos.

Para agrupar un conjunto de objetos use la Flecha o el Lazo para seleccionarlos y luego elija **Modificar, Agrupar**.

Para desagrupar objetos haga clic con la Flecha para seleccionar un objeto agrupado y elija **Modificar**, **Desagrupar.**

Los atributos de línea o relleno de un grupo no se pueden modificar.

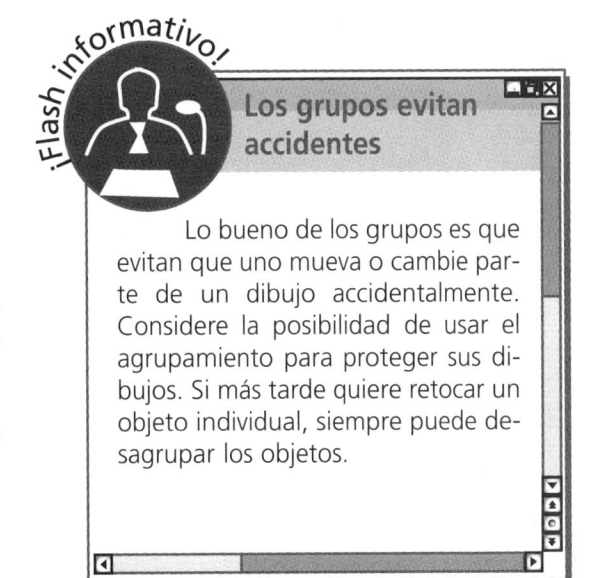

¡Flash informativo!

Los grupos evitan accidentes

Lo bueno de los grupos es que evitan que uno mueva o cambie parte de un dibujo accidentalmente. Considere la posibilidad de usar el agrupamiento para proteger sus dibujos. Si más tarde quiere retocar un objeto individual, siempre puede desagrupar los objetos.

2º Parte ▶ ¡Luz! ¡Cámara! ¿Vectores?

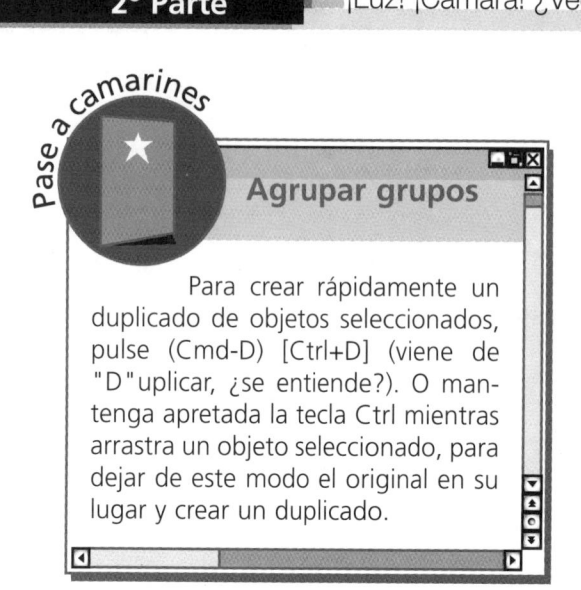

Pase a camarines

Agrupar grupos

Para crear rápidamente un duplicado de objetos seleccionados, pulse (Cmd-D) [Ctrl+D] (viene de "D"uplicar, ¿se entiende?). O mantenga apretada la tecla Ctrl mientras arrastra un objeto seleccionado, para dejar de este modo el original en su lugar y crear un duplicado.

Llevar objetos al frente o al fondo

Cuando se mueve un objeto *agrupado* encima de otro objeto agrupado, estos no se "cortan entre sí" como lo hacen los objetos normales en Flash cuando se cruzan.

Por ejemplo, en la Figura 6.12, al dibujar una línea vertical a través del óvalo este último queda dividido en dos objetos que es posible separar. Pero la línea dibujada "a través" de los objetos agrupados que forman el mono no parte al mono en mitades.

Cuando dos objetos agrupados se cruzan, uno de los dos se superpone al otro. Puede cambiar el orden de apilamiento de los objetos agrupados seleccionando uno de ellos con la Flecha. Una vez hecho esto, elija **Modificar, Organizar**. Luego puede elegir entre:

Figura 6.12

Como el mono es un objeto agrupado, la línea no lo corta en mitades.

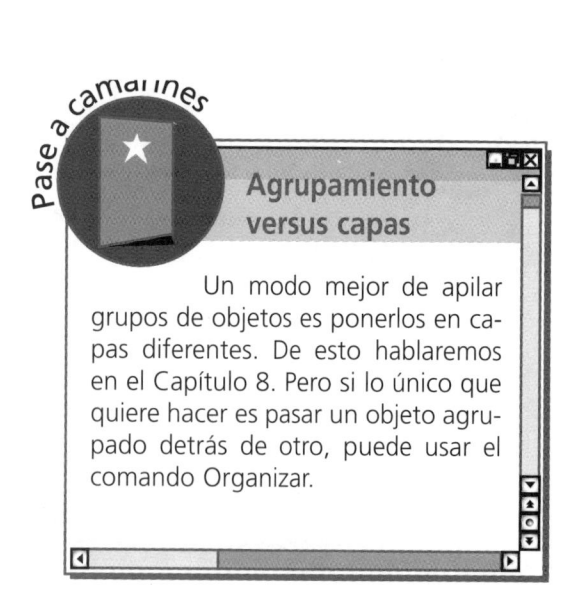

Pase a camarines

Agrupamiento versus capas

Un modo mejor de apilar grupos de objetos es ponerlos en capas diferentes. De esto hablaremos en el Capítulo 8. Pero si lo único que quiere hacer es pasar un objeto agrupado detrás de otro, puede usar el comando Organizar.

- **Poner en primer plano.** Pasa el objeto agrupado seleccionado adelante de todos los otros objetos agrupados presentes en el escenario.
- **Traer adelante.** Pasa el objeto agrupado seleccionado adelante de los objetos agrupados con los que se cruza.
- **Enviar atrás.** Lleva el objeto agrupado seleccionado detrás de los objetos agrupados que lo cruzan.
- **Enviar al fondo.** Lleva el objeto agrupado seleccionado detrás de todos los objetos agrupados presentes en el escenario.

La Figura 6.13 muestra objetos agrupados que han sido pasados adelante y detrás los unos de los otros.

Figura 6.13

Aquí pasamos al mono encarcelado de la izquierda "detrás" de las barras, mientras que al mono libre de la derecha lo pasamos "delante" de las barras.

Bloquear objetos agrupados

Bloquear objetos agrupados es como meterlos en una caja fuerte en el banco. Uno no los puede mover, no los puede modificar pero, por otra parte, tampoco puede hacer lío con ellos. Para bloquear un objeto agrupado, selecciónelo y elija **Modificar, Organizar, Bloquear**.

¡Flash informativo!

No se pueden seleccionar grupos bloqueados

Una vez que un objeto agrupado está bloqueado, no solamente es imposible editarlo o moverlo, sino que ni siquiera es posible seleccionarlo. La única manera de desbloquear un objeto es elegir **Modificar, Organizar, Desbloquear todo**.

MICROEDICIÓN: LA HERRAMIENTA SUBSELECCIÓN

Una nueva prestación de Flash 5 es la herramienta Subselección. Con ella es posible mover y controlar los puntos (nodos) que definen cada curva.

Puede activar la herramienta Subselección haciendo clic en ella en el cuadro de herramientas con el mouse, o pulsando la letra **A** en el teclado. Al seleccionar objetos con esta herramienta aparecen puntos nodales, como los que muestra la Figura 6.14.

Pase a camarines

¿Cómo se definen las curvas?

Como es un programa de dibujo basado en vectores, Flash define las curvas mediante puntos nodales y la curvatura de las líneas que los conectan. Piense en un dibujo creado usando uno de esos acertijos del tipo "una los puntos", y comprenderá la lógica básica de Flash.

2º Parte ▸ ¡Luz! ¡Cámara! ¿Vectores?

Figura 6.14

La herramienta de subselección hace que aparezcan docenas de pequeños puntos nodales en las orejas y en la cabeza del conejo.

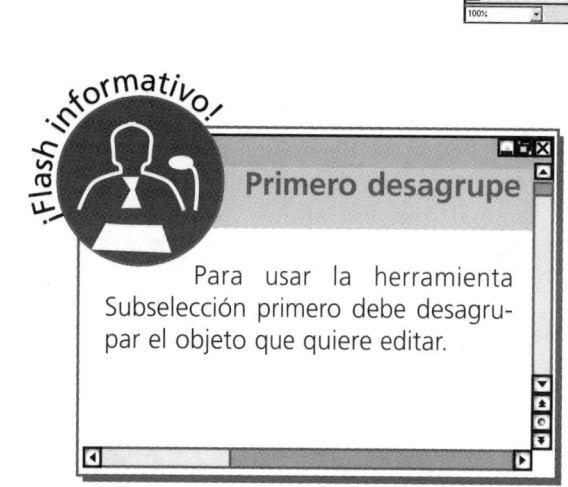

Primero desagrupe

Para usar la herramienta Subselección primero debe desagrupar el objeto que quiere editar.

Mover nodos

Una vez seleccionado un objeto con la herramienta Subselección, es posible mover los nodos individuales de la curva. Al mover el puntero de subselección cerca de un nodo, al puntero se le agrega un cuadrado hueco. Arrastre el nodo para editar la curva, como se muestra en la Figura 6.15.

Figura 6.15

Aquí estamos moviendo un nodo individual de una curva

Cortar, separar, unir — **Capítulo 6**

Editar curvas con puntos de control

Para un máximo control de curvas se pueden ajustar los dos puntos de control que tienen todas ellas. Pero para hacerlo conviene que magnifique bastante el dibujo.

Habiendo seleccionado un nodo (con la herramienta Subselección) puede arrastrar cualquiera de los puntos de control asociados con la curva.

Para cambiar la curvatura de la línea puede alejar los puntos de control (arrastrarlos alejándolos del punto nodal de la curva) o acercarlos. Esto último produce una curva más apretada, mientras que lo primero crea una curva más ancha, como se muestra en la Figura 6.16.

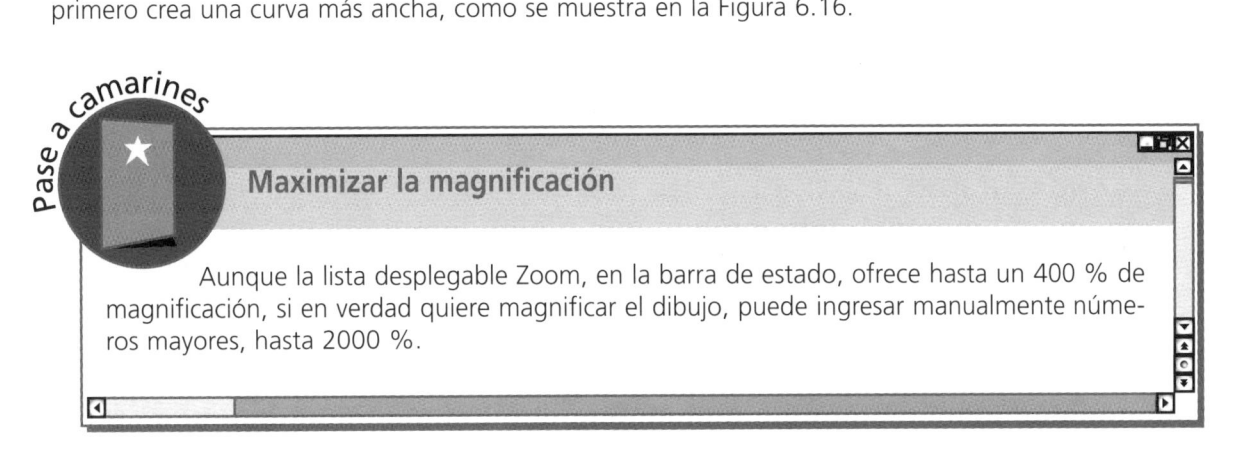

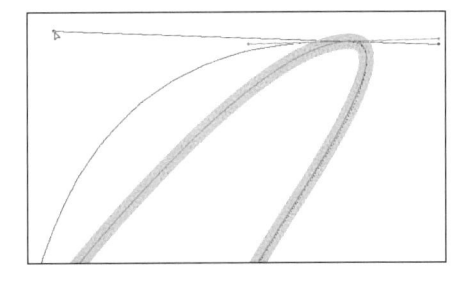

Pase a camarines

Maximizar la magnificación

Aunque la lista desplegable Zoom, en la barra de estado, ofrece hasta un 400 % de magnificación, si en verdad quiere magnificar el dibujo, puede ingresar manualmente números mayores, hasta 2000 %.

Figura 6.16

En la figura estamos alejando los puntos de control, para hacer una curva más amplia.

También puede ajustar la curva arrastrando los puntos de control en sentido horario o antihorario. La Figura 6.17 muestra una curva a la que alteramos rotando el punto de control de la derecha en sentido horario.

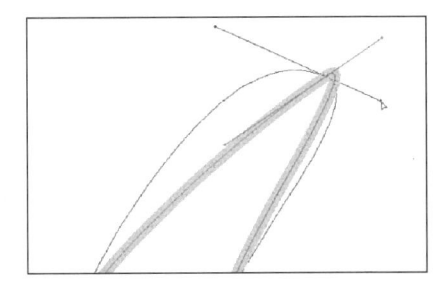

Figura 6.17

En este dibujo, al rotar el punto de control de la derecha estamos ensanchando la curva. Como las líneas de los puntos de control son de diferentes longitudes (la del lado derecho es más corta), el cambio de curvatura es más evidente en el lado izquierdo.

2º Parte — ¡Luz! ¡Cámara! ¿Vectores?

Pase a camarines

Microajustes: no para cualquiera

Jugar con los puntos de control de las curvas es algo que está reservado para hacer ajustes muy finos a los dibujos. Los diseñadores lo usan raramente, o nunca. Pero si necesita tener el máximo control sobre las curvas, usando la herramienta Subselección y los puntos de control puede hacerlo.

Lo mínimo que tiene que saber

- Para poder cambiar un objeto primero use la Flecha o el Lazo para seleccionarlo.

- La herramienta Flecha puede mostrar una curva, un ángulo o una flecha de cuatro puntas. El ícono de curva sirve para cambiar la curvatura de las líneas, el ángulo para cambiar su longitud y dirección y la flecha de cuatro puntas sirve para mover objetos.

- Se puede agrupar objetos para editarlos fácilmente.

- La herramienta Subselección hace que en los dibujos aparezcan diminutos nodos de curvas que es posible mover o editar.

3ª Parte

Preparar el escenario

Cuando todo está bien organizado, la vida es muchísimo más fácil. Lo mismo pasa con Flash. En los capítulos que siguen aprenderemos a organizar nuestra película usando un elemento tridimensional: las capas.

También aprenderemos a integrar texto dentro de la película, y juntaremos unos pocos trucos que harán al texto más llamativo y divertido, y lo protegerán mejor contra los impredecibles modos de manejar el texto que tienen los navegadores.

Capítulo 7

Diseño del escenario

En Este Capítulo

- Ajustar el tamaño de los objetos usando las reglas
- Cambiar el modo como se ven las líneas de cuadrícula y las guías
- Ajustar los objetos en su lugar
- Definir el tamaño del escenario
- Cambiar el color de fondo de la película

El escenario es la región blanca del área de dibujo; solamente los objetos ubicados en el escenario aparecen en la película. El diseñador puede controlar el modo como funciona el escenario, activando para ello prestaciones tales como la regla o las líneas de cuadrícula, que ayudan a fijar el tamaño y la posición de los objetos.

El escenario es, además, un elemento de diseño. Cambiando el tamaño y color de fondo del escenario se puede cambiar el modo como se verá la película en el Reproductor de Flash o en un navegador web.

¿QUÉ ELEMENTOS HAY EN EL ESCENARIO?

Cuando es preciso diseñar conjuntos complejos de figuras, resulta conveniente personalizar el escenario. Esto puede ayudar a alinear los objetos, cambiar el fondo de un fotograma de la película, y definir el tamaño de los objetos.

Los elementos del escenario que ayudan a diseñar y ubicar los objetos incluyen:
- Las reglas.
- Las líneas de cuadrícula, que ayudan a alinear y fijar el tamaño de los objetos.
- Las líneas de guía personalizables, que ayudan a ubicar los objetos.
- La opción Ajustar a cuadrícula, que activa las líneas de cuadrícula.

El escenario y la línea de tiempo

Se podría decir que el entorno Flash opera en tres dimensiones: la línea de tiempo, en la parte superior de la ventana de Flash, controla la presentación secuencial de los fotogramas de la película, y es tema de la 6ª Parte de este libro. Prácticamente, todo lo demás que se hace en Flash tiene lugar en el escenario, el área en la que se diseñan de hecho los fotogramas de la película.

Uso de las reglas

Una forma rápida y fácil de fijar el tamaño de los objetos en el escenario es usar una regla. No, no digo una regla tomada de un cajón de su escritorio, sino la que viene integrada dentro de Flash. Para usarla, vaya al menú y elija **Ver**, **Reglas**. En el lado superior e izquierdo del escenario aparecerán una regla horizontal y otra vertical.

Cuando seleccione un objeto en el escenario, en las reglas aparecerán pequeñas marquitas que indican las dimensiones del objeto. Por ejemplo, el conejo de la Figura 7.1 tiene aproximadamente 100 píxeles de alto.

Figura 7.1

¿Necesita un conejo de 100 píxeles de altura? Configure como unidad de medida de la regla el píxel y cambie en un santiamén el tamaño de nuestro amigo usando la regla.

Diseño del escenario — **Capítulo 7**

Pase a camarines

Unidades de medida

En la Figura 7.1, la regla está configurada para usar el píxel como unidad de medida: esto es útil para medir gráficos destinados a la presentación en la Web y en un monitor, donde las imágenes se componen de píxeles (puntos).

Para cambiar la unidad de medida del escenario elija **Modificar**, **Película**, y seleccione una unidad de medida en el menú emergente Unidades de regla. Luego, haga clic en **Aceptar** para cambiar la presentación de la regla. Entre las opciones disponibles como unidad de medida se encuentran las pulgadas, los puntos, los centímetros y los milímetros.

Creación de guías personalizadas

Puede marcar líneas de apoyo en el escenario, creando para ello guías personalizadas, que luego podrá usar para ubicar o alinear los objetos en el escenario.

Por ejemplo, si quiere alinear un objeto verticalmente en relación con otro, puede definir una guía horizontal y alinear ambos objetos respecto de esta guía.

Para crear una guía, primero tiene que tener las reglas visibles. Haga clic en una regla y arrastre, tirando de ella en dirección al escenario. Al hacerlo, creará una guía como la que se ve en la Figura 7.2.

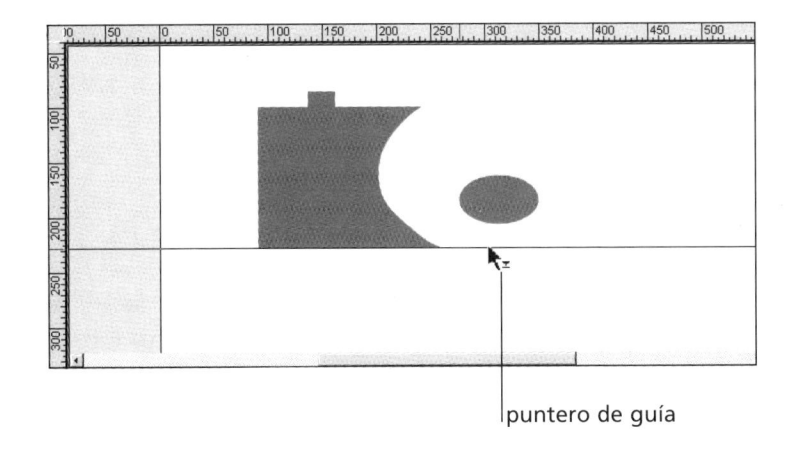

Figura 7.2

Al arrastrar una guía sobre el escenario, aparece el puntero de guía. Para eliminar una guía basta volver a arrastrarlas a la regla horizontal o vertical de la que salió.

puntero de guía

Para activar las guías que haya ubicado en el escenario, elija **Ver**, **Guías**, en el menú, y cerciórese de que esté seleccionada la opción Encajar en guías.

Con la opción Encajar en guías activada, las líneas de guía funcionan como imanes que atraen a los objetos que uno arrastra en sus proximidades. Puede definir el "poder" de estos imanes en el cuadro de diálogo Guías, eligiendo para ello **Ver**, **Guías**, **Editar guías**. La lista desplegable Precisión de ajuste permite elegir entre tres niveles de poder de atracción de las líneas de guía: Debe estar cerca (atracción mínima), Normal, y Puede estar lejos (máxima atracción).

Uso de la cuadrícula y el ajuste

Otra forma fácil de fijar rápidamente el tamaño y la ubicación de los objetos en elescenario es usar la cuadrícula. La cuadrícula es un conjunto de líneas horizontales y verticales que aparecen sobre el escenario. Lo mismo que las líneas de guía, las líneas de la cuadrícula no aparecen cuando el visitante ve la película.
Mostrando la cuadrícula y activando el ajuste, es posible fijar fácilmente el tamaño y la ubicación de los objetos según tamaños y posiciones marcadas por las líneas de la cuadrícula.

Poner la cuadrícula a la vista

Para activar la visualización de la cuadrícula, elija **Ver**, **Cuadrícula** y seleccione **Mostrar cuadrícula**. Puede cambiar el color de la cuadrícula eligiendo **Ver**, **Cuadrícula**, **Editar cuadrícula**, en el menú. La paleta emergente Color permite cambiar el color de la cuadrícula. Las casillas de verificación Mostrar cuadrícula y Ajustar a cuadrícula activan la visualización de la cuadrícula y el ajuste a ella, respectivamente. Los cuadros de distancia horizontal y vertical permiten ingresar cualquier valor para el espaciado entre las líneas que forman la cuadrícula.
En el cuadro de diálogo Cuadrícula, experimente con la lista desplegable Precisión de ajuste. Ofrece cuatro opciones diferentes de sensibilidad que determinan el poder de "atracción" que ejercen las líneas de cuadrícula sobre los objetos al moverlos en dirección a ellas. El cuadro de diálogo Cuadrícula aparece en la Figura 7.3.

Figura 7.3

Configurar el valor de Precisión de ajuste en "Debe estar cerca" es útil cuando se quiere ubicar algunos objetos cerca de una línea de cuadrícula, pero no exactamente en ella.

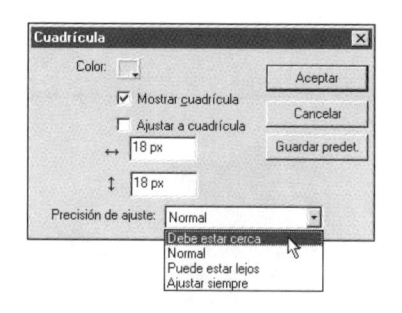

Activar el ajuste

La cuadrícula no hace gran cosa a menos que activemos, además, el ajuste. Sin ajuste, la cuadrícula se ve pero no hace nada; con el ajuste activamos su funcionamiento como "líneas magnéticas". Al arrastrar un objeto en dirección a una línea de cuadrícula con el ajuste activado, el objeto literalmente salta hacia la línea de cuadrícula más cercana. Para activar y desactivar el ajuste elija **Ver**, **Cuadrícula**, **Ajustar a cuadrícula**.

Diseño del escenario — Capítulo 7

¡Flash informativo!

Mejor deje el fondo de la cuadrícula como está

El cuadro de diálogo Cuadrícula permite definir el color de las líneas de la cuadrícula, eligiéndolo de la paleta Color. Elija este color basándose en la facilidad con la que verá las líneas de la cuadrícula sobre el escenario mientras diseñe la presentación. Cuando se reproduzca la película la cuadrícula no será visible, así que las líneas de la cuadrícula no aparecerán ni serán parte del fondo del escenario.

Pase a camarines

Activar y desactivar el ajuste

La tecla de método abreviado para activar el ajuste a la cuadrícula es (Cmd-Mayús-+) [Ctrl+Mayús+´]. Para activar el ajuste a las guías es (Cmd-Mayús-/) [Ctrl+Mayús+/]. Para activar el ajuste a objetos es (Cmd-Mayús-/) [Ctrl+Mayús+/].

Algunas veces, queremos ubicar un objeto cerca de otro (o cerca de una línea de cuadrícula o de guía), pero no exactamente en contacto con el objeto. En tal caso, conviene desactivar el correspondiente ajuste, de modo de tener la libertad de ubicar el objeto independientemente de la "atracción gravitacional" de los objetos, líneas de cuadrícula o líneas de guía que se encuentren en las proximidades.

Alinear los objetos a la cuadrícula o a las guías

Para alinear un objeto con una línea de cuadrícula o de guía, arrástrelo cerca de la línea y deje que el ajuste obre su magia. El poder del ajuste dependerá de cómo esté configurada la precisión de ajuste en el cuadro de diálogo Cuadrícula. Para abrir este cuadro de diálogo, elija **Ver**, **Cuadrícula**, **Editar cuadrícula**.

Figura 7.4

Aquí hemos seleccionado la nariz del mono como punto de ajuste y podemos usarla para alinear la nariz con una línea de cuadrícula cualquiera.

Ubicación, ubicación, ubicación...

Al animar los objetos, lo que se hace, esencialmente, es cambiar su ubicación de fotograma en fotograma. Es por eso que la capacidad de ubicar fácilmente y con precisión los objetos en el escenario, usando reglas y líneas de cuadrícula, se vuelve esencial cuando se pasa del diseño de los objetos a su animación.

BLOQUEAR LAS GUÍAS

El cuadro de diálogo Guías tiene una casilla de verificación Bloquear guías. Seleccionar esta casilla de verificación bloquea la ubicación de las líneas de guía definidas, lo que impide moverlas o eliminarlas.

Esta opción es especialmente útil para no mover por accidente las guías.

Si más tarde necesita mover o editar las guías, basta con que le quite la marca a la casilla de verificación en el cuadro de diálogo.

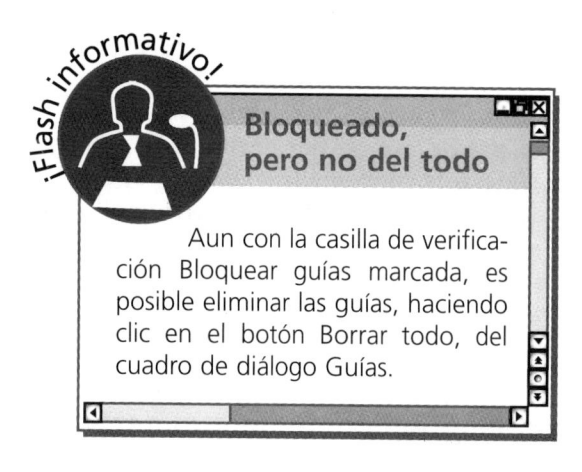

Bloqueado, pero no del todo

Aun con la casilla de verificación Bloquear guías marcada, es posible eliminar las guías, haciendo clic en el botón Borrar todo, del cuadro de diálogo Guías.

ESTÉTICA DEL DISEÑO DEL ESCENARIO

Ciertos elementos del escenario son invisibles durante la presentación de la película; otros, por el contrario, afectan su apariencia. Los colores de fondo de la película aparecen detrás de cada fotograma durante la visualización de la película.

Diseño del escenario **Capítulo 7**

El tamaño del escenario también afecta la presentación de la película, determinando el tamaño general de la película. Si la película es demasiado grande para la pantalla, estaremos en problemas. ¿De qué clase? Bueno, piense en esa advertencia que aparece en el televisor cuando miramos un video en casa, que dice que recortaron los extremos de la película para adaptarla al tamaño de la pantalla del televisor. Si quiere evitar esta clase de problemas... siga leyendo.

Configurar el tamaño del escenario

Cuando la película Flash se presente en un navegador web, solamente se verán los objetos que estén en el escenario (el área de color blanco). Los objetos fuera del escenario –en el área de color gris– no saldrán en la película.

La Figura 7.5 muestra un dibujo en el que algunos de los objetos no están incluidos en la película que se verá en el navegador.

Figura 7.5

¡Lo siento! Únicamente los objetos dentro del escenario se incluyen en la película.

Espacio de almacenamiento

Como los objetos fuera del escenario (en el área gris que lo rodea) no aparecen en la película, se puede usar este espacio para almacenar objetos gráficos que quizá se usen más tarde en algún fotograma. Pero si quiere un modo mejor de almacenar los objetos que quiera reutilizar en muchos fotogramas, déle un vistazo a la exposición que hacemos acerca de símbolos y bibliotecas en la 4ª Parte.

Definiendo el tamaño del escenario, es posible controlar el modo como se verá la película en el Reproductor de Flash o en un navegador web. Normalmente, apuntaremos a que el escenario sea lo suficientemente grande para mostrar todo lo que hemos dibujado, pero sin exceder los límites de lo que se puede ver en la pantalla del espectador.

3° Parte — Preparar el escenario

> **¡Flash informativo!**
>
> **El tamaño sí que importa**
>
> Si el escenario es demasiado pequeño para incluir a todos los objetos, los que queden afuera no aparecerán en la película. Pero si el escenario es mayor que la ventana del navegador o la pantalla del monitor, el espectador se perderá partes de la película (ya que los objetos se irán "fuera de pantalla") a menos que use la barra de desplazamiento para seguir la acción. Solución: mantenga la película de un tamaño lo suficientemente pequeño como para que entre en un navegador web.
>
> Para explorar en detalle el modo como películas de diferentes tamaños interactúan con los navegadores, véase la Sección "Insertar una película Flash en una página web", en el Capítulo 21 de este libro.

Se puede reducir el tamaño de la película de modo que sea apenas tan grande como sea necesario para incluir todo el contenido del escenario; para ello elija **Modificar**, **Película** y en el cuadro de diálogo Propiedades de película haga clic en el botón Contenido. Al hacerlo, el tamaño del escenario se reducirá automáticamente, hasta incluir únicamente el espacio necesario para darle cabida a todo lo que contiene. El tamaño que se calcule para el escenario aparecerá en los cuadros Anchura y Altura del cuadro de diálogo.

Configurar el color de fondo del escenario

Es posible definir fondos específicos para determinados objetos, creando objetos agrupados detrás de otros objetos agrupados. Por ejemplo, para poner una laguna azul detrás de un bote puede dibujar la laguna, y luego poner un bote en frente de ella.

La ubicación de objetos en capas puede servir para ponerles fondos específicos a ciertos fotogramas u objetos, pero también es posible cambiar el color de fondo para toda la película. Para ello, elija Modificar, Película y haga clic en el menú emergente Color de fondo. En la paleta de colores elija un color, que se convertirá en el color predeterminado de todas las capas y todos los fotogramas de la película.

> **Pase a camarines**
>
> **Uso de objetos agrupados como imágenes de fondo**
>
> Del uso de objetos agrupados como minicapas para la creación de fondos hablamos en el Capítulo 6.

Pase a camarines

Nada de degradados aquí

Por desgracia, Flash no permite usar degradados como color de fondo, así que hay que atenerse a usar un color sólido de la paleta. Si realmente quiere tener un fondo degradado, puede poner un objeto con degradado en la capa más profunda de la película. Las capas son el tema del Capítulo 8.

Lo mínimo que debe saber

- Es posible activar reglas, líneas de cuadrícula y guías personalizadas usando el menú Ver.

- Junto con el ajuste, la cuadrícula facilita fijar la posición y el tamaño de los objetos.

- Cambiar el tamaño del escenario determina cuán grande se verá la película en la ventana del navegador.

- Solamente los objetos que estén dentro del escenario aparecerán en la película.

- Cambiar el color de fondo de una película afecta a todos los fotogramas y niveles de una película.

Capítulo 8

Trabajar con capas

En Este Capítulo

- Usar capas para ubicar objetos delante y detrás de otros
- Agregar nuevas capas
- Bloquear las capas
- Mostrar las capas como contornos
- Ocultar y mostrar capas
- Cambiar el orden de las capas
- Usar las capas como guías
- Crear capas de máscara que permitan ver parcialmente otras capas enmascaradas

Las capas son hojas transparentes puestas una encima de la otra, que permiten apilar objetos sin tener que preocuparse por la posibilidad de hacer lío con ellos, como puede suceder cuando se cruzan objetos en una sola capa.

Las capas simplifican el manejo y edición de una película. Por ejemplo, podríamos crear una capa de fondo que contenga únicamente aquellos elementos que están detrás de todos los demás objetos de la película. Encima de ella, podemos crear capas para diferentes conjuntos de objetos, de forma tal que sea fácil editar esos objetos de a uno por vez.

Finalmente, podemos usar capas de máscara para crear un efecto como el de un "agujero para espiar", en el que movemos un objeto que tiene un orificio a través del cual se puede ver, revelando así partes diferentes de las capas subyacentes.

Más allá del dibujo unidimensional

En los capítulos previos hemos visto cómo interfieren entre sí los dibujos y figuras que se cruzan. Por ejemplo, el mono y el árbol de la Figura 8.1 son, ambos, dibujos bastante complejos. Editarlos sería muchísimo más fácil si ponemos cada uno de ellos en su propia capa.

Figura 8.1

Ubicando diferentes objetos en capas diferentes, se elimina el riesgo de cortar figuras o líneas al mover un objeto encima de otro.

En la Figura 8.2, los mismos objetos están cada uno en su propia capa, y además hay capas adicionales para los objetos del fondo, por ejemplo el suelo y el cielo. Esto hace más fácil cambiar la ubicación relativa de los objetos, sin dañar los objetos ubicados en otras capas.

Pase a camarines

Las múltiples capas de una animación

Imagínese una película donde el fondo queda estático, las figuras se mueven por la pantalla y aparece texto que se mueve cruzando la pantalla. Es mucho más fácil organizar una película de este tipo cuando el fondo, el texto y las figuras están todos en sus propias capas separadas. De tal modo, se puede animar cada capa por separado y luego combinarla con el resto de la película.

Trabajar con capas   **Capítulo 8**

En esta película, podemos editar individualmente las diferentes capas.

Figura 8.2

Poner los objetos en capas separadas hace que podamos editar y animar esos objetos más fácil y rápidamente.

Uso de las capas

La manera más fácil de manejar y organizar las capas es usar la línea de tiempo. Con ella es posible crear capas, pasarlas delante (o detrás) de las otras, cambiarles el nombre, cambiar sus propiedades y eliminarlas.

La otra manera de controlar las capas es con el menú. La opción **Insertar**, **Capa** inserta una nueva capa en la película (justo encima de la capa seleccionada). La opción del menú que permite el control de una capa es **Modificar**, **Capa**, que abre el cuadro de diálogo Propiedades de capa para la capa seleccionada. Las opciones en el cuadro duplican características que se pueden controlar con los íconos en la línea de tiempo. Como al trabajar estos íconos son más accesibles, en esta sección concentraremos nuestra atención en ellos.

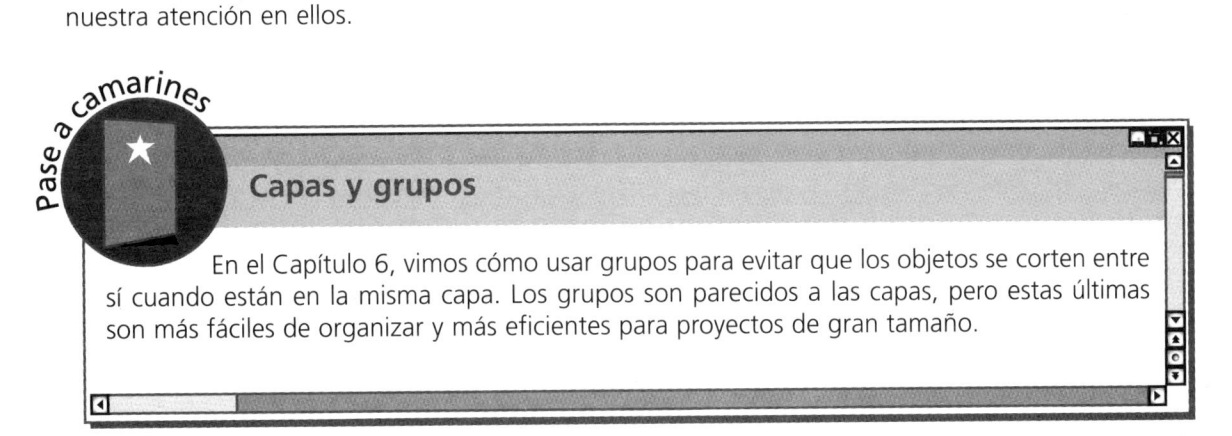

Pase a camarines

Capas y grupos

En el Capítulo 6, vimos cómo usar grupos para evitar que los objetos se corten entre sí cuando están en la misma capa. Los grupos son parecidos a las capas, pero estas últimas son más fáciles de organizar y más eficientes para proyectos de gran tamaño.

Agregar (o eliminar) capas

Para agregar una capa, vaya al menú y elija Insertar, Capa. En la línea de tiempo, arriba del escenario, aparecerá una nueva capa, encima de todas las capas existentes, bautizada con el bastante poco creativo nombre "Capa 2". Las capas adicionales, si las hubiera, se llamarán "Capa 3", "Capa 4", y así sucesivamente.

Puede cambiar los nombres de las capas haciendo doble clic en el nombre actual y escribiendo uno nuevo, como se muestra en la Figura 8.3.

Figura 8.3

Cambiar el nombre predeterminado de la capa por algo que describa el objeto en cuestión ayuda a recordar para qué sirve cada capa.

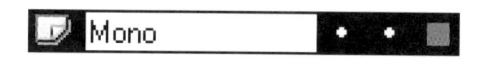

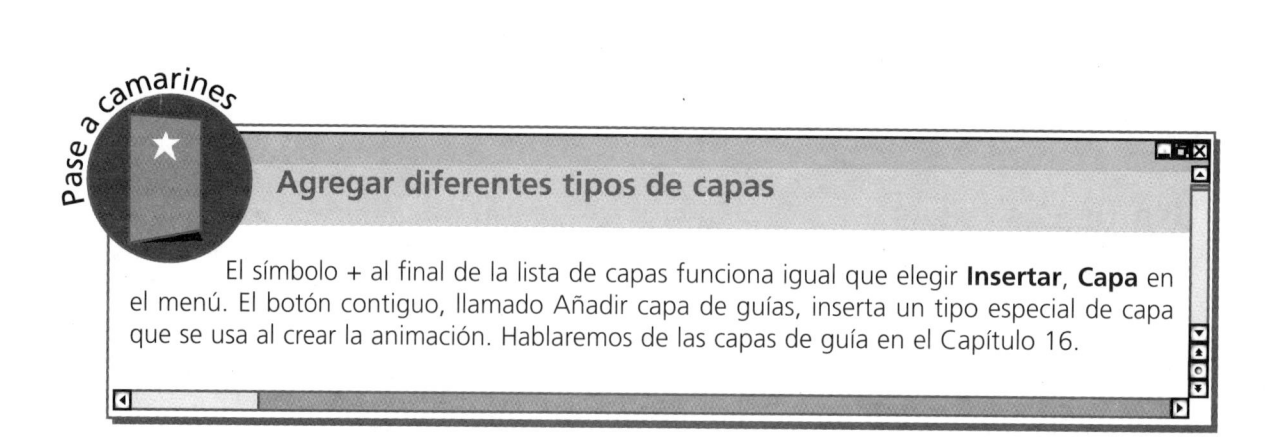

Agregar diferentes tipos de capas

El símbolo + al final de la lista de capas funciona igual que elegir **Insertar**, **Capa** en el menú. El botón contiguo, llamado Añadir capa de guías, inserta un tipo especial de capa que se usa al crear la animación. Hablaremos de las capas de guía en el Capítulo 16.

Ver múltiples capas a la vez

Cuando tenga más de una capa creada, puede alternar entre ellas haciendo clic en cualquiera de ellas, en la línea de tiempo.

Al principio de la lista de capas, en la línea de tiempo, se encuentra un conjunto de íconos que controlan si y cómo se verá una capa, y si la capa es editable. Si hace clic en un ícono ubicado al principio de la lista, esto afectará a todas las capas, mientras que si hace clic en el mismo ícono en la fila correspondiente a una capa individual solamente afectará a esta capa.

La Figura 8.4 muestra los íconos que controlan la visualización de las capas.

Trabajar con capas   **Capítulo 8**

Bloquear/Desbloquear

Mostrar como contornos

Mostrar/Ocultar

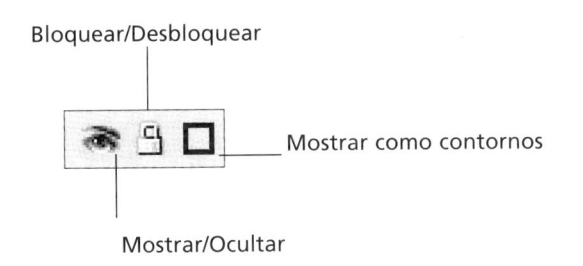

Figura 8.4

Estos íconos controlan el modo como se visualizan las capas y si es posible editarlas.

El ícono Mostrar/Ocultar hace que la capa se vuelva visible o invisible. La utilidad de esto la verá realmente cuando desee concentrarse en la edición de una capa individual, o quiera ver cómo se ven juntos los objetos presentes en ciertas capas determinadas.

El ícono Bloquear/Desbloquear activa o desactiva el bloqueo de la capa, que impide la edición de la capa. Esta es una herramienta de seguridad, que evita arruinar una capa por accidente. Las capas bloqueadas están libres de todo peligro mientras se editan las otras capas.

¡Flash informativo!

¡Cuidado! Es posible editar más de una capa a la vez...

Cuando una capa no está bloqueada, es posible editar los objetos contenidos en ella incluso cuando está seleccionada una capa diferente. Funciona de este modo: si el usuario hace clic en un objeto que está en una capa diferente de la seleccionada, Flash pasa automáticamente a la capa que contiene el objeto. De tal forma, es posible editar objetos en diferentes capas. Editar con varias capas desbloqueadas puede ser más cómodo, pero también se presta más a confusiones. Cuando el lector empiece a usar capas, y hasta que se familiarice con saltar de una capa a la otra, quizá le convenga mantener una sola capa desbloqueada.

El ícono Mostrar como contornos muestra el contenido de la capa como contornos.

En la Figura 8.5, la capa que contiene el sol está oculta, la capa del mono está bloqueada, los árboles se ven como contornos, y la capa del suelo está seleccionada para su edición.

Para eliminar una capa, basta seleccionarla y hacer clic en el ícono Eliminar capa, como se ve en la Figura 8.6.

También es posible editar objetos en capas que no están seleccionadas. Es más difícil que editar un objeto en la capa seleccionada, pero no es imposible. Basta hacer clic en un objeto –incluso uno que esté en una capa no seleccionada– para poder editarlo.

3º Parte — Preparar el escenario

Figura 8.5

Mirando los íconos que aparecen a la derecha del nombre de la capa podemos determinar qué opciones de visualización están activadas en cada capa.

Figura 8.6

Enviar una capa a la papelera la elimina de la lista de capas y del escenario.

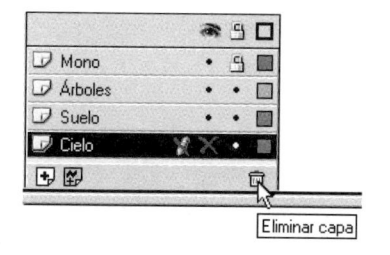

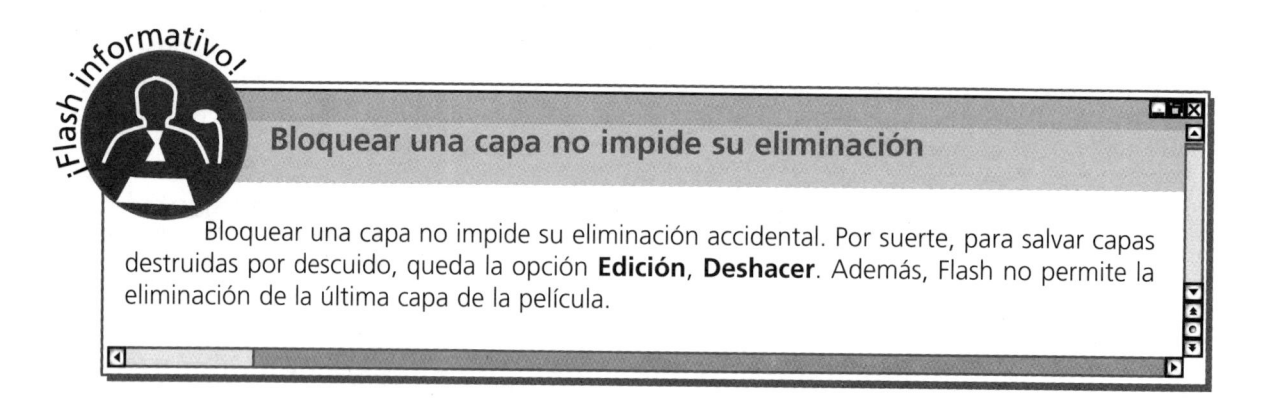

¡Flash informativo!

Bloquear una capa no impide su eliminación

Bloquear una capa no impide su eliminación accidental. Por suerte, para salvar capas destruidas por descuido, queda la opción **Edición**, **Deshacer**. Además, Flash no permite la eliminación de la última capa de la película.

Como regla general, para realizar operaciones de edición complejas en una capa lo mejor es ocultar las demás y concentrarse en los objetos de la capa elegida. Por otra parte, para organizar la ubicación de los objetos en relación unos con otros, es preferible hacerlo con varias capas visibles, y mover o editar los objetos en diferentes capas a la vez.

Capas y curvas

Flash permite realizar algunas acciones de edición sin cambiar la capa activa. Pero editar en una capa diferente a la activa puede producir resultados inesperados. Si hace clic en un objeto con relleno y lo arrastra, Flash pasará a la otra capa. Por el contrario, si retoca una curva (haciendo clic en ella y arrastrando) la capa activa seguirá siendo la misma y Flash no pasará a la capa que contiene la curva.

Los beneficios de la vista como contornos

Ver capas en vista de contornos permite cambiar más rápida y fácilmente la ubicación de objetos numerosos. Especialmente en el caso en que la memoria de la computadora es un problema, la vista de contornos reduce la demanda de memoria del sistema durante la manipulación simultánea de muchas capas.

También es posible cambiar el color que se ve cuando se presenta una capa como contorno. Para ello, seleccione la capa y elija **Modificar, Capa**. Haga clic en el control Color, en el cuadro de diálogo Propiedades de capa, y elija el color que desee para los contornos de la capa seleccionada.

Pasar capas adelante y atrás

Se pueden pasar las capas al frente o detrás de otras cambiando su orden en la lista de capas. Para ello, haga clic en una capa y arrástrela. Por ejemplo, en la Figura 8.7, hemos pasado la capa Sol delante de la capa Cielo, arrastrándola del lugar que ocupaba en la lista de capas y soltándola arriba de la capa Cielo.

3º Parte — Preparar el escenario

Figura 8.7

Hemos movido al sol detrás del árbol pero delante del cielo, cambiando el orden de las capas en la línea de tiempo.

Pase a camarines

Modificar las propiedades de muchas capas a la vez

Es posible asignar modificar las propiedades de grupos de capas contiguas (capas que están una al lado de la otra) usando la tecla Mayús al hacer clic para seleccionar las capas. Alternativamente, en Windows se puede usar (Ctrl+clic) para seleccionar dos o más capas que no estén una al lado de la otra.

Edición en múltiples capas

Cortar y pegar objetos de una capa a la otra es bastante fácil; primero use la Flecha (o el Lazo) para seleccionar uno o más objetos. Luego elija **Edición**, **Copiar** o **Edición**, **Cortar**, para llevar el objeto al Portapapeles.

Con uno o más objetos en el Portapapeles, haga clic en la línea de tiempo para seleccionar una capa, y elija **Edición**, **Pegar**, para ubicar el objeto en cuestión en la nueva capa.

TIPOS ESPECIALES DE CAPAS

Además de las capas que sirven para presentar los objetos de la película, en Flash se pueden crear otros dos tipos de capas: Capas de guía y Capas de máscara.

Las **capas de guía** son capas que no aparecen en la película. Sirven para definir una ruta para la generación de la animación.

Trabajar con capas — **Capítulo 8**

Las capas de máscara permiten definir una especie de lente a través de la cual se puede "espiar" el resto de la película. Se pueden usar las máscaras sin animación, pero lo realmente divertido es agregarles animación para mover las "lentes", cambiando así la parte visible de las capas subyacentes.

Retornaremos a las capas de máscara y de guía en detalle más adelante en este libro, cuando exploremos la animación, en la 6ª Parte. Pero ya que estamos investigando la creación de capas, démosle un breve vistazo al modo de configurar una capa de máscara o de guía.

Pase a camarines — Para trabajar mejor

Conviene asignar a las capas nombres que ayuden a recordar los objetos que contienen; como los de las capas "Sol", "Cielo", "Mono", "Árboles" y "Suelo" de la Figura 8.7.

Cuando en la siguiente sección de este capítulo trabajemos con capas especiales, los nombres de capa se volverán muy útiles. Allí hablaremos de las capas de guía y de máscara, y podría ser buena idea ponerle a la capa de guía el nombre "Guía" y a la de máscara, "Máscara".

Definir una capa de guía

Para convertir una capa en capa de guía, seleccione la capa en la línea de tiempo y elija **Modificar, Capa** en el menú.

En el cuadro de diálogo Propiedades de capa, haga clic en el botón de opción Guía en la sección Tipo, como se ve en la Figura 8.8.

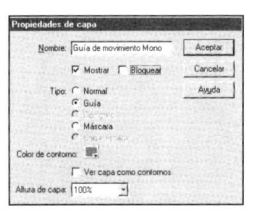

Figura 8.8

Una capa de guía sirve para ayudar a definir el movimiento en la película.

Detalles — Las guías controlan la animación

El cómo se usan las capas de guía para definir la animación lo dejamos para el Capítulo 16. Por ahora, baste saber que cuando sea necesario crear una capa de guía sabemos cómo hacerlo.

3° Parte ▶ Preparar el escenario

La Figura 8.9 muestra un ejemplo de capa de guía. La línea en la capa de guía no aparece cuando se ve la película, pero define el movimiento de los objetos en la capa con la que está asociada.

Figura 8.9

La capa de guía no se ve en la película Flash; solamente está allí para ayudar a definir la animación cuando añadamos fotogramas adicionales.

Guía de movimiento

Crear agujeros para espiar: capas de máscara

Las capas de máscara funcionan como los agujeros que tienen las máscaras para los ojos, la nariz y la boca. Permiten al espectador ver las capas traseras "a través de" la capa de máscara.

Los objetos en la capa de máscara son los que definen la máscara, y pueden ser cualquier objeto con relleno (óvalos, rectángulos u otras figuras).

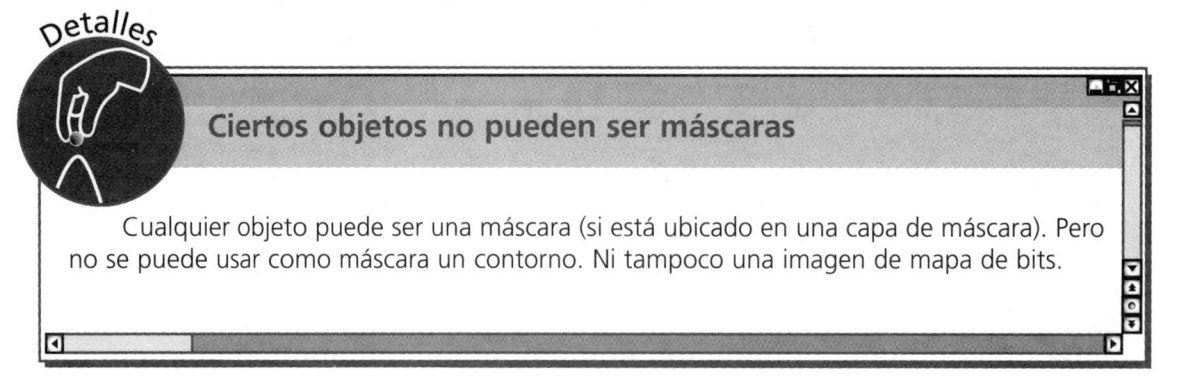

> **Detalles**
>
> **Ciertos objetos no pueden ser máscaras**
>
> Cualquier objeto puede ser una máscara (si está ubicado en una capa de máscara). Pero no se puede usar como máscara un contorno. Ni tampoco una imagen de mapa de bits.

Una vez definida una capa de máscara, es preciso crear capas enmascaradas (o asignarle esa función a capas existentes). Estas capas enmascaradas son las que "se ven a través de" los agujeros de la capa de máscara.

Trabajar con capas — Capítulo 8

Detalles

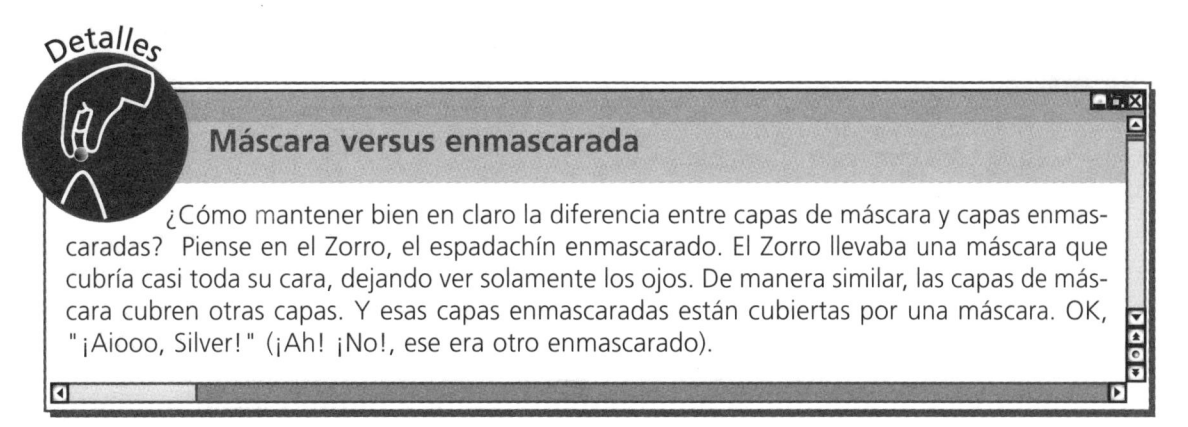

Máscara versus enmascarada

¿Cómo mantener bien en claro la diferencia entre capas de máscara y capas enmascaradas? Piense en el Zorro, el espadachín enmascarado. El Zorro llevaba una máscara que cubría casi toda su cara, dejando ver solamente los ojos. De manera similar, las capas de máscara cubren otras capas. Y esas capas enmascaradas están cubiertas por una máscara. OK, "¡Aiooo, Silver!" (¡Ah! ¡No!, ese era otro enmascarado).

Cuando se crea una máscara, Flash tomará de manera predeterminada la capa que esté debajo de la capa de máscara y la convertirá automáticamente en capa enmascarada.

Para definir capas adicionales como capas enmascaradas, primero selecciónelas. Una vez seleccionadas, elija **Modificar**, **Capa** y en el cuadro de diálogo Propiedades de capa haga clic en el botón de opción Con máscara.

La Figura 8.10 muestra una capa de máscara encima de otras varias capas (las capas enmascaradas). Cuando se vea la película, el gran círculo blanco en la capa de máscara actuará como una "máscara".

Figura 8.10

Cuando se presente esta película, el gran círculo blanco actuará como una máscara, que solamente le dejará ver al espectador los objetos que cubra.

Se puede ver el efecto de una capa de máscara bloqueándola. Cuando la capa de máscara está bloqueada, Flash muestra su efecto, como se ve en la Figura 8.11.

3º Parte ▶ Preparar el escenario

Colores de máscara

El gurú de Flash (y nuestro ilustrador) Paul Mikulecky cuenta que siempre hace sus objetos de máscara de color negro, para que sean fácilmente visibles cuando la capa de máscara está desbloqueada. Si fueran blancos, podrían desaparecer sobre un fondo blanco. (Si el fondo es negro, Paul usa el color blanco para el objeto de máscara.)

Figura 8.11

La imagen mostrada en la película se crea usando la máscara circular de modo que se vea solamente una parte de las capas subyacentes.

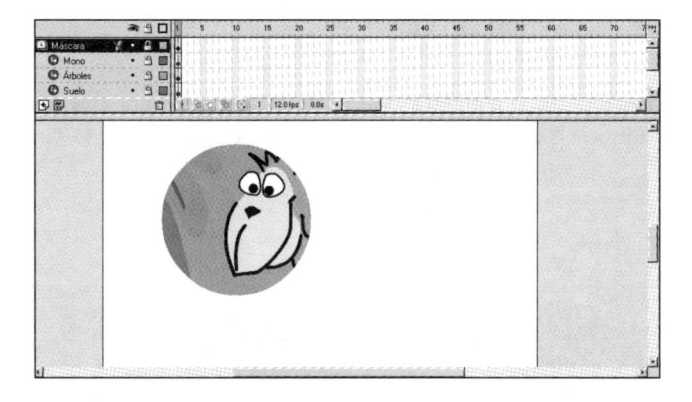

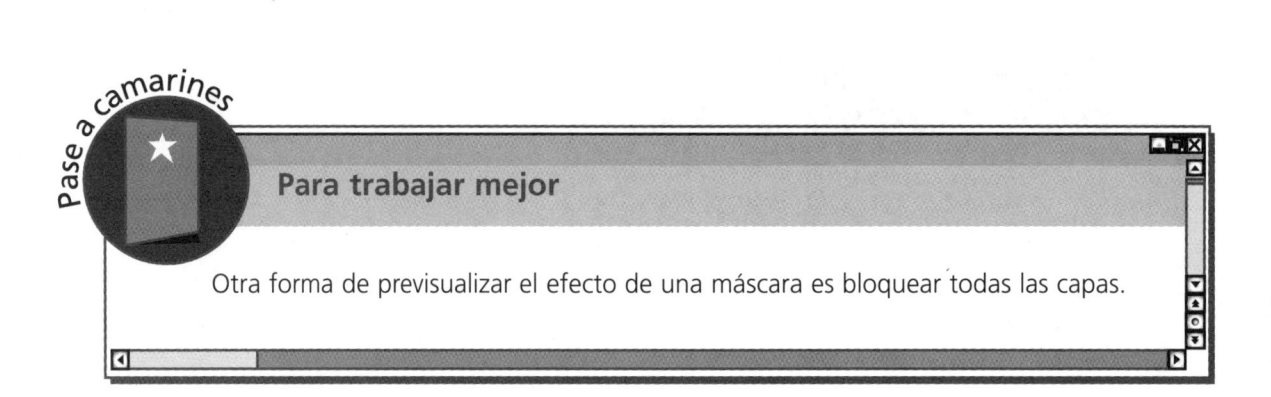

Para trabajar mejor

Otra forma de previsualizar el efecto de una máscara es bloquear todas las capas.

Trabajar con capas — Capítulo 8

Lo mínimo que debe saber

- Las capas son la mejor manera de manejar objetos que deben estar delante o detrás de otros.

- Los íconos situados al lado del nombre de cada capa sirven para mostrar, ocultar, bloquear o desbloquear las capas, y para alternar entre verlas como contornos o como imágenes completas.

- Se puede cortar, copiar y pegar objetos entre una capa y otra.

- Las capas de guía no se ven en la película, pero son útiles para organizar imágenes multicapa.

- Las capas de máscara dejan ver solamente una parte de las capas enmascaradas subyacentes.

Capítulo 9

Escribir texto

En Este Capítulo

- Basta de texto aburrido
- Análisis de la herramienta Texto
- Escalar, sesgar y rotar el texto
- Dar forma a los párrafos de texto
- Texto como figuras

La mayor parte del texto que uno se encuentra en la Web puede llegar a ser bastante aburrido. Que me disculpen si ofendo a alguien, pero es hora de enfrentarlo: el HTML no permite ser muy expresivo con el texto.

Con Flash es otra historia. Podemos crear texto inclinado, estirado, sesgado o transformarlo en figuras.

EL TEXTO EN FLASH

Al publicar texto en una película Flash, se obtiene un control más preciso sobre su apariencia del que se hubiera logrado formateando el texto en HTML. Como los visitantes ven el sitio a través del reproductor de Flash, integrado a sus navegadores, los atributos especiales (por ejemplo, rotación) que le asignemos al texto se verán en las páginas web exactamente según los hayamos diseñado. En este capítulo veremos cómo formatear texto.

3º Parte ▶ Preparar el escenario

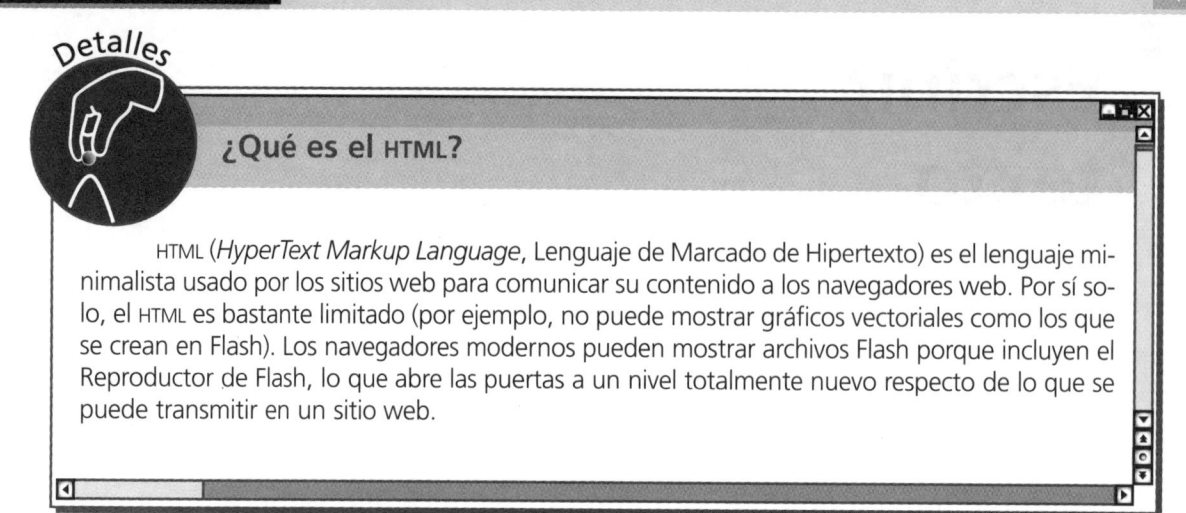

> **Detalles**
>
> **¿Qué es el HTML?**
>
> HTML (*HyperText Markup Language*, Lenguaje de Marcado de Hipertexto) es el lenguaje minimalista usado por los sitios web para comunicar su contenido a los navegadores web. Por sí solo, el HTML es bastante limitado (por ejemplo, no puede mostrar gráficos vectoriales como los que se crean en Flash). Los navegadores modernos pueden mostrar archivos Flash porque incluyen el Reproductor de Flash, lo que abre las puertas a un nivel totalmente nuevo respecto de lo que se puede transmitir en un sitio web.

Los atributos de espaciado, rotación, color y fuente que le asignemos al texto se verán bien en cualquier navegador. Sin embargo, las fuentes asignadas quizá no se vean igual en todos los navegadores. Eso se debe a que la presentación de fuentes en el navegador depende de las fuentes que tenga instaladas en su sistema el visitante del sitio web.

Si le aplicamos a nuestro texto una fuente como, digamos, Westminster (que se caracteriza por su apariencia "técnica"), en el navegador podría verse como una aburrida Times Roman. Pero este problema tiene solución. Más tarde explicaremos cómo asegurarse de que las fuentes se vean de la manera que las haya formateado –en cualquier navegador– convirtiéndolas en figuras.

INSERTAR TEXTO EN LA PELÍCULA

Para poner texto en una película Flash basta hacer clic en la herramienta **Texto**, en el cuadro de herramientas. Un modo rápido de seleccionar la herramienta Texto es pulsando la letra **T** en el teclado.

Al mover el puntero del mouse encima del escenario, aparecerá el puntero de texto, que se ve como una A con una cruz adjunta. Haga clic en el escenario y comience a escribir. Se creará un cuadro de texto que se expandirá para darle cabida al texto que introduzca (véase la Figura 9.1).

Figura 9.1

La herramienta Texto se ve como un puntero con forma de A. Para añadir texto haga clic y escriba, o dibuje primero un cuadro de texto para definir el ancho del texto.

Escribir texto | **Capítulo 9**

Pase a camarines
Definir la altura y el ancho de un cuadro de texto

Si quiere definir el ancho de un cuadro de texto antes de ingresar texto, haga clic y arrastre con la herramienta Texto, para dibujar un cuadro de texto. No se puede definir la altura del texto, únicamente el ancho. Eso se debe a que la altura del cuadro de texto se expande para darle lugar al texto que se escribe.

Para seleccionar un bloque de texto haga clic en él (una sola vez). Al seleccionar texto con la herramienta Texto, en la esquina superior derecha del cuadro de texto aparece un único control, que puede arrastrar para cambiar el ancho del cuadro de texto. A medida que ajuste el ancho, el texto se reacomodará de modo de llenar el cuadro (véase la Figura 9.2). Cuando se ajusta de esta forma el tamaño del cuadro de texto, el tamaño de las letras (tamaño de fuente) permanece igual. Si lo que quiere es expandir o reducir el tamaño del texto, salte a la sección siguiente.

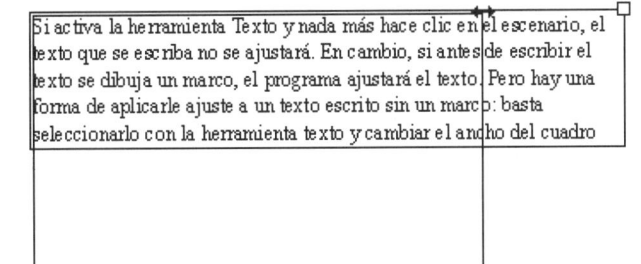

Figura 9.2

Cuando se redimensiona un cuadro de texto, el texto se reacomoda para ajustarse al nuevo ancho del cuadro.

TORCER Y GIRAR EL TEXTO

Redimensionar un cuadro de texto no tiene efecto alguno sobre el tamaño, forma u orientación del texto escrito en el cuadro. Si el cuadro de texto se hace más estrecho, su longitud aumentará. Si el cuadro de texto se ensancha, su longitud se reducirá en correspondencia.

Figura 9.3

Aquí estamos viendo en el navegador un texto que ha sido escalado, rotado y sesgado.

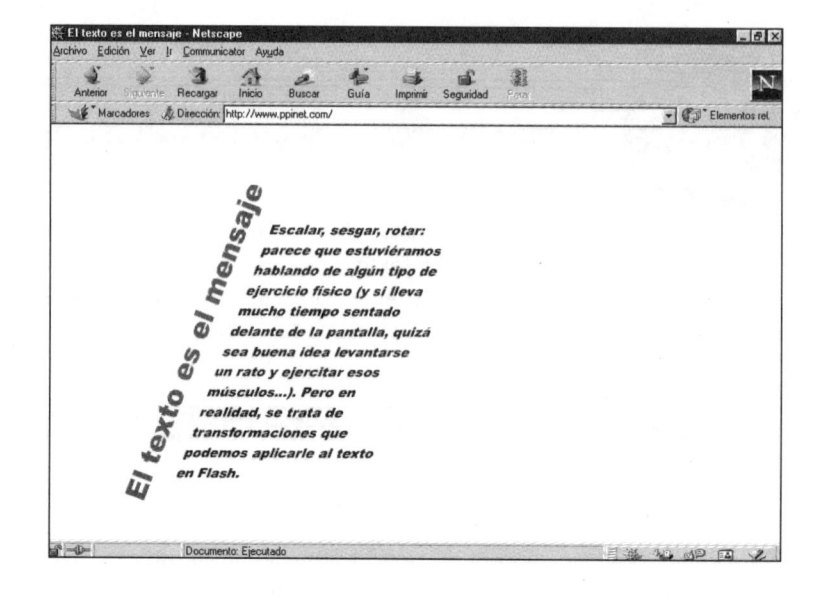

Escalar texto

Escalar el texto cambia su forma. Si escalamos un texto aumentando su altura, el texto se volverá más alto y más delgado. Si disminuimos la altura, el texto se hará más bajo y rechoncho. Escalar texto nos da mucho más control sobre su apariencia, ya que no tenemos que limitarnos a los tamaños de fuente normales.

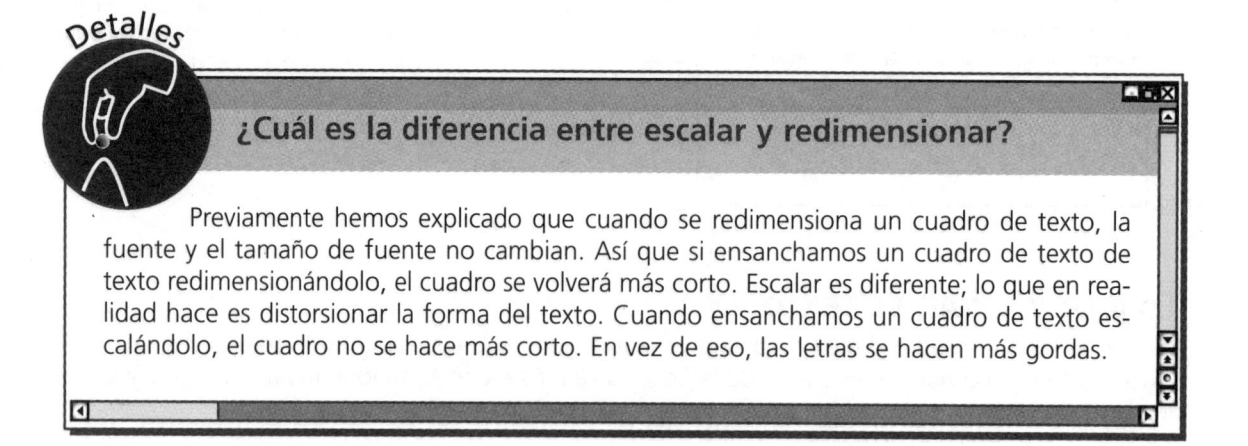

Detalles

¿Cuál es la diferencia entre escalar y redimensionar?

Previamente hemos explicado que cuando se redimensiona un cuadro de texto, la fuente y el tamaño de fuente no cambian. Así que si ensanchamos un cuadro de texto de texto redimensionándolo, el cuadro se volverá más corto. Escalar es diferente; lo que en realidad hace es distorsionar la forma del texto. Cuando ensanchamos un cuadro de texto escalándolo, el cuadro no se hace más corto. En vez de eso, las letras se hacen más gordas.

Escribir texto — Capítulo 9

Para escalar texto, seleccione un cuadro de texto con la herramienta Selección (no la herramienta Texto) y elija **Modificar, Transformar, Escalar**. Tan pronto como lo haga, aparecerán ocho controles de escala en las esquinas y en los lados del cuadro de texto. Para modificar el tamaño y la forma del texto arrastre estos controles (véase la Figura 9.4).

Figura 9.4

Escalando se le puede dar al texto una apariencia "más gorda".

Detalles

Mantener las proporciones del texto al escalar

Una de las grandes cosas respecto del escalado de fuentes en Flash es que podemos estirar las fuentes como si se tratara de una banda de goma, haciendo el texto más ancho o más delgado al cambiar su tamaño. Pero, ¿qué pasa si queremos conservar las proporciones originales de la fuente? En tal caso, cambie la escala usando los controles de las esquinas. Arrastrar los controles de las esquinas cambia la altura y el ancho proporcionalmente. Si el lector es de orientación digital, puede elegir **Modificar, Transformar, Escalar** y **rotar**, y cambiar el tamaño usando un porcentaje.

Rotar texto

Igual que las figuras, es posible rotar el texto. Seleccione un cuadro de texto usando la herramienta Selección (no la herramienta Texto). Elija **Modificar, Transformar, Rotar**. Para rotar el texto arrastre cualquiera de los cuatro controles redondos que aparecen en las esquinas del cuadro de texto (véase la Figura 9.5).

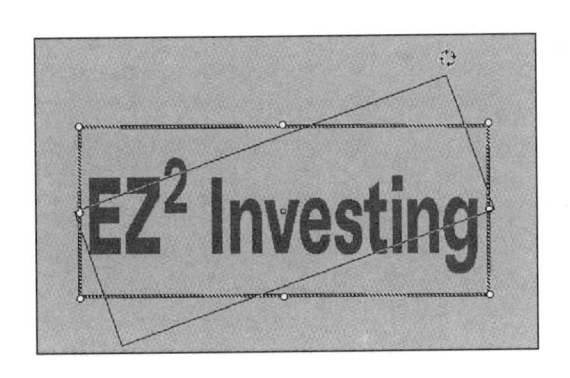

Figura 9.5

Rotación de texto

3º Parte — Preparar el escenario

> **Detalles**
>
> **¿Con qué herramienta se selecciona el texto?**
>
> Cuando se quiere editar el texto, se lo selecciona usando la herramienta Texto (la **A** en el cuadro de herramientas). Para rotar, escalar o sesgar texto se lo selecciona usando la herramienta Selección (la flecha).

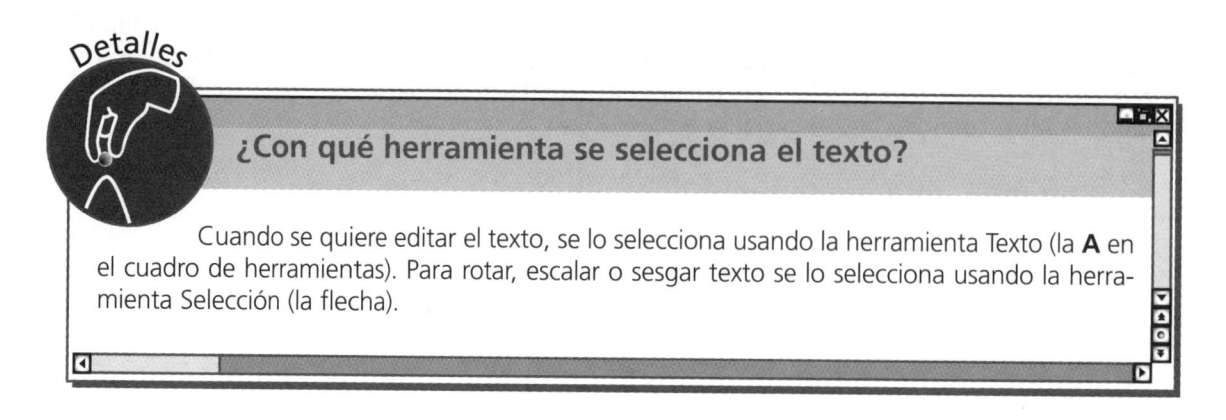

Sesgar texto

Sesgar texto es un modo de distorsionarlo, consistente en inclinar lados paralelos del cuadro de texto. Seleccione el cuadro que quiera sesgar, usando para ello la herramienta Selección, y elija **Modificar**, **Transformar**, **Rotar**. Verá los mismos controles que aparecen cuando se rota texto. (¡Nada sorprendente, puesto que elegimos la misma opción del menú!)

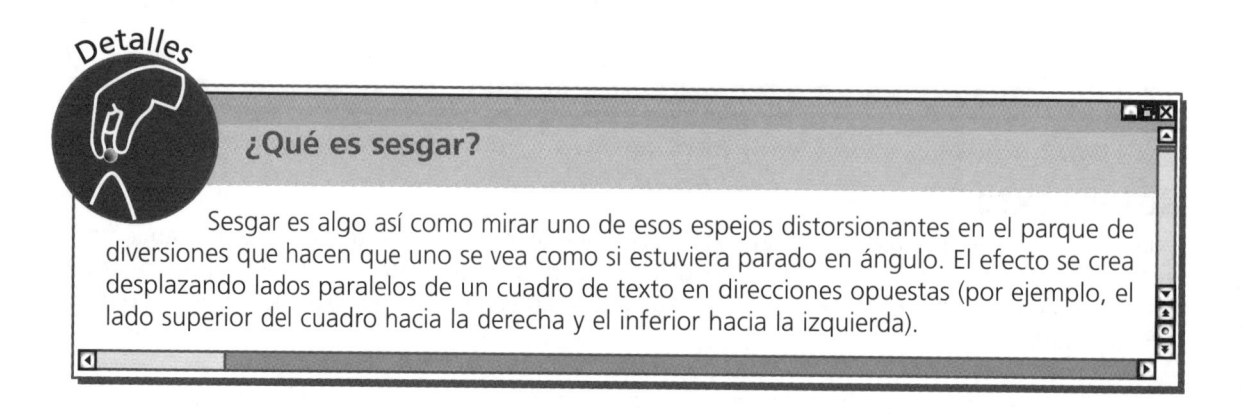

> **Detalles**
>
> **¿Qué es sesgar?**
>
> Sesgar es algo así como mirar uno de esos espejos distorsionantes en el parque de diversiones que hacen que uno se vea como si estuviera parado en ángulo. El efecto se crea desplazando lados paralelos de un cuadro de texto en direcciones opuestas (por ejemplo, el lado superior del cuadro hacia la derecha y el inferior hacia la izquierda).

Para sesgar el texto, con los controles de rotación a la vista, arrastre uno de los cuatro controles de los costados (no los de las esquinas) del cuadro de texto (véase la Figura 9.6). Para tomarle la mano, tendrá que experimentar un poco; pero en cuanto lo haya hecho, ya no podrá dejarlo. No es bueno que se exceda, pero verá que los cuadros de texto sesgados permiten hacerle al texto algunas cosas graciosas; por ejemplo, ponerlo en paralelo a otros objetos presentes en la página.

Escribir texto | **Capítulo 9**

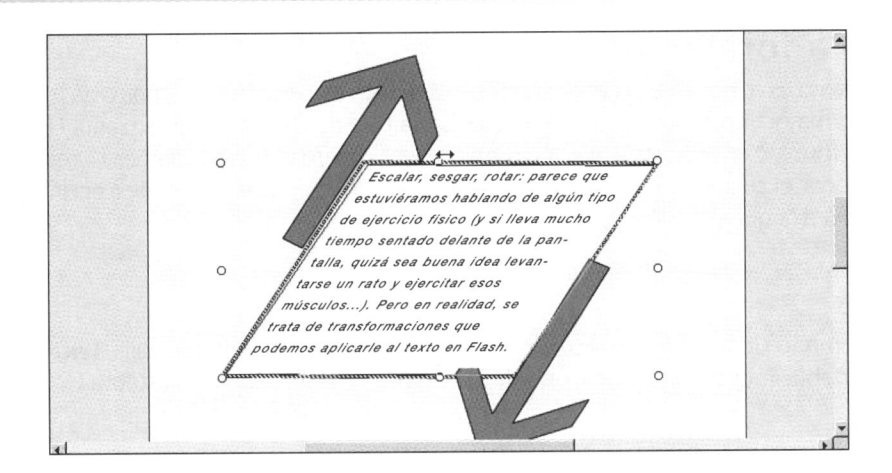

Figura 9.6

Para sesgar el texto, arrastre los controles de rotación de los costados.

Formatear el texto

En Flash se le pueden asignar formatos al texto en muchas formas. El menú Texto brinda un modo rápido y fácil de elegir la fuente, el tamaño, el estilo y la alineación del texto.

Los paneles Carácter, Párrafo y Opciones de texto son centros de operación desde los que se puede tener un control más completo del modo como se formatea el texto en los cuadros de texto. Para activar estos paneles, vaya al menú y elija **Texto**, **Carácter**; **Texto**, **Párrafo** y **Texto**, **Opciones**, respectivamente.

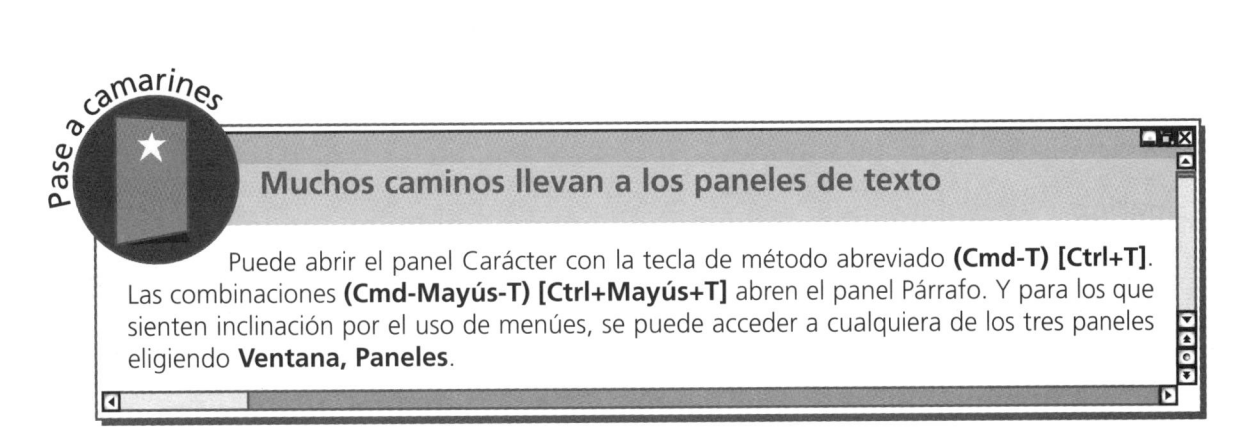

Pase a camarines

Muchos caminos llevan a los paneles de texto

Puede abrir el panel Carácter con la tecla de método abreviado **(Cmd-T) [Ctrl+T]**. Las combinaciones **(Cmd-Mayús-T) [Ctrl+Mayús+T]** abren el panel Párrafo. Y para los que sienten inclinación por el uso de menús, se puede acceder a cualquiera de los tres paneles eligiendo **Ventana, Paneles**.

Elección del texto a formatear

El primer paso para formatear texto es seleccionar el cuadro de texto al que se le aplicarán los cambios de formato. Para hacer cambios de formato a un cuadro de texto entero, basta hacerle clic con la herramienta Flecha. Para hacerle cambios de formato a una parte del texto dentro del cuadro de texto, primero use la herramienta Texto para seleccionar el cuadro, y luego haga clic y arrastre el puntero del mouse por encima del texto, para resaltar la porción a la que le quiere aplicar el formato.

Cambiar la fuente

Para cambiar la fuente o el tamaño de fuente a un cuadro de texto o texto seleccionados, elija **Texto**, **Carácter** y use la lista desplegable Fuente para elegir una de las fuentes instaladas en su sistema (véase la Figura 9.7).

Figura 9.7

Se puede cambiar la fuente o el tamaño de fuente a parte del texto contenido dentro de un cuadro de texto.

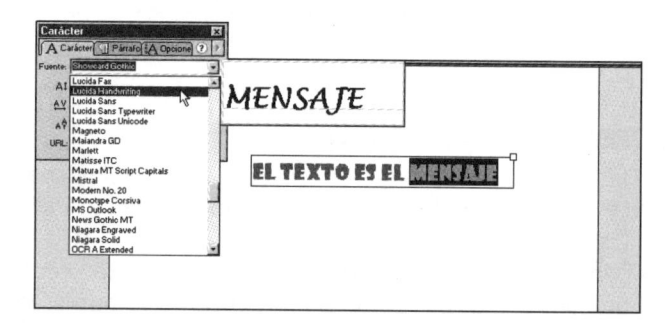

Una manera rápida de asignar la fuente del texto seleccionado es elegir **Texto**, **Fuente** en el menú, y luego elegir la fuente deseada en el menú emergente. Sin embargo, al seleccionar fuentes de esta manera no es posible previsualizarlas antes de hacer la asignación (lo que sí es posible cuando se elige **Texto**, **Carácter** y se usa la lista desplegable Fuente).

Tamaño y espaciado de fuente

El panel Carácter permite definir el tamaño del texto seleccionado, tanto en dirección horizontal como vertical. El control deslizante Altura de fuente (que indica el tamaño vertical) controla la altura del texto. La Figura 9.8 muestra el control deslizante Ajuste entre palabras (que sirve para configurar el espaciado horizontal entre las letras).

¿Los visitantes verán en sus navegadores las fuentes elegidas?

No, a menos que las tengan instaladas en sus sistemas. Si la fuente asignada por el diseñador no está disponible en la computadora del visitante, Flash la sustituirá por una que se le parezca. Si quiere asegurarse de que las fuentes se verán exactamente como las creó, conviértalas en figuras (véase la Sección "Texto como figuras", más adelante en este capítulo).

Escribir texto   **Capítulo 9**

EL TEXTO ES EL MENSAJE

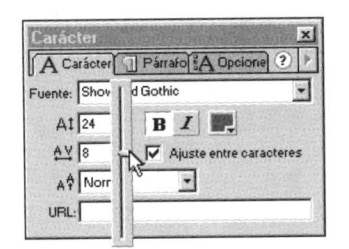

Figura 9.8

Al mismo tiempo que se cambia el espaciado de texto usando el control deslizante Ajuste entre palabras, en el panel Carácter, el efecto del cambio se ve en pantalla.

Ajuste entre palabras y ajuste entre caracteres

Mi flamante versión de Flash 5, incluye en el panel Carácter una casilla de verificación Ajuste entre caracteres. Pero esta casilla de verificación aparentemente no altera el modo como se aplica el ajuste entre palabras (conocido también como *tracking*) al texto, y al momento de escribir estas líneas, la gente de Macromedia confirma que este cuadro no hace nada. "Ajuste entre caracteres", o *kerning*, es un término tipográfico que se refiere al control del espacio que hay entre letras y palabras, y en Flash este tipo de control sobre el texto lo brinda el control deslizante Ajuste entre palabras. Si quiere ajustar con precisión el espaciado horizontal (*tracking, kerning*, como quiera llamarlo), puede hacerlo seleccionando grupos de dos letras o caracteres y aplicando un espaciado específico a esas letras.

Configurar el color de fuente

Es posible cambiar el color de fuente de un cuadro de texto o texto seleccionados, eligiendo un color en el ícono Color de texto, en el panel Carácter.

También puede cambiar el color del texto en un cuadro de texto seleccionando este último y cambiando el color de relleno en el área de colores del cuadro de herramientas.

Seleccionando caracteres diferentes es posible aplicarles colores individuales.
Esto puede ser una herramienta eficaz para destacar el texto y crear determinados efectos. En la Figura 9.9, he usado diferentes matices de gris para agregarle una connotación al texto y transmitir así el mensaje deseado.

Figura 9.9

No se puede asignar un degradado a un bloque de texto, pero se puede simular el mismo efecto aplicando matices y colores diferentes a las letras individuales.

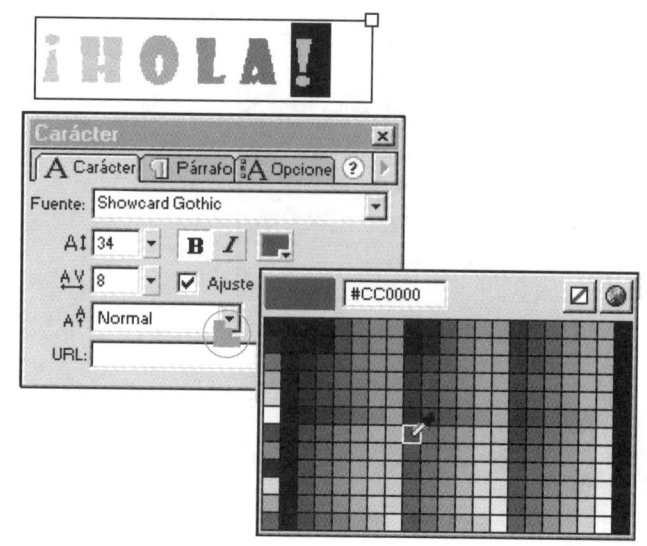

Teclas de método abreviado

No espere que las combinaciones familiares **(Cmd-B) [Ctrl+B]** o **(Cmd-I) [Ctrl+I]** sirvan para asignar negrita y cursiva en Flash. Quizá funcionen en otras aplicaciones Windows o Mac, pero en este punto Flash es particular. Para aplicar negrita se usa **(Cmd-Mayús-B) [Ctrl-+Mayús+B]**, y para aplicar cursiva **(Cmd-Mayús-I) [Ctrl+ Mayús+I]**.

Estilo de fuente

El panel Carácter incluye íconos para la negrita **(B)** y la cursiva **(I)**. Haga clic en estos íconos para asignarle esos estilos de fuente al cuadro de texto o al texto seleccionados.

Subíndices y superíndices

A diferencia del espaciado de letras, los formatos de superíndice y subíndice se aplican siempre a letras seleccionadas. De acuerdo, es técnicamente posible aplicar estos formatos a un cuadro de texto entero, pero aplicar subíndice o superíndice a todo el texto de un cuadro de texto no tiene ninguna aplicación práctica. La idea es elevar (superíndice) o rebajar (subíndice) algunas letras por encima o por debajo del resto del texto. Por ejemplo, en "$E=mc^2$" el "2" aparece como superíndice.

Para aplicar superíndice o subíndice al texto, selecciónelo (dentro del cuadro de texto) usando la herramienta Texto, y elija Superíndice o Subíndice en la lista desplegable Desplazamiento de línea de base, como se ve en la Figura 9.10 .

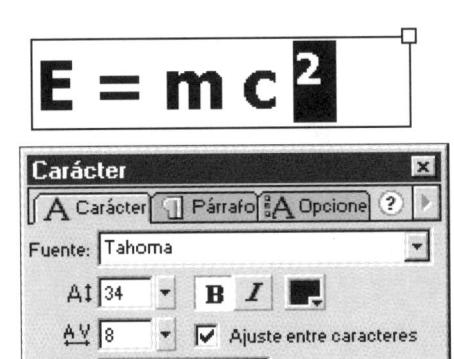

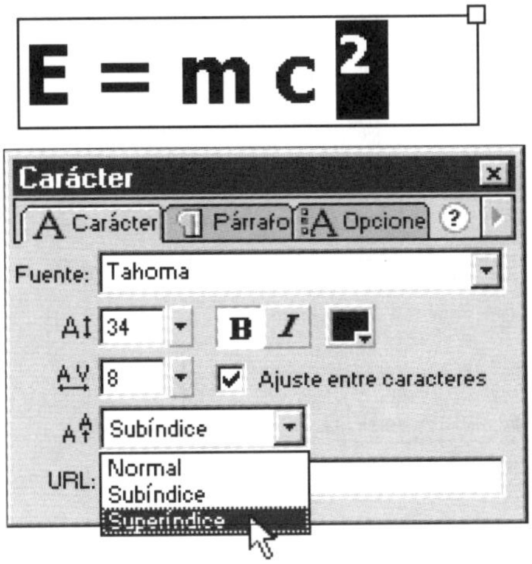

Escribir texto   Capítulo 9

Figura 9.10

El formato de superíndice no solamente eleva el texto seleccionado, sino que también le aplica una fuente más pequeña.

ALINEACIÓN Y ESPACIADO DE PÁRRAFOS

En Flash se pueden controlar diversos atributos del párrafo, entre ellos el espaciado entre líneas y la alineación. Un párrafo puede estar alineado a la izquierda, centrado, alineado a la derecha, o justificado a ambos lados (véase la Figura 9.11).

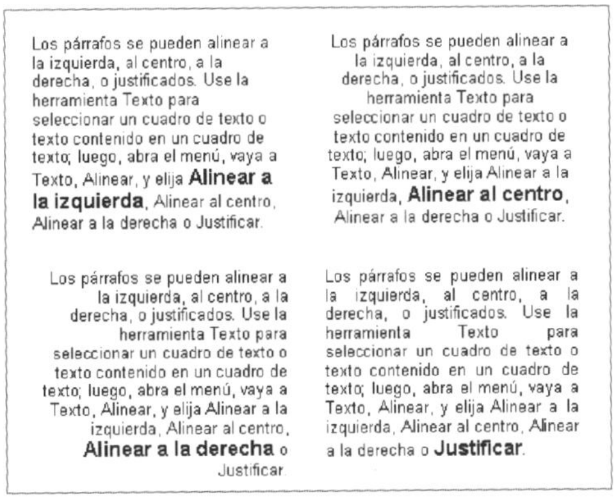

Figura 9.11

Un párrafo puede estar alineado a la izquierda, centrado, alineado a la derecha, o justificado a ambos lados.

La manera más rápida de alinear un párrafo es seleccionar texto, o un cuadro de texto, elegir **Texto**, **Alinear**, y en el menú que aparecerá elegir **Alinear a la izquierda**, **Alinear al centro**, **Alinear a la derecha** o **Justificar**.

También se pude configurar el espaciado a líneas contenidas dentro de un cuadro de texto entero o a párrafos seleccionados. Para ello, elija **Texto**, **Párrafo** y use el control deslizante Espaciado interlineal, en el panel Párrafo, para definir el espaciado para el cuadro de texto o para las líneas de texto seleccionadas, como se ve en la Figura 9.12.

Figura 9.12

El espaciado interlineal controla la cantidad de espacio en blanco que hay entre las líneas contenidas en el párrafo. Flash permite definir el espaciado en puntos, en vez de usar la unidad de medida en píxeles, usual en la Web. En la impresión, 72 puntos equivalen a una pulgada. La utilidad de usar puntos para el espaciado radica en que los tamaños de fuente se definen en puntos.

Pase a camarines

¿Por qué teclear si se puede copiar?

Es probable que antes que teclear una determinada porción de texto prefiera copiarla y pegarla. Muchas veces, cuando trabaje en la creación de una película Flash para alguien, su cliente le proveerá el texto a insertar en la película. Para ingresarlo a Flash, primero debe copiar el texto del documento fuente (Word, páginas HTML, o lo que sea), y luego dibujar un cuadro de texto en Flash para pegar el texto en él.

Si pega el texto directamente sobre el escenario (sin crear un cuadro de texto) se mantendrán los atributos del texto, tal y como estaban en el procesador de texto. Si primero crea un cuadro de texto y luego pega el texto en él, el texto pegado recibirá los atributos del cuadro de texto (en vez de conservar el formato que tenía en el procesador de texto o programa similar).

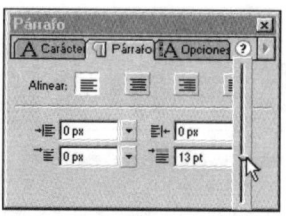

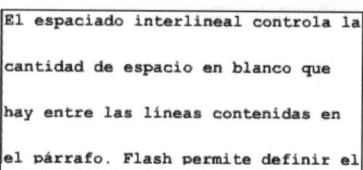

En Flash se ve bien, pero... ¿cómo se verá en el navegador?

Hasta ahora, hemos analizado abundante información acerca de los trucos de formato que se pueden usar en Flash.

Podemos garantizarle que cuando pruebe estos efectos de formato de texto en un navegador instalado en su propia computadora los verá exactamente como los haya definido en Flash. ¿Por qué estamos tan seguros? Porque sabemos que las fuentes que el lector usará en Flash están instaladas en su computadora, donde se encuentran a disposición tanto del navegador como de Flash.

Escribir texto — Capítulo 9

Pero cuando otras personas, con conjuntos de fuentes diferentes, vean la película Flash en un sitio web, quizá no tengan las fuentes que el diseñador le aplicó a su texto, y por ende, para estos visitantes la película se verá diferente (a veces, desastrosamente diferente).

Si no quiere que todo el trabajo que se tomó caiga en saco roto, hay una manera de garantizar que el texto aparezca exactamente como lo definió, con todo el espaciado, la inclinación y la rotación intactos, si antes de publicar la película convierte el texto en figuras.

Texto como figuras

Para convertir texto en figuras, seleccione un cuadro de texto con la herramienta Flecha y elija **Modificar, Separar**. El texto quedará convertido en figuras. No solo cada letra se convertirá en una figura separada, sino que incluso los puntos encima de las íes serán otras tantas figuras.

Una vez convertido el texto en figuras, no solo nos aseguramos de que se verá bien en la película al visualizarla en cualquier sistema operativo, con cualquier conjunto de fuentes, sino que también abrimos la puerta a toda clase de acciones creativas con las figuras de texto (véase la Figura 9.13). Muévalas, rótelas, aplíqueles rellenos degradados: todo lo que pueda hacer con una figura, lo puede hacer con una figura de texto.

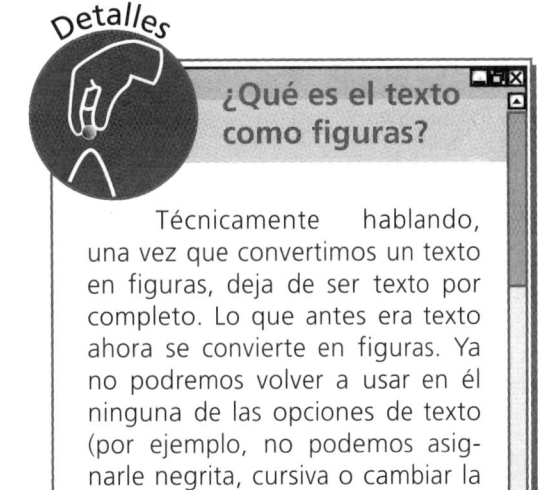

¡Flash informativo!

El texto convertido en figura no se puede cambiar

Una vez que convierta en figuras un texto, no podrá hacerle ningún tipo de edición. Si piensa que quizá necesite modificarlo más tarde, antes de convertir el texto en figuras haga una copia del cuadro de texto y guárdela para su posterior edición.

Detalles

¿Qué es el texto como figuras?

Técnicamente hablando, una vez que convertimos un texto en figuras, deja de ser texto por completo. Lo que antes era texto ahora se convierte en figuras. Ya no podremos volver a usar en él ninguna de las opciones de texto (por ejemplo, no podemos asignarle negrita, cursiva o cambiar la alineación de párrafo). Sin embargo, podemos usar las técnicas de edición de figuras para cambiar la apariencia del texto.

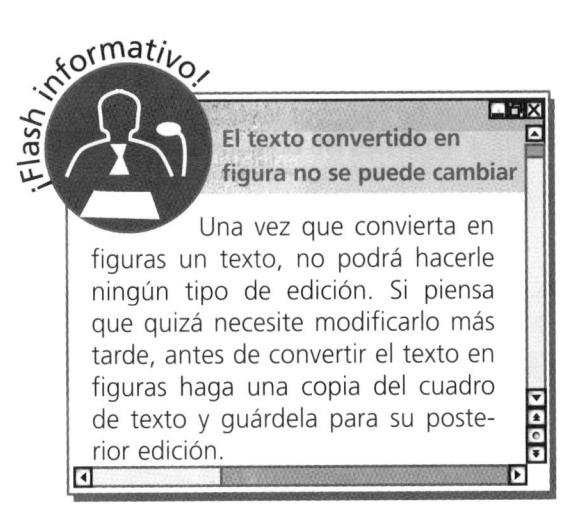

La gran desventaja de convertir texto en figuras es que el tamaño del archivo Flash puede aumentar drásticamente. Si convierte grandes bloques de texto en curvas, Flash tendrá que almacenar información respecto de muchos nodos para cada uno de los caracteres. Al hacerlo, un archivo de 10 K se puede convertir en un devorador de memoria de 100 K.

3º Parte ▶ Preparar el escenario

Figura 9.13

Un poco de diversión con texto convertido en figuras.

> Pero si **realmente** necesita un montón de dinero, envíe todo su efectivo a
>
> www.G2money.com
>
> Nuestros operadores lo están aguardando.

Conversión parcial de texto en figuras

¿Y si queremos convertir parte del texto en figuras, pero no todo? Es imposible convertir parte de un cuadro de texto en figuras; hay que convertir el cuadro de texto entero.

La única forma de convertir un texto parcialmente es crear más de un cuadro de texto y convertir solamente algunos de ellos en figuras.

Lo mínimo que debe saber

- Puede aplicar formatos para cambiar el tamaño, la fuente, el color y las propiedades de párrafo del texto.
   - Para definir la fuente, el tamaño de fuente y el color de fuente, haga clic en un cuadro de texto con la herramienta Texto y use las opciones de formato presentes en el panel Carácter.
- Para definir la alineación de párrafo y el espaciado entre líneas use el panel Párrafo.
- Para aplicar un formato únicamente a un texto seleccionado, haga clic y arrastre dentro de un cuadro de texto.

4ª Parte

Reciclado en Flash

Las películas Flash requieren usar una y otra vez gran cantidad de objetos. Para almacenar estos objetos, Flash tiene una técnica muy eficiente. En los capítulos que siguen, aprenderemos a empaquetar objetos en la forma de símbolos, que luego podremos repetir en diversas películas.

También aprenderemos a usar la biblioteca de símbolos prediseñados de Flash, así como a guardar nuestros propios símbolos en estas bibliotecas.

Capítulo 10

Reciclado de elementos: los símbolos

En Este Capítulo

- Creación de símbolos reutilizables
- Poner símbolos en películas
- Cambiar la apariencia de un símbolo en toda la película
- Personalizar la apariencia de instancias individuales de un símbolo en una película

Los objetos gráficos tienen una gran limitación: solamente se los puede usar una vez. Los símbolos, por el contrario, pueden ser usados repetidas veces.

ALMACENAR OBJETOS COMO SÍMBOLOS

Guardar objetos gráficos como símbolos tiene dos ventajas principales:

- Los símbolos reducen el tamaño del archivo
- Los símbolos son más fáciles de usar y de modificar a lo largo de toda la película

Para ejemplificar el funcionamiento de los símbolos, usemos la escena de la pecera, en la Figura 10.1. La escena completa está compuesta de cinco símbolos. Cada uno de estos símbolos se puede usar más de una vez (lo cual es lo usual en la mayoría de los casos). Cuando le agreguemos fotogramas adicionales a la película, y los peces empiecen a "nadar" por ahí, podemos usar los mismos símbolos en diferentes ubicaciones a lo largo de toda la película.

4º Parte — Reciclado en Flash

Figura 10.1

La biblioteca de símbolos, a la derecha, muestra los cinco símbolos que componen el dibujo que se ve en el escenario. Cada uno de estos símbolos puede ser usado en cualquier fotograma. Observe que el símbolo Pez aparece cinco veces dentro del dibujo, con tamaños diferentes cada vez.

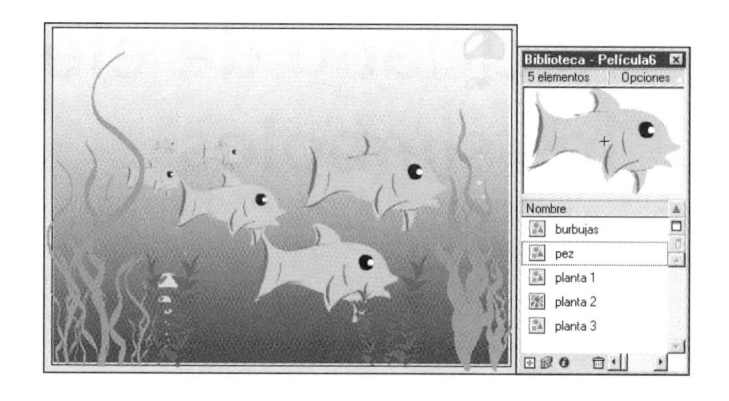

Cada uso de un símbolo recibe el nombre de **instancia**. Cada instancia de un símbolo puede ser modificada (por rotación, cambio de forma, cambio de color, etc.).

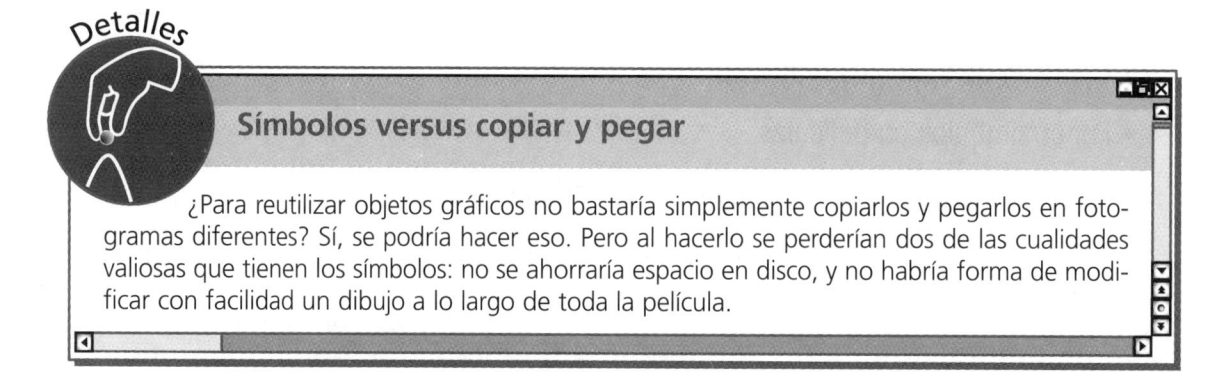

Detalles

Símbolos versus copiar y pegar

¿Para reutilizar objetos gráficos no bastaría simplemente copiarlos y pegarlos en fotogramas diferentes? Sí, se podría hacer eso. Pero al hacerlo se perderían dos de las cualidades valiosas que tienen los símbolos: no se ahorraría espacio en disco, y no habría forma de modificar con facilidad un dibujo a lo largo de toda la película.

Crear símbolos gráficos

Para crear un símbolo nuevo, vaya a la barra de menúes y elija **Insertar**, **Nuevo símbolo**. Aparecerá el cuadro de diálogo Propiedades de símbolo, que se muestra en la Figura 10.2.

Figura 10.2

Cuando cree un nuevo símbolo, asígnele un nombre que ayude a recordar el gráfico que contiene.

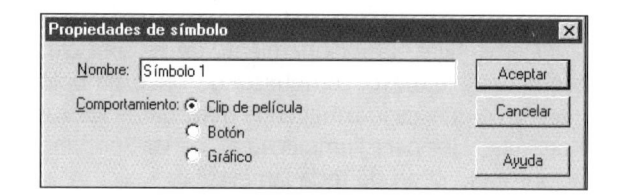

Reciclado de elementos: los símbolos — **Capítulo 10**

El cuadro de diálogo Propiedades de símbolo permite elegir un nombre para el símbolo y además, solicita al usuario que indique si se trata de un símbolo gráfico, un botón o un símbolo de clip de película. Si va a crear un gráfico (y eso es lo que haremos en este ejemplo) elija Gráfico.

Luego de hacer clic en Aceptar, en el cuadro de diálogo Propiedades de símbolo, quizá le parezca que no ha sucedido gran cosa. El escenario se ve igual que siempre. Pero arriba de la lista de capas, verá un ícono que indica que ahora está editando un símbolo.

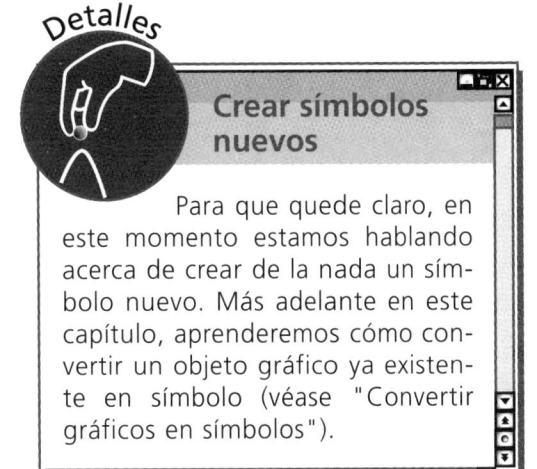

> **Detalles**
>
> **Crear símbolos nuevos**
>
> Para que quede claro, en este momento estamos hablando acerca de crear de la nada un símbolo nuevo. Más adelante en este capítulo, aprenderemos cómo convertir un objeto gráfico ya existente en símbolo (véase "Convertir gráficos en símbolos").

> **Detalles**
>
> **Esos otros símbolos**
>
> Los botones son símbolos interactivos que reaccionan cuando el visitante pasa el puntero del mouse o hace clic encima de ellos. El Capítulo 12, trata acerca de la creación de botones. Los clips de película son trozos completos de película animada. Con el cuadro de diálogo Propiedades de símbolo también se puede crear esta clase de símbolos.

Dibujar un símbolo es exactamente igual a crear cualquier otro objeto gráfico. No hace falta que se preocupe por agrupar objetos (a menos que eso le ayude a dibujar) ya que los símbolos actúan como objetos agrupados. Y tampoco le preste atención a la ubicación del objeto en el escenario. Ya se encargará de ello cuando vuelva a la edición de la película.

La Figura 10.3 muestra un símbolo en el momento de su edición, en vista de símbolo.

4º Parte — Reciclado en Flash

Figura 10.3

El ícono con el nombre "Pez", en esta figura, indica que estamos editando un símbolo. Si hace clic en el botón que dice "Escena 1", a la izquierda del ícono del símbolo activo, volverá al modo de edición normal.

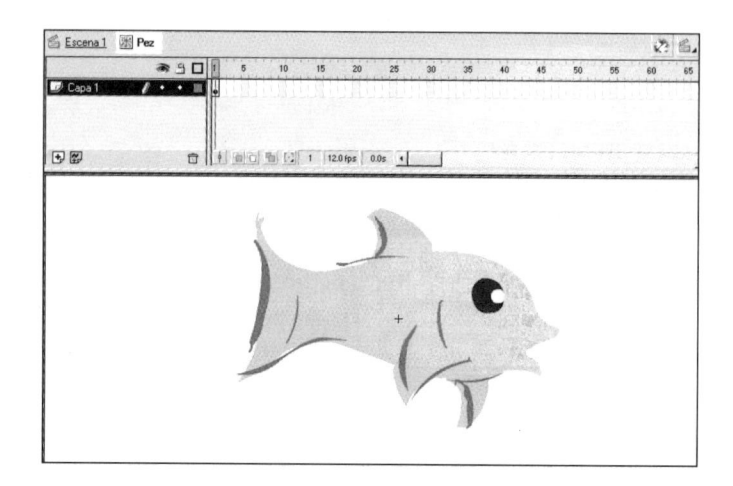

Cuando termine de editar su símbolo, elija **Edición**, **Editar película**, para volver al modo de edición normal.

Convertir gráficos en símbolos

También se puede convertir en símbolo un dibujo ya existente. Para ello, seleccione los objetos que convertirá (usando para ello la Flecha o el Lazo). Luego, una vez seleccionados todos los objetos que quiera incluir en el símbolo, elija **Insertar**, **Convertir en símbolo**. Aparecerá el cuadro de diálogo Propiedades de símbolo. Ingrese un nombre para el símbolo y haga clic en Aceptar.

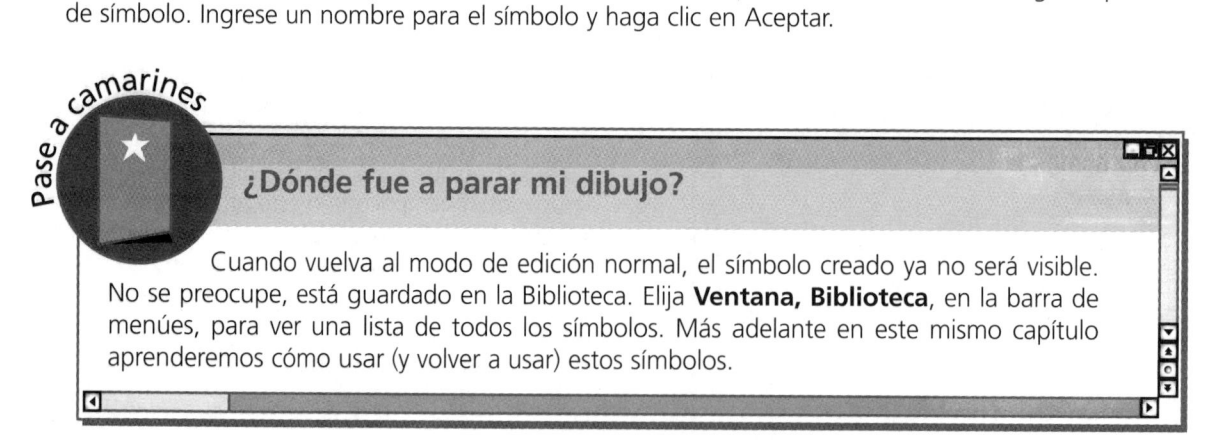

> **Pase a camarines**
>
> **¿Dónde fue a parar mi dibujo?**
>
> Cuando vuelva al modo de edición normal, el símbolo creado ya no será visible. No se preocupe, está guardado en la Biblioteca. Elija **Ventana, Biblioteca**, en la barra de menúes, para ver una lista de todos los símbolos. Más adelante en este mismo capítulo aprenderemos cómo usar (y volver a usar) estos símbolos.

Poner los símbolos en la película

Para ver los símbolos, elija **Ventana, Biblioteca**. Se abrirá la ventana Biblioteca, en la que podrá ver los símbolos creados para la película abierta.

Una vez creados uno o más símbolos, puede ponerlos en el escenario cuantas veces quiera. Para ello, arrastre el símbolo sobre el escenario, como se ve en la Figura 10.4.

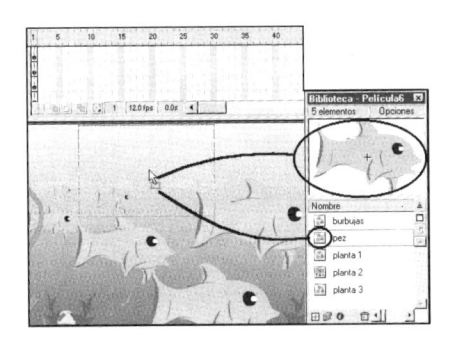

Reciclado de elementos: los símbolos Capítulo 10

Figura 10.4

Puede llevar un símbolo desde la ventana Biblioteca al escenario arrastrando la vista previa en la parte superior de la biblioteca, el ícono contiguo al nombre del símbolo, o directamente el nombre del símbolo.

ORGANIZACIÓN DE LOS SÍMBOLOS

Las películas complejas se componen de muchos símbolos. Los diseñadores Flash hacen uso de símbolos porque permiten reducir drásticamente el tamaño del archivo (ya que se los puede volver a usar en muchos fotogramas de la película). Más aun, cuando empecemos a animar la película usando movimiento generado de fotograma a fotograma, Flash requerirá que usemos símbolos, ya que de lo contrario no será posible la automatización de la animación.

Vista la importancia que parecen tener los símbolos, vale la pena dedicar un minuto (o una página) a explorar el modo de organizarlos.

La biblioteca de símbolos

La ventana Biblioteca muestra una lista de los símbolos que han sido creados para la película abierta. Es posible cambiar el modo como se muestran estos símbolos y usar la ventana Biblioteca de modo que, cuando hayamos creado una gran cantidad de símbolos, nos ayude a encontrarlos rápidamente.

Al hacer clic en un símbolo, en el área de nombres (la mitad inferior de la ventana Biblioteca) el símbolo correspondiente aparecerá en la mitad superior de la ventana.

La barra de desplazamiento situada a la derecha de la ventana permite recorrer la lista de símbolos en ambas direcciones. Los tres íconos en el costado derecho del cuadro de diálogo, que se ven en la Figura 10.5, permiten cambiar el modo de visualización de la lista de símbolos.

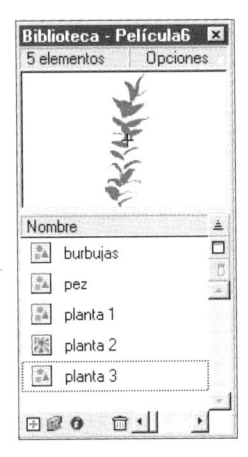

Figura 10.5

Puede ordenar los nombres de archivo en orden alfabético ascendente o descendente, y puede alternar entre una presentación ancha (que incluye información acerca del símbolo) y otra estrecha (que es la que vemos en esta figura).

> **Pase a camarines**
>
> **Próximamente, haremos una recorrida por las bibliotecas**
>
> Las bibliotecas pueden almacenar toda clase de objetos, así que pueden llegar a ser bastante complejas. En el Capítulo 11, "Crear una biblioteca propia", exploraremos en detalle el modo de manejar todo tipo de bibliotecas. Por ahora, explicaré lo suficiente para que el lector sepa cómo encontrar y usar símbolos, a los fines de este capítulo.

Cómo distinguir un símbolo en el escenario

Cuando el usuario selecciona un símbolo en el escenario, el símbolo aparece con un cuadro alrededor, similar al que aparece alrededor de un objeto agrupado.

Para ayudar al usuario a darse cuenta de que lo que está seleccionado es un símbolo, Flash también muestra una cruz en el centro del símbolo, como se ve en la Figura 10.6.

Figura 10.6

Los peces son símbolos; las burbujas no. Los símbolos seleccionados muestran una cruz en el centro, mientras que otros grupos seleccionados (incluso los objetos agrupados) no muestran este símbolo cuando están seleccionados.

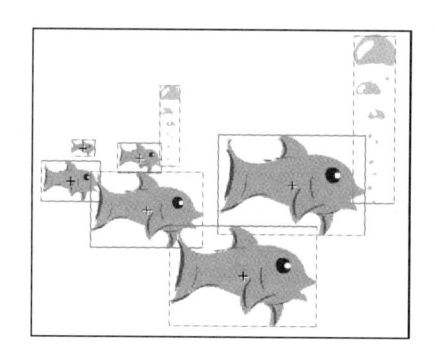

Uso de símbolos en películas

Una de las bondades de los símbolos es que luego de usarlos se los puede modificar globalmente. Por ejemplo, si diseñamos un pez rojo, y queremos convertirlo en verde, basta que modifiquemos el símbolo, y todas sus instancias se volverán verdes.

Modificar símbolos

Una manera fácil de editar un símbolo es hacer clic en su nombre, en la parte inferior de la ventana de la biblioteca de símbolos, y luego hacer doble clic en la imagen que aparece en la mitad superior de la ventana.

Reciclado de elementos: los símbolos — Capítulo 10

Luego de abrir un símbolo en modo de símbolo, puede editarlo a su entera voluntad. Todos los atributos de dibujo de los que hemos hablado en los Capítulos 3 a 6 (líneas, rellenos, escala, rotación, etc.) pueden ser modificados en modo de símbolo.

Una vez hechas las modificaciones al símbolo, elija **Edición**, **Editar película**, para volver a la película. Flash guardará todos los cambios hechos al símbolo, que se verán reflejados en la biblioteca de símbolos.

Y, además, toda modificación hecha al símbolo se aplicará a cada instancia del símbolo en cuestión ¡Esto sí que es editar gráficos rápidamente! ¿No le parece?

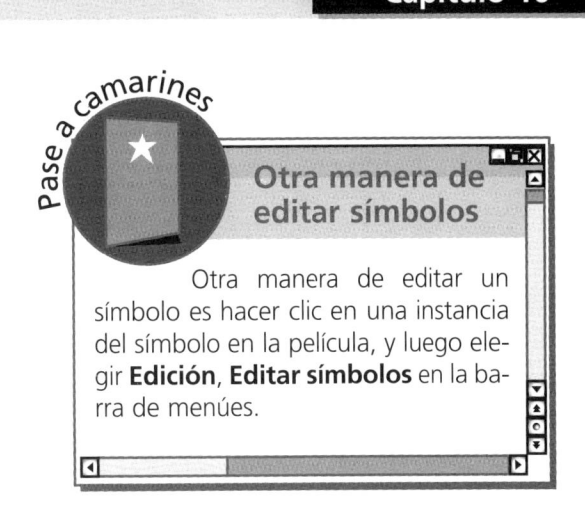

> **Pase a camarines**
>
> **Otra manera de editar símbolos**
>
> Otra manera de editar un símbolo es hacer clic en una instancia del símbolo en la película, y luego elegir **Edición**, **Editar símbolos** en la barra de menúes.

Alternativamente, para mayor comodidad aún, es posible editar solo una instancia de un símbolo.

Modificar instancias de símbolos

Ciertos atributos de las instancias individuales de los símbolos se pueden editar directamente en el escenario. Es posible escalar, rotar y mover instancias de un símbolo. Al editar una instancia individual de un símbolo, solamente esa instancia se modifica.

Por ejemplo, si rotamos una instancia del símbolo del pez, solamente ese pez sufrirá la rotación, y todas las otras instancias quedarán como están.

Pero no se puede cambiar el relleno (o el contorno) de una instancia individual de un símbolo usando el Bote de tinta o el Cubo de pintura.

Modificar el color de relleno de una instancia de un símbolo es posible. Pero es un poco más complicado que usar la herramienta Cubo de pintura. Para modificar el color de una instancia individual de un símbolo, debe hacer clic en la instancia del símbolo en el escenario, y elegir **Modificar**, **Instancia (Cmd-I) [Ctrl+I]**. Como resultado, se abrirá el panel Instancia. Abra la ficha Efecto del panel Instancia, para acceder al panel en el que se pueden modificar el color y otras propiedades de una instancia individual de símbolo.

Para cambiar el color de una instancia, elija Tinta en la lista desplegable del panel Efecto. Use la paleta de colores o el mezclador para elegir un nuevo color para la instancia seleccionada, como se ve en la Figura 10.7.

4° Parte — Reciclado en Flash

Figura 10.7

Elegir una tinta modifica el color de una instancia individual seleccionada del símbolo.

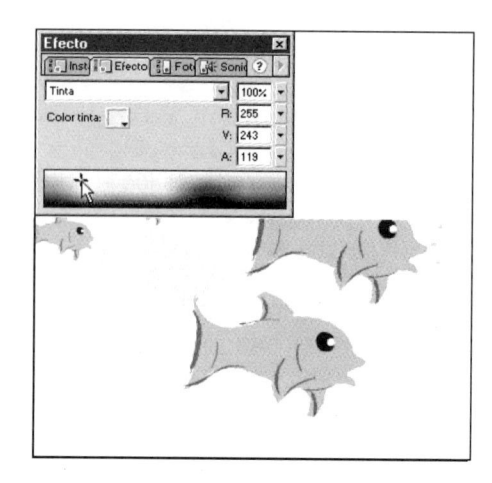

Alterar la tinta es solo una de las cinco opciones presentes en el panel Efecto que puede usar para cambiar el color de una instancia de símbolo seleccionada. Lo que sigue es la lista completa:

- **Ninguno:** Regresa la instancia al color de relleno asignado al símbolo.

- **Brillo:** Permite oscurecer o aclarar una instancia. Los valores altos en el control deslizante Brillo aclaran el color de la instancia; los valores bajos lo oscurecen.

- **Tinta:** Permite elegir un nuevo color haciendo clic en el espacio de colores, ingresando valores RVA (rojo, verde, azul), o eligiendo un color de la paleta de colores emergente. Una vez elegido un color, use el control deslizante Tinta para indicar el grado de aplicación del color a la instancia de símbolo.

- **Alfa:** Muestra un control deslizante que permite hacer una instancia más o menos transparente. Para aumentar la transparencia elija un porcentaje alfa más bajo. Con un valor de 0 % la instancia se volverá totalmente transparente.

- **Avanzado:** No ofrece opciones nuevas, sino que permite definir el color y la transparencia (alfa) de una instancia simultáneamente, como se ve en la Figura 10.8.

Figura 10.8

La opción Avanzado en el panel Efecto permite configurar a la vez el color (usando porcentajes de rojo, verde y azul, o valores estándar RVA) y la transparencia (valores alfa).

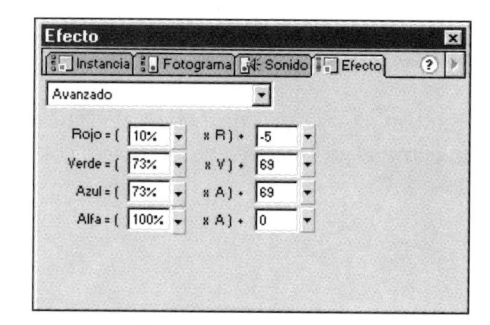

Reciclado de elementos: los símbolos **Capítulo 10**

Lo mínimo que debe saber

- Los símbolos son objetos gráficos reutilizables.

- Los símbolos se pueden ver en la ventana Biblioteca.

- Puede poner un símbolo en una película arrastrándolo de la ventana Biblioteca al escenario.

- Cada vez que se usa un símbolo en una película, se crea una instancia del símbolo.

- Los cambios hechos a un símbolo se aplican globalmente a todas sus instancias.

- Es posible mover, redimensionar, rotar y ajustar el color de relleno de cada instancia individual de un símbolo.

Capítulo 11

Crear una biblioteca propia

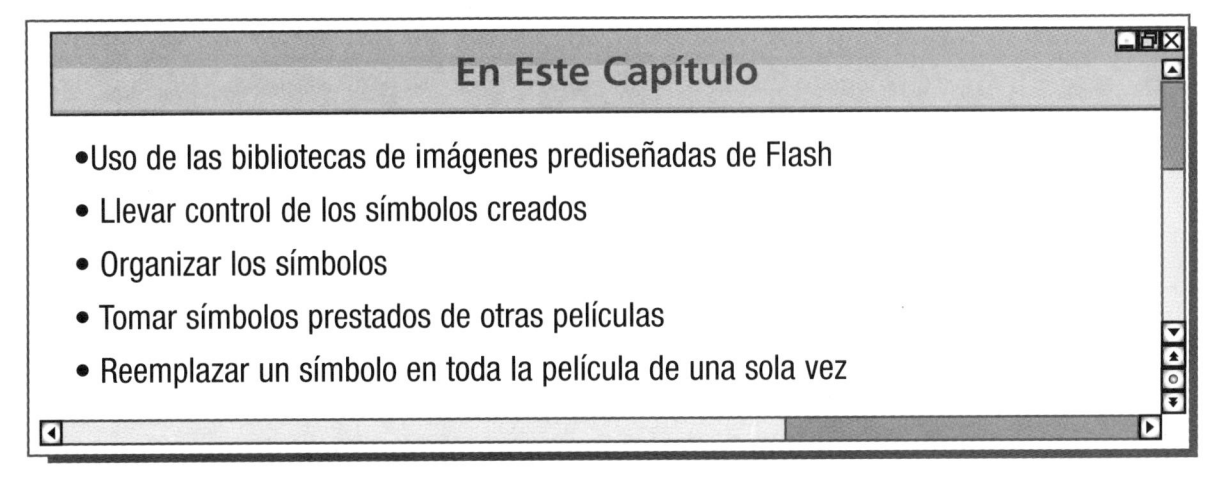

En Este Capítulo

- Uso de las bibliotecas de imágenes prediseñadas de Flash
- Llevar control de los símbolos creados
- Organizar los símbolos
- Tomar símbolos prestados de otras películas
- Reemplazar un símbolo en toda la película de una sola vez

En cuanto el lector haya acumulado una larga nómina de símbolos, querrá tener sobre ellos un control más acabado que el de limitarse a arrastrarlos dentro de una película. Flash permite ordenar los símbolos, organizarlos en carpetas para hacerlos más fáciles de encontrar, incluso, llevarlos de una película a otra.

MANTENER A LOS ACTORES EN RESERVA

En el Capítulo 10, "Reciclado de elementos: los símbolos", descubrimos que los símbolos son una poderosa herramienta para organizar y utilizar objetos gráficos. Una vez acumulada una gran cantidad de estos útiles elementos, se vuelve necesario algún modo de organizarlos. La ventana Biblioteca tiene muchas de las características de un administrador de archivos, y puede ayudarnos a encontrar los símbolos que necesitamos. Incluso puede ayudarnos a reemplazar un símbolo con otro a lo largo de toda una película.

Con Flash 5, es posible tomar una biblioteca de símbolos de una película e integrarla fácilmente en otra película. Así que cuando llegue el momento de reciclar nuestro *mega-hit* animado, *Criaturas de mi pecera* y convertirlo en, *Criaturas de mi pecera II*, podemos tomar todos esos adorables personajes de la primera película y soltarlos directamente en la segunda parte de la película.

4º Parte | Reciclado en Flash

LAS BIBLIOTECAS PREDISEÑADAS DE FLASH

Además de los símbolos que crea el usuario para su película, Flash incluye seis "bibliotecas comunes". En otros tiempos, se acostumbraba llamarlas "colecciones prefabricadas de imágenes prediseñadas", pero ahora que todos andamos metidos en esto del multimedia, Flash las llama "bibliotecas".

Elija **Ventana**, **Bibliotecas comunes**, para ver un menú emergente con las seis bibliotecas comunes. La biblioteca común Gráficos tiene una modesta selección de imágenes prediseñadas que puede usar como si fueran símbolos que hubiera creado usted mismo. La Figura 11.1 muestra uno de esos símbolos, en el momento mismo de ser arrastrado al escenario.

Figura 11.1

Las bibliotecas de Flash son básicamente una selección de imágenes prediseñadas. Sus instancias pueden ser modificadas, pero los símbolos no se pueden editar ni se los puede eliminar de la biblioteca.

Pase a camarines

Archivos prediseñados de botón, de película y de sonido

Las bibliotecas Botones y Botones avanzados tienen botones prediseñados que reaccionan ante el clic del espectador (exploraremos el tema de los botones en el Capítulo 12, "Botones de control"). Los clips de película son pequeñas animaciones –objetos en movimiento– que el diseñador puede insertar en sus películas. Los archivos de sonido se pueden usar en las bandas de sonido de las películas (le daremos un vistazo a esto en el Capítulo 18, "¡Enciendan el sonido!").

Si realmente lo desea, puede abrir simultáneamente todas las bibliotecas de imágenes prediseñadas de Flash. Al hacerlo, se apilarán una encima de la otra, lo que le hará difícil determinar cuántas ventanas de biblioteca tiene abiertas (véase la Figura 11.2). Puede moverlas arrastrando la barra de título de cada una de las ventanas de biblioteca.

Crear una biblioteca propia — **Capítulo 11**

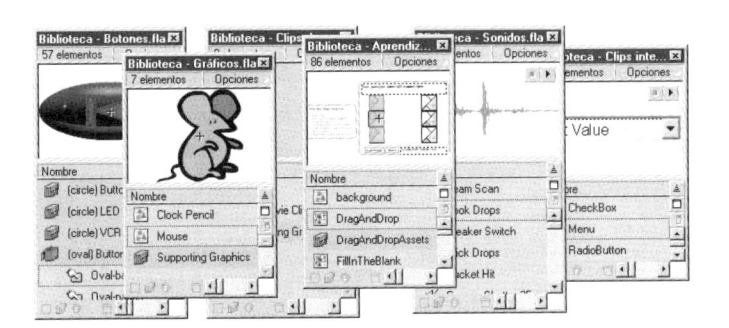

Figura 11.2

¡Demasiadas ventanas de biblioteca! Un clic en el botón Cerrar (x) las cerrará una por vez. En Macintosh, el botón Cerrar está en la esquina superior izquierda de la ventana.

ORGANIZAR LAS BIBLIOTECAS

Cuando el usuario crea su primer símbolo, da inicio a una biblioteca asociada a la película abierta. Se puede usar esa biblioteca con otras películas, pero cada película con símbolos tiene su propia biblioteca, y cada biblioteca (excepto las prediseñadas) está asociada con una película.

Como la biblioteca puede terminar teniendo gran cantidad de símbolos, quizá sea conveniente limpiarla y ordenarla periódicamente. Ah, usted no es del tipo de los que les gusta limpiar y ordenar... En Flash mantener los símbolos en orden es fácil, y una biblioteca de símbolos ordenada puede simplificar mucho el trabajo de componer una película. Recuerde, no se trata de organizar la biblioteca por prolijidad, sino para maximizar la diversión y minimizar el trabajo al componer nuestras películas.

Darle más espacio a la ventana de símbolos

Para toda administración compleja de los símbolos, conviene mostrar la biblioteca de símbolos en vista amplia. Para ello basta arrastrar los bordes de la biblioteca, o simplemente hacer clic en el ícono de vista ancha, a la derecha del primer nombre de símbolo.

En vista ancha, es posible ver información detallada acerca de los símbolos. En la Figura 11.3, vemos el Nombre, Tipo, Número de usos y la Fecha de modificación de cada símbolo contenido en la biblioteca de la película.

Detalles

Organizar las bibliotecas prediseñadas

Las bibliotecas prediseñadas de Flash están organizadas en carpetas. Flash tiene herramientas para reorganizar estas carpetas, pero estas herramientas no funcionan con las bibliotecas comunes. El usuario puede, eso sí, organizar en carpetas la biblioteca de símbolos que contiene sus propios símbolos.

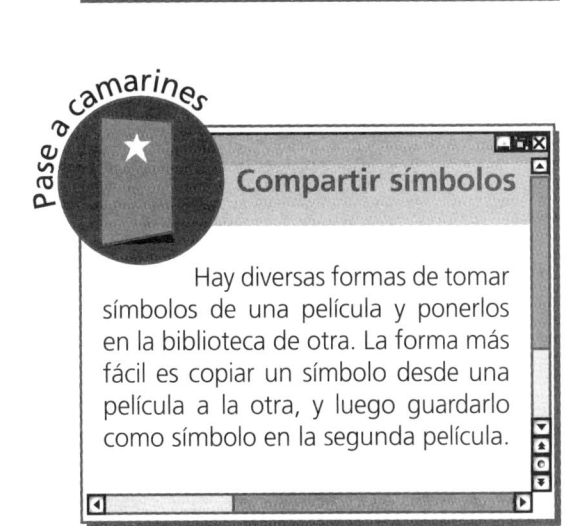

Pase a camarines

Compartir símbolos

Hay diversas formas de tomar símbolos de una película y ponerlos en la biblioteca de otra. La forma más fácil es copiar un símbolo desde una película a la otra, y luego guardarlo como símbolo en la segunda película.

4º Parte — Reciclado en Flash

Figura 11.3

Puede ordenar la biblioteca de símbolos haciendo clic en el encabezado de una columna y luego en el ícono Ordenar. Cada vez que haga clic en este ícono nuevamente alternará entre el orden ascendente o descendente.

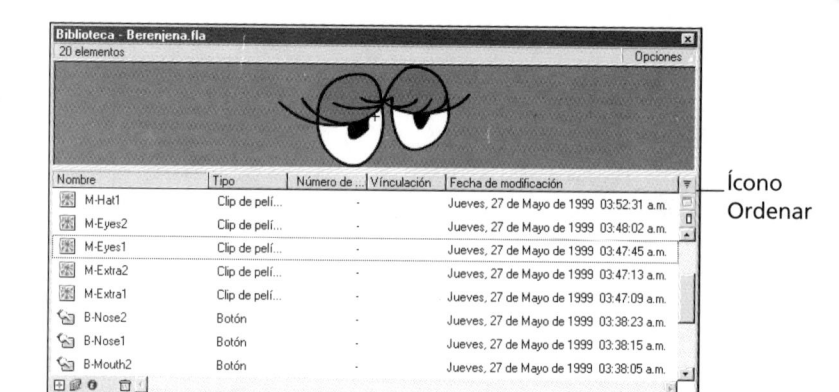

Ícono Ordenar

Para modificar el nombre de un símbolo puede hacer doble clic en él y escribir el nombre nuevo. La columna Tipo indica si el símbolo es un símbolo gráfico, una animación (película), un botón o un sonido.

La columna Número de usos es bastante interesante. Indica la cantidad de veces que usamos el símbolo en la película. Para actualizar la cuenta, haga clic en el menú emergente Opciones, en la ventana de la biblioteca de símbolos, y verifique que esté marcada la opción Mantener Número de usos actualizado, como se ve en la Figura 11.4.

Figura 11.4

Flash actualiza el conteo de la cantidad de veces que se usa un símbolo en la película, solamente si está marcada la opción Mantener Número de usos actualizado.

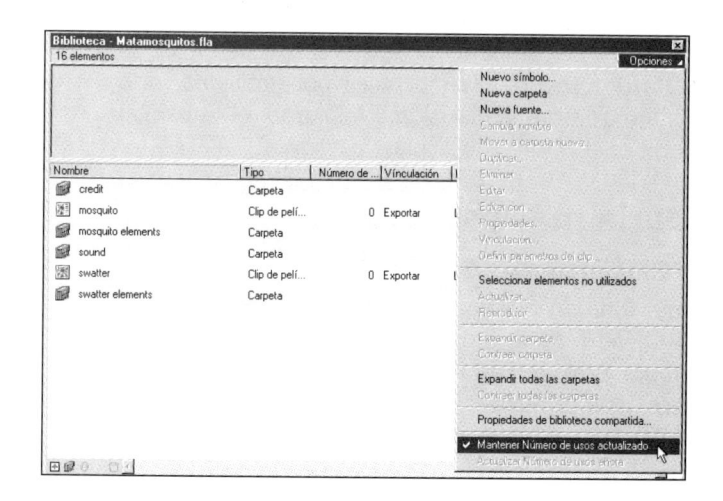

Crear carpetas

Si acumula en una biblioteca una larga lista de símbolos, puede organizarlos en carpetas. Como es común que una película tenga docenas, o incluso cientos de símbolos, organizarlos en carpetas hará mucho más fácil ubicarlos cuando sea necesario.

Crear una biblioteca propia   Capítulo 11

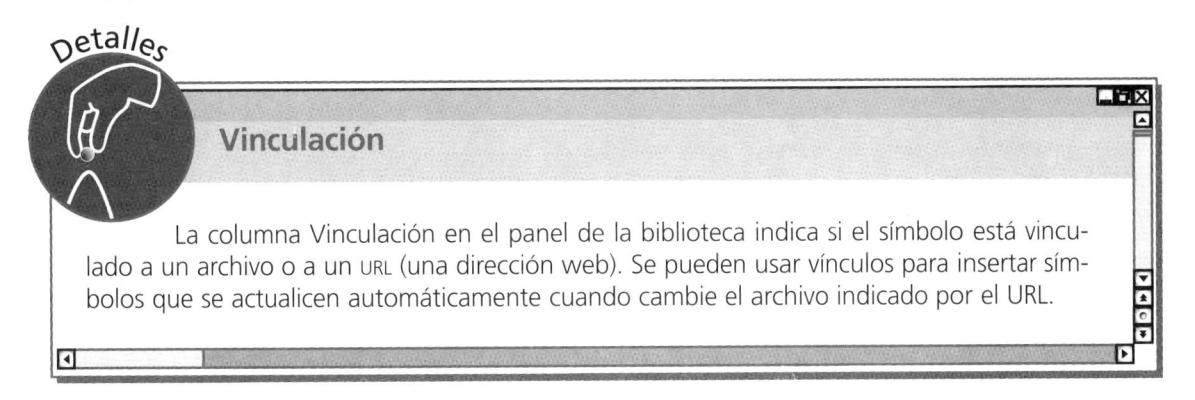

Vinculación

La columna Vinculación en el panel de la biblioteca indica si el símbolo está vinculado a un archivo o a un URL (una dirección web). Se pueden usar vínculos para insertar símbolos que se actualicen automáticamente cuando cambie el archivo indicado por el URL.

Para crear una nueva carpeta haga clic en el menú emergente **Opciones**, en la ventana de la biblioteca de símbolos, y elija **Nueva carpeta**.

Una vez creada una nueva carpeta, puede ponerle nombre (como se ve en la Figura 11.5).

Figura 11.5

Cuando cree una carpeta, Flash le pedirá que le ponga nombre. No pierda mucho tiempo pensando un nombre; siempre que quiera cambiar el nombre de la carpeta podrá hacer doble clic en él y escribir uno nuevo.

Una vez creada la carpeta, puede arrastrar a ella símbolos contenidos en la ventana de la biblioteca (véase la Figura 11.6).

En el menú emergente **Opciones** de la ventana de la biblioteca de símbolos hallará otras útiles herramientas de organización:

- **Nuevo símbolo**: Crea en la ventana de la biblioteca un espacio en blanco para un símbolo. Para crear realmente el símbolo, deberá elegir **Editar** (más abajo en el menú).

- **Nueva carpeta**: Crea una nueva carpeta. Quizá el lector piense que si ya tiene una carpeta seleccionada, esta opción creará una subcarpeta, pero eso solamente funciona si tiene seleccionado un símbolo o una subcarpeta. En caso contrario, cree una nueva carpeta y arrástrela a una carpeta existente.

Figura 11.6

Aquí estamos arrastrando el símbolo "pez rojo" dentro de la carpeta "animales", donde lo podremos encontrar fácilmente cuando lo necesitemos.

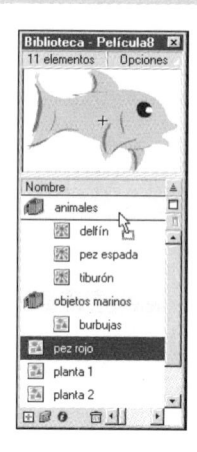

- **Cambiar nombre**: Permite cambiar el nombre de un símbolo (o carpeta).

- **Mover a carpeta nueva**: Otra forma de sacar un símbolo de una carpeta y ponerlo en otra (pero es más fácil arrastrar).

- **Duplicar**: La opción más útil del menú. Crea un nuevo símbolo que es una copia del símbolo seleccionado. Puede editar el nuevo símbolo y así obtener una variante del original.

- **Propiedades**: Permite cambiar el nombre de un botón o editarlo.

El resto de las opciones no necesita mayor explicación.

Compartir bibliotecas entre películas

Si quiere tener acceso a toda una biblioteca de símbolos desde otra película, elija **Archivo**, **Abrir como biblioteca**, en la barra de menúes, y en el cuadro de diálogo Abrir haga doble clic en una película Flash.

USO ORDENADO DE LOS SÍMBOLOS

En películas grandes es difícil seguirle la pista a los símbolos. Para ayudar al usuario, Flash viene provisto con algo llamado Inspector de objetos, que sirve para obtener información acerca de un símbolo.

También puede usar Flash para buscar todas y cada una de las instancias de un símbolo en una película y sustituirlas con otro símbolo.

Identificar símbolos: el panel Info

Para identificar un símbolo en el escenario, primero selecciónelo y luego haga clic en el ícono Mostrar Info, en la barra de estado (véase la Figura 11.7).

Crear una biblioteca propia — **Capítulo 11**

Pase a camarines

¿Cuántas bibliotecas de símbolos se pueden abrir?

Puede abrir tantas bibliotecas de símbolos como quiera. Un truco para organizar los símbolos es crear bibliotecas de símbolos en películas vacías. De este modo puede armar conjuntos de símbolos para usar en cualquier película. Técnicamente, son conjuntos de símbolos para una película, pero en la práctica son simplemente colecciones de símbolos que puede usar en cualquier parte.

Figura 11.7

Mostrar Info indica las coordenadas exactas de una instancia de símbolo en el escenario (donde X es la ubicación horizontal e Y la vertical), así como el ancho y el alto de la instancia. La casilla de verificación Usar punto central convierte el centro de la instancia en punto de referencia para las distancias X e Y (medidas desde la esquina superior izquierda del escenario).

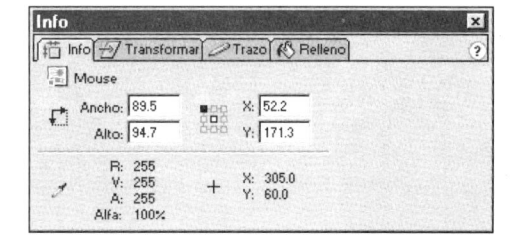

Reemplazar símbolos usando una biblioteca

Imagínese esta situación: la compañía en la que trabaja acaba de ser comprada por una megacorporación y hay que cambiar el logo de la compañía vieja por el nuevo logo corporativo. Normalmente, esto sería una larga tarea, que implicaría encontrar cada instancia de la imagen y reemplazarla manualmente con la otra. ¡Pero con Flash no es así!

En Flash, se puede cambiar fácilmente un símbolo por otro. He aquí el modo:

Detalles

Mostrar información

Si hace clic en el ícono Mostrar Info por segunda vez, ocultará el panel de información. También puede activar (u ocultar) rápidamente el panel pulsando **(Cmd+Option+I) [Ctrl+Alt+I]**.

4º Parte — Reciclado en Flash

1. En el escenario, haga clic con la herramienta Flecha en el símbolo a reemplazar.

2. Elija **Modificar**, **Instancia** –(Cmd+I) [Ctrl+I]– para abrir el panel Instancia, que se ve en la Figura 11.8.

3. Haga clic en el ícono Intercambiar símbolo, para abrir el correspondiente cuadro de diálogo. En el cuadro de diálogo, haga clic en el símbolo que reemplazará al símbolo seleccionado, sustitución que tendrá lugar cuando haga clic en Aceptar.

Figura 11.8

El logo de *Garage Logo* está a punto de ser reemplazado en toda la película por el de *MegaCorp*. El ícono Intercambiar símbolos solamente está activado cuando se ha seleccionado un símbolo reemplazante.

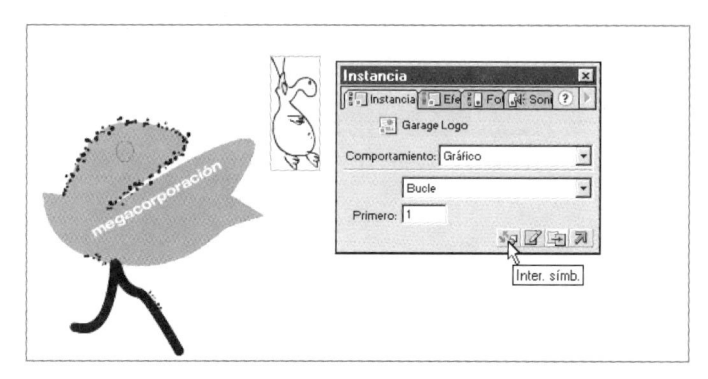

Pase a camarines

Buscar y reemplazar símbolos

Si quiere modificar todas las instancias de un símbolo, puede simplemente editar el símbolo. Un modo fácil de hacerlo es hacer doble clic sobre una instancia del símbolo y realizar los cambios en la ventana del símbolo.

Luego, elija **Edición**, **Editar película** para volver a la ventana de edición de la película.

Lo mínimo que debe saber

- Los símbolos creados en una película se almacenan automáticamente en una biblioteca de símbolos perteneciente a esa película.

- Todas las películas tienen su propia biblioteca de símbolos. Otras bibliotecas pertenecen a Flash (bibliotecas prediseñadas) o se pueden abrir desde otras películas.

- Las bibliotecas de símbolos se pueden ordenar por el nombre del símbolo, por la cantidad de veces que se lo usó o por la fecha de creación del símbolo.

- Puede editar un símbolo, y el cambio se reflejará en toda la película.

5ª Parte

Botones

Flash es genial para crear objetos interactivos, es decir, elementos que hacen algo cuando el espectador hace clic en ellos. Por ejemplo, botones de control que parpadean, hacen sonidos o remiten a otra página web cuando el espectador los pulsa.

En los capítulos que siguen, aprenderemos a diseñar botones que responden a lo que los "entendidos" llaman "entrada del usuario": cuando el visitante hace clic en el botón, este último hace algo en respuesta. También aprenderemos a obtener información acerca de la gente que mira la película y a usar, luego, esa información para personalizar lo que ven.

Capítulo 12

Botones de control

En Este Capítulo

- Cómo funcionan los botones en las películas Flash
- Uso de los botones prediseñados de Flash
- Creación de botones desde cero
- Definir el area activa de un botón

La primera mitad de este libro, más o menos, abarcó las herramientas de dibujo básicas necesarias para crear objetos gráficos en Flash. Un **botón** es un objeto que reacciona cuando el usuario lo "toca" con el mouse. Se diferencia de los objetos que hemos venido explorando en los capítulos previos, en que este objeto hace algo.

PREPARAR UN BOTÓN PARA LA PÁGINA WEB

Los botones son elementos esenciales de las películas Flash, y especialmente de aquellas pensadas para su publicación en un sitio web. La gente está habituada a visitar sitios web y hacer clic en botones, con la esperanza de que suceda algo. Ese "algo" puede ser que el sitio los transporte a otra página web, que les haga oir un sonido o que inicie una película.

En el sitio web los botones son claramente distinguibles porque cambian su apariencia cuando el usuario les **apunta** (pasa el mouse por encima de ellos, sin hacer clic), o cuando hace clic en ellos.

5º Parte Botones

En el sitio web de la Figura 12.1, los botones de la animación Flash se reconocen porque cuando el usuario les apunta, aparece un punto al costado.

Figura 12.1

Como al pasarles el mouse por encima, los botones de este sitio web cambian, su apariencia es interactiva y hace que para el visitante sea obvio que sucederá algo si hace clic en ellos

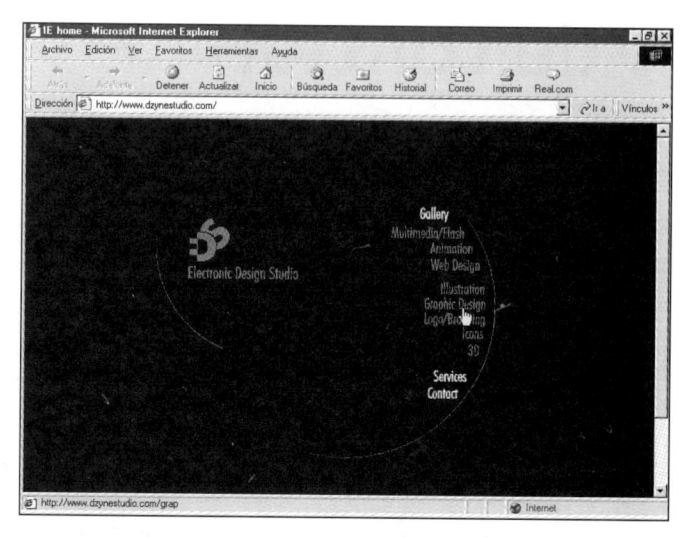

En Flash, los botones básicos tienen tres posibles eventos que provocan cambios en la apariencia del botón: Reposo, Sobre y Presionado. Existe un cuarto estado –Zona activa– que no aparece en la película.

- El estado **Reposo** es el modo como se ve el botón antes de que el espectador haga clic en él.

- El estado **Sobre** es el modo como se ve el botón cuando el espectador pasa el puntero del mouse por encima del botón, sin hacer clic.

- El estado **Presionado** es el modo como se ve el botón cuando el espectador hace clic en él.

- El estado **Zona activa** en realidad sirve nada más para demarcar el área activa del botón. No aparece en la película.

No todos los botones tienen necesariamente los cuatro estados definidos, y hay algunos botones que incluso tienen más estados, pero los que hemos visto son los cuatro estados básicos usados en la mayoría de los botones.

La Figura 12.2 muestra un botón en su estado Reposo y en su estado Presionado.

Figura 12.2

En su estado Presionado, este botón prediseñado rota en sentido antihorario.

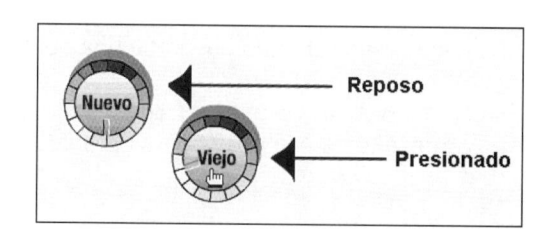

Botones de control   **Capítulo 12**

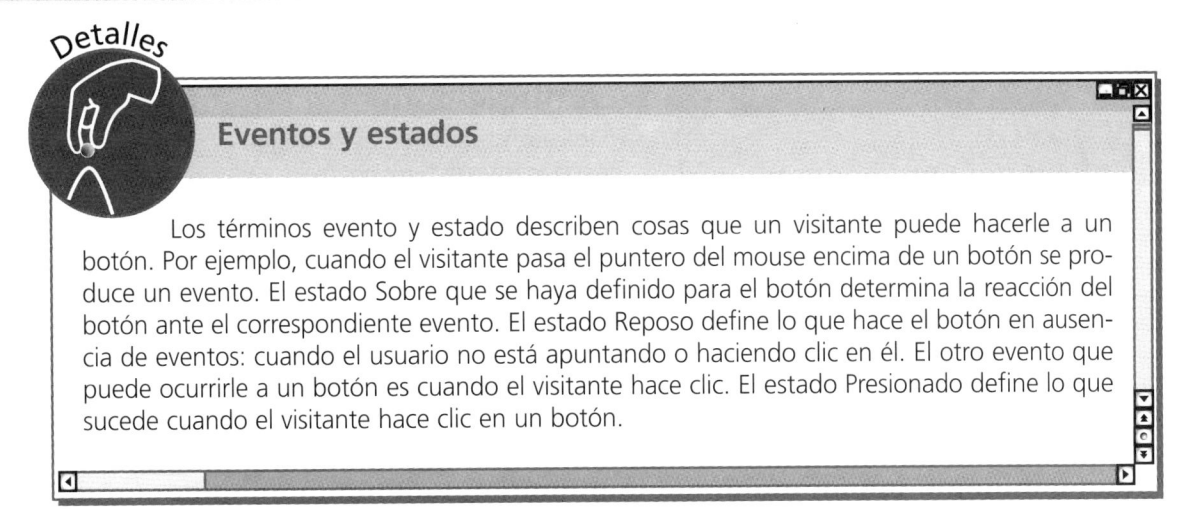

Eventos y estados

Los términos evento y estado describen cosas que un visitante puede hacerle a un botón. Por ejemplo, cuando el visitante pasa el puntero del mouse encima de un botón se produce un evento. El estado Sobre que se haya definido para el botón determina la reacción del botón ante el correspondiente evento. El estado Reposo define lo que hace el botón en ausencia de eventos: cuando el usuario no está apuntando o haciendo clic en él. El otro evento que puede ocurrirle a un botón es cuando el visitante hace clic. El estado Presionado define lo que sucede cuando el visitante hace clic en un botón.

CREAR BOTONES CON LA BIBLIOTECA DE BOTONES

La manera más fácil de crear botones es tomar uno de las colecciones de botones prediseñados incluidos en la biblioteca de botones que posee Flash.

Uso de símbolos de botón

Para usar uno de los botones contenidos en la biblioteca de símbolos, elija **Ventana**, **Bibliotecas comunes, Botones**.

Puede ver todos los estados de un símbolo de botón en la ventana Biblioteca, haciendo clic en el botón Reproducir (como se ve en la Figura 12.3).

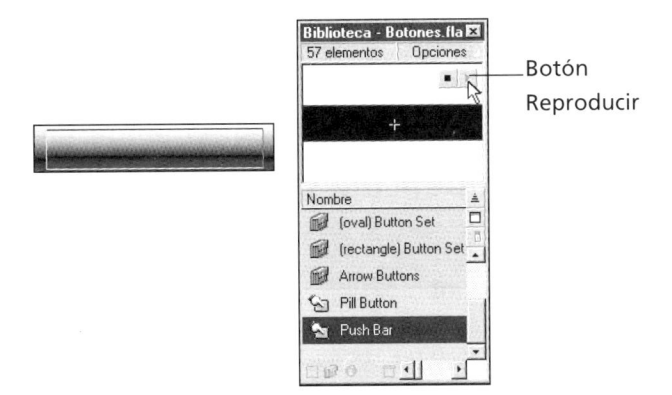

Figura 12.3

Al hacer clic sobre el botón Reproducir, en la ventana Biblioteca, Flash presentará de manera cíclica los tres estados del botón. El estado Reposo es el que se ve antes de hacer clic en el botón Reproducir. Al hacer clic, se verán los estados Sobre, Presionado y Zona activa.

Luego de previsualizar la apariencia de un botón, puede arrastrarlo de la ventana de la biblioteca al escenario.

5º Parte — Botones

> **Detalles**
>
> **Editar símbolos de botón**
>
> Al editar un botón sobre el escenario, lo que hacemos, técnicamente, es crear una instancia de un símbolo de botón. El Capítulo 10, "Reciclado de elementos: los símbolos", discute en detalle el tema de los símbolos y las instancias.

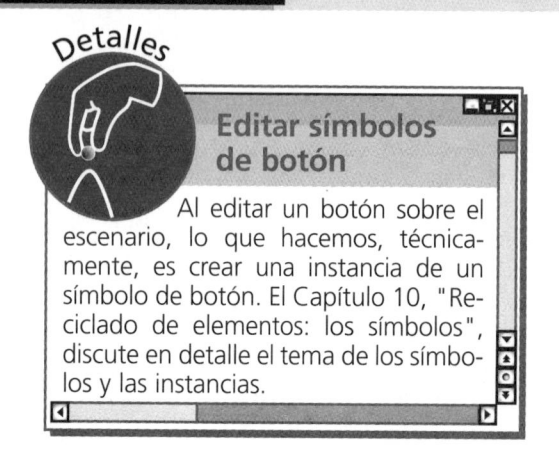

Edición de instancias de símbolo

Una vez situados en el escenario, es posible editar los botones: redimensionarlos, rotarlos y agregar texto encima de ellos. Normalmente, todo botón necesita algún tipo de texto –o al menos un símbolo– para que el espectador sepa sobre qué está haciendo clic. Puede ubicar el texto al lado del botón (véase la Figura 12.1) o directamente encima del botón (véase la Figura 12.2). Para probar los botones sobre el escenario, elija **Control, Habilitar botones simples**, en la barra de menúes. Con los botones habilitados, puede hacer clic en ellos y probar su funcionamiento directamente en el escenario. Pero con esta opción seleccionada es imposible editarlos. Así que antes de intentar añadirle texto a un botón, verifique que la opción esté deseleccionada.

CREAR UN BOTÓN DESDE CERO

Crear un botón desde cero implica, en realidad, crear una minipelícula animada. El primer fotograma de la película es el botón como se ve antes de que el usuario le apunte o haga clic en él. El segundo fotograma muestra la apariencia del botón cuando el puntero del mouse pasa por encima. El tercer fotograma muestra el botón en el momento en que recibe un clic. Y el cuarto fotograma define el área activa del botón.

Un brevísimo vistazo a los fotogramas

Exploraremos el tema de los fotogramas en más detalle cuando veamos cómo es la creación de películas animadas. Pero por ahora, baste observar que los fotogramas son los rectángulos que forman la línea de tiempo de una película (o de un símbolo). Para seleccionar un fotograma, haga clic en él con el mouse.

Cuando un fotograma está seleccionado es posible editar sus contenidos sobre el escenario. Los botones son un tipo especial de películas que contienen cuatro fotogramas. Puede hacer clic en cada uno de esos fotogramas y editarlo. Luego de esta breve introducción a los fotogramas, veamos cómo usarlos para crear un botón.

Crear los cuatro fotogramas de una película de botón

Para crear un nuevo botón, siga estas instrucciones:

1. Teniendo una película abierta, elija **Insertar, Nuevo símbolo**.

2. En el cuadro de diálogo Propiedades de símbolo, ingrese un nombre para el botón y en el grupo de opciones Comportamiento, haga clic en la opción Botón, como se ve en la Figura 12.4. Cuando haga clic en Aceptar, se abrirá la vista de edición de símbolo.

Botones de control **Capítulo 12**

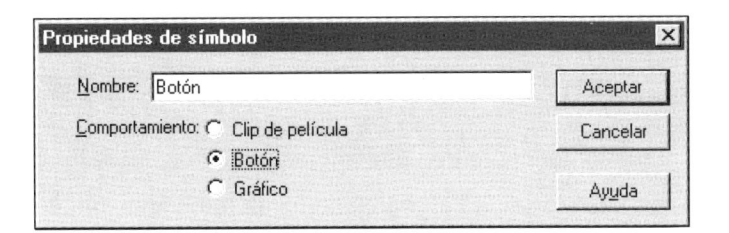

Figura 12.4

Al elegir la opción Botón, se genera una película de cuatro fotogramas.

3. En la vista de edición de símbolo, dibuje la figura que tendrá el botón en el estado Reposo, el que tiene antes de que el usuario haga clic en él. La Figura 12.5 muestra una figura de botón básica.

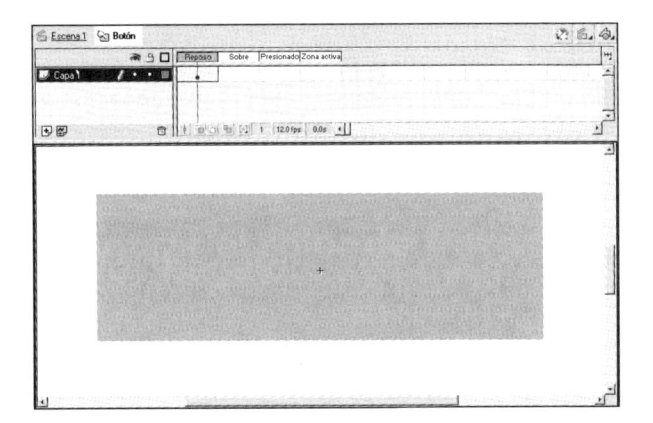

Figura 12.5

Cuando diseñe un botón es mejor no incluir texto. Más tarde podrá añadirle texto a las instancias específicas del botón. Nota: este botón está ampliado al 400 %; normalmente, con el zoom configurado al 100 %, un botón no llena todo el escenario.

4. A fin de agregar el segundo fotograma de botón para el estado Sobre, haga clic en el fotograma correspondiente, como se ve en la Figura 12.6. Con el segundo fotograma seleccionado, elija **Insertar**, **Fotograma clave** (para duplicar el fotograma previo) o **Insertar**, **Fotograma clave vacío** (para editar el fotograma desde cero). Cree la versión "Sobre" del botón, que se verá cuando el usuario apunte al botón con el mouse.

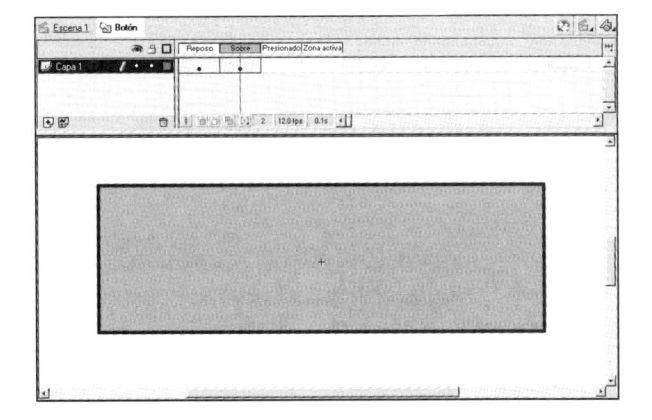

Figura 12.6

El segundo fotograma ("Sobre") en la ventana del botón se usa para diseñar la apariencia que tendrá el botón cuando el usuario pase el mouse por encima de él en la película.

5° Parte ▶ Botones

Fotogramas clave

Quizá el lector haya observado que cuando se crea el contenido de un fotograma, en la línea de tiempo aparece un círculo negro sobre el fotograma. Este círculo indica que el fotograma es un fotograma clave. Los fotogramas clave son los fotogramas de la animación que tienen contenido. Hablaremos de ellos, y de su relación con otros tipos de fotogramas, en el Capítulo 15, "¡Ahora, todos a bailar!".

5. Para crear el botón "Presionado", haga clic en el fotograma correspondiente, y elija **Insertar**, **Fotograma clave**, o **Insertar**, **Fotograma clave vacío**. Diseñe la tercera versión del botón, que es la que aparecerá al hacer clic sobre él.

6. El paso final en la creación de un botón es definir su estado "Zona activa". Para ello seleccione el fotograma correspondiente y una vez más, elija **Insertar**, **Fotograma clave** o **Insertar**, **Fotograma clave vacío**. Luego, dibuje una figura (usualmente un rectángulo o un óvalo) que definirá el área activa del botón. Este área debería ser al menos tan grande como para cubrir los tres botones previos, de modo que el visitante active el botón cuando haga clic en ella.

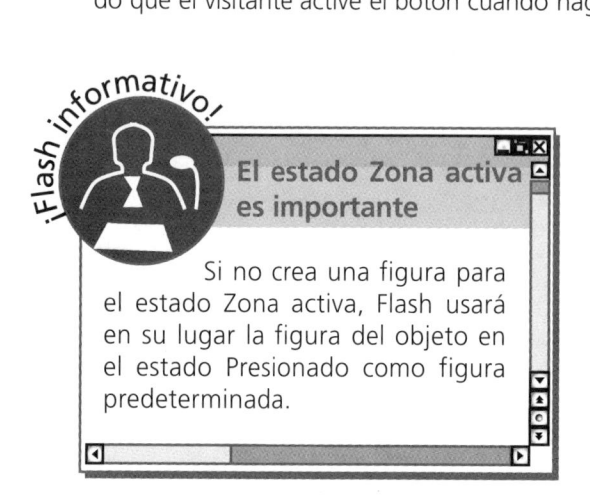

El estado Zona activa es importante

Si no crea una figura para el estado Zona activa, Flash usará en su lugar la figura del objeto en el estado Presionado como figura predeterminada.

Editar un botón

Crear un botón es un proceso de prueba y error. Lo mejor es crearlos, probarlos y corregirlos. Y repetir ese proceso muchas veces. (Bienvenido al mundo del diseño gráfico para la Web.)

Aquí tiene un breve resumen del modo de probar y editar un botón:

• Para probar un botón, arrástrelo de la ventana Biblioteca al escenario. Puede probar el botón eligiendo **Control**, **Habilitar botones simples** o **Control**, **Probar película**. Si usa la segunda opción, cuando termine de probar el botón puede cerrar la ventana de prueba de la película haciendo clic en el botón Cerrar de la ventana.

Botones de control   **Capítulo 12**

- Para editar un botón, haga clic en él en la ventana Biblioteca, y en el menú emergente **Opciones**, que se encuentra en la parte superior de la ventana, elija **Editar**. Puede modificar el botón en modo de edición de símbolo, haciendo cambios a cualquiera de los cuatro fotogramas que lo componen.

Una vez editado el botón, elija **Edición**, **Editar película**, para volver al modo de edición normal. Cualquier cambio que le haya hecho al botón se aplicará a todas las instancias del botón en la película.

Prueba del fotograma Zona activa

Recuerde: los botones tienen cuatro fotogramas: Reposo, Sobre y Presionado definen la apariencia del botón cuando está inactivo, cuando el usuario le apunta y cuando el usuario hace clic en él. Bien, eso hace tres fotogramas. ¿Cómo se prueba el fotograma Zona activa?

El fotograma Zona activa define el área que responde ante el clic del usuario.

La Figura 12.7 muestra un botón en los estados Presionado y Sobre.

Figura 12.7

La zona activa de este botón se extiende más allá del área cubierta por el gráfico usado para el estado Reposo.

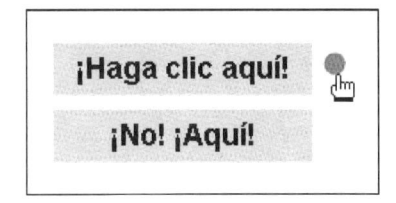

Como puede ver en la Figura 12.7, el ícono con la figura de una mano aparece cuando el visitante apunta no solamente encima del botón, sino también encima del área que se encuentra a la derecha del botón, donde aparece un punto oscuro. Para que el punto oscuro esté incluido en el área activa, esta última debe extenderse más allá del botón.

La manera más fácil de ajustar el tamaño del fotograma Zona activa en relación con los otros es activar la opción Papel cebolla para los cuatro fotogramas. Para ello, seleccione los cuatro fotogramas del botón y haga clic en en el ícono Papel cebolla o Contornos de Papel cebolla, como se ve en la Figura 12.8.

Teniendo activada la opción Contornos de Papel cebolla, es fácil ubicar los objetos dentro (o fuera) del área activa.

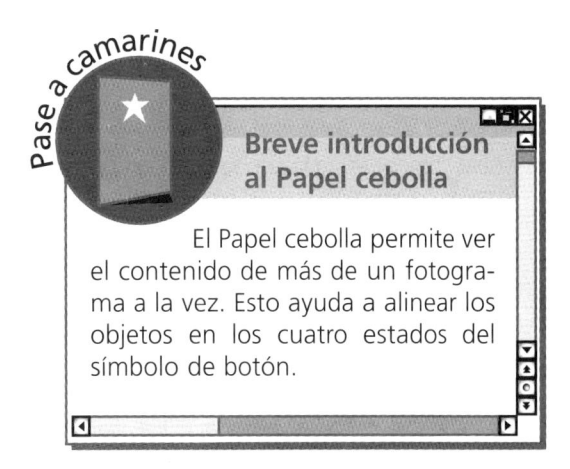

Pase a camarines

Breve introducción al Papel cebolla

El Papel cebolla permite ver el contenido de más de un fotograma a la vez. Esto ayuda a alinear los objetos en los cuatro estados del símbolo de botón.

5º Parte — Botones

Figura 12.8

Activar el Papel cebolla vuelve semi-transparentes los fotogramas ubicados en una capa, de modo que es posible ver a través de ellos y ubicar así los objetos en relación con su posición en otros fotogramas. Contornos de Papel cebolla muestra los otros fotogramas sin los rellenos. Aquí, podemos ver que la figura del estado Zona activa es más grande que las otras figuras del botón.

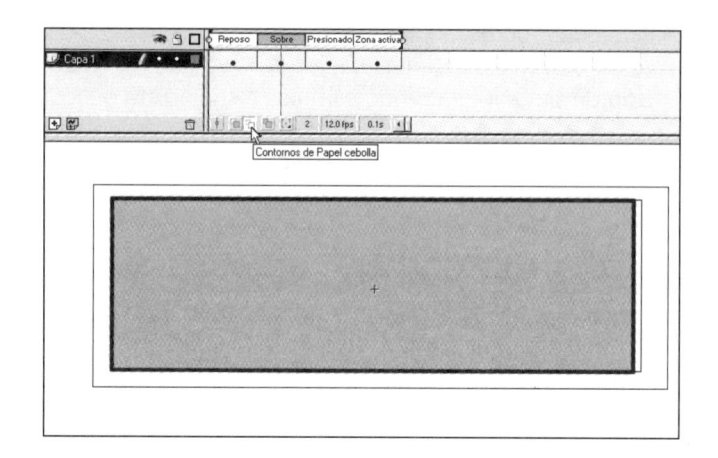

Pase a camarines

¿Qué pasa al hacer clic en un botón?

En este capítulo hemos explorado el proceso de crear botones que respondan a los eventos del mouse cambiando su apariencia y forma. Pero, además de esto, los botones suelen tener asignadas otras acciones, por ejemplo, servir de vínculos a sitios web. La asignación de acciones a los botones es el tema del Capítulo 13, "Interactuar con el público".

Lo mínimo que debe saber

- Los botones son símbolos especiales que responden a los eventos del mouse.

- Los botones responden a tres diferentes eventos del mouse: Reposo (no tocado por el mouse), Sobre (apuntado por el mouse, pero sin hacer clic) y Presionado (al hacer clic).

- Para componer un botón se crea un nuevo símbolo y se elige la opción Botón en el cuadro de diálogo Propiedades de símbolo.

- El fotograma Zona activa del símbolo de botón define el área del botón que responde ante el clic del usuario.

Capítulo 13

Interactuar con el público

En Este Capítulo

- Darle interactividad a las películas
- Dejar que el espectador congele la acción
- Crear vínculos a fotogramas
- Crear vínculos a páginas web

En el Capítulo 1 de este libro exploramos el modo básico de presentación de las películas en Flash: mostrando secuencialmente cada fotograma de la película, 1, 2, 3, etc. En esta modalidad se pueden ordenar los fotogramas de modo de presentar una animación o simplemente hacer que los fotogramas muestren información diferente cada uno, como en una presentación de diapositivas.

Ya es hora de darle a esta rutina un giro nuevo: podemos usar botones para permitir que los usuarios interactúen con la película.

Al agregar acciones a los botones estaremos entrando en el terreno del *ActionScript* de Flash. Flash 5 usa un lenguaje de *script* sustancialmente diferente al que usaba Flash 4 (la nueva versión se parece a JavaScript). Pero no se preocupe, nada de esto tiene mucha importancia, ya que Flash permite que el diseñador genere su nuevo código ActionScript realizando sencillas elecciones en menúes.

ASIGNAR ACCIONES A LOS BOTONES

En el capítulo previo hemos creado algunos bonitos botones. ¿Qué cosas podemos ponerlos a hacer?

Una posibilidad es asignarle propiedades a un botón de modo tal que le sirva al visitante para detener la película si ve algo que le resulta particularmente interesante, y reanudarla cuando esté listo para seguir. También podemos crear botones para que los visitantes salten al fotograma de la película que les interese. Incluso podemos crear en la película Flash botones mediante los cuales el visitante pueda saltar a un sitio web diferente.

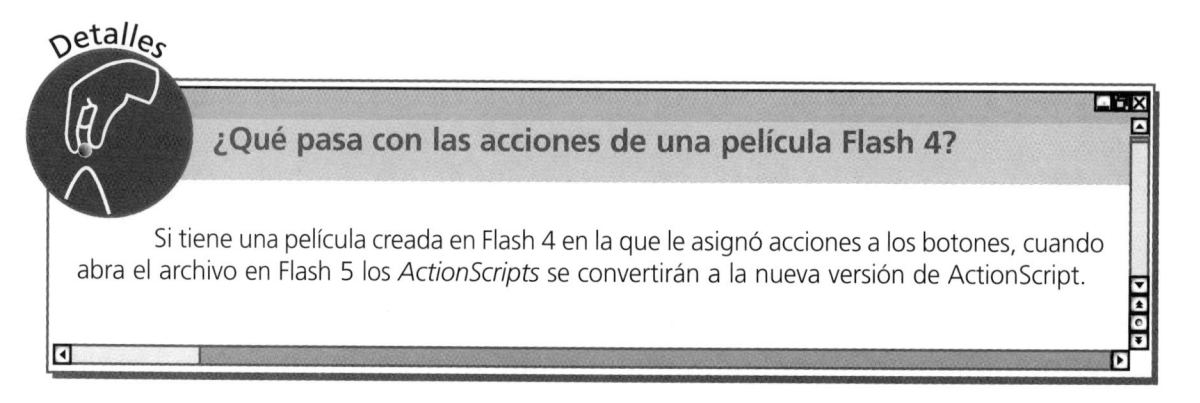

> **Detalles**
>
> **¿Qué pasa con las acciones de una película Flash 4?**
>
> Si tiene una película creada en Flash 4 en la que le asignó acciones a los botones, cuando abra el archivo en Flash 5 los *ActionScripts* se convertirán a la nueva versión de ActionScript.

La Figura 13.1 muestra un fotograma de Flash en un navegador web. Los botones en el fotograma permiten que los visitantes controlen la película.

Figura 13.1

El botón Contáctenos está vinculado a un fotograma que brinda información de contacto, lo que permite que el visitante controle el flujo de la película.

Las instrucciones que siguen bosquejan el proceso básico a seguir para asignar una acción a un botón. El resto del capítulo explicará exactamente cómo usar esas acciones para que el botón haga lo que deseamos.

Interactuar con el público | **Capítulo 13**

Saltar una animación Flash

Pase a camarines

Muchos sitios web se abren con una película Flash, que puede tratarse de una presentación animada o una serie de diapositivas que presentan información. Por muy interesantes que sean estas presentaciones, en ocasiones los visitantes querrán saltárselas (por ejemplo, si ya estuvieron en el sitio como 2.807 veces). Muchas animaciones Flash incluyen un botón que permite al visitante saltar la animación y dirigirse directamente al fotograma final, o a un sitio web.

1. Ponga un botón en el escenario. Puede crear un botón nuevo (remítase al Capítulo 12, "Botones de control") o usar uno de los botones de Flash, eligiendo **Ventana**, **Bibliotecas comunes**, **Botones** y arrastrando uno de los botones al escenario.

2. Seleccione el botón con la herramienta Flecha y elija **Modificar**, **Instancia**, en la barra de menúes.

3. En el panel Instancia, haga clic en el ícono **Editar acciones** (como se ve en la Figura 13.2). Aparecerá el panel Acciones.

Figura 13.2

Entre las posibles acciones de un botón se cuentan ir a diferentes partes de la película, iniciar un efecto de sonido, o saltar a un sitio web.

4. En el panel Acciones, haga clic en Acciones básicas, para ver la lista de acciones disponibles (como se muestra en la Figura 13.3).

5. Si va a configurar la acción de modo que se inicie ante un clic del mouse, seleccione `OnMouseEvent`. El resto de este capítulo explicará cómo elegir eventos del mouse, y cómo asignarles acciones.

Figura 13.3

Para obtener la descripción de una acción pase el puntero del mouse encima del comando y lea la pista que aparece en pantalla.

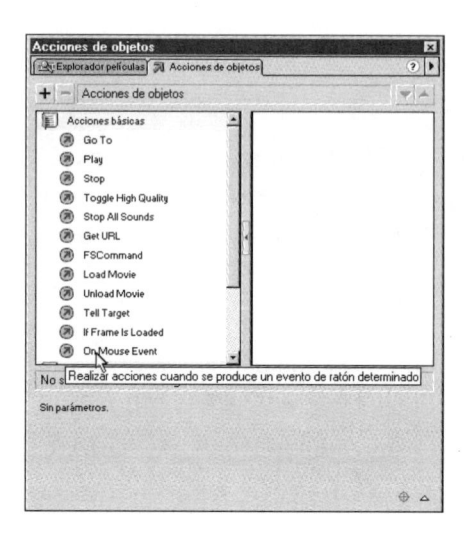

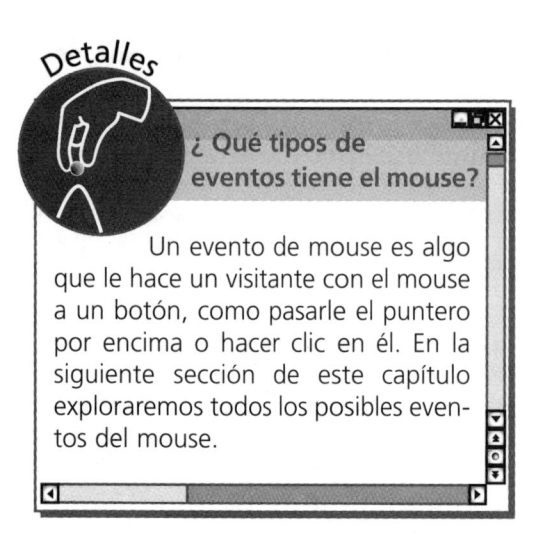

Detalles

¿Qué tipos de eventos tiene el mouse?

Un evento de mouse es algo que le hace un visitante con el mouse a un botón, como pasarle el puntero por encima o hacer clic en él. En la siguiente sección de este capítulo exploraremos todos los posibles eventos del mouse.

DEFINIR EL EVENTO DEL MOUSE QUE INICIARÁ LA ACCIÓN

Asignarle a un botón una acción (por ejemplo, "saltar al fotograma 4") implica dos pasos: determinar qué evento dará inicio a la acción, y qué acción se le asigna al evento.

Hay siete eventos diferentes entre los cuales elegir para asignarles una acción. Una vez completado el procedimiento de cinco pasos del que hablamos al principio de este capítulo, el programa muestra una serie de casillas de verificación con las que podrá elegir el evento del mouse a asociar con el botón seleccionado. Las opciones (a las que hay que agregarle una octava casilla de verificación que permite configurar una pulsación de teclas como activador del evento del mouse) aparecen en la parte inferior del panel Acciones, como se ve en la Figura 13.4.

Los posibles eventos del mouse son (redoble de tambores, por favor...)

- **Presionar**: La acción se produce cuando el usuario hace clic en el botón.

- **Liberar**: La acción se produce cuando el usuario hace clic en el botón y suelta el botón del mouse.

- **Liberar fuera**: La acción únicamente tiene lugar si el visitante hace clic con el mouse y luego mueve el puntero fuera de la zona activa del botón.

Interactuar con el público — **Capítulo 13**

Figura 13.4

Teóricamente, es posible asignar más de un evento del mouse al botón, pero usualmente eso se prestará a redundancia o confusión. Lo mejor es elegir un único evento para asociar con el botón. En este ejemplo, hemos seleccionado Liberar, es decir, la acción tendrá lugar cuando el usuario suelte el botón del mouse.

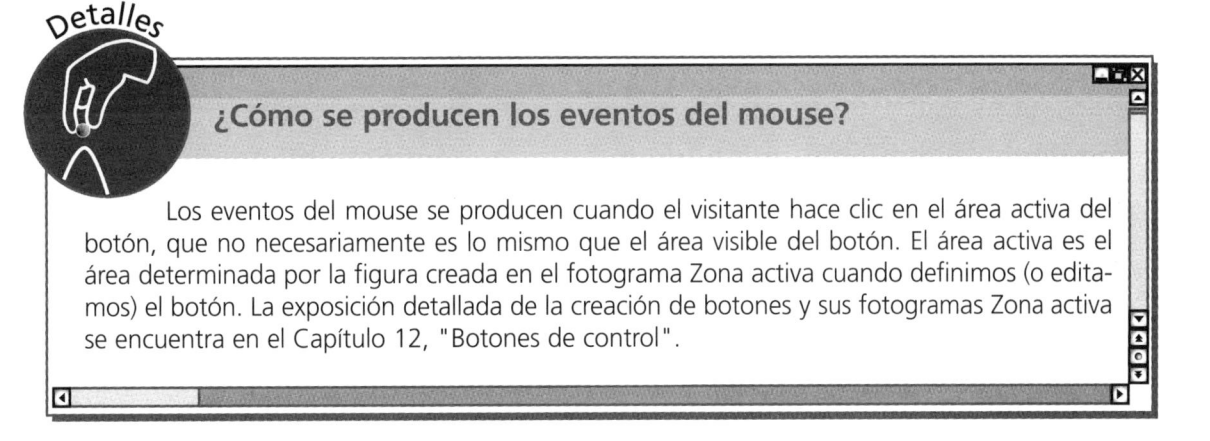

Detalles

¿Cómo se producen los eventos del mouse?

Los eventos del mouse se producen cuando el visitante hace clic en el área activa del botón, que no necesariamente es lo mismo que el área visible del botón. El área activa es el área determinada por la figura creada en el fotograma Zona activa cuando definimos (o editamos) el botón. La exposición detallada de la creación de botones y sus fotogramas Zona activa se encuentra en el Capítulo 12, "Botones de control".

- **Situar sobre objeto:** Esta opción activa la acción del botón cuando el visitante pasa el puntero del mouse encima del botón, sin hacer clic.

- **Situar fuera de objeto:** Esta opción activa el botón cuando el visitante mueve el puntero del mouse encima del botón y luego lo retira, sin hacer clic.

- **Arrastrar sobre:** La acción se activa solamente cuando el visitante hace clic en el botón, arrastra el puntero del mouse fuera del botón y luego vuelve a arrastrarlo al interior.

- **Arrastrar fuera:** La acción se activa cuando el visitante hace clic en el botón, y luego arrastra el puntero del mouse fuera del botón.

Por último, cabe también la posibilidad de agregar una pulsación de teclas que active el botón. Por ejemplo, podríamos configurar la tecla Fin para ir al último fotograma de la película, o la tecla Inicio para ir al primero.

5º Parte — Botones

Pase a camarines

No se complique

Sí, técnicamente hay siete formas diferentes de definir qué evento del mouse activará un botón. Pero como usualmente lo que se busca es que al visitante le resulte fácil activar el botón, en la práctica las opciones se reducen, básicamente, a Presionar (que activa el botón cuando el visitante hace clic en él), Liberar (que es similar a Presionar, excepto que la acción tiene lugar al soltar el botón del mouse) o Situar sobre objeto, que activa el botón cuando el visitante pasa el puntero del mouse por encima.

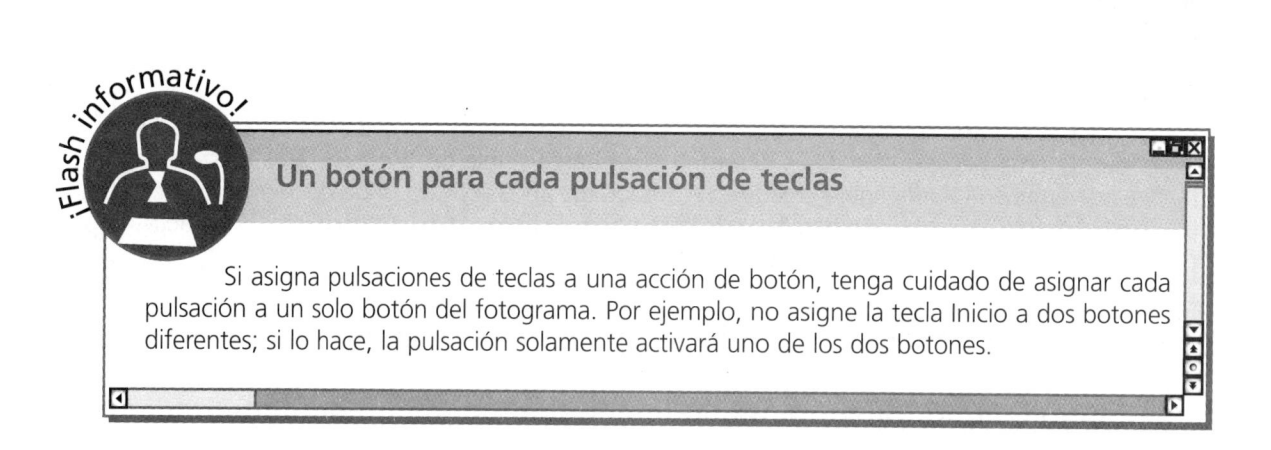

¡Flash informativo!

Un botón para cada pulsación de teclas

Si asigna pulsaciones de teclas a una acción de botón, tenga cuidado de asignar cada pulsación a un solo botón del fotograma. Por ejemplo, no asigne la tecla Inicio a dos botones diferentes; si lo hace, la pulsación solamente activará uno de los dos botones.

Una vez elegido un evento, en el lado derecho del cuadro, Flash generará algo de código ActionScript. La Figura 13.5 muestra cómo se ve este código de programación en el panel Acciones.

Figura 13.5

Al hacer clic en la casilla de verificación Presionar, en el costado derecho del cuadro de diálogo se genera el código `On(Press)`. Quiere decir, sencillamente: "Hacer algo cuando el usuario presione este botón".

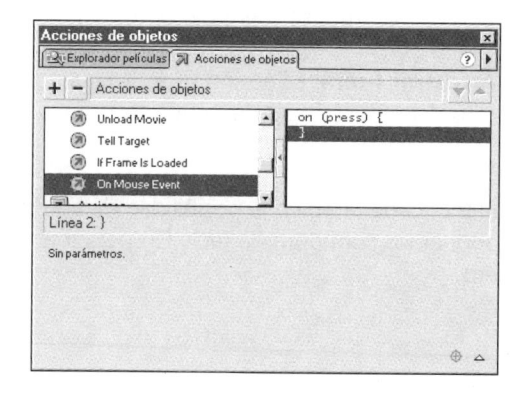

Interactuar con el público   Capítulo 13

Una vez elegido el evento de mouse que iniciará la acción (por ejemplo, Presionar, o Situar sobre objeto) el siguiente paso es asignarle la acción al botón.

DARLE AL ESPECTADOR CONTROL SOBRE LA ACCIÓN

Una de las formas más básicas de hacer interactiva una película es darle al visitante la posibilidad de iniciarla y detenerla, para lo cual, basta ubicar en los fotogramas botones que tengan asignadas las correspondientes acciones.

La Figura 13.6 muestra un fotograma con dos botones. Para ayudar al visitante a descubrir el significado de los botones, les hemos agregado los textos Detener la película y Comenzar la película nuevamente.

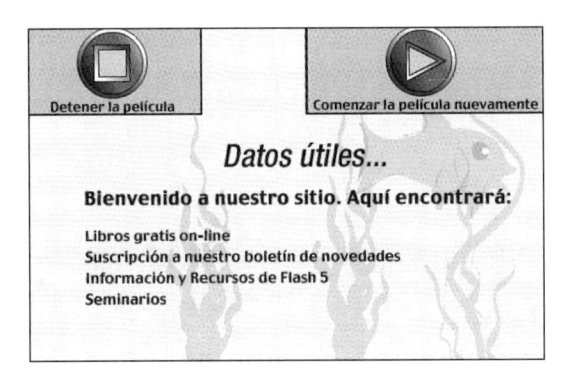

Figura 13.6

Uno de los conjuntos de botones prediseñados de Flash (en la biblioteca Botones) es un conjunto de botones similares a los de una videograbadora. Estos botones brindan una manera intuitiva de darle a los visitantes la posibilidad de detener, iniciar o adelantar la película.

Una vez ubicados los botones en la página, siga los cinco pasos presentados al principio de este capítulo para comenzar a definir la acción de los botones. Elija un evento del mouse para asociar con la acción, y enseguida podremos agregarle al botón las acciones de detención y reinicio de la película.

¡Mantengan esa pose!

Para darle al visitante la posibilidad de detener la película, asigne al botón la acción Stop:

1. Seleccione el botón y elija **Ventana**, **Acciones**, en la barra de menúes. Esta es una forma rápida de abrir el panel Acciones para el botón seleccionado.

2. En el panel Acciones, haga clic en el ícono + y en el menú emergente elija Acciones básicas.

3. Haga clic en `OnMouseEvent` y elija un evento del mouse (por ejemplo, Presionar).

4. Teniendo `On(Press)` (o cualquier otro evento del mouse que haya elegido) resaltado, en el lado derecho del panel Acciones, vuelva a hacer clic en el signo +, y en el menú emergente, elija Stop, que se encuentra dentro de Acciones básicas. El código se verá como en la Figura 13.7.

5. Haga clic en Aceptar para cerrar el cuadro de diálogo.

5º Parte — Botones

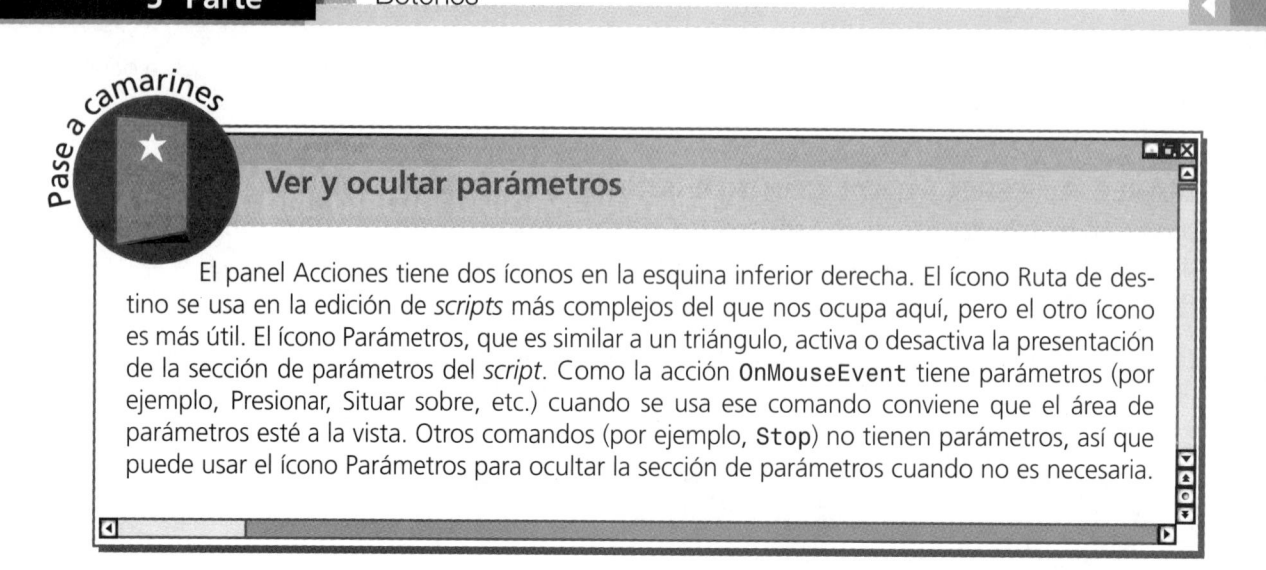

Pase a camarines

Ver y ocultar parámetros

El panel Acciones tiene dos íconos en la esquina inferior derecha. El ícono Ruta de destino se usa en la edición de *scripts* más complejos del que nos ocupa aquí, pero el otro ícono es más útil. El ícono Parámetros, que es similar a un triángulo, activa o desactiva la presentación de la sección de parámetros del *script*. Como la acción `OnMouseEvent` tiene parámetros (por ejemplo, Presionar, Situar sobre, etc.) cuando se usa ese comando conviene que el área de parámetros esté a la vista. Otros comandos (por ejemplo, `Stop`) no tienen parámetros, así que puede usar el ícono Parámetros para ocultar la sección de parámetros cuando no es necesaria.

Figura 13.7

El costado derecho del panel Acciones muestra el listado de la acción que se le asignará al botón. El comando *Stop* está más a la derecha porque es parte de un subprograma que empieza por identificar un evento del mouse, y luego le dice a Flash lo que debe hacer cuando ese evento ocurre. En este caso, al hacer clic sobre el botón se detendrá la película.

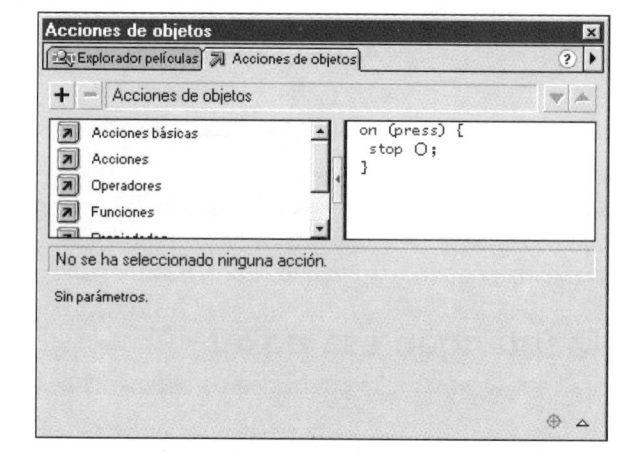

Por supuesto, si pone un botón para detener la película, probablemente querrá agregar otro para reiniciarla. Para ello, siga los mismos pasos, pero en vez del comando *Stop* ponga el comando *Play*.

Para probar el botón elija **Control**, **Probar película** y haga clic en los botones para ver cómo funcionan. Para volver al modo de edición de Flash cierre la ventana de prueba.

Interactuar con el público   **Capítulo 13**

Agregar acciones Go To para saltar a fotogramas específicos

También podemos darle a los visitantes la opción de saltar a un fotograma específico de la película, aunque probablemente los visitantes no sabrán que están saltando a un fotograma. Por ejemplo, podríamos darle la opción de saltar a una página destinada a recabar la opinión de los visitantes, a una de pedidos o a la página de contactos.

Si va a crear muchos de estos botones **Go To** (Ir a), conviene que le ponga rótulos a los fotogramas. Para ello, haga clic en un fotograma y elija **Modificar**, **Fotograma**, en la barra de menúes. En el área **Etiqueta** del panel Fotograma puede asignarle un nombre al fotograma, como se ve en la Figura 13.8.

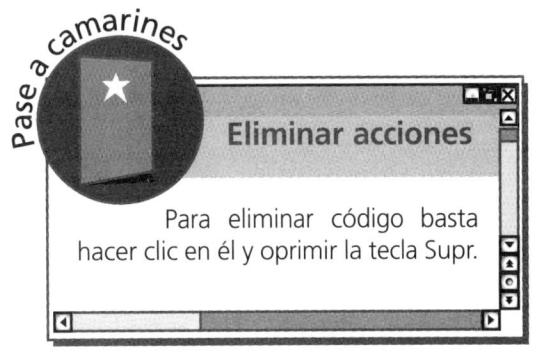

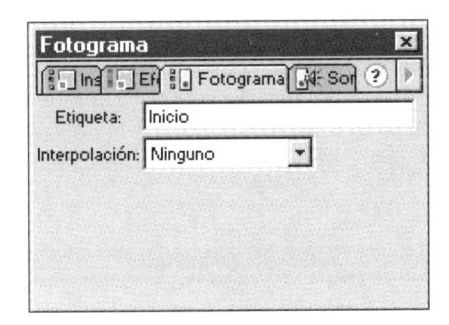

Pase a camarines

Eliminar acciones

Para eliminar código basta hacer clic en él y oprimir la tecla Supr.

Figura 13.8

Rotular los fotogramas simplifica la creación de botones pensados para saltar a esos fotogramas.

Una vez rotulados los fotogramas, es fácil crear botones que salten hacia ellos, siguiendo estas instruccione

1. Seleccione el botón y elija **Ventana**, **Acciones** en la barra de menúes.
2. En el panel Acciones, haga clic en el ícono + y elija Acciones básicas, `On Mouse Event`.
3. Elija un parámetro para el evento del mouse (por ejemplo, Presionar o Liberar).
4. Con el evento del mouse que haya elegido agregado en el costado derecho del panel Acciones y resaltado, vuelva a hacer clic en el ícono +, y elija Acciones básicas, Go To, en la lista de acciones del menú emergente.
5. Si la película tiene más de una escena, y quiere vincular el botón seleccionado a un fotograma ubicado en una escena diferente, elija la escena en cuestión en la lista desplegable Escena.
6. Puede identificar el fotograma de destino por su número, ingresando un valor en el cuadro Fotograma. O elegir **Rótulo de fotograma** en la lista desplegable **Tipo** y luego ingresar el nombre de un fotograma rotulado, como se ve en la Figura 13.9. La lista desplegable Tipo también contiene otras opciones.

Figura 13.9

Puede programar un botón de modo que sirva para saltar a un fotograma rotulado de la película.

> **Go to y reproducir versus go to y detener**
>
> La acción **Go To** incluye el parámetro Ir y reproducir, que se activa o desactiva con la casilla de verificación ubicada en la sección de parámetros del comando. La opción predeterminada, ir y reproducir (casilla de verificación marcada) salta a un fotograma de la película y continúa la acción desde allí. Si deselecciona la opción, la acción saltará al fotograma elegido pero la película se detendrá allí.

7. Para probar los botones puede elegir **Control, Habilitar botones simples** y hacer clic en ellos para ver cómo funcionan. Una vez probados los botones, vuelva a elegir **Control, Habilitar botones simples**, para desactivar la opción y volver a permitir la edición de los botones.

AGREGAR VÍNCULOS A SITIOS WEB

Puede asignarle a un botón una acción que abra una página web en el navegador del visitante. Para ello, seleccione el botón, elija **Ventana, Acciones** y asígnele al botón un evento del mouse. Use el menú emergente "+" en el panel Acciones y elija Acciones básicas, GET URL; luego ingrese una dirección URL (*Uniform Resource Locator,* Localizador Uniforme de Recursos) en el cuadro URL de la sección Parámetros (como se muestra en la Figura 13.10).

Interactuar con el público | **Capítulo 13**

Figura 13.10

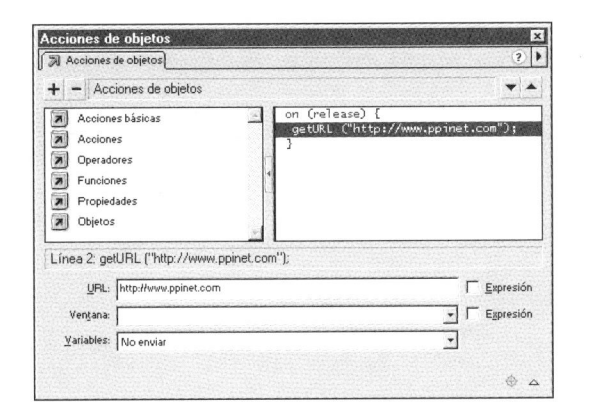

Se puede vincular un botón a una dirección web. Si ingresa un URL en el cuadro URL de la sección Parámetros del comando GetURL, se generará el código `GetURL()`, con la dirección web (que haya ingresado en el cuadro URL) insertada dentro del comando.

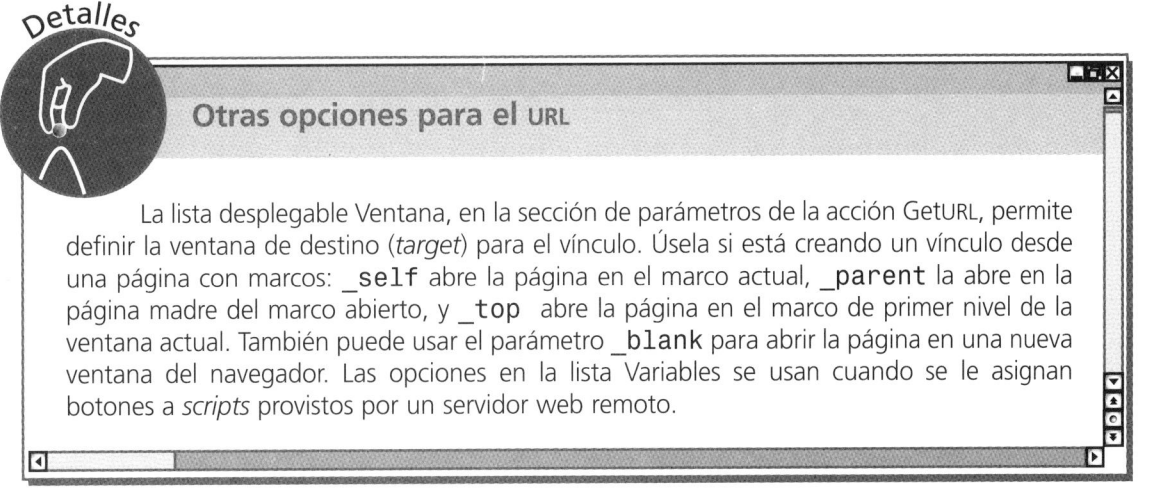

Otras opciones para el URL

La lista desplegable Ventana, en la sección de parámetros de la acción GetURL, permite definir la ventana de destino (*target*) para el vínculo. Úsela si está creando un vínculo desde una página con marcos: `_self` abre la página en el marco actual, `_parent` la abre en la página madre del marco abierto, y `_top` abre la página en el marco de primer nivel de la ventana actual. También puede usar el parámetro `_blank` para abrir la página en una nueva ventana del navegador. Las opciones en la lista Variables se usan cuando se le asignan botones a *scripts* provistos por un servidor web remoto.

Para probar un botón vinculado a un URL, elija **Archivo**, **Previsualización de publicación**, **Predeterminado**. Como resultado, la película Flash se abrirá en un navegador web en el que podrá probar los botones. En cuanto pase el puntero del mouse encima de un botón asociado a un URL, el puntero se convertirá en una mano con un dedo extendido (como se ve en la Figura 13.11).

Si está conectado a Internet, puede probar el vínculo activando el botón; oprímalo, apúntele o ejecute la acción del mouse que haya asignado al botón.

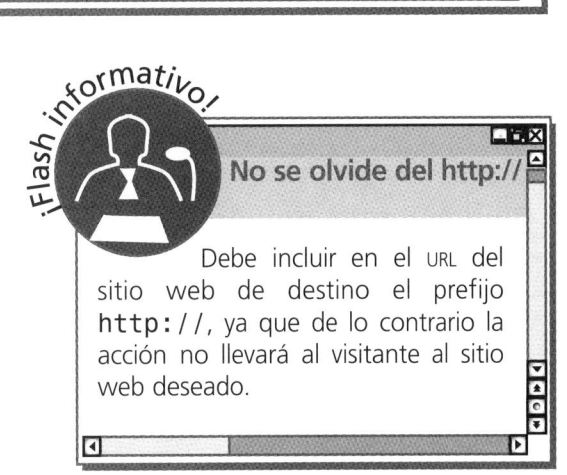

No se olvide del http://

Debe incluir en el URL del sitio web de destino el prefijo `http://`, ya que de lo contrario la acción no llevará al visitante al sitio web deseado.

5º Parte — Botones

Figura 13.11

Este botón está vinculado a un sitio web; nos damos cuenta de ello porque cuando le pasamos el puntero del mouse por encima, el navegador presenta una mano con un dedo extendido.

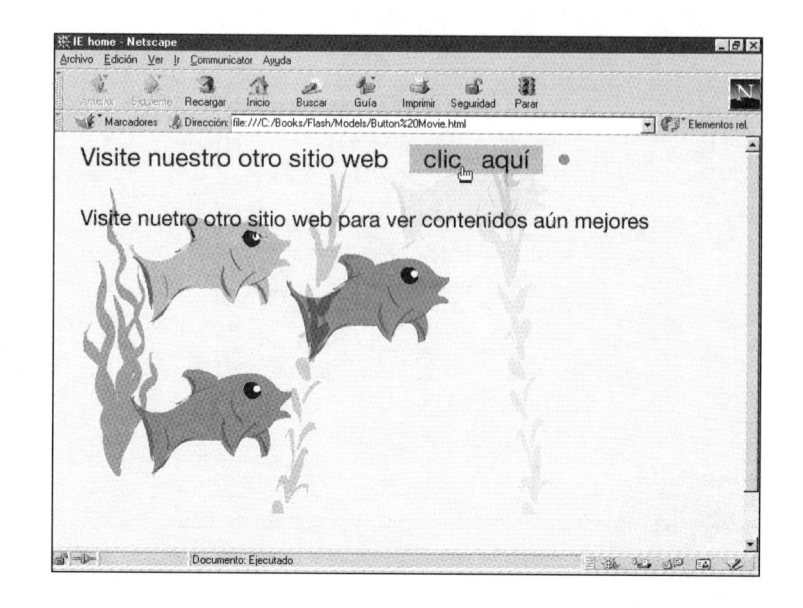

Lo mínimo que debe saber

- Es posible asignarles acciones a los botones

- Cada botón que tenga asignada una acción debe tener definido un evento de mouse que la inicie. Los eventos de mouse más intuitivos y "amigables con el usuario" son Situar sobre objeto y Presionar.

- Puede poner en un fotograma botones que sirvan para detener y para reiniciar la película.

- Puede usar botones para darle al visitante la opción de saltar a un fotograma específico de la película.

- También puede usar botones como vínculos a páginas web.

Capítulo 14

Pedir información al usuario

En Este Capítulo

- Creación de películas interactivas
- Asignar acciones de detención a fotogramas
- Reunir información en cuadros de texto
- Presentar en la película los datos ingresados por el usuario

---

Hace unos pocos años, a algún genio del marketing en la industria del cine se le ocurrió la brillante idea de permitirle a la audiencia votar el final de una película. La idea era que la gente podía ver el final "feliz" o el final "triste", y que cada vez que fuera al cine podía ver un final diferente.

Este encargado de marketing estaba adelantado a su época, o perdiendo su tiempo, ya que la idea de los finales de película personalizados no tuvo éxito. Pero en Flash se pueden crear películas que apliquen el mismo concepto. Podemos darle a los espectadores la posibilidad de interactuar con la película, y la de ingresar información que posteriormente aparecerá en ella.

Películas interactivas

En el Capítulo 13, "Interactuar con el público", exploramos el modo de incluir botones en películas Flash para que los visitantes puedan detener la película, reiniciarla o saltar a un fotograma específico en la película. Eso es interactividad de un nivel.

5º Parte   Botones

Una película Flash todavía más interactiva sería aquella que le permita al visitante ingresar cierto texto y luego personalice la presentación a partir de ese texto. Por ejemplo, en la Figura 14.1, la película Flash pregunta el nombre al espectador, y a continuación le da la bienvenida a la presentación.

Figura 14.1

Esta película Flash, pregunta el nombre y luego lo muestra.
La información (nombre) queda almacenada en la película para su posterior uso.

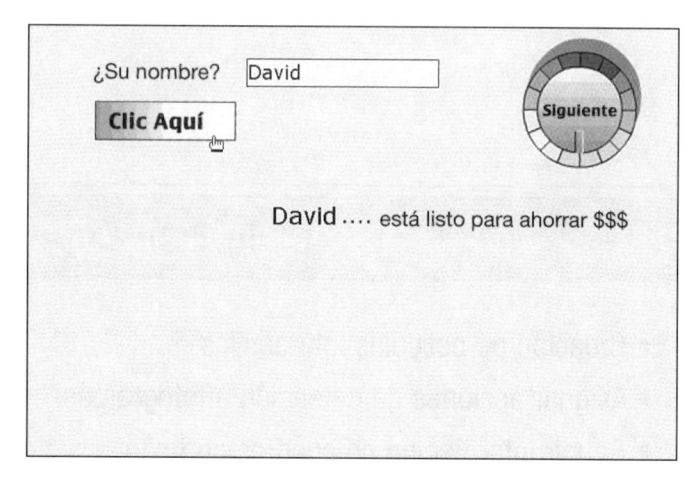

         ¿Su nombre?   David
         Clic Aquí   Siguiente

                    David .... está listo para ahorrar $$$

En un lugar posterior de la película, una vez reunida más información, un fotograma presenta tanto el nombre como un porcentaje de dinero que puede ahorrarse (véase la Figura 14.2).

Figura 14.2

Es posible reunir múltiples campos de información y combinar los resultados de la entrada en un fotograma.

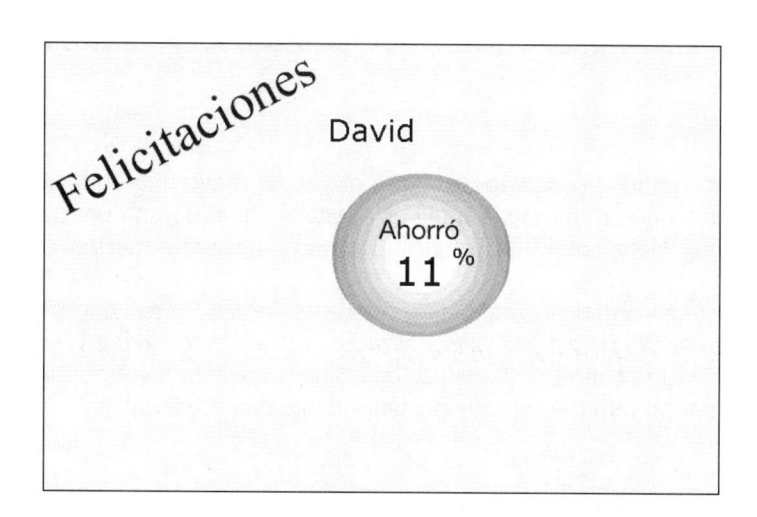

         Felicitaciones   David

                      Ahorró
                      11 %

Los datos tales como el nombre y el porcentaje de ahorro de la Figura 14.2 se reúnen en campos de texto, que no son otra cosa que cuadros de texto especiales cuya función es la de preguntar información.

Pedir información al usuario — **Capítulo 14**

Pero para obtener información del visitante, es conveniente detener la película para que el visitante tenga suficiente tiempo para escribir. Así que empezaremos este capítulo con el agregado de acciones de detención a los fotogramas de la película, y luego exploraremos el tema de la creación de cuadros de texto para reunir y presentar información.

Agregar acciones Stop a fotogramas

Para reunir información del visitante, lo primero que conviene hacer es detener la película. Detener la película congela la presentación en el fotograma al que está asignada la acción *Stop*. Normalmente, las películas que tienen la acción *Stop* asociada a algún fotograma también tienen un botón Reproducir, para que el visitante pueda reiniciar la película. El Capítulo 13 explica el modo de insertar un botón Reproducir en un fotograma.

¡Flash informativo!

Recolección de datos en un fotograma

Técnicamente, es posible crear cuadros de texto para obtener datos, sin detener la película. Pero obrar así puede crear reacciones muy hostiles por parte de los visitantes, que se verán obligados a apurarse a teclear los datos antes de que la película continúe. Es mejor detener la película, darle a los usuarios tiempo para ingresar los datos, y luego permitirles reiniciar la película con un botón Reproducir.

Acciones y fotogramas

En el Capítulo 13, examinamos el modo de asociar acciones (como *Stop* o *Play*) a un botón. Al hacer clic en el botón (o producir algún otro evento definido del botón, por ejemplo pasar el puntero del mouse por encima) el usuario puede detener o reiniciar la película.

También es posible agregar acciones tales como *Stop* a un fotograma de la película, independientemente de cualquier botón. Estas acciones tendrán lugar cuando aparezca el fotograma, sin necesidad que el visitante haga nada.

Para agregar una acción a un fotograma, verifique que no haya ningún objeto seleccionado, y elija **Ventana, Acciones**. Se abrirá el panel Acciones, como se ve en la Figura 14.3.

Con el panel Acciones abierto, use el menú emergente "+" para agregarle acciones (como la acción *Stop*) al fotograma.

Figura 14.3

Muchas de las acciones que podemos agregar a un fotograma implican una programación bastante compleja. Otras, como Stop o Stop All Sounds, son fáciles de usar.

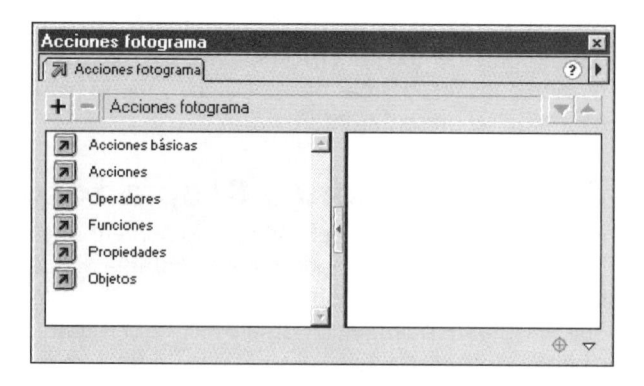

Acciones y capas

Se le pueden asignar acciones a cada capa de cada fotograma. Cuando se asignan acciones a más de una capa en un fotograma, la "cadena de comando" es tal que las acciones asignadas a una capa superior tienen lugar antes que las acciones asignadas a capas inferiores.

En la práctica, a menos que esté trabajando sobre una película inimaginablemente compleja, el lector puede asignar todas las acciones necesarias a una sola capa. Para mantener las cosas ordenadas la mayoría de los diseñadores Flash almacenan las acciones en la capa de primer nivel.

Por ejemplo, en la Figura 14.4 la capa superior se llama "acciones", y la usamos nada más para almacenar las acciones asignadas a cada fotograma.

Figura 14.4

En esta película, la capa de primer nivel de cada fotograma se usa para guardar las acciones, mientras que la segunda capa contiene los objetos que se presentan en la película.

Detalles

Acciones de fotograma complejas

En este capítulo nos ocuparemos de la acción *Stop* y del uso del comando `Set Variable` para pedirle información a los visitantes para su posterior uso en la película. Otras acciones exceden el alcance de este libro, pero entre ellas se encuentra la acción *Stop All Sounds*, que desactiva todos los sonidos iniciados en fotogramas previos (véase el Capítulo 18, "¡Enciendan el sonido!", para una explicación completa del uso de sonidos).

Agregar la acción Stop a un fotograma

Agregar una acción *Stop* a un fotograma produce la detención instantánea de la película en el fotograma al que se asigna la acción.

Una manera de usar la acción *Stop* en un fotograma es cuando no queremos que una película se vuelva a iniciar una vez concluida su presentación. O cuando tenemos fotogramas al final de una película que usamos nada más como vínculos para botones (respecto de la vinculación de botones a fotogramas, véase el Capítulo 13).

También podemos usar la acción *Stop* junto con un botón Reproducir en el mismo fotograma. De este modo, la película se detendrá automáticamente hasta que el visitante haga clic en el botón Reproducir para reiniciar la acción.

Para asignar la acción *Stop* a un fotograma, siga estas instrucciones:

1. Seleccione el fotograma y el nivel al que le agregará la acción *Stop*.

2. Elija **Ventana**, **Acciones**, para abrir el panel Acciones.

3. Haga clic en el ícono + y en la lista de acciones disponibles elija Acciones básicas, Stop.

4. En la línea de tiempo, verá aparecer una diminuta "a" (por "acción") en el fotograma correspondiente.

Con la acción Stop no se configura ningún parámetro (la acción sencillamente detiene la película). Luego de hacer clic en la acción Stop, en la lista de acciones seleccionadas aparece la palabra "Stop".

Una vez asignada la acción *Stop* a un fotograma, puede probar la película eligiendo **Control**, **Probar película**.

CREAR CAMPOS DE TEXTO

Los campos de texto sirven para obtener texto y/o valores numéricos. Posteriormente, podemos usar esta información para darle al visitante una experiencia interactiva de la película.

Por ejemplo, podemos averiguar el nombre del visitante, y luego "llamarlo" por el nombre en un lugar posterior de la película. U obtener un valor numérico del visitante (por ejemplo, cuánto estaría dispuesto a invertir en esa nueva compañía que lanzaremos al mercado) y hacer que la película "haga referencia" a ese valor, como se muestra en la Figura 14.5.

Es posible usar campos de texto para una programación bastante compleja, que excede los límites de este libro, pero con un mínimo de programación (¡es una promesa!) podemos usarlos para preguntarle al visitante determinada información y luego presentarla en la película, y así crear películas más interactivas y personalizadas. En esta sección, guiaremos al lector detalladamente a través del proceso, y por el camino le daremos un vistazo al modo como se genera el ActionScript en Flash.

5º Parte — Botones

Figura 14.5

En este fotograma, el valor ingresado en el cuadro de texto que tiene una línea alrededor es un valor de entrada. El botón, *Clic aquí*, multiplica el valor por 1,25, y el cuadro de texto con la línea de guiones presenta el valor resultante.

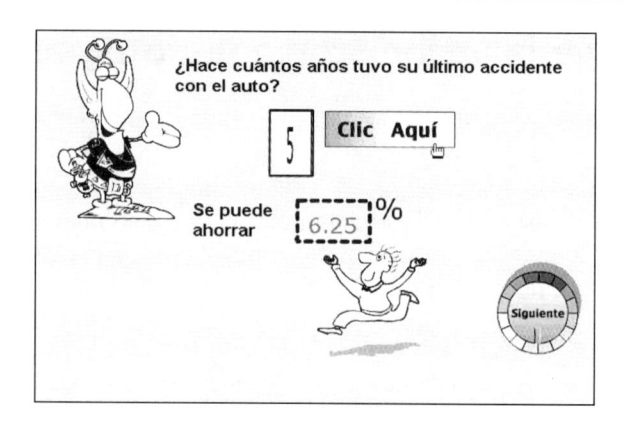

Para reunir y presentar datos, hay que poner tres cosas en una página:

- Un **campo de texto** que reúna el dato y lo guarde como variable.
- Un **campo de texto** que presente el dato recogido en el otro campo de texto.
- Un **botón** que ejecute la acción de presentar en el segundo campo de texto el dato recogido en el primero.

Obtener datos en un campo de texto

Los campos de texto son cuadros de texto con una propiedad especial: sirven para preguntarle información al visitante durante la película. Luego es posible "repetir" esa información en otro lugar de la película, de modo de producir un efecto de personalización. (Por ejemplo, "Hola, Silvia, gracias por mirar esta película...")

Para crear un campo de texto, primero dibuje un cuadro de texto normal con la herramienta Texto. Luego, con el cuadro de texto seleccionado, vaya al menú y elija **Texto**, **Opciones**, para abrir el panel Opciones de texto, que se ve en la Figura 14.6.

Figura 14.6

Podemos usar el panel Opciones de texto para crear en una película campos de entrada para obtener datos.

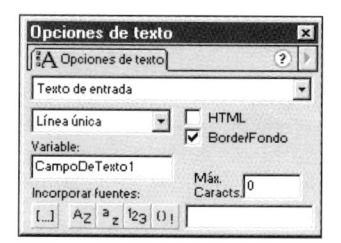

En la lista desplegable Tipo de texto del panel Opciones de texto, elija Texto de entrada.

Para que funcione, el campo de texto tiene que tener un nombre. Flash asigna un nombre predeterminado, pero el usuario puede cambiarlo por el nombre que desee. Para ello, ingrese un nuevo nombre en el cuadro Variable del panel Opciones de texto.

El panel Opciones de texto permite formatear los datos ingresados por el visitante. La lista desplegable Visualización de líneas permite elegir entre Línea única (para nombres, direcciones de e-mail o códigos postales) o Multilínea, para información que requiere más de una línea (por ejemplo, comentarios, opiniones acerca del sitio o pedidos). La opción Contraseña, en esta lista desplegable, hace que los datos se vean en pantalla como asteriscos, de modo que no los pueda ver casualmente alguien que esté mirando la pantalla al mismo tiempo que el visitante teclea la información.

La casilla de verificación Borde/Fondo sirve para presentar el campo de entrada con un borde. El cuadro Máx. Caracts permite restringir la cantidad de letras o números (u otros caracteres) que el visitante puede teclear en el campo de entrada.

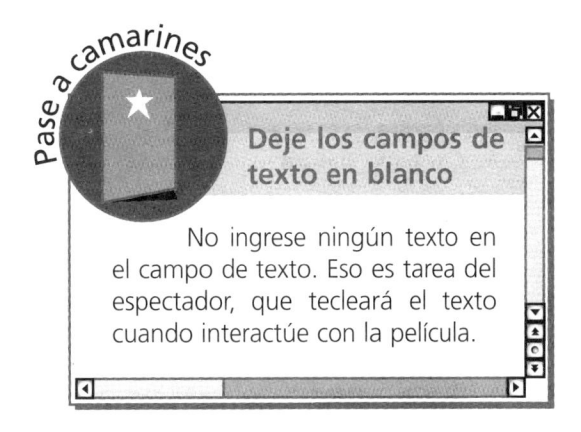

Pase a camarines

Deje los campos de texto en blanco

No ingrese ningún texto en el campo de texto. Eso es tarea del espectador, que tecleará el texto cuando interactúe con la película.

Los íconos agrupados bajo Incorporar fuentes definen el modo como se presentará el texto que ingrese el visitante, y la casilla de verificación HTML hace que al publicar la película el campo de entrada sea convertido a código HTML.

Pase a camarines

Use nombres de campo de texto fáciles de recordar

Más tarde tendrá que usar el nombre del campo de texto en alguna acción. Así que conviene que le ponga al campo de texto un nombre fácil de recordar. Por ejemplo, si el campo de texto es para obtener el nombre del visitante, podría bautizarlo "Nombre".

Presentar datos en un campo de texto

Si quiere integrar dentro de la película los datos reunidos en un campo de texto, necesitará un segundo campo de texto para que los presente.

Para crear ese campo de texto dibuje un cuadro de texto con la herramienta Texto y active el panel Opciones de texto. Por raro que parezca, aunque usaremos este campo para mostrar la información reunida, igual deberemos usar la opción Texto de entrada en la lista desplegable Tipo de texto.

En el cuadro Variable, en el panel Opciones de texto, ingrese un nombre para el campo. La Figura 14.7 muestra un campo de texto con su nuevo nombre.

Figura 14.7

Mantener bajo control qué campo de texto es para reunir la información y cuál es para presentarla puede volverse algo confuso. El truco es bautizar a los campos de texto destinados a presentar datos con nombres como "CampoSalida1", "CampoSalida2", etc.

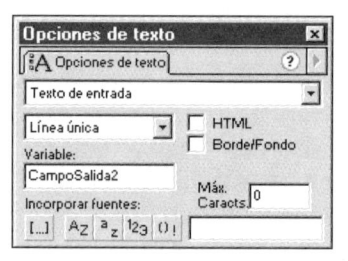

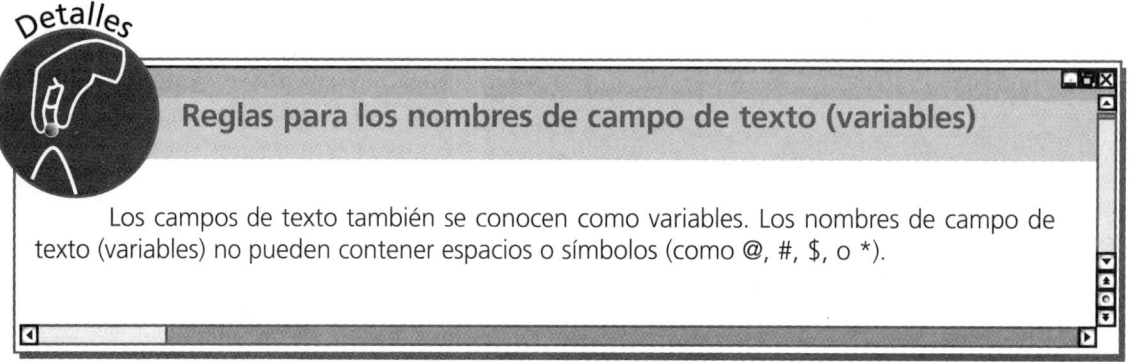

> **Detalles**
>
> **Reglas para los nombres de campo de texto (variables)**
>
> Los campos de texto también se conocen como variables. Los nombres de campo de texto (variables) no pueden contener espacios o símbolos (como @, #, $, o *).

Crear un botón que haga algo con los datos obtenidos

Una vez definido un campo de texto (también conocido como variable) para reunir los datos, y un segundo campo de texto para presentarlos, podemos crear un botón que lleve los datos desde el campo de entrada al de salida cuando el visitante esté viendo la película.

Para crear este botón, siga estas instrucciones:

1. Necesitará los nombres (exactos) del campo de texto de entrada (en el que reunimos la información) y el de salida (donde la presentaremos). Así que sería buena idea escribirlos en un pedazo de papel ahora.

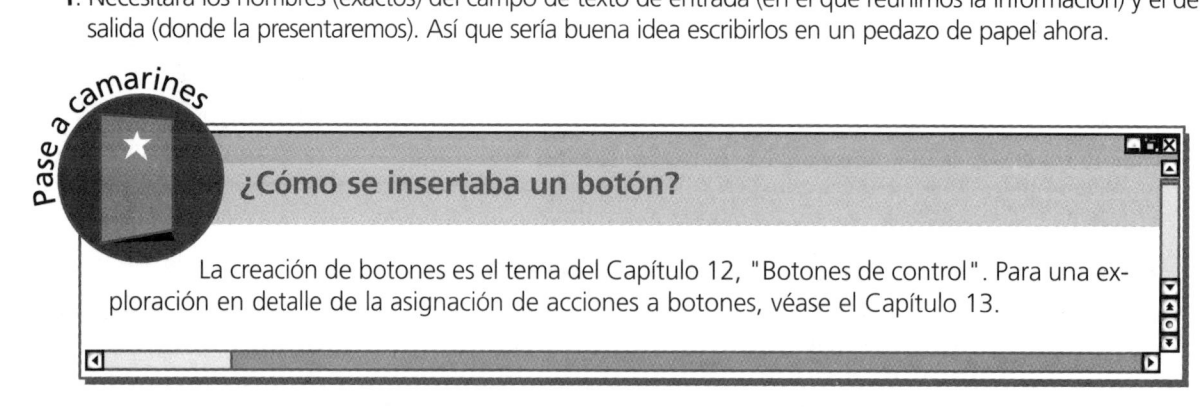

> **Pase a camarines**
>
> **¿Cómo se insertaba un botón?**
>
> La creación de botones es el tema del Capítulo 12, "Botones de control". Para una exploración en detalle de la asignación de acciones a botones, véase el Capítulo 13.

2. Inserte un botón en la página.

3. Con el botón seleccionado, elija **Ventana**, **Acciones**, para abrir el panel Acciones. En el menú emergente + elija Acciones básicas, `OnMouseEvent`. Puede aceptar el parámetro predeterminado del evento del mouse (Liberar), o hacer clic en otra casilla de verificación para elegir otro evento de mouse como iniciador de la acción.

Pedir información al usuario — Capítulo 14

4. Con la línea `On(Release)` aún seleccionada, vuelva a hacer clic en el ícono +, y en el menú emergente elija Acciones, **Set Variable**.

5. Si la sección Parámetros del panel no está a la vista, haga clic en el ícono Parámetros, en la esquina inferior derecha del panel Acciones, para hacerla visible.

6. En el cuadro Variable, ingrese el nombre de variable que le asignó al cuadro de texto en el que se presentarán los datos reunidos.

7. En el cuadro Valor, ingrese el nombre de variable asignado al cuadro de texto en el que se reúnen los datos.

8. Marque la segunda casilla de verificación Expresión. El cuadro de diálogo debería verse más o menos como el que muestra la Figura 14.8, cambiando los nombres que aparecen en los cuadros en Variable y Valor por aquellos que haya ingresado el lector.

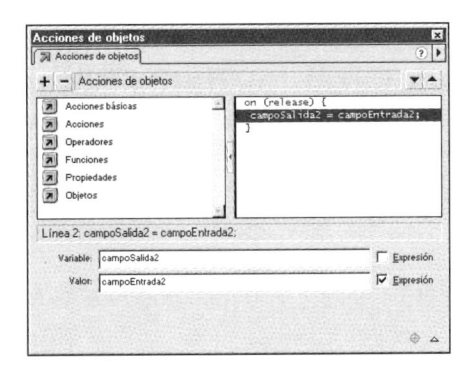

Figura 14.8

El cuadro Variable corresponde al nombre del cuadro de texto que muestra los datos, el cuadro Valor corresponde al cuadro de texto que reúne los datos. Resalte con amarillo esto en su libro, ya que nadie logra acordarse de cuál es cuál.

Detalles

Exprésese

Le dijimos a Flash que nuestra acción se iniciaría cuando el visitante hiciera clic en un botón, y que la acción sería convertir el contenido del campo de entrada en contenido del campo de salida. La razón por la que marcamos la casilla de verificación Expresión del campo Valor es para que Flash sepa que lo que queremos que inserte en el campo de salida es el valor de la variable indicada en el cuadro de texto. Si no hubiéramos marcado la casilla de verificación Expresión, Flash mostraría la palabra "campoEntrada2", o cualquier otro nombre que le hayamos asignado el campo de entrada, en vez del valor de la variable.

5º Parte   ▶ Botones

Una vez definidos los campos Variable y Valor en el panel Acciones, puede probar la película eligiendo **Control**, **Probar película**. Ingrese algún texto en el cuadro de entrada, haga clic en el botón, y mire si el texto aparece en el cuadro de salida, como se ve en la Figura 14.9.

Figura 14.9

Un campo de texto reúne la información; el otro la presenta. El botón activa la acción que lleva los datos de un campo al otro.

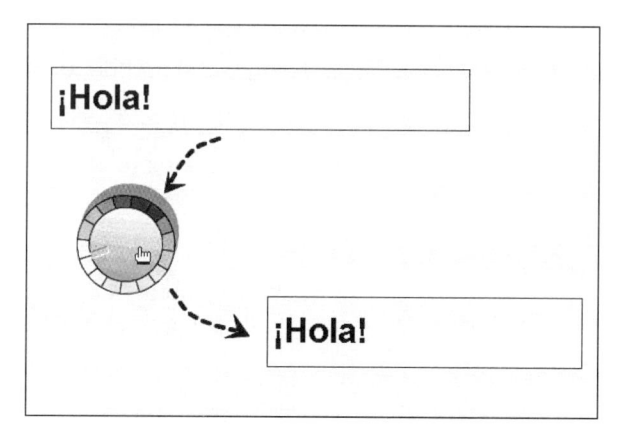

Crear un botón que realice cálculos con los datos obtenidos

Algo relativamente sencillo que podemos hacer con los datos reunidos es realizar algún cálculo. Por ejemplo, si le preguntamos al visitante su edad, podríamos mostrar el año en el que nació, restándole al año actual el valor ingresado.

Para configurar una acción que aplique un cálculo a una variable, siga estas instrucciones:

1. Cree dos campos de entrada: uno para obtener un valor y otro para presentar el resultado de un cálculo basado en ese valor.

2. Póngale nombre al campo de entrada. Para ello selecciónelo, elija **Texto**, **Opciones**, e ingrese un nombre en el cuadro Variable.

3. Asigne también un nombre al campo de salida y tome nota de ambos nombres.

4. Ponga un botón en la página. Con el botón seleccionado, elija **Ventana**, **Acciones**, para abrir el panel Acciones.

5. En el menú emergente + del panel **Acciones**, elija **Acciones básicas**, `OnMouseEvent`.

6. Con el `On(Release)` (o cualquier otro evento de mouse que haya seleccionado) aún resaltado, en el lado derecho del panel Acciones, vuelva a hacer clic en el ícono +, y en la lista de acciones elija **Acciones**, **Set Variable**.

7. En el cuadro Variable, escriba el nombre del campo de texto en el que se presentará la información. La casilla de verificación Expresión debería quedar sin marcar.

Pedir información al usuario — Capítulo 14

8. En el cuadro Valor escriba el nombre del campo de texto usado para reunir los datos. Marque la casilla de verificación Expresión, para que Flash trate esta información como un nombre de campo, no como texto.

9. Puede agregar un operador aritmético (+ para sumar, - para restar, * para multiplicar, o / para dividir) y otro valor. Por ejemplo, para dividir por 2 el valor ingresado en el cuadro Variable, escriba **/2**, como se muestra en la Figura 14.10.

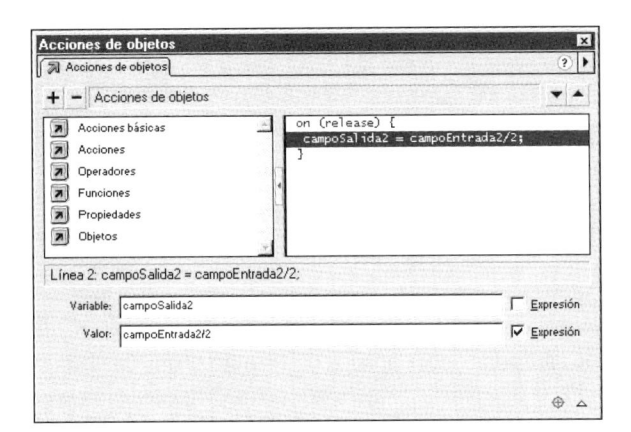

Figura 14.10

La acción que le estamos asignando al botón es dividir por 2 el valor del campo de entrada y mostrar el valor resultante en el campo de texto, que en este ejemplo se llama "campoSalida2".

10. Puede probar el botón de cálculo eligiendo **Control, Probar película**.

La Figura 14.11 muestra dos campos de texto, donde el valor ingresado en un campo se divide por 2, y se presenta el resultado en el segundo campo.

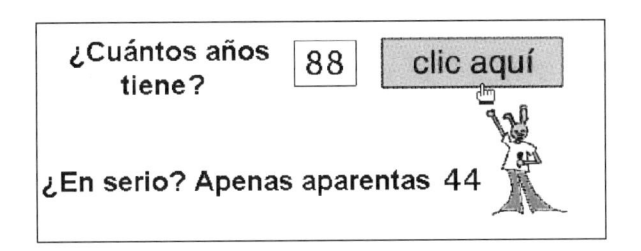

Figura 14.11

En este fotograma de acción, el campo de texto superior es el campo correspondiente al cuadro Valor, y se usa para calcular el valor que aparece en el campo de texto inferior, que corresponde al campo Variable.

Formatear campos de texto

Formatear campos de texto es similar a formatear cuadros de texto, excepto que no hay allí ningún texto que formatear. Para determinar la fuente, el tamaño, y el color del texto en un campo de texto, seleccione el campo.

Con el campo de texto seleccionado, use el menú **Texto** para definir la fuente, el tamaño de fuente o el estilo de fuente. O elija **Texto, Carácter**, en el menú, para definir el color de la fuente y los atributos de negrita y cursiva. Use el menú **Texto, Párrafo** para definir la alineación y el espaciado del texto.

5º Parte — Botones

Pase a camarines

Uso avanzado de variables

En este capítulo hemos explorado algunas formas interesantes de usar variables para reunir y presentar datos, e incluso para hacer cálculos con ellos. En el Capítulo 19, "Técnicas avanzadas de animación", veremos el modo de usar variables para producir un nivel más avanzado de control sobre la película. Es posible usar variables para crear películas muy complejas, que respondan a toda clase de eventos.

Si se siente preparado para sumergirse en la programación ActionScript de Flash, consiga un ejemplar de *Flash 5 Magic con ActionScript*, donde podrá explorar a fondo el ActionScript.

El contorno (o su ausencia) alrededor de los campos de texto se define en el panel Opciones de texto, usando la casilla de verificación Borde/Fondo. Normalmente, cuando usamos un campo de texto para reunir información, es preferible mostrar un contorno alrededor del campo, de forma tal que al visitante le resulte evidente dónde tiene que teclear el texto. Pero podemos desactivar el contorno; esto es particularmente eficaz para presentar el texto de salida, como se ve en la Figura 14.12.

Figura 14.12

El campo de texto de salida tiene el contorno desactivado. El texto se ve "a través" del pez, porque el campo de texto está debajo del pez y este último es semitransparente.

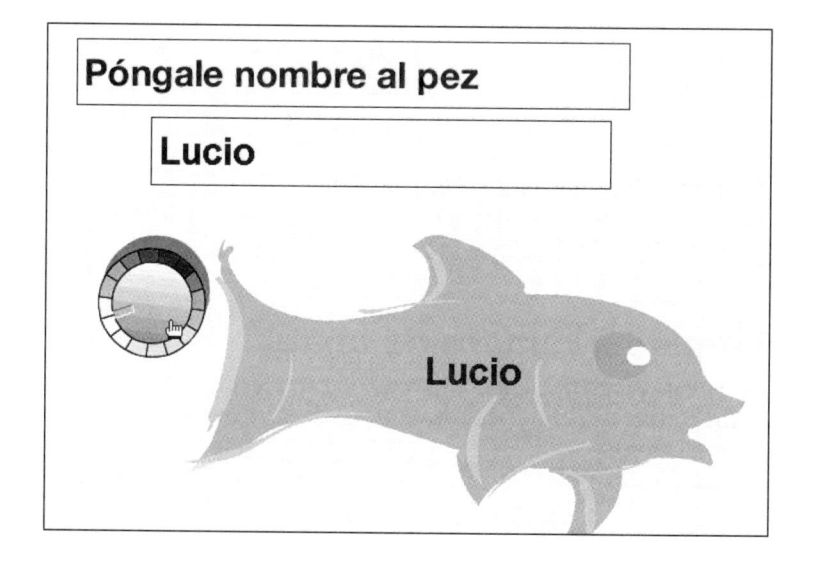

Pedir información al usuario — **Capítulo 14**

Lo mínimo que debe saber

- Las acciones cambian la manera como se presenta una película. Es posible agregar acciones a fotogramas o a botones.
- Las acciones de fotograma deben estar asignadas a una capa, y a menudo se crea una capa separada (la superior).
- La acción *Stop* congela la película en el fotograma al que se le asigna.
- Se pueden usar campos de texto para reunir o presentar información.
- Un botón puede tener asignada una acción que tome datos de un campo de texto y los presente en otro.
- Puede formatear los campos de texto como si fueran cuadros de texto normales, excepto que los atributos de fuente y párrafo se asignan a todo el cuadro de texto, no a un texto específico.

6ª Parte

Animación de las películas Flash

Bien, damas y caballeros, ha llegado el momento que todos esperábamos. En los capítulos que siguen, aprenderemos a hacer que esos objetos que hemos creado salten, bailen y se paseen por la pantalla.

Aprenderemos a armar secuencias de fotogramas para crear la ilusión de movimiento en la película. Veremos también cómo crear escenas animadas y organizarlas en películas. Y exploraremos la "interpolación" de Flash, que automatiza el proceso de crear una animación.

Capítulo 15

¡Ahora, todos a bailar !

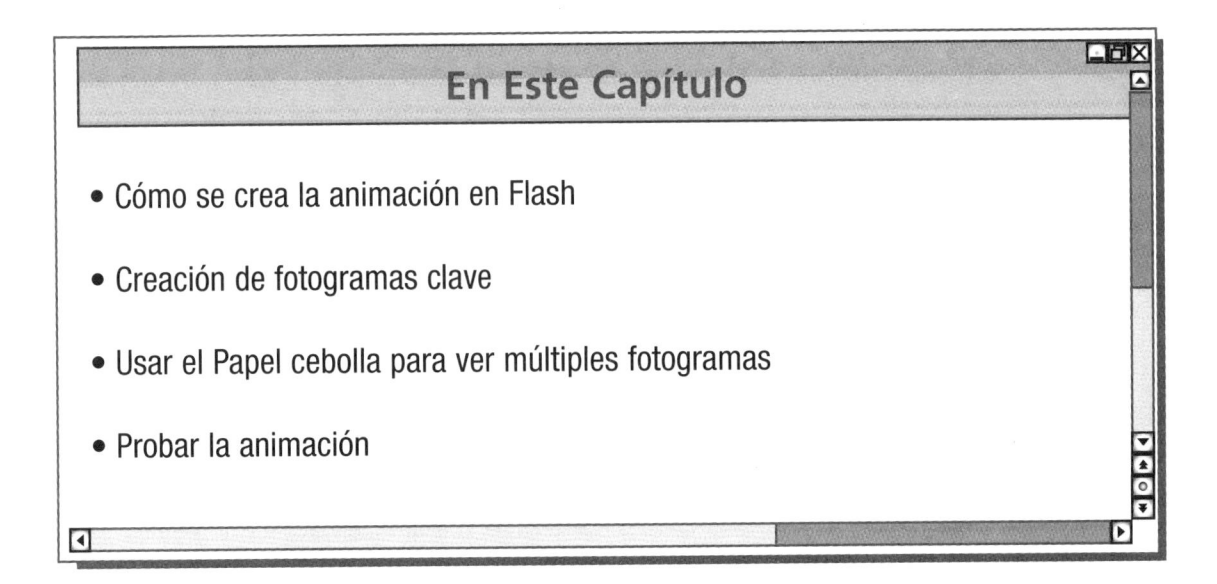

En Este Capítulo

- Cómo se crea la animación en Flash

- Creación de fotogramas clave

- Usar el Papel cebolla para ver múltiples fotogramas

- Probar la animación

En el Capítulo 2, "Una visita al estudio de filmación", le dimos un breve vistazo a la animación de películas. Tal parece que nos ha llevado un buen rato volver al tema de la animación. Pero después de todo, ¿no es de eso de lo que trata Flash?.

Como hemos visto en los capítulos previos, Flash da mucho más que hablar. Con Flash podemos crear objetos gráficos y guardarlos como símbolos, y usar esos símbolos repetidamente (como instancias). Y podemos crear botones interactivos que reaccionen en respuesta a las acciones que realicen los visitantes.

Todos estos elementos proveen los ladrillos con los que se construye una animación Flash. Y, como veremos, la animación es, en gran medida, la parte fácil del trabajo con Flash.

Pero habiendo dicho esto, la animación es la parte realmente divertida y dinámica de las películas Flash, así que ¡manos a la obra!

6° Parte — Animación de las películas Flash

Cómo se logra la animación en Flash

Flash crea la animación presentando múltiples fotogramas de una película. En los capítulos previos prácticamente nos hemos restringido a la creación de imágenes en un fotograma individual. (Con la sola excepción de los botones de cuatro fotogramas que creamos en el Capítulo 12, "Botones de control".)

En Flash hay dos tipos básicos de animación: animación interpolada y animación fotograma a fotograma. La primera es una animación automatizada, en la que dejamos que Flash genere los fotogramas que producen la ilusión de movimiento. Hablaremos de la interpolación en el Capítulo 16, "Animación automatizada". En este capítulo nos ocuparemos de la animación fotograma a fotograma, en la que somos nosotros quienes definimos el contenido de los fotogramas.

Al crear y manejar una animación en Flash, gran parte de nuestra atención se concentrará en la línea de tiempo. Esta permite seleccionar diferentes fotogramas de una película, e indica el estado de esos fotogramas. La Figura 15.1 muestra algunos de los elementos clave de la línea de tiempo.

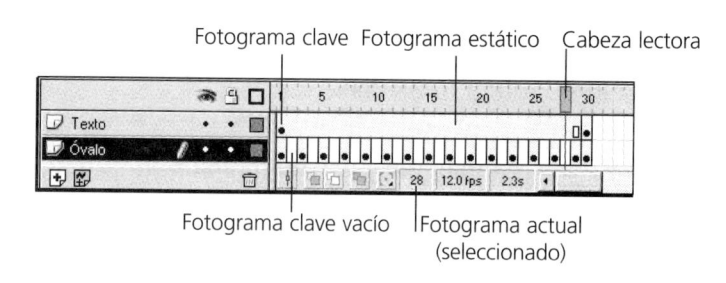

Figura 15.1

Los fotogramas clave son los que tienen su contenido definido, mientras que los fotogramas estáticos intermedios simplemente muestran el contenido del último fotograma definido.

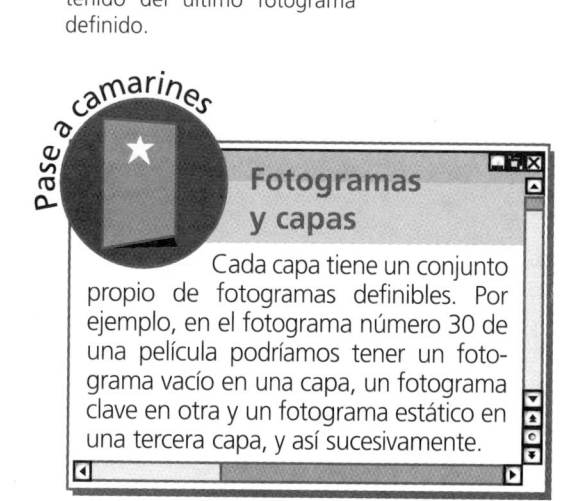

Fotograma clave   Fotograma estático   Cabeza lectora

Fotograma clave vacío   Fotograma actual (seleccionado)

Pase a camarines

Fotogramas y capas

Cada capa tiene un conjunto propio de fotogramas definibles. Por ejemplo, en el fotograma número 30 de una película podríamos tener un fotograma vacío en una capa, un fotograma clave en otra y un fotograma estático en una tercera capa, y así sucesivamente.

En la creación de una animación fotograma a fotograma, trabajaremos con tres clases de fotogramas, según su contenido:

- Los **fotogramas clave:** son fotogramas en los que insertamos contenido, por ejemplo texto y gráficos.
- Los **fotogramas estáticos:** son fotogramas que no tienen contenido propio, sino que siguen mostrando el contenido del fotograma precedente.
- Los **fotogramas clave vacíos:** son fotogramas que no muestran nada.

Veamos un sencillo ejemplo de los tres tipos de fotograma. En la Figura 15.2, la capa Texto consiste de dos fotogramas claves: uno en el fotograma 1, y otro en el fotograma 30. Cada uno de estos fotogramas clave tiene el mismo contenido (el logo de la compañía ppinet.com), en la misma ubicación. Los fotogramas entre el fotograma 1 y el 30 son **fotogramas estáticos**. Simplemente muestran el contenido del fotograma 1 durante toda la película. En otras palabras, el texto queda en pantalla en el mismo lugar a lo largo de toda la película.

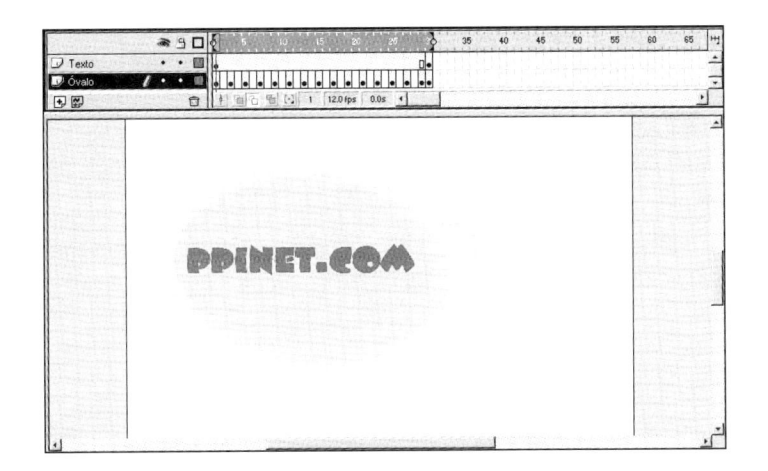

¡Ahora, todos a bailar ! **Capítulo 15**

Figura 15.2

Esta película combina fotogramas clave, fotogramas estáticos y fotogramas vacíos, de modo tal que se proyecta un texto estático, al tiempo que en el fondo aparecen y desaparecen figuras rápidamente y en diferentes ubicaciones.

La capa Óvalo de la película tiene muchos fotogramas clave. Activando el Papel cebolla podemos ver que durante la película el óvalo se mueve de un lado al otro. Cada uno de los dieciséis fotogramas clave en la capa Óvalo tiene un contenido único y distintivo –a saber, el óvalo– en una ubicación diferente cada vez.

Finalmente, la capa Óvalo también contiene 14 f**otogramas clave vacíos**; es decir, fotogramas sin contenido. Cuando se reproduzcan estos fotogramas durante la película, la capa Óvalo no presentará ningún contenido, mientras que los fotogramas estáticos de la capa Texto seguirán mostrando el texto a lo largo de toda la película.

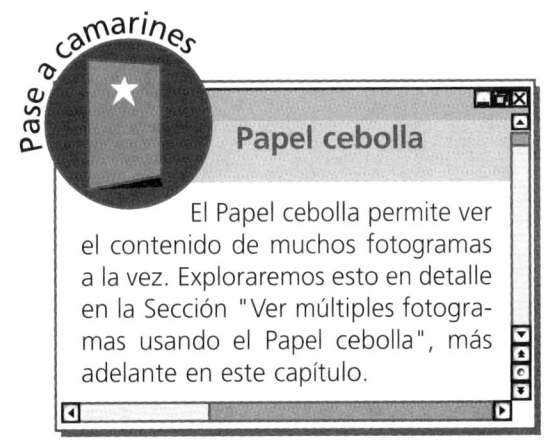

Pase a camarines

Papel cebolla

El Papel cebolla permite ver el contenido de muchos fotogramas a la vez. Exploraremos esto en detalle en la Sección "Ver múltiples fotogramas usando el Papel cebolla", más adelante en este capítulo.

El efecto de combinar estos fotogramas clave, fotogramas estáticos y fotogramas vacíos es que mientras el texto aparece en pantalla, el óvalo aparecerá y desaparecerá en diferentes ubicaciones detrás del texto.

Insertar fotogramas clave

Al insertar un fotograma clave se crea un nuevo fotograma clave con el mismo contenido del fotograma clave seleccionado. Cuando el usuario agrega contenido al primer fotograma, automáticamente crea un fotograma clave. (Haga la prueba: cree una nueva película y agréguele contenido al primer fotograma. Verá que en la línea de tiempo aparece un pequeño círculo negro, que indica que el primer fotograma es un fotograma clave.)

Con un fotograma clave creado, para generar nuevos fotogramas clave idénticos basta hacer clic en alguno de ellos en la línea de tiempo y elegir Insertar, Fotograma clave, en el menú. Al hacerlo, Flash copiará en el nuevo fotograma clave el contenido del fotograma clave previo.

Crear movimiento fotograma a fotograma con fotogramas clave

Los fotogramas clave permiten cambiar la ubicación de los objetos. Cuando se genera un nuevo fotograma clave, Flash duplica los objetos presentes en el fotograma clave seleccionado, pero a continuación el usuario puede cambiar los objetos de lugar.

Si dejamos en la ubicación original la copia generada de los objetos, la película no tendrá ningún movimiento. Pero si en el nuevo fotograma clave cambiamos de lugar los objetos, cuando el visitante vea la película le parecerá que estos se mueven.

Fotogramas clave vacíos

Además de la opción del menú que sirve para insertar un fotograma clave, hay una opción para insertar un fotograma clave vacío, lo que crea un nuevo fotograma clave, pero en el cual el usuario tendrá que crear los nuevos objetos de la nada; Flash no insertará el contenido del fotograma clave previo en el nuevo fotograma clave.

Generar fotogramas estáticos

A menudo, las películas animadas incluyen capas con movimiento y capas cuyos objetos se quedan quietos en su lugar.

Para crear una capa cuyo contenido permanezca en el mismo lugar durante toda la película, comience creando el contenido de la capa estática en el fotograma 1. Luego, haga clic en el que será el fotograma final de la película, y elija **Insertar**, **Fotograma clave**, como se muestra en la Figura 15.3. Flash duplicará el contenido del fotograma 1.

Figura 15.3

El fotograma clave que estamos creando en el fotograma 20 duplicará el contenido del fotograma clave número 1. En todos los fotogramas intermedios, Flash generará contenido estático que seguirá presentando el contenido del fotograma 1 hasta el fotograma 20.

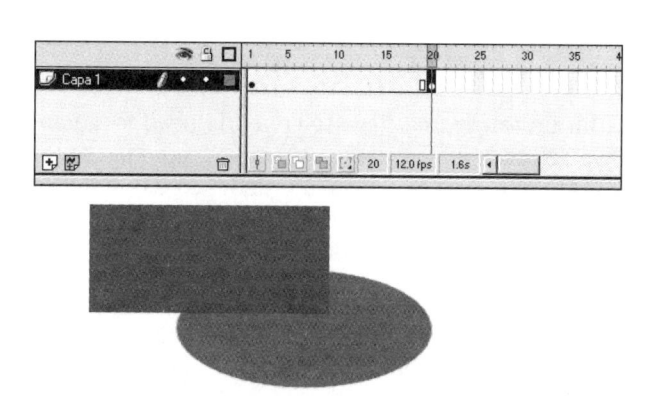

¡Ahora, todos a bailar !   Capítulo 15

Crear fotogramas clave vacíos

¿Qué pasa si, por alguna razón, no queremos que una figura contenida en el fotograma 1 sea duplicada a lo largo de todos los fotogramas de la película? Por ejemplo, supongamos que queremos que una figura (o un texto) aparezca en algunos fotogramas, y desaparezca más tarde.

Para convertir un fotograma en un fotograma sin ningún contenido, hay que crear lo que Flash llama un fotograma clave vacío. Para ello, seleccione el fotograma y elija **Insertar**, **Fotograma clave vacío**.

Insertar un fotograma clave vacío finaliza la visualización estática del fotograma clave previo. En el fotograma previo al fotograma clave vacío aparecerá un rectángulo blanco, que al apuntarle con el mouse muestra la pista "Estático". Este rectángulo señala el final de la visualización estática (véase la Figura 15.4).

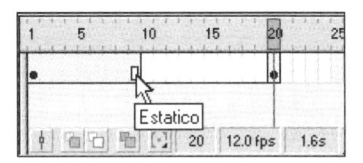

Figura 15.4

El ícono Estático, en la línea de tiempo, señala el final de la visualización del contenido del fotograma clave previo.

Reunir las partes

Para entender mejor cómo trabajan en conjunto los fotogramas clave, fotogramas clave vacíos y fotogramas estáticos en una animación, pruebe con este pequeño ejemplo:

1. Cree una nueva película Flash con tres capas, denominadas (de arriba abajo): Texto, Reflector y Fondo, como se ve en la Figura 15.5.

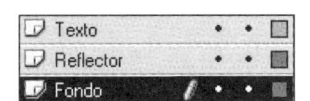

Figura 15.5

La capa Texto contendrá objetos animados mediante animación fotograma a fotograma. La capa Fondo tendrá una imagen estática. Y la capa Reflector usará fotogramas clave y fotogramas clave vacíos para simular la proyección de una luz.

2. En el primer fotograma de la capa Texto, escriba algún texto, en la esquina superior derecha del escenario.

3. Haga clic en la capa Texto, en la línea de tiempo, para seleccionar el fotograma 5, y pulse la tecla de función F6 para crear un nuevo fotograma clave. Flash duplicará el texto del primer fotograma. Arrastre el texto hacia abajo con el mouse, hasta la mitad del escenario.

6º Parte ▶ Animación de las películas Flash

4. Haga clic en el fotograma 10, y elija nuevamente **Insertar**, **Fotograma clave**, para crear un nuevo fotograma clave. Arrastre el texto a la esquina inferior derecha del escenario.

5. Haga clic en el fotograma 20, y vuelva a elegir **Insertar**, **Fotograma clave**, para generar el fotograma clave final. Esta vez no mueva el texto (entre el fotograma 10 y el 20 la película mostrará el texto en la misma ubicación). Llegados a este punto, la película debería ser algo similar a la de la Figura 15.6.

Figura 15.6

La capa Texto tiene cuatro fotogramas clave. Estos fotogramas clave proveen puntos de marcación para el movimiento que realizará el texto al reproducirse la película.

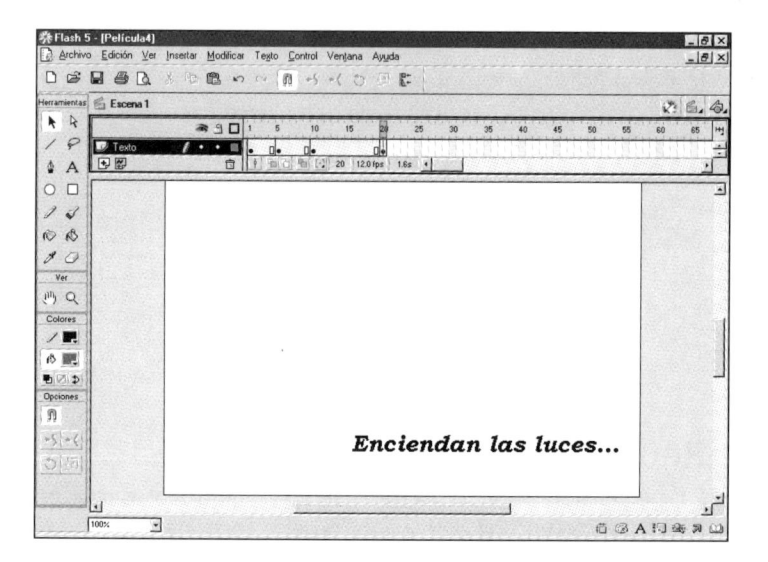

6. Para crear el fondo estático de la película, seleccione el primer fotograma de la capa Fondo, y dibuje un rectángulo gris que llene casi todo el escenario. Luego haga clic en el fotograma 20 de la capa Fondo y pulse la tecla F6 para crear un nuevo fotograma clave. Al hacerlo, Flash generará automáticamente fotogramas estáticos en la capa Fondo, que llenarán el resto de la película (véase la Figura 15.7).

Figura 15.7

Cuando agregamos un fotograma clave a una capa, Flash genera automáticamente fotogramas estáticos que muestran el contenido del fotograma clave.

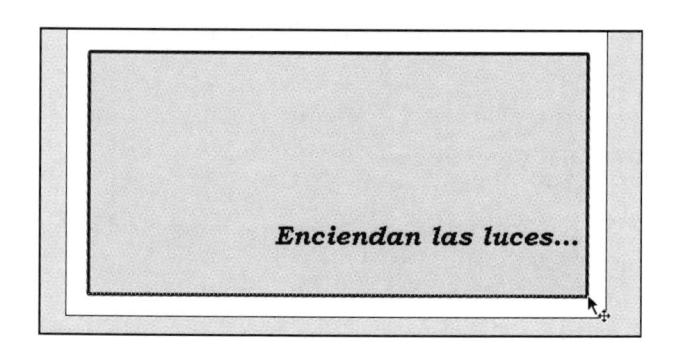

7. Finalmente, usaremos la capa Reflector para crear una "luz" amarilla que se "encenderá" en el fotograma 15. Para ello, haga clic en el fotograma 15 de la capa Reflector, y pulse la tecla de función F6. En el fotograma 15 de la capa Reflector se creará un nuevo fotograma clave vacío (aunque los fotogramas previos también son fotogramas vacíos).

8. Dibuje un círculo amarillo en el fotograma 15 de la capa Reflector. Luego, haga clic en el fotograma 20 de la misma capa y elija **Insertar**, **Fotograma clave**, para crear un nuevo fotograma clave. La "luz del reflector" se verá enre el fotograma 15 y el 20, mientras que en los primeros 14 fotogramas de la película la capa Reflector solamente contendrá fotogramas clave vacíos.

9. Finalmente, para mirar la película en Flash, elija **Control**, **Rebobinar** (para rebobinar la película hasta el fotograma 1 y luego Control, Reproducir.

En este pequeño ejercicio, hemos creado y reproducido una película que usa fotogramas clave, fotogramas estáticos y fotogramas vacíos. Antes de pasar a animaciones más complejas (en el siguiente capítulo, hablemos un poco acerca del modo de ver animaciones en Flash.

VER LA ANIMACIÓN

Una vez finalizada su edición, las animaciones Flash quedan guardadas en el formato de película *.fla de Flash, que se puede ver usando el visor de películas de Flash. Este reproductor está integrado dentro de Microsoft Internet Explorer 5 y superiores, y está disponible como *plug-in* para Netscape Navigator. En el Capítulo 21, "Poner a Flash on-line", nos ocuparemos de este asunto en detalle.

Alternativamente, las películas Flash se pueden exportar a una variedad de formatos, entre los que se cuentan los archivos GIF animados y los archivos de video AVI. Las opciones de exportación son el tema del Capítulo 22, "Exportar películas Flash".

Pero también podemos revisar y probar la animación antes de publicarla en un archivo de película Flash o exportarla a otro formato de animación. Dentro de Flash, podemos usar el Papel cebolla para ver múltiples fotogramas a la vez, y podemos usar la ventana Controlador para reproducir la película directamente en Flash.

Ver múltiples fotogramas usando el Papel cebolla

Para activar el Papel cebolla haga clic en alguno de los dos íconos, Papel cebolla o Contornos de Papel cebolla, debajo de la línea de tiempo (véase la Figura 15.8). Usando el Papel cebolla es posible ver varios fotogramas a la vez, incluso sin reproducir la película. Para ello, arrastre el puntero del mouse por encima de los fotogramas que quiera ver, en la línea de tiempo, y haga clic en el ícono Papel cebolla, debajo de la línea de tiempo (véase la Figura 15.8).

6º Parte — Animación de las películas Flash

Figura 15.8

Aquí estamos aplicando el modo Papel cebolla únicamente a los fotogramas ubicados entre el 5 y el 10. Para definir los fotogramas que desea ver, haga clic en el encabezado de la línea de tiempo y arrastre.

Encabezado de la línea de tiempo

Contornos de Papel cebolla   Editar múltiples fotogramas

El ícono Contornos de Papel cebolla cambia por contornos los objetos que muestra el Papel cebolla (lo que puede ser útil en una película repleta de fotogramas llenos de objetos).

También podemos editar múltiples fotogramas a la vez, seleccionando el ícono Editar múltiples fotogramas. Esto nos brinda el poder de editar a la vez todos los fotogramas seleccionados.

¡Flash informativo!

No olvide en qué fotograma está

El riesgo de editar todos los fotogramas a la vez es que es fácil hacer un lío con la animación, al mover un objeto sin saber en qué fotograma está. En general, lo mejor es activar esta opción solo ocasionalmente, para el propósito específico de disponer objetos en relación unos con otros. Luego, para la mayor parte del trabajo de edición, vuelva al modo de edición de un solo fotograma.

Uso de la ventana Controlador

Para reproducir realmente la película sin salir de Flash, basta elegir **Control**, **Reproducir** (o pulsar **(Retorno) [Intro]** en el teclado). Si quiere tener mayor control sobre la reproducción de la película, puede usar el control Reproducir (y otros controles) que se encuentra en la ventana Controlador. Para ver esta ventana elija **Ventana**, **Barras de herramientas**, **Controlador**.

Los botones del Controlador se ven intuitivamente parecidos a los de muchas reproductoras de video. La Figura 15.9 identifica cada uno de los botones de la ventana Controlador.

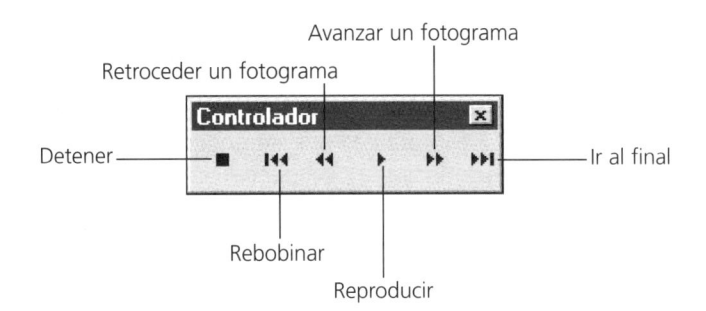

Figura 15.9

Si quiere mover la útil ventana Controlador a otro lugar de la pantalla, basta que haga clic en su barra de título y la arrastre. También puede acoplarla a la barra de herramientas estándar, arrastrando la ventana al costado derecho de la barra de herramientas.

Para probar una película, primero haga clic en el botón Rebobinar (para iniciar en el fotograma 1) y luego haga clic en el botón Reproducir, para ver la animación en acción.

Puede avanzar por la película fotograma por fotograma, usando para ello el botón Avanzar un fotograma.

Probar películas en el Reproductor de Flash

Además de reproducir la película en Flash, puede ver cómo se verá la película usando el reproductor de Flash. Para ello, vaya al menú y elija **Control**, **Probar película**.

Luego de probar la película en el reproductor de Flash, haga clic en el botón Cerrar de la ventana del reproductor para volver a Flash.

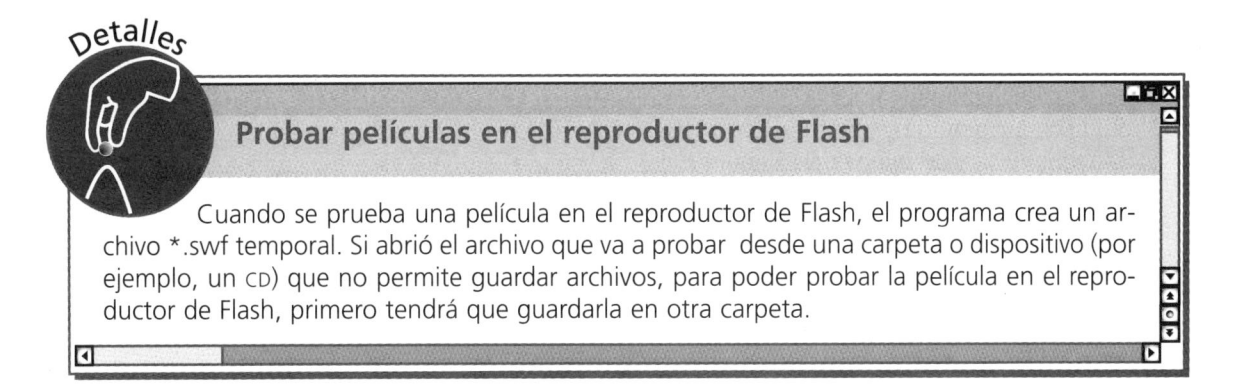

Detalles

Probar películas en el reproductor de Flash

Cuando se prueba una película en el reproductor de Flash, el programa crea un archivo *.swf temporal. Si abrió el archivo que va a probar desde una carpeta o dispositivo (por ejemplo, un CD) que no permite guardar archivos, para poder probar la película en el reproductor de Flash, primero tendrá que guardarla en otra carpeta.

6º Parte   Animación de las películas Flash

Pase a camarines

Otras propiedades de película

El cuadro de diálogo Propiedades de película también permite cambiar el color de fondo y el tamaño de la "pantalla de proyección".

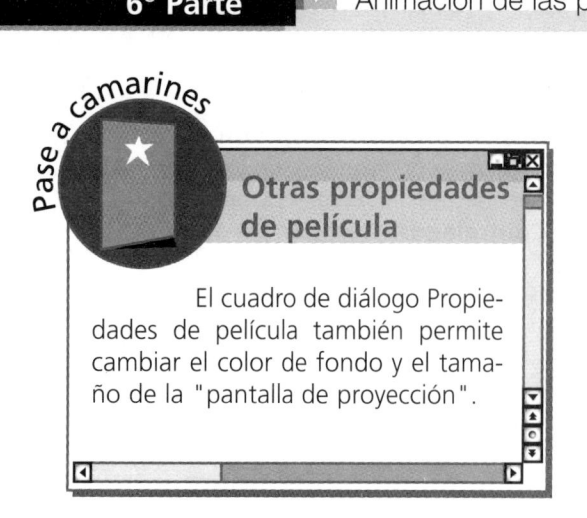

CAMBIAR LA VELOCIDAD DE FOTOGRAMAS

El cuadro de diálogo Propiedades de película (elija **Modificar**, **Película**) permite controlar la animación y otros atributos que se aplican a la película entera. Por ejemplo, puede acelerar o desacelerar la película.

El cuadro Veloc. fotogramas, en el cuadro de diálogo Propiedades de película, determina la velocidad a la que se reproduce la película. A mayor velocidad, la animación se verá más continua. Una velocidad de fotogramas muy baja, por ejemplo 0,5 fotogramas por segundo (o FPS, para abreviar), reproducirá la película casi como si fuera una presentación de diapositivas en vez de una película animada.

Para mayor complicación, la velocidad del procesador de la computadora del espectador también tiene incidencia sobre la velocidad de fotogramas. Si la película Flash se visualiza en una vieja 486 a 30 FPS, su velocidad se verá muy reducida, porque la computadora no podrá manejar semejante velocidad de fotogramas. El estándar generalmente aceptado para las películas Flash es de doce fotogramas por segundo.

Lo mínimo que debe saber

- La animación se crea cambiando la ubicación de los objetos de uno a otro fotograma.

- Al agregar un fotograma clave se crea un nuevo fotograma con el contenido del fotograma seleccionado. Puede mover ese contenido para crear la ilusión de movimiento cuando se reproduzca la película.

- Puede probar una película en Flash abriendo la ventana Controlador y usando los botones Rebobinar y Reproducir para ver la película.

- La velocidad de una película la determina la cantidad de fotogramas por segundo, que se define en el cuadro de diálogo Propiedades de película.

Capítulo 16

Animación automatizada

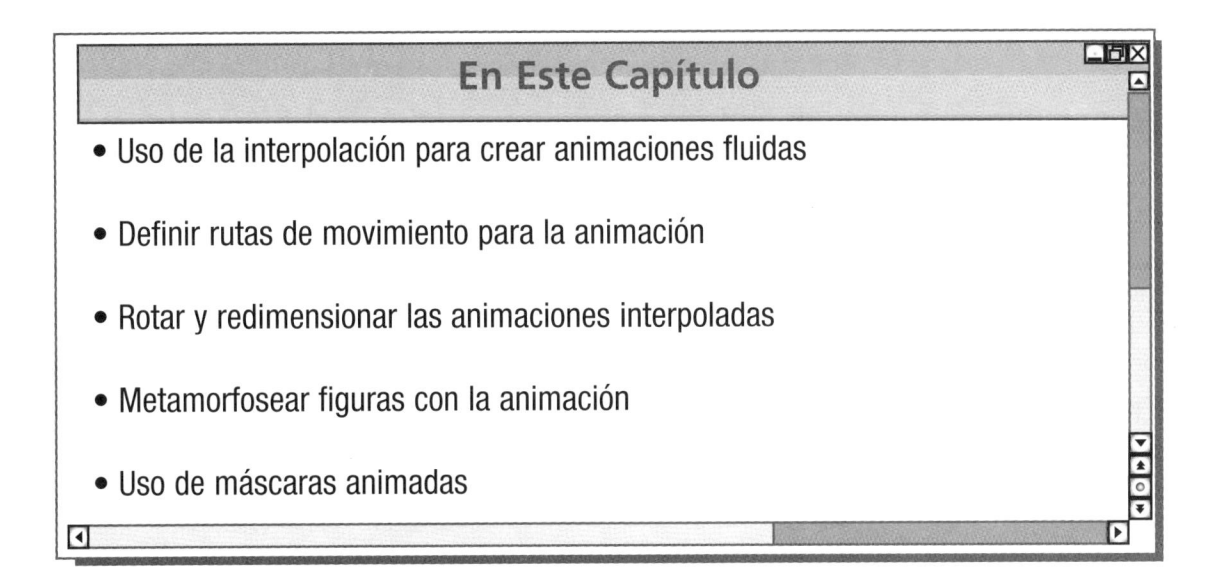

En Este Capítulo

- Uso de la interpolación para crear animaciones fluidas

- Definir rutas de movimiento para la animación

- Rotar y redimensionar las animaciones interpoladas

- Metamorfosear figuras con la animación

- Uso de máscaras animadas

En el Capítulo 15, "¡Ahora, todos a bailar!", examinamos cómo es la animación fotograma a fotograma. Movimos objetos de fotograma a fotograma, pero el resultado fue un movimiento repentino, cortado y abrupto.

Cambiando las transiciones entre fotogramas por un movimiento más gradual, la película puede presentar personajes en movimiento y un movimiento fluido, y empezar a parecerse de veras a... una película.

Para hacerlo, tenemos dos maneras:

Una sería crear trabajosamente miles de fotogramas a mano, agregando diminutas alteraciones a cada fotograma para que cuando se proyecte el conjunto, cree la ilusión de un movimiento natural y fluido.

La otra es dejar que ese trabajo lo haga Flash. Si el lector se siente más inclinado a dejarle esa tediosa tarea a Flash ¡está leyendo el libro correcto!

6º Parte — Animación de las películas Flash

Símbolos e interpolación

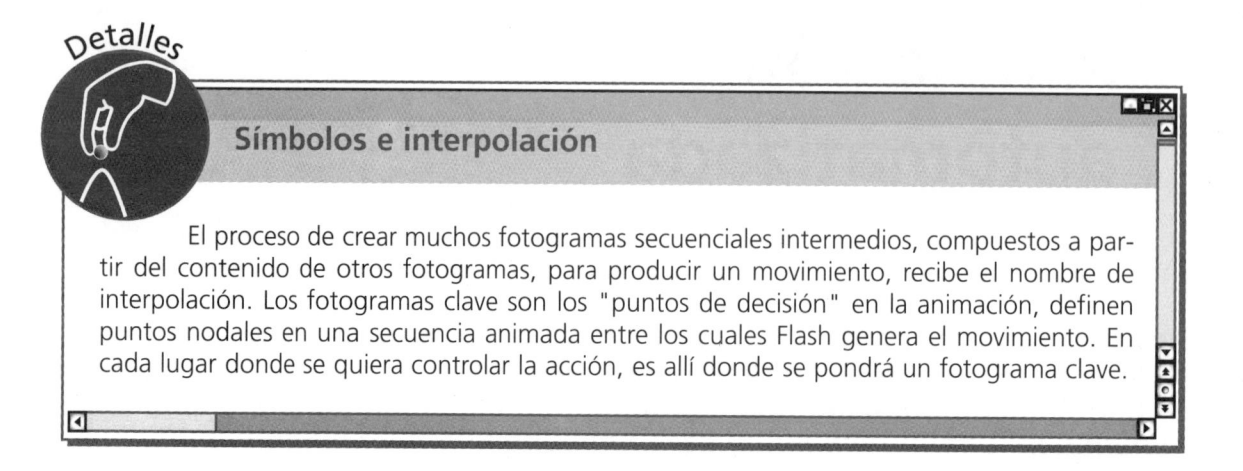

El proceso de crear muchos fotogramas secuenciales intermedios, compuestos a partir del contenido de otros fotogramas, para producir un movimiento, recibe el nombre de interpolación. Los fotogramas clave son los "puntos de decisión" en la animación, definen puntos nodales en una secuencia animada entre los cuales Flash genera el movimiento. En cada lugar donde se quiera controlar la acción, es allí donde se pondrá un fotograma clave.

La interpolación se usa más que nada para crear un movimiento continuo entre fotogramas, pero también se puede usar para metamorfosear gradualmente una figura en otra. En este capítulo, exploraremos ambos tipos de interpolación.

Crear fotogramas de interpolación

La interpolación es fácil. Lo que es difícil es armar la película de modo que sea fácil aplicarle interpolación. Pero si el lector se siente cómodo con los conceptos básicos que tienen que ver con los símbolos, las capas y la animación (de los que hemos hablado en los capítulos previos) la interpolación le resultará pan comido.

Para crear un fotograma de interpolación se parte de, al menos, dos fotogramas clave. Como lo usual será que queramos definir la interpolación para objetos específicos dentro de la película, es importante ubicar cada objeto en su propia capa (véase el Capítulo 8, "Trabajar con capas", para una explicación completa de cómo hacerlo).

La interpolación únicamente es aplicable a instancias de símbolos. Así que si el lector se siente un poco inseguro respecto de los símbolos, convendría que revise la exposición que hemos hecho del tema de símbolos e instancias en el Capítulo 10, "Reciclado de elementos: los símbolos".

Agregar interpolación

Para aplicar la interpolación, primero haga clic y arrastre para seleccionar, de dos fotogramas clave, el que esté más a la izquierda, o los fotogramas intermedios. Luego, con los fotogramas seleccionados, vaya al menú y elija **Insertar**, **Crear interpolación de movimiento**, como se muestra en la Figura 16.1.

En la Figura 16.2, hemos dejado activado el Papel cebolla para mostrar los fotogramas adicionales generados al aplicar interpolación de movimiento entre los fotogramas clave de la capa.

Animación automatizada — Capítulo 16

Símbolos e interpolación

Flash genera el movimiento interpolado alterando instancias de símbolos. Si trata de generar movimiento interpolado entre fotogramas con objetos gráficos que no son símbolos, Flash no se lo impedirá. Pero, detrás de escena, Flash generará símbolos automáticamente, y les asignará nombres como. Interpolación 1, Interpolación 2, Interpolación 3 y así sucesivamente. Para poder controlar el proceso, y no perder la pista de los símbolos presentes en la película, es preferible convertir personalmente los objetos gráficos en símbolos.

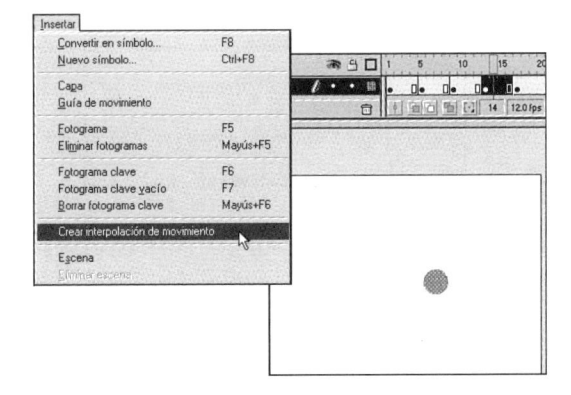

Figura 16.1

La interpolación de movimiento genera un movimiento continuo en la sección de fotogramas seleccionada en la línea de tiempo.

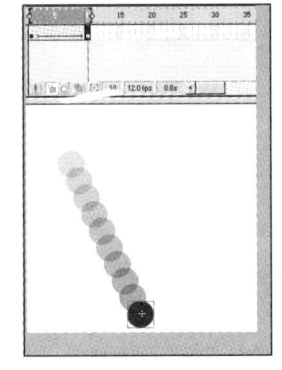

Figura 16.2

El Papel cebolla deja ver el efecto de agregar fotogramas interpolados entre fotogramas clave.

Crear una guía de movimiento

Una guía de movimiento es una línea invisible que puede usar para definir una ruta de movimiento entre los fotogramas que va a interpolar. Por ejemplo, una hoja que cae puede seguir una ruta zigzagueante desde el árbol hasta el suelo, línea que definiremos nosotros mismos dibujándola con la herramienta Lápiz.

Para crear una guía de movimiento, seleccione los fotogramas ubicados entre los fotogramas a interpolar, y en el menú elija **Insertar**, **Guía de movimiento** (véase la Figura 16.3)

Figura 16.3

El movimiento de la bola en esta figura, como revela el Papel cebolla, es una línea recta diagonal. Con una guía de movimiento lo podemos modificar.

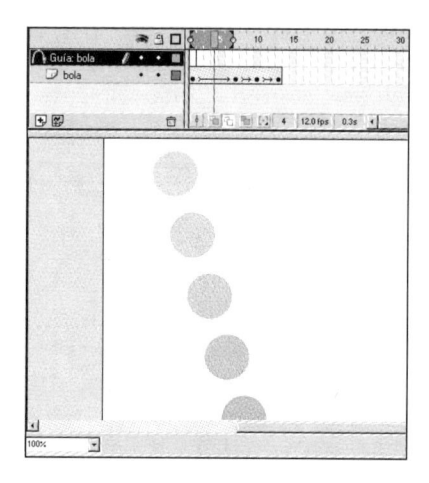

Cuando se inserta una guía de movimiento, aparece una nueva capa encima de la capa seleccionada, con un nombre de capa que empieza con "Guía:...", seguido del nombre de la capa a la que se aplicará la guía.

En la capa de guía, puede usar la herramienta Lápiz (lo mismo que la Pluma o la Línea) para dibujar la ruta que seguirá el objeto interpolado, como se ve en la Figura 16.4.

Figura 16.4

Esta guía de movimiento define una curva en la caída de la bola.

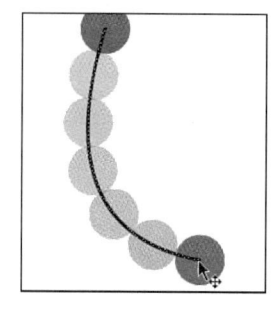

Puede probar la película interpolada eligiendo **Control, Rebobinar** y luego **Control, Reproducir**. La línea de movimiento no se verá cuando se reproduzca la película en el reproductor de Flash.

Animación automatizada — Capítulo 16

> **Los objetos tienen que estar próximos a la ruta de movimiento**
>
> Si dibuja la línea de movimiento de forma tal que el comienzo esté muy lejos de la posición inicial del objeto o el fin muy lejos de la posición final, la interpolación no seguirá la ruta de movimiento, a menos que mueva el objeto a una posición inicial o final más próxima a la ruta.

Agregar rotación y escalado a una interpolación

Además de definir una guía de movimiento para los fotogramas interpolados, también podemos agregarle al símbolo, en su movimiento interpolado, una rotación.

Para agregarle rotación a la ruta de una animación interpolada, rote la instancia de símbolo en uno de los fotogramas clave, como se ve en la Figura 16.5.

Figura 16.5

Rotar un objeto en el segundo fotograma clave, en la serie de fotogramas interpolados, le agregará una rotación incremental al objeto de fotograma en fotograma.

Otras divertidas técnicas de interpolación

Puede cambiar el valor alfa (transparencia) de las instancias de símbolos para crear el efecto de objetos que se "desvanecen" o se "materializan", mientras se mueven a través de una secuencia animada. Para modificar el valor alfa de una instancia de símbolo, seleccione la instancia en un fotograma clave y elija **Ventana**, **Paneles**, **Efecto**.

6º Parte — Animación de las películas Flash

Para cambiar la transparencia de la instancia, elija Alfa en la lista desplegable del panel Efecto, y asigne un porcentaje menor a 100 %, para producir algo de transparencia (véase la Figura 16.6). A menor valor alfa, corresponde mayor transparencia.

Figura 16.6

El valor alfa define la opacidad, que es lo opuesto de la transparencia. Así que valores altos de alfa producen poca transparencia, mientras que valores bajos crean objetos muy transparentes.

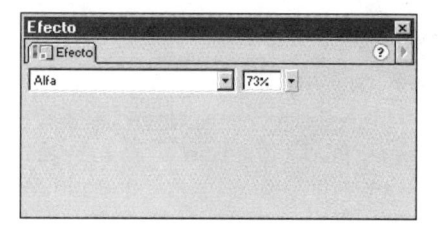

Otra técnica interesante es crear la ilusión de un objeto que se mueve en dirección al espectador, incrementando para ello el tamaño del objeto en el fotograma clave final de la secuencia de animación interpolada.

Figura 16.7

La animación interpolada de la figura la vemos con Papel cebolla, lo que revela que la bola se va haciendo más grande a medida que cae hacia la parte inferior del escenario.

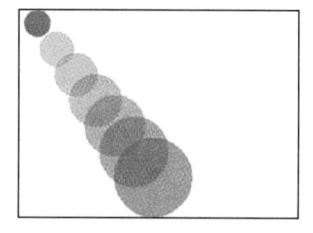

Eliminar la interpolación

El movimiento interpolado aparece en la línea de tiempo como un sombreado azul entre fotogramas, con una flecha que va de un fotograma clave al otro. Si más tarde fuera necesario eliminar la interpolación de una animación, haga clic en el sombreado azul en cualquiera de los fotogramas interpolados y elija **Modificar, Fotograma**, para abrir el panel Fotograma.

En la lista desplegable Interpolación, elija **Ninguno**, como se muestra en la Figura 16.8. Esto eliminará el movimiento interpolado de todos los fotogramas que forman parte de la secuencia interpolada.

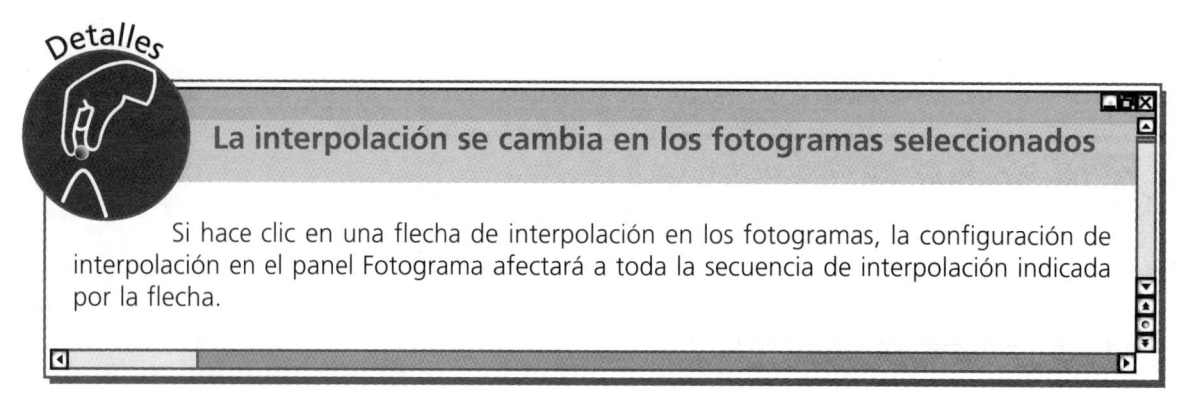

Detalles

La interpolación se cambia en los fotogramas seleccionados

Si hace clic en una flecha de interpolación en los fotogramas, la configuración de interpolación en el panel Fotograma afectará a toda la secuencia de interpolación indicada por la flecha.

Animación automatizada — Capítulo 16

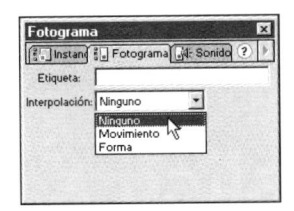

Figura 16.8

En el cuadro de diálogo Fotograma se puede eliminar la interpolación.

Interpolación de forma

Además de interpolar cambios en la ubicación de las instancias de símbolos, también podemos interpolar cambios en su forma.

La interpolación de forma introduce una elegante metamorfosis (o *morphing*) de una forma en otra, lo que produce efectos realmente interesantes, entre ellos cambios faciales en un personaje, como el que muestra la Figura 16.9.

Figura 16.9

El Papel cebolla revela las "dos caras" entre las que Flash creará la metamorfosis mediante interpolación de forma. La cara enojada se transformará en una cara sonriente.

Usar dibujos para interpolación de forma

A diferencia de la interpolación de movimiento, para crear interpolación de forma no es posible usar símbolos. En vez de eso, se crean dos dibujos en dos fotogramas clave diferentes, y se aplica la interpolación para transformar uno de los dibujos en el otro.

Una interpolación de forma sencilla

El simple y rápido ejercicio siguiente servirá para hacer una demostración del modo como funciona la interpolación de forma:

1. En una película nueva, use la herramienta Lápiz para dibujar una cara enojada en el fotograma 1.

2. Cree un nuevo fotograma clave en el fotograma 10. Flash duplicará la cara en el nuevo fotograma clave.

3. Elimine la boca de la cara enojada en el fotograma clave duplicado, y dibuje una sonrisa usando la herramienta Lápiz.

4. Haga clic en la línea de tiempo en algún fotograma entre el 1 y el 9, para seleccionar los nueve fotogramas.

5. Con los fotogramas seleccionados, elija **Modificar**, **Fotograma**, para abrir el panel Fotograma, y en la lista desplegable Interpolación, elija Forma, como se ve en la Figura 16.10.

6º Parte Animación de las películas Flash

¡Flash informativo!

No valen objetos agrupados

No solo no se pueden usar símbolos en interpolación de forma, sino que tampoco se pueden usar objetos agrupados. Esto se debe a que la interpolación de forma metamorfosea (modifica) elementos individuales de los gráficos y, para hacerlo, necesita identificar esos objetos. Si trata de aplicarle interpolación de forma a objetos agrupados, Flash le advertirá amablemente que eso es imposible. Otra ayuda visual que indica un problema con una interpolación de forma o de movimiento es la presencia de una flecha "punteada" entre los fotogramas clave. Cuando vea esta flecha, es señal de que Flash trató de generar la interpolación, pero hay algo en el pedido realizado que está causando problemas.

Figura 16.10

En cuanto seleccionamos Forma en la lista desplegable Interpolación, en el panel Fotograma, aparecen una flecha y un sombreado verde en la línea de tiempo que indican que hemos generado exitosamente una interpolación de forma.

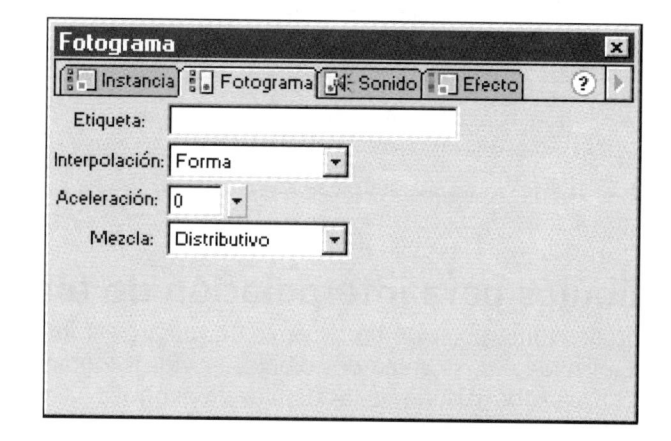

6. Pruebe la interpolación de forma usando la ventana Controlador para reproducir la película.

ANIMACIÓN Y MÁSCARAS

Imagínese que viaja en un crucero, y mira el océano a través de uno de esos pequeños ojos de buey en la pared del camarote.
Una capa de máscara en una película Flash funciona como el ojo de buey en el barco.
Provee una "ventana" a través de la cual se pueden ver otras capas.

El enmascaramiento requiere al menos dos capas: la capa de máscara y, por lo menos, una capa debajo de la máscara. Se puede animar la máscara y alguna de las capas debajo de la máscara, o todas ellas.

Animación automatizada — **Capítulo 16**

Detalles

Opciones de interpolación de forma

Si en la lista desplegable Interpolación, en el panel Fotograma, elige **Forma**, puede usar la lista desplegable Mezcla y el control deslizante Aceleración para controlar el modo como se realiza la transformación. El tipo de mezcla Distributivo mezcla las formas más suavemente, mientras que Angular conserva los ángulos durante la transformación. Un valor alto en Aceleración aumenta la velocidad de la transición al principio de la transformación, mientras que un valor bajo acelera los cambios al final de la transición. Un valor cero mantiene la interpolación en un ritmo uniforme a lo largo de todos los fotogramas.

Crear una capa de máscara para una película

Si tiene una película ya creada, puede ubicar encima de ella una capa de máscara. Para ello, comience por insertar una capa y llévela al principio de la lista de capas.

Para convertir una capa seleccionada en máscara, elija **Modificar**, **Capa**, y en el cuadro de diálogo Propiedades de capa haga clic en Máscara, como se ve en la Figura 16.11.

En cuanto haga clic en Aceptar para cerrar el cuadro de diálogo Propiedades de capa, al lado de la capa seleccionada aparecerá una flecha descendente.

Pase a camarines

Mantener las capas en orden

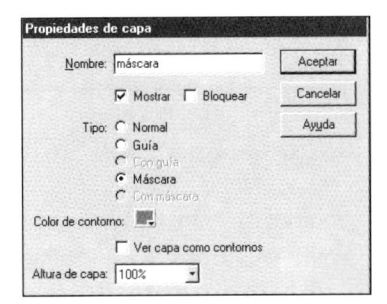

Para mantener el orden, es buena idea bautizar a la capa de máscara como "Máscara".

Figura 16.11

Conversión de una capa en máscara. Para no complicarme demasiado la vida, puse a la capa el nombre "máscara", además de asignarle la propiedad de tal.

201

Configurar las capas enmascaradas

El paso siguiente es configurar como enmascaradas aquellas capas que desee cubrir con la máscara (y que serán visibles a través de las figuras contenidas en la máscara).

Para enmascarar una capa, selecciónela y elija **Modificar**, **Capa**, en el menú. Haga clic en el botón de opción **Con máscara**, y luego en **Aceptar**. La Figura 16.12 muestra una película con cuatro capas enmascaradas debajo de una capa de máscara.

Figura 16.12

Las capas enmascaradas parecerán estar "debajo" de la capa de máscara, y solamente serán visibles cuando alguna figura contenida en la capa de máscara esté encima de ellas.

Una vez definidas tanto una máscara como una o más capas enmascaradas, el siguiente paso es crear objetos en la capa de máscara que sirvan como lentes a través de las cuales se podrá ver dentro de las capas enmascaradas ubicadas debajo de la máscara. Una forma sencilla para una máscara es un círculo animado, como el de la Figura 16.13.

Figura 16.13

El círculo está en la capa de máscara. El mono y el resto de la escenografía están en capas enmascaradas inferiores. Nótese que todas las capas están bloqueadas, lo que permite ver la máscara tal y como aparecerá en la película.

Para probar la máscara, debe bloquear todas las capas y reproducir la animación usando la ventana Controlador. Para ajustar la ubicación de la máscara, puede desbloquear las capas y moverla según sea necesario.

Animación automatizada **Capítulo 16**

Lo mínimo que debe saber

- La interpolación agrega entre los fotogramas clave otros fotogramas de animación continua.

- Solamente se pueden interpolar símbolos.

- Se pueden crear capas especiales para almacenar guías de movimiento, que definen la ruta seguida por la animación.

- También se pueden interpolar formas, de modo de metamorfosear de manera continua una figura en otra.

- El enmascaramiento es una técnica que permite crear una capa superpuesta que hará las veces de una lente, a través de la cual el espectador podrá ver dentro de las otras capas.

Capítulo 17

Organizar las películas por partes

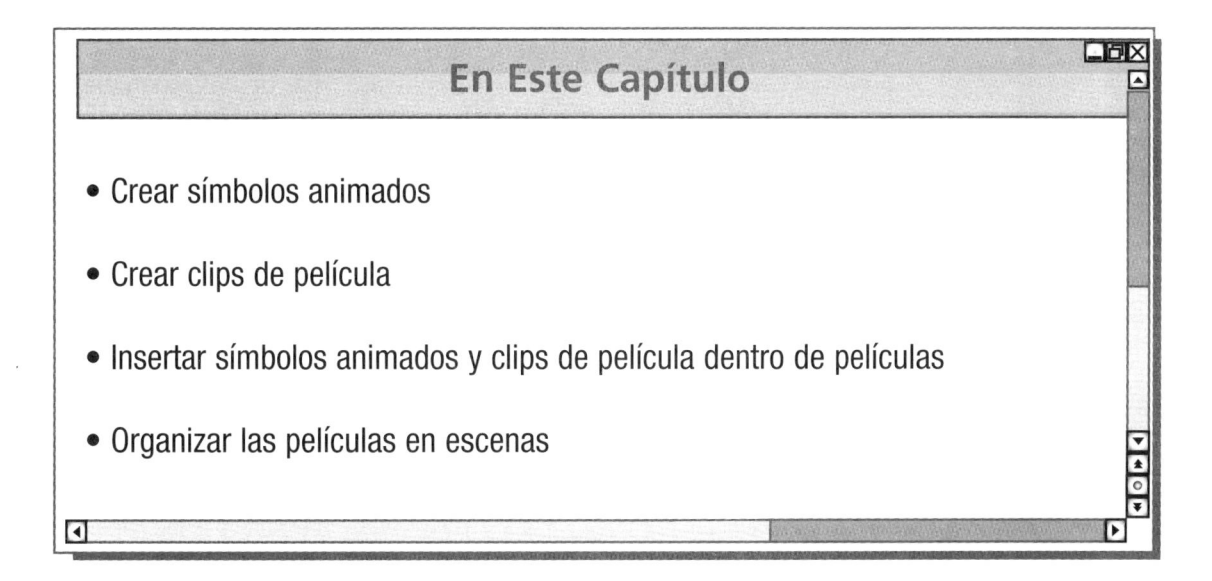

En Este Capítulo

- Crear símbolos animados

- Crear clips de película

- Insertar símbolos animados y clips de película dentro de películas

- Organizar las películas en escenas

Cuando un diseñador usa Flash para crear en un sitio web mundos completamente animados, su película puede llegar a tener cientos de capas y miles de fotogramas.

Hay un par de técnicas diferentes para hacer que las películas de gran tamaño sigan siendo manejables a fines de su edición: Una es usar símbolos animados. Un **símbolo animado** es como un símbolo estático (no animado) salvo que tiene acción. Así que, en tal sentido, un símbolo animado es, en realidad, como una pequeña película. Insertando símbolos animados dentro de películas, es posible mantener la línea de tiempo relativamente clara y al mismo tiempo generar gran cantidad de acción en pantalla.

6º Parte — Animación de las películas Flash

¿Símbolos animados?

En Flash hay tres clases básicas de símbolos: clips de película, botones y gráficos. Convirtiendo los dibujos en símbolos y reutilizándolos en la película, se ahorra tamaño de archivo. El Capítulo 10, "Reciclado de elementos: los símbolos", analiza la creación y uso de símbolos gráficos, centrando la atención en los símbolos gráficos estáticos. Los símbolos de botón son símbolos de cuatro fotogramas que definen los cuatro estados de un botón. Para una explicación completa de los símbolos de botón, véase el Capítulo 12, "Botones de control". En este capítulo nos concentraremos en un tercer tipo de símbolo: el clip de película.

¿Entonces, dónde encajan los símbolos animados en todo esto? Los símbolos gráficos pueden incluir animación. ¿Cómo? Cuando se edita un símbolo se puede usar más de un fotograma, y usar además todas las opciones de interpolación disponibles para una película (por ejemplo, interpolación de movimiento).

A diferencia de otros símbolos, los símbolos animados siguen "actuando" más allá del fotograma en el que están insertados. Por ejemplo, si un símbolo animado tiene 40 fotogramas y está puesto en el primer fotograma de una película, seguirá actuando hasta el fotograma 40, aunque en la línea de tiempo solamente aparezca en el fotograma 1.

Uso de animaciones con interpolación de forma como símbolos

Como las figuras con interpolación de forma no se "mueven" por la pantalla, son especialmente buenas para guardarlas como símbolos gráficos animados. Estrellas parpadeantes, luces que se encienden y se apagan, logos que aparecen y desaparecen, íconos en rotación: todo esto lo podemos convertir en símbolos animados y, como tales, insertarlos en una película donde nos resulte conveniente.

Los clips de película son un poco diferentes de los símbolos gráficos animados, principalmente porque se reproducen continuamente a lo largo de toda la película, mientras que los símbolos gráficos animados solamente se reproducen una vez.

Para películas más complejas, es posible recortar escenas de películas largas y combinarlas entre sí. Organizar películas en escenas es todavía más útil cuando se lo combina con acciones asignadas a fotogramas y a botones, que permiten a los visitantes saltar de una sección de la película a la otra. En este capítulo, guiaré al lector a través del proceso de cortar una película en escenas de tamaño manejable.

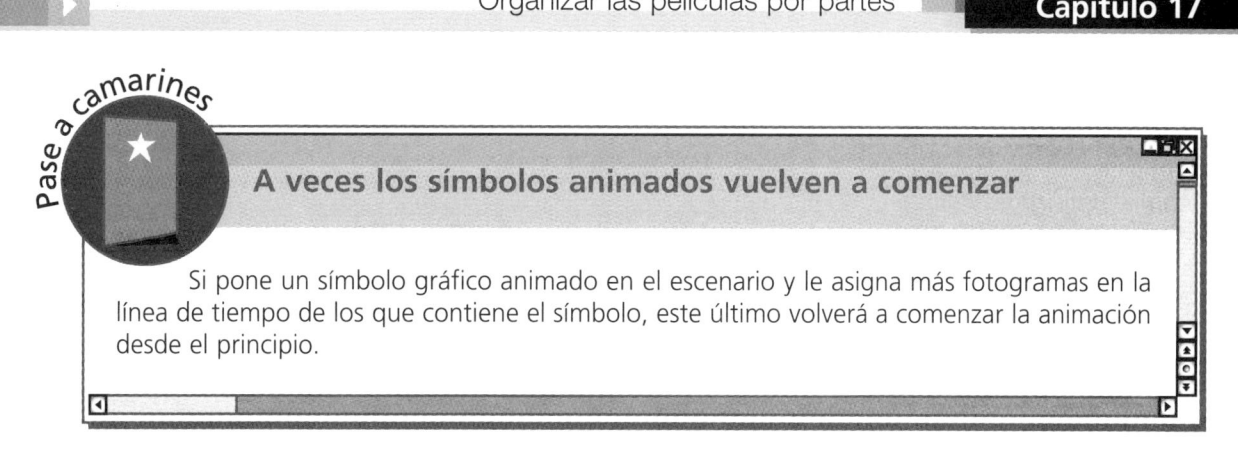

Organizar las películas por partes   Capítulo 17

> **Pase a camarines**
>
> **A veces los símbolos animados vuelven a comenzar**
>
> Si pone un símbolo gráfico animado en el escenario y le asigna más fotogramas en la línea de tiempo de los que contiene el símbolo, este último volverá a comenzar la animación desde el principio.

CREAR SÍMBOLOS ANIMADOS

Hay dos formas de crear un símbolo animado: Una es convertir una animación existente (o parte de ella) en símbolo animado; la otra es crear el símbolo desde cero.

¿Cuál de las dos formas usar? Depende del punto de partida. Si está creando un clip animado específicamente para su uso como símbolo, puede crear la película fácilmente en la ventana de edición de símbolo.

Si ya tiene una animación, puede tomar la secuencia animada y empaquetarla en la forma de un símbolo animado.

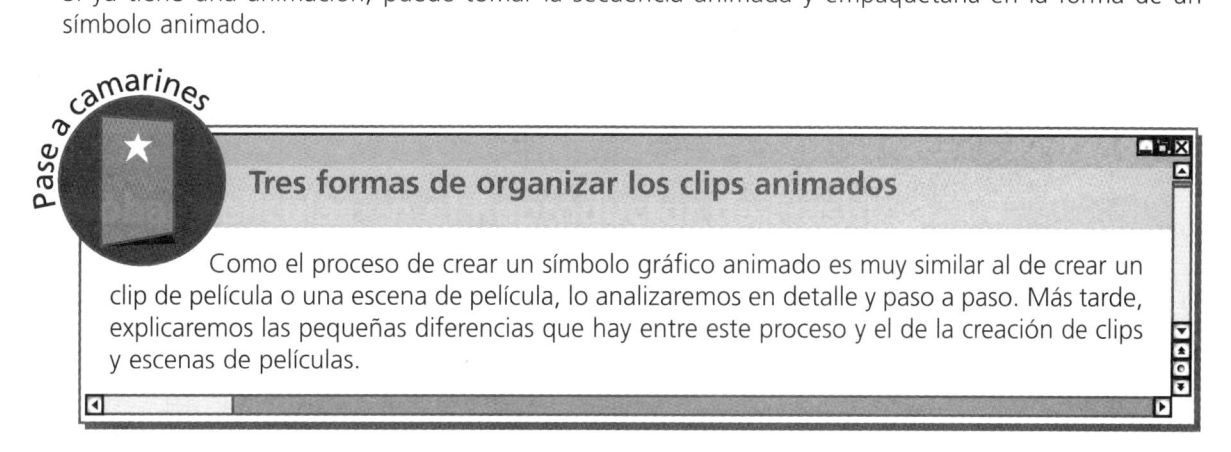

> **Pase a camarines**
>
> **Tres formas de organizar los clips animados**
>
> Como el proceso de crear un símbolo gráfico animado es muy similar al de crear un clip de película o una escena de película, lo analizaremos en detalle y paso a paso. Más tarde, explicaremos las pequeñas diferencias que hay entre este proceso y el de la creación de clips y escenas de películas.

Crear un símbolo animado desde cero

Crear un símbolo animado es muy parecido a crear una película, solamente que se hace en la ventana de edición de símbolo. He aquí cómo hacerlo:

1. Vaya al menú y elija **Insertar**, **Nuevo símbolo**.

2. Ingrese un nombre de símbolo en el cuadro Nombre del cuadro de diálogo Propiedades de símbolo, y seleccione el botón de opción Gráfico. Haga clic en Aceptar. Puede darse cuenta de que está en la ventana Símbolo observando que encima de la línea de tiempo aparece el nombre del símbolo, junto con un vínculo a la escena (película) que en ese momento está editando (véase la Figura 17.1).

6º Parte ▶ Animación de las películas Flash

Figura 17.1

Editar un símbolo es similar a editar una película, incluso en cuanto podemos usar múltiples fotogramas para crear animación en el símbolo.

Vínculo a la película

3. Cree el símbolo animado como si estuviera creando una película. Cuando termine, haga clic en el vínculo Escena, para guardar el símbolo animado en la biblioteca de la película.

En cuanto haga clic en el vínculo Escena (encima de la línea de tiempo) para volver a la ventana de la película, el nuevo símbolo animado aparecerá en la biblioteca de símbolos (para verla, vaya al menú y elija **Ventana**, **Biblioteca**).

Los símbolos animados aparecen en el área de previsualización de la ventana Biblioteca con un pequeño botón de reproducción en la esquina superior derecha de la ventana. Para previsualizar el símbolo animado haga clic en ese botón (véase la Figura 17.2).

Figura 17.2

El botón Reproducir, en la ventana de la biblioteca, muestra una vista previa de un símbolo animado. Este botón está activo únicamente para el caso de símbolos animados.

Convertir capas animadas en símbolos

Es posible convertir en símbolo animado una película o una sección de una película. Más tarde se puede insertar ese símbolo animado dentro de una película más grande.

Detalles

Insertar símbolos en símbolos

Al crear símbolos animados, se puede ahorrar tiempo y tamaño de archivo insertando otros símbolos ya existentes.

Para transformar una sección de una película en símbolo animado, primero haga clic y arrastre para seleccionar todos los fotogramas y capas de la película que quiera convertir en símbolo animado, y elija **Edición**, **Copiar fotogramas**.

Luego de copiar los fotogramas al portapapeles, elija **Insertar**, **Nuevo símbolo**. Ingrese un nombre para el símbolo y seleccione el botón de opción Gráfico. Haga clic en Aceptar y luego en el primer fotograma de la ventana del nuevo símbolo. Con el fotograma seleccionado, elija **Edición**, **Pegar fotogramas** (asegúrese de elegir esta opción y no otra). Con esto, la animación ya se ha convertido en un símbolo.

Organizar las películas por partes — **Capítulo 17**

Uso de símbolos animados en películas

Insertar símbolos animados en películas puede prestarse un poco a confusión, ya que parece que si el símbolo residiera en un solo fotograma. Un símbolo animado es, en realidad, una pequeña (o no tan pequeña) película, con muchos fotogramas. Y el símbolo se reproducirá hasta que hayan aparecido todos sus fotogramas.

Para que todos los fotogramas de un símbolo animado aparezcan en la película, la capa en la que se pone el símbolo animado debe tener suficientes fotogramas para mostrar todos los que contiene el símbolo. Por ejemplo, si insertamos en una capa un símbolo animado formado por 10 fotogramas, la línea de tiempo de esa capa tiene que tener, al menos, diez fotogramas. Si hay fotogramas adicionales, el símbolo animado se repetirá.

> **Pase a camarines**
>
> **¡Copie fotogramas!**
>
> Asegúrese de elegir **Edición, Copiar fotogramas**, y no **Edición, Copiar**. Solamente usando la primera opción se copian al portapapeles todos los fotogramas para poder después pegarlos en la ventana de edición de símbolo.

> **Pase a camarines**
>
> **Agregar fotogramas: un ejemplo**
>
> Si tiene un símbolo gráfico animado de 20 fotogramas, y lo pega en el primer fotograma de una película con un solo fotograma, tendrá que extender la capa en la que ponga el gráfico 19 fotogramas más. Una forma rápida y fácil de hacerlo es hacer clic en el fotograma 20 y pulsar la tecla de función F6 (el atajo correspondiente a **Insertar, Fotograma clave**).

CREAR CLIPS DE PELÍCULA

Crear un clip de película es exactamente igual a crear un símbolo gráfico animado, excepto que en el cuadro de diálogo Propiedades de símbolo, en vez de Gráfico se elige Clip de película.

Los clips de película aparecen en la biblioteca de símbolos con un ícono distintivo al lado (que podemos ver en la Figura 17.3).

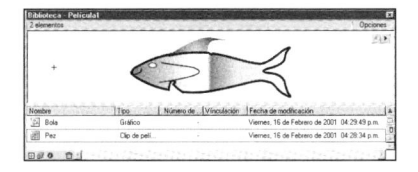

Figura 17.3

Los clips de película aparecen en la biblioteca con un ícono distintivo, y en vista ancha, la columna Tipo indica Clip de película.

Si quiere darle un vistazo a los modelos de clips de película que incluye Flash, vaya al menú y elija **Ventana, Bibliotecas comunes, Clips de película**. Quizá sea buena idea arrastrar un clip de película de la biblioteca al escenario, para experimentar con él mientras lee esta sección del capítulo.

6° Parte — Animación de las películas Flash

Clips de película y acciones

Una de las principales diferencias entre los clips de película y los símbolos gráficos animados es la posibilidad de controlar el clip usando acciones. Por ejemplo, es posible configurar un botón para iniciar y detener el clip. El agregado de acciones a botones es tema del Capítulo 13, "Interactuar con el público".

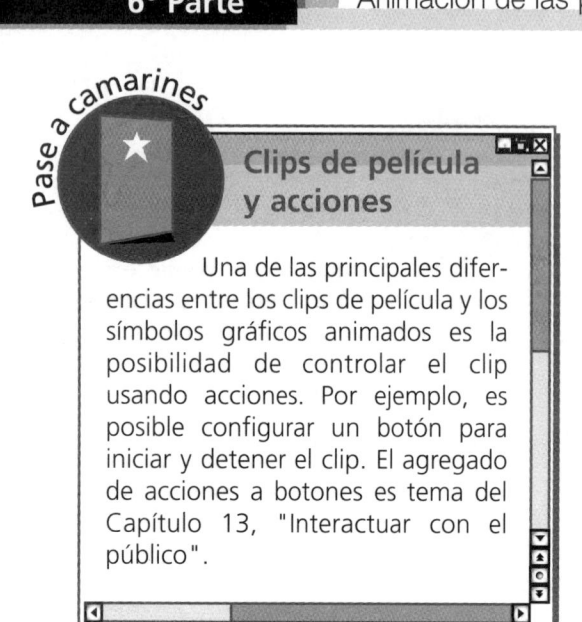

Tanto los clips de película como los símbolos gráficos se crean usando múltiples fotogramas en la ventana de edición de símbolo. Tanto unos como otros se insertan en un solo fotograma de la película. Así que, ¿cuál es la diferencia?

Los clips de película son más "independientes" que los símbolos gráficos animados. No se puede ver la animación de un clip de película en el modo de edición de Flash usando la ventana Controlador. Para ver un clip de película en acción hay que usar **Control, Probar película**. Y no hace falta que la capa en la que se inserta el clip de película tenga suficientes fotogramas para mostrar todos los que contiene el clip.

Puede poner un clip de película en una capa con un solo fotograma y, aún así, el clip se verá entero.

La Figura 17.4 muestra una instancia de un símbolo de clip de película, puesta en un único fotograma de una capa.

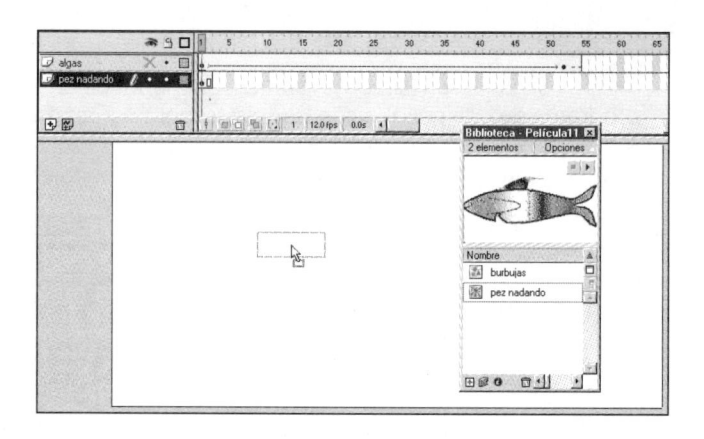

Figura 17.4

Los clips de película son independientes de los otros fotogramas de la capa.
Se reproducen hasta terminar, incluso si eso va más allá del resto de la acción en la capa. El mejor modo de previsualizar símbolos animados y clips de película es elegir **Control, Probar película**.

¿Cuándo usar qué?

Si quiere que una secuencia animada se reproduzca una sola vez durante la película, probablemente la mejor elección sea un símbolo gráfico animado. Configure la instancia para que se reproduzca una sola vez. Si quiere una animación que se repita a lo largo de toda una película, opte por un clip de película.

CREAR ESCENAS

Los símbolos gráficos animados y los clips de película son buenas formas de almacenar trozos de película en un lugar fácil de manejar. Como ambos tipos de símbolos pueden contener cientos de fotogramas, integrando estos símbolos animados en una película Flash es posible producir animaciones bastante complejas.

Otra forma adicional de manejar grandes películas es el uso de escenas. Pero una escena, en realidad, no es muy diferente de una película, excepto que las escenas se reproducen una detrás de la otra. Imagínese que las escenas son algo así como los rollos con los que se proyecta una película en el cine: cuando se termina un rollo, empieza el siguiente (¡siempre que el proyectorista no se haya quedado dormido!) Las escenas son un modo de dividir películas muy grandes en piezas de un tamaño manejable para su edición.

Pero las escenas tienen dos aspectos negativos. Uno es que pueden hacer que la película sea más difícil de manejar, y que seguirle la pista a las partes se vuelva más confuso. El otro es que cuando se presente la película, el proceso de descargar del servidor cada una de las escenas puede interrumpir el flujo de la animación. Por estas razones, el uso de escenas solamente se aconseja en el caso de películas muy grandes y complejas, y es algo que, hasta cierto punto, excede los límites de este libro.

Sin embargo, al lector podrían serle de utilidad las escenas si está creando una película con cientos de fotogramas o si va a usar acciones para darle a los visitantes la posibilidad de ver diferentes secciones de la película. La aplicación de acciones es tema del Capítulo 19, "Técnicas avanzadas de animación".

Dividir películas en escenas

Para crear y manejar escenas se usa el panel Escena. Para abrirlo, elija **Ventana, Paneles, Escena**. De manera predeterminada, la película tiene una sola escena (véase la Figura 17.5).

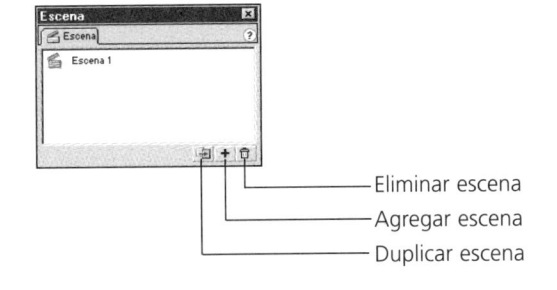

Figura 17.5

De modo predeterminado, toda película comienza con una escena, bautizada con el nombre increíblemente creativo "Escena 1".

- Eliminar escena
- Agregar escena
- Duplicar escena

Puede agregar escenas adicionales haciendo clic en el botón Agregar escena, y eliminar una escena seleccionada haciendo clic en Eliminar escena.

El botón Duplicar escena crea, como el lector ya habrá imaginado, un duplicado de la escena seleccionada. Esto puede ser útil si queremos crear una versión ligeramente alterada de la escena seleccionada. Por ejemplo, podríamos usar una copia alterada de una escena si vamos a repetir una presentación y queremos darle un poco de variedad.

6º Parte ▶ Animación de las películas Flash

El panel Escena se puede usar para pasar de una a otra escena de la película. Para evitar confusiones, Flash presenta la escena activa justo encima de la línea de tiempo en la ventana de edición.

Después de agregar una nueva escena, puede copiar y pegar en ella fotogramas tomados de otras escenas. Use las opciones **Copiar fotogramas** y **Pegar fotogramas** del menú **Edición**, para copiar y pegar fotogramas de una escena a la otra, respectivamente, y use el panel Escena para alternar entre escenas.

Combinar escenas en películas

Cuando pruebe la película (eligiendo para ello **Control**, **Probar película**) verá pasar secuencialmente todas las escenas en la película, en el orden en el que están listadas en el panel Escena.
Si quiere reordenar las escenas de la película, puede hacer clic y arrastrar las escenas en el susodicho panel (véase la Figura 17.6).

Figura 17.6

Puede editar la película alterando el orden en el que se presentan las escenas. Aquí estamos pasando al principio de la película una escena con música introductoria.

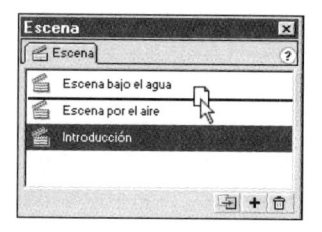

Lo mínimo que debe saber

- Los símbolos gráficos animados y los clips de película son dos formas similares de almacenar minipelículas en la forma de símbolos.

- En un fotograma de película es posible poner tanto un símbolo gráfico animado como un clip de película.

- Los símbolos gráficos animados requieren tantos fotogramas como sean necesarios para presentar todos los fotogramas que contiene el símbolo, y es posible configurarlos para reproducirse una sola vez, mientras que los clips de película se reproducen repetitivamente mientras dure la reproducción de la película.

- Puede dividir las películas muy grandes en escenas.

- Puede reordenar las escenas para cambiar el modo como se presenta una película.

Capítulo 18

¡Enciendan el sonido!

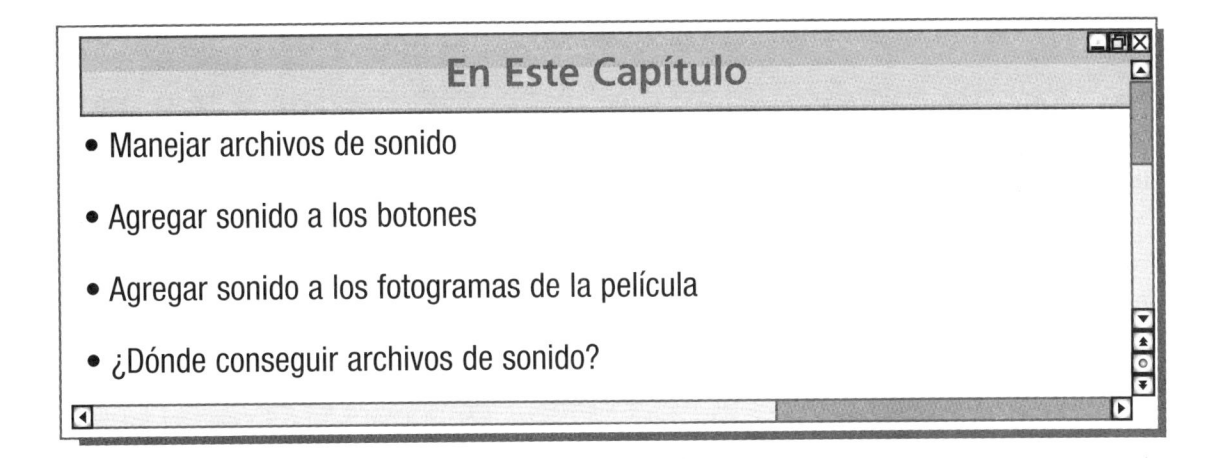

En Este Capítulo

- Manejar archivos de sonido
- Agregar sonido a los botones
- Agregar sonido a los fotogramas de la película
- ¿Dónde conseguir archivos de sonido?

Antes del Nacimiento de Flash (época a la que se hace referencia en términos bíblicos como A.F.) los archivos de sonido en los sitios web tendían a ser una molestia. No porque hubiera algo inherentemente molesto en su contenido (aunque algunos ritmos pulsantes sintetizados pueden llegar a ser un poco enloquecedores). Sino porque no había mucho que el diseñador web o el visitante del sitio pudieran hacer para controlar el sonido. No había forma de encender, apagar o alterar el sonido, a no ser abalanzándose sobre el control de volumen del sistema.

Flash brinda un nivel enteramente nuevo de control del sonido. Es posible conectar el sonido a acciones; por ejemplo, cuando el usuario hace clic sobre un botón. Y el sonido puede empezar en un punto definido de la película, en vez de limitarse a repetirse como música de fondo mientras el visitante recorre el sitio web.

Con las herramientas de sonido de Flash, es posible agregar un sonido de "clic" a un botón, una narración hablada a una presentación y música de fondo a una animación; todo ello para darle a los espectadores del sitio web o la película Flash una experiencia completamente multimedia.

¿Dónde obtener sonidos?

Las películas Flash pueden incorporar archivos de sonido en formato AIFF, WAV o MP3. Además, si el lector tiene QuickTime versión 4 o posterior, puede importar archivos Sound Designer II (en Macintosh solamente), QuickTime (de sonido y AU de Sun).

Para importar un archivo de sonido en cualquiera de estos formatos elija **Archivo, Importar**. En el cuadro de diálogo Importar, elija MP3, WAV (para Windows) o AIFF (para Macintosh), y navegue hasta la carpeta del sistema donde se encuentre el archivo de sonido.

Una vez importado un archivo de sonido, este aparecerá en la biblioteca de la película. Si ensancha el panel de la biblioteca, podrá ver el archivo de sonido presentado en la forma de onda sinusoidal, como vemos en la Figura 18.1.

Figura 18.1

La presentación de onda sinusoidal de un archivo de sonido permite hacerse una idea estimativa de la variación de volumen (las ondas más altas suenan más fuerte) y la longitud del sonido.

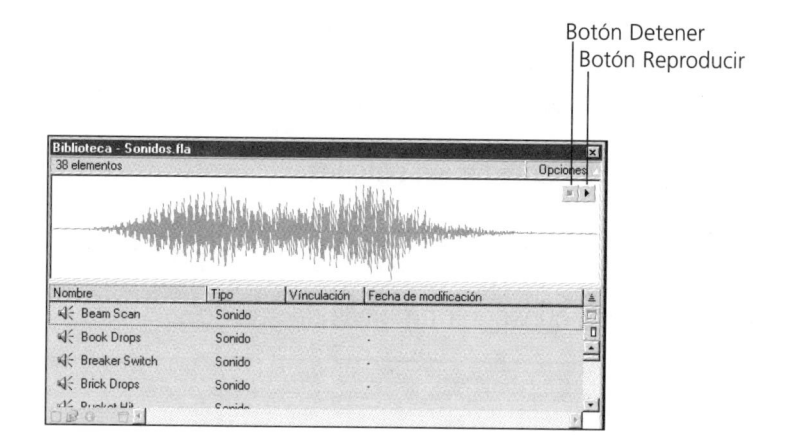

Botón Detener
Botón Reproducir

Puede probar los archivos de sonido en la biblioteca de símbolos haciendo clic en el botón Reproducir, en el panel Biblioteca. Para detener la reproducción del archivo de sonido haga clic en el botón Detener.

En Internet hay una variedad de fuentes de las cuales es posible adquirir archivos de sonido musicales. Su motor de búsqueda o portal de Internet favorito le proveerá una lista de archivos AIFF, o archivos WAV, e incluso archivos AIFF o WAV gratuitos. (Introduzca las expresiones de búsqueda "AIFF files", "WAV files", "free AIFF files" y "free WAV files", respectivamente.)

Por ejemplo, puede descargar archivos WAV y AIFF en RioPop Music (BMI), `http://www.riopop.com/`, o en el sitio web del compositor y productor Jorge García, en `http://www.jorge-garcia.com/`. También puede comprar efectos de sonido a un precio razonable en `www.sounddogs.com`.

Usar la biblioteca de sonidos

La biblioteca de sonidos de Flash tiene docenas de sonidos con los cuales experimentar, por ejemplo, "clics", chasquidos y golpes. Los sonidos en la biblioteca de sonidos están pensados más que nada para su uso con botones. Para ver las opciones de que dispone elija **Ventana, Bibliotecas comunes, Sonidos**.

¡Flash informativo!

Problemas con la descarga de música

Al momento de escribir esta sección del libro, los medios de prensa le dedican una gran cobertura a la controversia acerca de las cuestiones legales relativas al uso de archivos de sonido intercambiados en Internet.

Para una exposición completa de las cuestiones legales implicadas en el uso de música en un sitio web multimedia, véase el artículo "*The Use of Music on a Multimedia Web Site*", por Ivan Hoffman, B.A., J.D. Lo puede encontrar en `http://www.ivanhoffman.com/music.html`.

Sonido "hágalo usted mismo"

Hay muchas formas de crear archivos de sonido, pero la mayor parte de los diseñadores se limitan a comprar archivos prefabricados.

Para los amantes del "hágalo usted mismo", tanto Windows como Mac OS incluyen grabadoras de sonido bastante sencillas. Junto con un micrófono, puede usar estos productos para grabar archivos de sonido, cuya calidad será aceptable tratándose de audio vocal (por ejemplo, "Hola, bienvenido a nuestro sitio web"), pero no para música.

Pase a camarines

Grabar archivos de sonido sencillos

Para grabar archivos de audio en una Mac, ejecute el programa SimpleSound, que viene con Mac OS. Para grabar un archivo de audio en una PC, ejecute el programa Grabadora de sonidos, incluido con Windows. Si tiene un micrófono (u otra línea de entrada, por ejemplo, un reproductor de CD) conectado en la ficha de entrada o de micrófono de la computadora, basta hacer clic en el botón Grabar en la ventana del programa para capturar un sonido como archivo AIFF o WAV (en una Macintosh con OS9, elija **Archivo, Nuevo**, haga clic en el botón Grabar y, cuando termine de hacer todos esos ruidos graciosos, guarde el archivo de sonido).

Los sonidos son símbolos

A esta altura, habrá observado que cuando importa un archivo de sonido dentro de una película Flash, el archivo ingresa a Flash como símbolo. Todo lo que hemos dicho acerca de los símbolos en el Capítulo 10, "Reciclado de elementos: los símbolos", le será de ayuda para comprender la inserción de sonidos en películas.

En el resto de este capítulo explicaré en detalle cómo insertar un archivo de sonido dentro de un botón o una película. Pero el concepto básico es que lo que hacemos es insertar una **instancia** de un símbolo de sonido en un fotograma (exactamente como haríamos con un símbolo gráfico).

AGREGAR SONIDO A BOTONES

Puede agregar un sonido a los estados Reposo, Sobre y/o Presionado de un botón. Lo típico es agregar sonido al estado Presionado de un botón (por ejemplo, un ruido de clic) para que el usuario tenga una retroalimentación sonora cuando haga clic en el botón.

Pase a camarines

Crear botones

En este capítulo, nos concentraremos en el agregado de sonidos a botones ya existentes. Para una explicación completa del funcionamiento y de los botones y de su creación, remítase al Capítulo 12, "Botones de control".

Para agregar un sonido a uno de los estados de un botón, siga estas instrucciones:

1. Abra la biblioteca (elija para ello **Ventana, Biblioteca**) y seleccione uno de los botones allí existentes; luego abra el menú emergente Opciones y seleccione Editar. Aparecerá la ventana de edición de símbolos, con los cuatro fotogramas que forman el botón.

2. Si ya tiene archivos de sonido importados en la película, puede acceder a ellos desde la ventana Biblioteca abierta en el paso 1. De lo contrario, elija **Ventana, Bibliotecas comunes, Sonidos**, para acceder a los sonidos prediseñados incluidos con Flash (que son muy apropiados para botones).

3. Para probar los sonidos disponibles en la biblioteca de la película o en la biblioteca de sonidos, haga clic en cualquiera de ellos, en la lista de símbolos y luego en el botón Reproducir, que aparece en el área de visualización ubicada en la parte superior de la ventana. Cuando encuentre un sonido que le guste, arrástrelo al fotograma que haya elegido (directamente al escenario), como se ve en la Figura 18.2.

Figura 18.2

Los archivos de sonido se arrastran al escenario igual que cualquier otro archivo de símbolo gráfico de la biblioteca. El símbolo de sonido no será visible en el escenario.

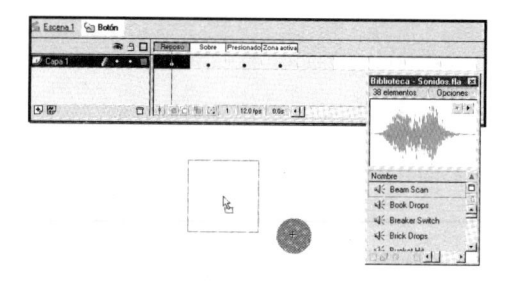

¡Enciendan el sonido!   **Capítulo 18**

4. Si quiere asegurarse de que el archivo de sonido está incluido dentro del fotograma, apunte con el mouse al fotograma en la línea de tiempo. Aparecerá el nombre del archivo de sonido, como se ve en la Figura 18.3.

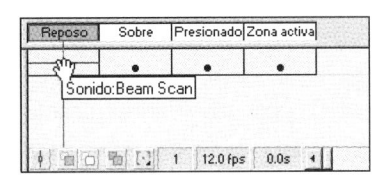

Figura 18.3

Puede ver los archivos de sonido adjuntados a los fotogramas, apuntándole al fotograma en la línea de tiempo. Tratándose de películas más grandes (no botones) conviene incluir una capa separada para los sonidos.

¡Eso es todo! Puede probar el botón haciendo clic en el vínculo Escena, encima de la lista de capas en la línea de tiempo, para pasar a la ventana de la película. Para probar el sonido del botón, elija **Control, Habilitar botones simples**. Arrastre al escenario el botón editado (con su sonido adjunto) y pruébelo haciendo clic en él.

AGREGAR SONIDO A FOTOGRAMAS DE LA PELÍCULA

Agregar sonido a los fotogramas de la película es un poco más complejo que agregar un breve sonido a un fotograma de botón.

Para asignar archivos de sonido a una película hay que ponerlos en un fotograma clave. El fotograma en el que insertamos el archivo de sonido es el fotograma en el que comenzará el sonido.

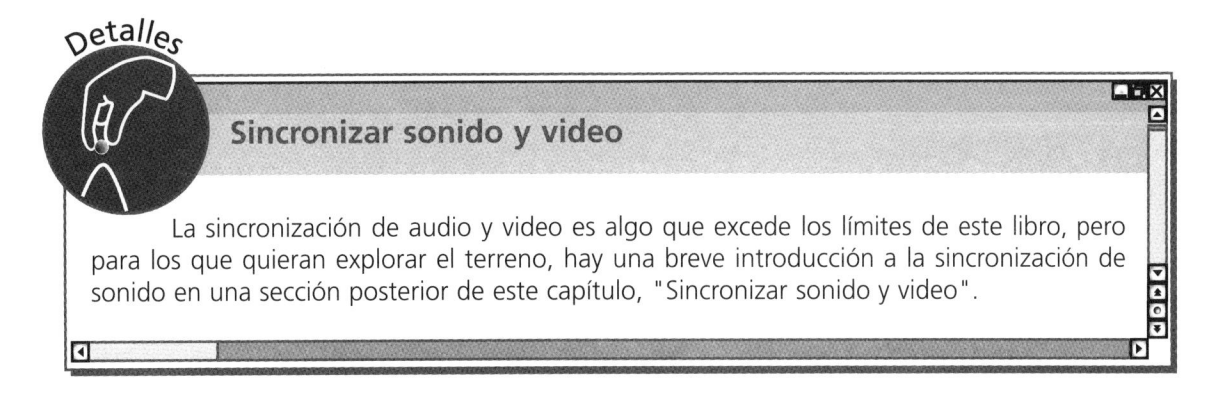

> **Detalles**
>
> **Sincronizar sonido y video**
>
> La sincronización de audio y video es algo que excede los límites de este libro, pero para los que quieran explorar el terreno, hay una breve introducción a la sincronización de sonido en una sección posterior de este capítulo, "Sincronizar sonido y video".

La complicación es que la longitud del archivo de sonido no está determinada por una cantidad de fotogramas, sino por el tamaño del archivo de sonido y la velocidad con la que se descarga al navegador del visitante y se reproduce. Por eso, si el archivo de sonido es grande es más difícil sincronizarlo con precisión con los fotogramas mucho más fácil es cuando se puede reproducir junto con la película una banda de sonido que no requiere que los eventos sonoros y visuales coincidan exactamente.

Antes de insertar un archivo de sonido en un fotograma de la película es mejor crear una capa separada para el sonido. Eso hará más fácil no perder de vista la ubicación de los archivos de sonido.

6º Parte ▸ Animación de las películas Flash

Nuevas capas

Hemos explicado cómo agregar nuevas capas y ponerle nombre en el Capítulo 8, "Trabajar con capas".

Para poner un sonido en un fotograma en la capa asignada al sonido, seleccione la capa y haga clic en el fotograma en el que quiere que comience el sonido. Arrastre el símbolo de sonido desde la biblioteca al escenario. Al hacerlo, el archivo de sonido quedará representado en forma de onda sinusoidal en la línea de tiempo, empezando en el fotograma en el que haya puesto el archivo. La onda sinusoidal solamente aparecerá si después del fotograma clave en el que colocó el archivo de sonido hay otros fotogramas.

La Figura 18.4 muestra un archivo de sonido insertado en el fotograma 1 de la capa "sonido".

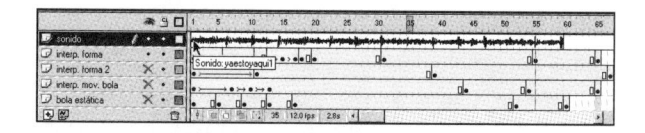

Figura 18.4

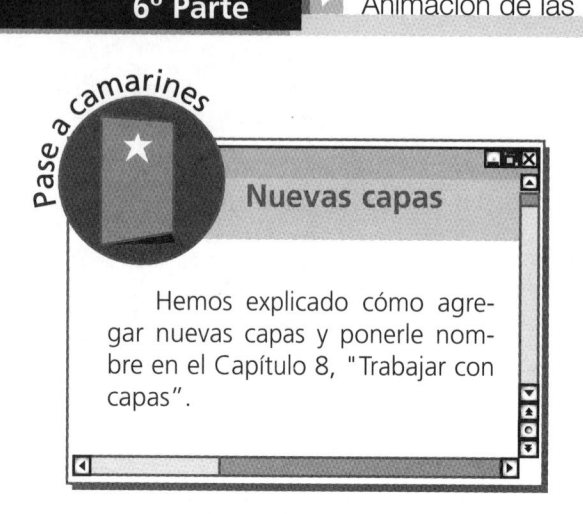

La longitud del archivo de sonido equivale, aproximadamente, a la cantidad de fotogramas en los que se reproducirá; pero esto depende del tiempo de descarga a través de la conexión que tiene el visitante a Internet.

EDITAR INSTANCIAS DE ARCHIVOS DE SONIDO

Flash permite repetir las instancias de los archivos de sonido, de modo que su reproducción se reitere un número de veces preestablecido. Y el programa también permite detener los archivos de sonido, para que no se sigan reproduciendo más allá de lo deseado. Como los archivos de sonido siguen reproduciéndose hasta terminar, lo usual es que no coincidan con la longitud de la película al primer intento. Entre las opciones con las que cuenta el diseñador se encuentra extender la longitud del archivo de sonido repitiéndolo, o abreviar el archivo de sonido deteniéndolo en un fotograma dado.

Alternativamente, puede dejar que el archivo de sonido siga reproduciéndose después del final de la película; es decir, que el sonido dure más que la película.

Para emparejar la longitud de la película con la del sonido no siempre hace falta editar el archivo de sonido. La otra opción es agregar o eliminar fotogramas en la película, para alargarla o acortarla. Por ejemplo, si está tratando de hacer coincidir una película con una narración o una canción, puede alargar o acortar la película para que coincida con el archivo de sonido.

En la siguiente sección explicaré el modo de extender y acortar un archivo de sonido.

Repetir archivos de sonido

Una manera de extender la duración de la reproducción de un archivo de sonido es hacer que el archivo se repita. Para ello, en el panel de **Sonido** ingrese un valor (mayor que cero) en el cuadro **Bucles** del cuadro de Diálogo (como se ve en la figura 18.5).

¡Enciendan el sonido! Capítulo 18

Figura 18.5

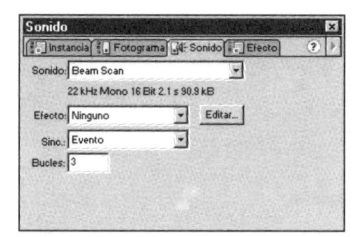

Un valor de 0 o 1 en el cuadro Bucles del panel Sonido implica que el sonido se reproducirá una sola vez. Un valor de 2 repite el sonido dos veces, y así sucesivamente.

Después de indicar la repetición de un sonido, el archivo aparecerá en la línea de tiempo en la forma de ondas sinusoidales repetidas (siempre que en la línea de tiempo haya suficientes fotogramas para mostrar la onda; de lo contrario no se verá). En la Figura 18.6, el sonido repetido sincroniza bastante bien con la cantidad de fotogramas en la película: se repite tres veces cada vez que se reproduce la breve película.

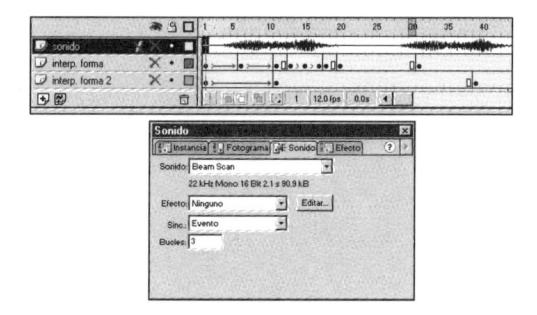

Figura 18.6

En esta película, el archivo de sonido (repetido tres veces) coincide bastante bien con la longitud de la película. Si un archivo de sonido es muy corto, cabe la posibilidad de repetirlo. Si es muy largo, puede detenerlo. O puede ajustar la cantidad de fotogramas en la película para que coincida con la longitud de la banda de sonido.

Detener archivos de sonido

Una vez iniciado en un fotograma, un archivo de sonido se reproducirá hasta su finalización, a menos que se lo detenga.

Para detener un archivo de sonido, cree un fotograma clave vacío en un fotograma ubicado más allá (a la derecha) del fotograma en el que comienza el sonido. En el panel Sonido, abra la lista desplegable Sonido y elija Ninguno.

Para reiniciar el sonido, inserte un fotograma clave y abra el panel Sonido. En la lista desplegable Sonido elija el sonido que quiera reiniciar. En la lista desplegable Sinc elija Inicio, como se muestra en la Figura 18.7.

Figura 18.7

Para iniciar un archivo de sonido es preciso que en el panel Sonido se acuerde de elegir tanto el archivo de sonido como la opción Inicio.

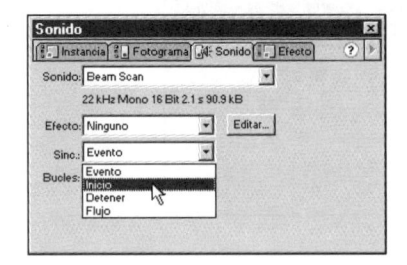

Cuando pruebe la película (elija para ello **Control**, **Probar película**) el sonido se detendrá y comenzará, segúna las opciones asignadas en el panel Fotograma.

Editar el volumen y la separación estéreo

Flash permite manejar el volumen de cada canal de sonido estéreo. Esto sirve no solamente para controlar el volumen de un archivo de sonido en reproducción, sino también para variar la relación entre los dos parlantes en un sistema de sonido estéreo.

Por ejemplo, si un archivo de sonido incluye dos voces, puede aumentar el volumen del canal derecho cuando suena una voz, y aumentar el volumen del canal izquierdo cuando suena la otra.

O puede usar los controles de balance para crear la ilusión de un sonido que empieza en un lado de la película y termina en el otro (por ejemplo, el sonido de un auto a toda carrera que cruza la pantalla).

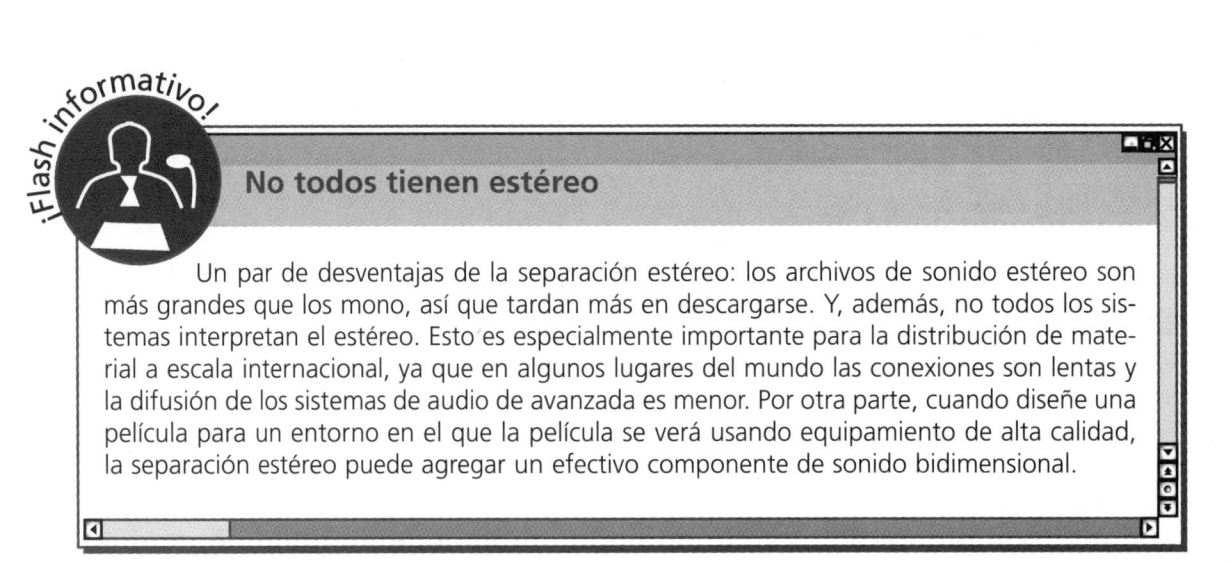

No todos tienen estéreo

Un par de desventajas de la separación estéreo: los archivos de sonido estéreo son más grandes que los mono, así que tardan más en descargarse. Y, además, no todos los sistemas interpretan el estéreo. Esto es especialmente importante para la distribución de material a escala internacional, ya que en algunos lugares del mundo las conexiones son lentas y la difusión de los sistemas de audio de avanzada es menor. Por otra parte, cuando diseñe una película para un entorno en el que la película se verá usando equipamiento de alta calidad, la separación estéreo puede agregar un efectivo componente de sonido bidimensional.

Usar efectos estéreo predefinidos

Flash trae un interesante conjunto de efectos de separación estéreo, que permiten crear sonidos que aparecen de izquierda a derecha o viceversa, que suenan nada más en uno de los dos canales, o que aparecen y desaparecen.

Para acceder a estos efectos seleccione un fotograma que tenga un archivo de sonido y abra el panel Sonido. Abra la lista desplegable Efecto, en el panel Sonido, y elija un efecto. En la Figura 18.8, estamos asignando un efecto de desvanecimiento de derecha a izquierda. Si hace clic en el botón Editar, en el panel Sonido, se abrirá la ventana Editar envolvente, que representa gráficamente el efecto de sonido seleccionado.

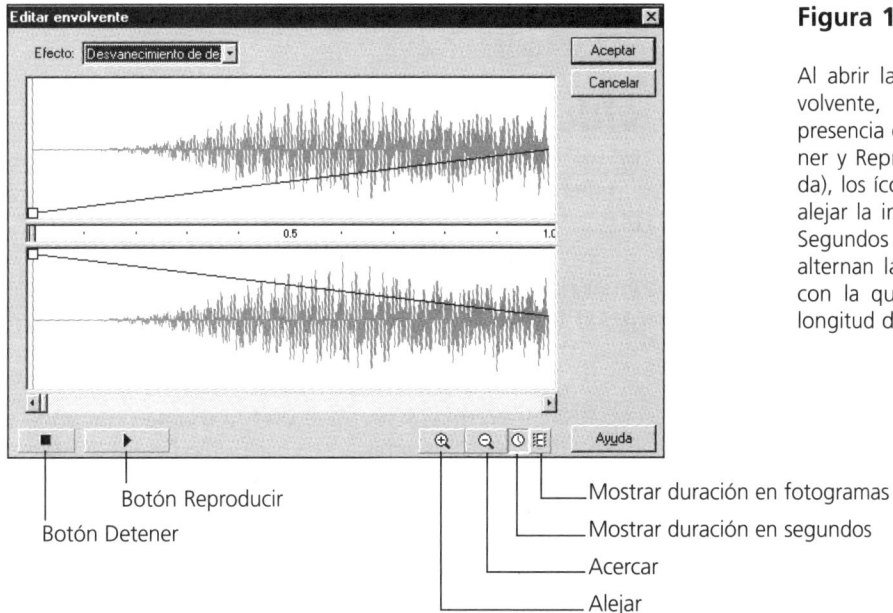

Figura 18.8

Al abrir la ventana Editar envolvente, el lector notará la presencia de los botones Detener y Reproducir (a la izquierda), los íconos + y - (acercar y alejar la imagen), y los íconos Segundos y Fotogramas, que alternan la unidad de medida con la que Flash presenta la longitud del sonido.

Editar el volumen y el balance

La ventana Editar envolvente permite ajustar con precisión el volumen y el balance de los archivos de sonido.

Para personalizar el volumen (y el balance) arrastre los cuadros ubicados en los extremos izquierdo y derecho de la línea de volumen. Arrastre hacia arriba para incrementar el volumen, en un canal, de un segmento de sonido seleccionado, y hacia abajo para disminuirlo, como se muestra en la Figura 18.9.

6º Parte — Animación de las películas Flash

Figura 18.9

Arrastrar hacia arriba una porción de la línea de volumen correspondiente a un canal aumenta el volumen de esa parte del sonido. Si hace clic y arrastrar en un segmento de la línea creará un punto ajustable de control de volumen en ambos canales.

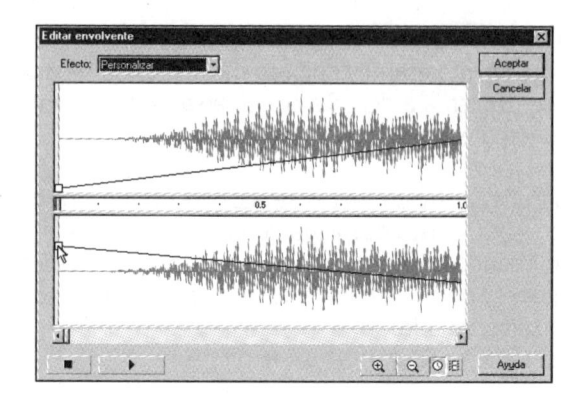

Luego de editar (o simplemente ver) un efecto de sonido en la ventana Editar envolvente, haga clic en Aceptar para guardar el efecto y salir de la ventana.

Sincronizar sonido y video

Flash permite sincronizar con exactitud los archivos de sonido con los fotogramas de la película, dividiendo, para ello, los archivos de sonido en multitud de archivos de sonido diminutos, asociados cada uno con un fotograma individual de la película.

Al sincronizar los sonidos con los fotogramas de la película, es posible definir precisamente qué sonido se oirá en un fotograma específico. Agregando fotogramas (o eliminándolos) puede crear una sofisticada sincronización audiovisual.

Para sincronizar los archivos de sonido con los fotogramas, seleccione un fotograma que tenga un sonido y abra el panel Sonido. En este panel, abra la lista desplegable Sinc y elija Flujo (véase la Figura 18.10).

Figura 18.10

Como hemos sincronizado este archivo de sonido con los fotogramas disponibles en la película, Flash recortó el final del archivo de sonido a los 4,1 segundos, para que no se extendiera más allá del final de la película. Los archivos de sonido normales ("sonidos de evento") siguen sonando hasta terminar, incluso aunque la película ya haya terminado.

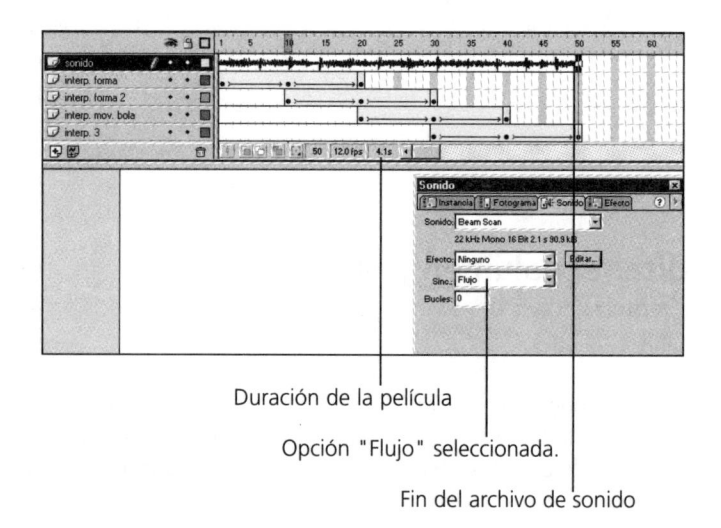

Duración de la película

Opción "Flujo" seleccionada.

Fin del archivo de sonido

¡Enciendan el sonido! **Capítulo 18**

Cuando sincronice el sonido, Flash truncará la longitud del archivo de sonido, si fuera necesario, para ajustarla a la cantidad de fotogramas que tiene la película.

Lo mínimo que debe saber

- Puede importar archivos de sonido en formato MP3, AIFF o WAV. Los usuarios de QuickTime pueden importar formatos de sonido adicionales.

- Puede adquirir archivos de sonido en CD de efectos especiales, en Internet, o crear sonidos usted mismo. La biblioteca de sonidos de Flash incluye muchos archivos de sonido.

- Puede adjuntar un archivo de sonido a los estados Reposo, Sobre y/o Presionado de un botón; por afán de diversión, haga la prueba de ponerle un sonido de "clic" al estado Presionado.

- Los archivos de sonido importados están disponibles en la biblioteca de la película, y se pueden poner en los fotogramas arrastrándolos desde allí hasta el escenario.

- Flash incluye herramientas para editar el volumen, la longitud y el balance de los archivos de sonido.

- Puede sincronizar los archivos de sonido; al hacerlo los sonidos se dividen en diminutos archivos, cada uno de los cuales es asignado a un fotograma individual, y que se reproducen en secuencia, recreando así el sonido original.

Capítulo 19

Técnicas avanzadas de animación

En Este Capítulo

- Agregar acciones condicionales a los fotogramas

- Repetición continua de películas

- Iniciar una nueva película Flash desde otra

En este capítulo, exploraremos algunos de los poderes más sofisticados de Flash. Examinaremos la capacidad que tiene de controlar la presentación de la película en respuesta a parámetros tales como el tiempo de descarga. Y veremos cómo obtener datos y luego usarlos para determinar qué película verá el espectador.

De paso, examinaremos la acción `LoadMovie`, que permite cargar una película Flash desde otra, sin necesidad de agregarle nada a la página web HTML que alberga la película.

Con este conocimiento podremos crear películas que reúnan información acerca del nombre, el nivel de ingresos, la ubicación o el presupuesto de un visitante, y luego mostrar una presentación personalizada basada en esa información.

El lector se preguntará si esto no será demasiado para un libro que está orientado a un público no iniciado. Bueno, aunque lo antedicho suena un poco más difícil que el resto de las cosas que hemos hecho hasta ahora, este tipo de programación está al alcance hasta de un principiante en Flash.

Esperar hasta que se cargue un fotograma

A veces, los elementos que componen una película Flash demoran en cargarse. Por ejemplo, los archivos de audio y los gráficos de mapa de bits grandes suelen demorar más en la descarga que los gráficos vectoriales. Esto puede hacer que la película pierda la sincronización cuando se vea a través de la Web.

Por ejemplo, si observa la línea de tiempo de la película en la Figura 19.1, verá una banda de sonido que empieza en el fotograma 91. La banda de sonido está sincronizada de modo de unirse a la acción en ese fotograma.

Figura 19.1

Puede programar una película de modo que un fotograma no se muestre hasta que todos los elementos estén descargados.

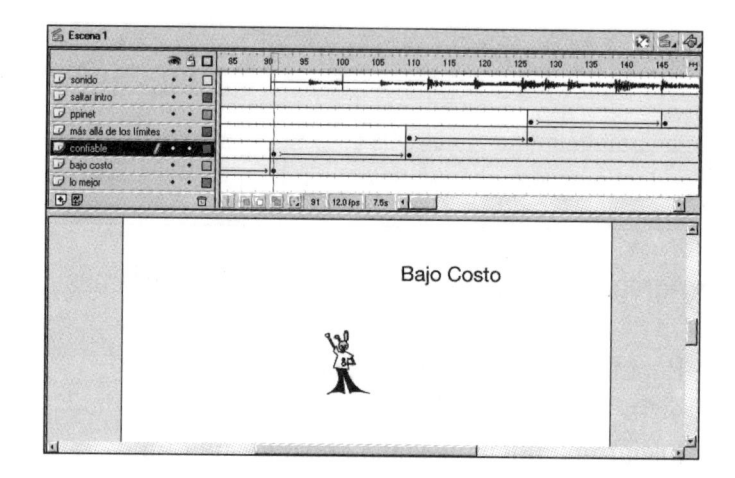

A diferentes tiempos de descarga, diferentes películas

En el ejemplo presentado en la Figura 19.1, podemos repetir los fotogramas 1 a 90, de forma tal que se reproduzcan una y otra vez hasta que se hayan descargado todos los elementos contenidos en el fotograma 91 (que incluyen el voluminoso archivo de sonido).

Si un navegador web tiene una conexión rápida a Internet, quizá la película no necesite repetirse en lo absoluto; para cuando llegue al fotograma 91 el archivo de sonido podría estar descargado. Sin embargo, con una conexión a Internet lenta puede ocurrir que sea necesario repetir la película varias veces antes de que el sonido esté listo para reproducirse.

Usando la acción de Flash `If Frame Loaded`, podemos hacer que Flash determine en el fotograma 90 si el fotograma 91 está listo para reproducirse. Si es así, la película continuará.

Uso de la acción `If Frame is Loaded`

La acción `If Frame is Loaded` ("si está cargado el fotograma") se usa en conexión con el comando `Else`. El comando `Else` ("de lo contrario") le dice a Flash qué hacer si la condición no se cumple. En este caso, usamos el comando `Else` para decirle a Flash que si el fotograma 91 todavía no está cargado, vuelva al principio de la película.

Técnicas avanzadas de animación   Capítulo 19

Para usar la acción `If Frame Loaded`, siga estas instrucciones:

1. Haga clic en la línea de tiempo, en el fotograma en el que insertará la acción y, si el fotograma todavía no es un fotograma clave, elija **Insertar**, **Fotograma clave vacío**.

2. Con el fotograma seleccionado, elija **Ventana**, **Acciones**, para abrir el panel Acciones.

3. Haga clic en el ícono +, y elija Acciones, if Frame Loaded.

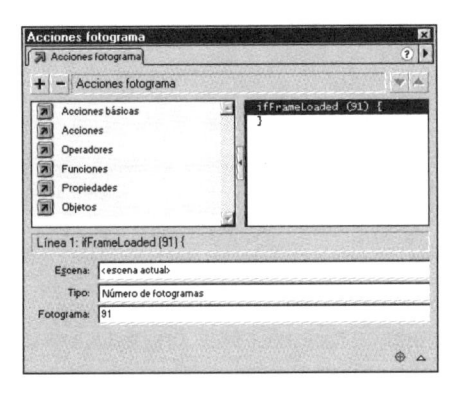

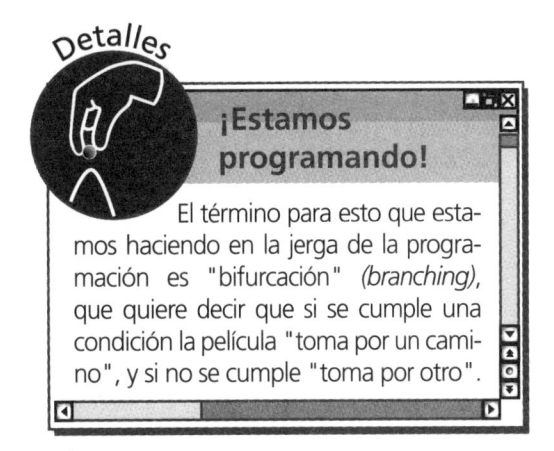

> **Detalles**
>
> **¡Estamos programando!**
>
> El término para esto que estamos haciendo en la jerga de la programación es "bifurcación" *(branching)*, que quiere decir que si se cumple una condición la película "toma por un camino", y si no se cumple "toma por otro".

Figura 19.2

El número de fotograma en la acción `If Frame Loaded` define el fotograma que debe estar cargado para que tenga lugar la acción.

4. En el cuadro Fotograma de la sección Parámetros, seleccione el fotograma de cuya descarga desea cerciorarse. En la Figura 19.2, hemos configurado como tal el fotograma 91.

5. Con el comando `If Frame Loaded` seleccionado, haga clic en el ícono + y elija Acciones básicas, `Go To`. Asegúrese de que la sección de parámetros del panel Acciones tenga seleccionada la opción Ir a y reproducir (como se muestra en la Figura 19.3). En el cuadro Fotograma, ingrese el fotograma al cual la película saltará si está cargado el fotograma definido en el paso 4.

6. El paso final es agregar un comando que le dirá a Flash qué hacer si el fotograma indicado no está cargado. Para ello, cree un nuevo fotograma clave vacío después del que tiene la acción `If Frame Loaded`. Con el nuevo fotograma clave vacío seleccionado, use el ícono + y elija Acciones básicas, `Go To`. Acepte los valores predeterminados de los parámetros para enviar la película a un fotograma anterior (como el fotograma 1).

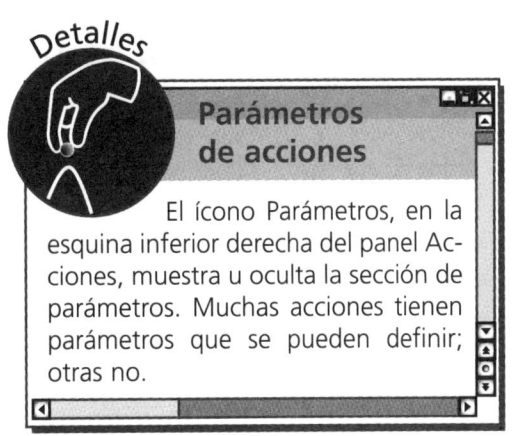

> **Detalles**
>
> **Parámetros de acciones**
>
> El ícono Parámetros, en la esquina inferior derecha del panel Acciones, muestra u oculta la sección de parámetros. Muchas acciones tienen parámetros que se pueden definir; otras no.

6° Parte — Animación de las películas Flash

Figura 19.3

Esta película saltará al fotograma 91 si todos los elementos en ese fotograma están descargados.

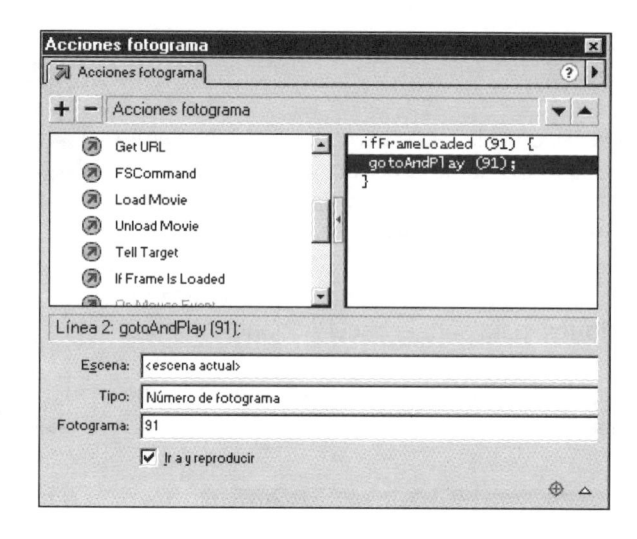

> **Detalles**
>
> ### if Frame Loaded versus _Frames Loaded
>
> El *Action Script* mejorado de Flash 5 introduce una nueva acción, `_Framesloaded`, que se puede usar para lograr prácticamente lo mismo que se hace con la acción tradicional de Flash `if Frame Loaded`. La diferencia principal es que el viejo y confiable comando `if Frame Loaded` es fácil de usar, mientras que `_Frames Loaded` requiere varias acciones adicionales para funcionar.

INICIAR UNA PELÍCULA DESDE OTRA

Puede programar a Flash para que inicie una película desde otra. Por ejemplo, una página web puede tener insertada en su interior una película Flash. Cuando esa película termina, la película misma puede encargarse de llamar a otra para que comience su reproducción, sin necesidad de agregar ningún código a la página web.

Flash incluso ofrece la posibilidad de iniciar la segunda película directamente encima de la original. Crear capas de películas de esta forma puede llegar a ser algo caótico, pero si diseña la película original de modo que su fotograma final sea un buen fondo para la otra película, el uso de este tipo de películas en varias capas puede producir algunos efectos interesantes.

Técnicas avanzadas de animación — Capítulo 19

¿Para qué sirve la carga de películas?

Vincular películas de esta manera es una opción para administrar películas largas: el diseñador puede editarlas de a una por vez, pero el visitante creerá que está viendo una única película larga. El proceso es similar al cambio de rollos en el cine, cuando los espectadores ven una película larga que en realidad está dividida en tres rollos.

Entre las ventajas de encadenar películas entre sí está la posibilidad de usar diferentes propiedades de película en cada una, por ejemplo, colores de fondo o velocidades de fotograma.

Cargar películas desde otras películas también permite crear un sitio web enteramente en Flash, sin necesidad de anidar las películas en páginas web adicionales

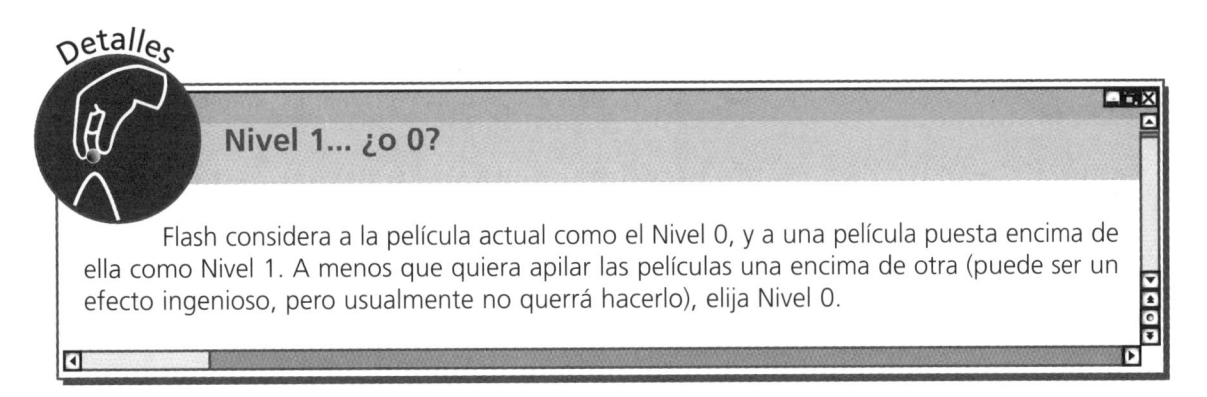

Detalles

Nivel 1... ¿o 0?

Flash considera a la película actual como el Nivel 0, y a una película puesta encima de ella como Nivel 1. A menos que quiera apilar las películas una encima de otra (puede ser un efecto ingenioso, pero usualmente no querrá hacerlo), elija Nivel 0.

Carga de películas

Para cargar una película desde otra, primero seleccione el último fotograma de la película (o cualquier otro fotograma desde el cual quiera iniciar la nueva película).

Abra el panel Acciones (elija **Ventana, Acciones**). Haga clic en el ícono + y elija Acciones básicas, **Load Movie**. En el cuadro URL, en la sección de parámetros del panel Acciones, ingrese el nombre de archivo Flash (terminado en *.swf) de la película que desea cargar. Por ejemplo, en la Figura 19.4 estamos cargando una nueva película llamada "máscara.swf".

Si quiere hacer que la película original desaparezca y en su lugar se vea únicamente la nueva, cambie el valor en Ubicación a 0.

Para probar la película elija **Control**, **Probar película**.

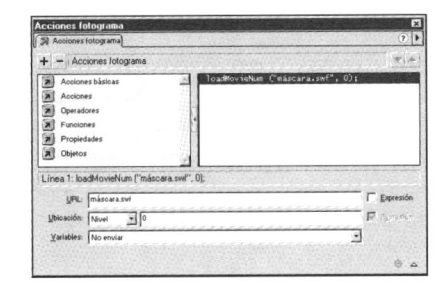

Figura 19.4

Ingrese el nombre de archivo de la película a cargar en el cuadro del parámetro URL de la acción **LoadMovie**.

Uso de variables

En el Capítulo 14, "Pedir información al usuario", exploramos el proceso de reunir datos en un campo de texto. También cabe la posibilidad de reunir datos numéricos. Por ejemplo, podemos preguntarle al espectador su código postal, su edad o, incluso, su nivel de ingresos (eso, si somos curiosos).

En el Capítulo 14 usamos los datos reunidos para presentar información en la película. Por ejemplo, podíamos preguntarle a alguien su nombre y luego repetir el nombre dentro de la película, dirigiéndonos así al espectador: "David, mira esto" (si el espectador se llama David, claro).

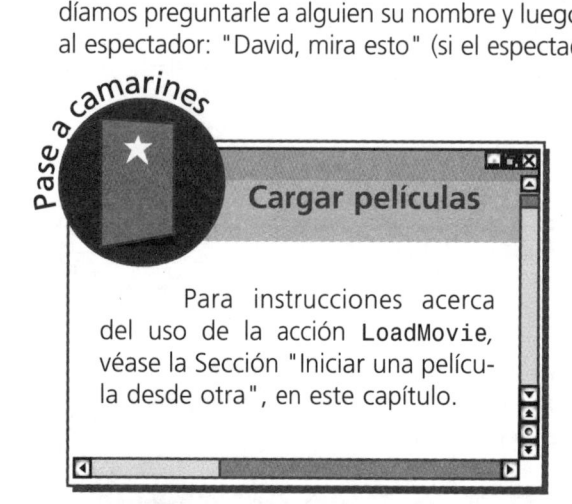

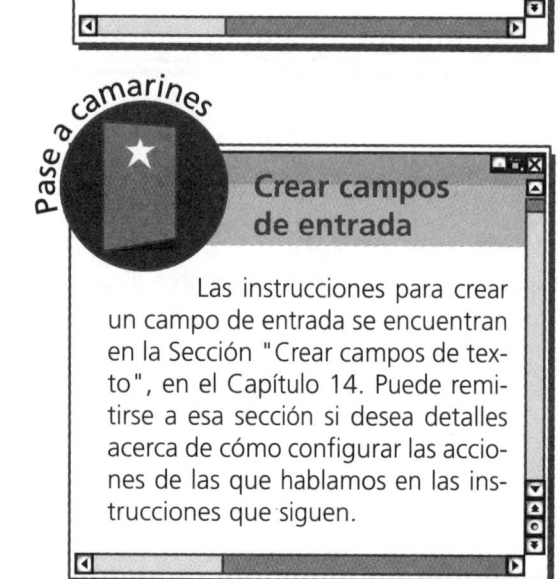

Pase a camarines

Cargar películas

Para instrucciones acerca del uso de la acción LoadMovie, véase la Sección "Iniciar una película desde otra", en este capítulo.

Usar variables para cargar películas

Una posible aplicación para una bifurcación basada en una variable sería combinar el uso de variables con la acción LoadMovie.

Aquí veremos cómo usar los datos ingresados por el visitante para controlar, de hecho, el contenido de la película, Por ejemplo, si un espectador trabaja en determinado departamento podríamos presentarle una película específica para ese departamento.

Combinar una acción If con una acción LoadMovie

Para combinar el comando LoadMovie con una variable, primero cree un cuadro de texto para preguntar la variable. Si quiere seguir nuestro ejemplo, llame a esa variable campoEntrada.

Pase a camarines

Crear campos de entrada

Las instrucciones para crear un campo de entrada se encuentran en la Sección "Crear campos de texto", en el Capítulo 14. Puede remitirse a esa sección si desea detalles acerca de cómo configurar las acciones de las que hablamos en las instrucciones que siguen.

La Figura 19.5 muestra el cuadro de diálogo Opciones de texto, para un cuadro de texto en el que obtendremos una variable llamada campoEntrada.

Agregue una acción *Stop* al fotograma en el que preguntará los datos, para darle al visitante tiempo de ingresarlos en el cuadro de texto. Y agregue un botón con la correspondiente acción *Play*, para reiniciar nuevamente la película una vez ingresados los datos. El fotograma debería verse más o menos como el de la Figura 19.6.

Para no complicar demasiado este ejemplo, digamos que tenemos dos películas para mostrar: una para individuos que viven en el Este del País, y otras para los del Oeste. Para determinar la película a mostrar usaremos el código postal (los códigos postales más altos son del Oeste, los más bajos son del Este).

Técnicas avanzadas de animación — Capítulo 19

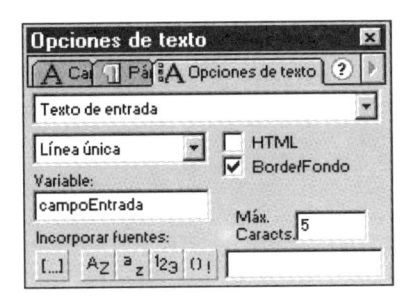

Figura 19.5

Puede ver –y modificar– las propiedades de un cuadro de texto seleccionándolo y eligiendo Texto, Opciones. El cuadro Variable, en el panel Opciones de texto, define el nombre de campo de los datos que obtenga en ese cuadro de texto.

Figura 19.6

El cuadro de texto en este fotograma sirve para obtener datos. El fotograma tiene asignada una acción *Stop*, para darle al visitante tiempo de escribir los datos. Y el botón tiene asignada una acción *Play,* para reiniciar la película. Usaremos los datos obtenidos para determinar qué película iniciar.

En cualquier fotograma posterior al que usa para obtener los datos, agregaremos la acción que cargará una u otra película, basándose en los datos contenidos en la variable. Para ello, siga estas instrucciones, remitiéndose a la Figura 19.7 como ejemplo del uso de la acción `If` y la acción `Else` para bifurcar entre dos películas (Este.swf y Oeste.swf).

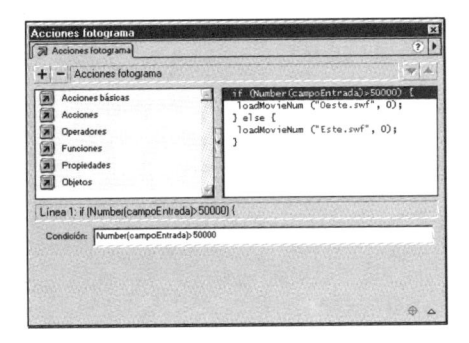

Figura 19.7

En esta acción, evaluamos la variable campoEntrada para ver si es mayor que 50000. Si es así, cargamos la película Oeste.swf, si no, cargamos la película Este.swf.

1. Seleccione un fotograma posterior al que usa para preguntar la variable en el cuadro de texto y abra el panel Acciones de fotograma, eligiendo para ello **Ventana, Acciones**.

2. Elija +, Acciones, `If`, para generar una acción `If`. En el campo Condición de la sección de parámetros ingrese el nombre de variable del cuadro de texto (por ejemplo, campoEntrada).

3. Ingrese un operador de comparación, como =, > o <.

6° Parte — Animación de las películas Flash

¿Qué es un operador de comparación?

Un operador de comparación sirve para decirle a Flash que compare la variable obtenida en el cuadro de texto respecto de algún criterio con el que queremos medir esa variable. Por ejemplo, si el criterio es Ciudad = Caracas podemos cargar una película basándonos en que la variable sea igual a Caracas. Otros operadores de comparación incluyen > (mayor que), < (menor que), >= (mayor o igual que), y <= (menor o igual que). El signo <> significa diferente de.

4. A continuación del operador de comparación ponga una cadena de texto (por ejemplo, "Caracas") o un valor (como 50000).

5. Anidada bajo la acción `If` (es decir, más a la derecha), agregue una acción `LoadMovie` con el nombre de la película que se cargará si se cumple el enunciado `If`.

6. Agregue una acción `Else`.

7. Bajo la acción `Else`, anide una acción `LoadMovie` y agregue como parámetro URL la película que se reproducirá en todos los demás casos.

8. El *script* que haya escrito debería verse parecido al de la Figura 19.7. Puede probar la película usando **Control, Probar película**.

Solucionar problemas de la acción Load Movie

¿El *script* no funciona? Aquí tiene algunas pocas cosas para verificar: asegúrese de que tiene las películas cuyos nombres coinciden con los nombres de archivo indicados en las acciones `LoadMovie` y que están guardadas en la misma carpeta que la película que las inicia. Asegúrese de que la película obtiene el valor de la variable en un fotograma precedente al fotograma que contiene la acción `LoadMovie`. Y verifique si usó exactamente el mismo nombre de variable en el cuadro de texto y en el *script*.

Técnicas avanzadas de animación Capítulo 19

Las posibilidades de la bifurcación en ActionScript son casi infinitas, y exceden ampliamente el alcance de este libro. Pero si ya sabe algo de programación (y, específicamente, en JavaScript, que es muy parecido al ActionScript de Flash), no se detenga.

Lo mínimo que debe saber

- Puede crear una película Flash que haga una pausa o se repita hasta que se hayan descargado todos los elementos necesarios. Esto ayuda a sincronizar la banda de sonido con los elementos visuales, o a demorar una película hasta que se haya descargado alguna imagen de mapa de bits grande.

- Puede usar la acción `LoadMovie` para iniciar una película desde otra. La segunda película puede proyectarse, literalmente, "encima" de la primera o aparecer en reemplazo de la primera.

- Puede usar acciones `If` y `Else` para cargar diferentes películas, dependiendo del valor de una variable.

7ª Parte

Publicación de Flash en la Web

Ya hemos creado una grandiosa animación Flash; ahora la cuestión es ponerla en una forma en la que otras personas puedan verla.

En los capítulos que siguen, aprenderemos a combinar con las películas Flash objetos creados por otros programas a poner películas Flash en sitios web, y a hacer que las mismas estén disponibles en otros formatos.

Para cuando hayamos terminado, el lector estará en condiciones de poner su película a disposición de cualquiera.

Capítulo 20

Ayuda externa: importación de objetos

En Este Capítulo

- Importar gráficos vectoriales a Flash

- Importar mapas de bits a Flash

- Convertir mapas de bits en eficientes imágenes vectoriales

- Importar texto

Considerando que Flash es, además, un programa de animación y diseño de películas, su conjunto de herramientas de dibujo es bastante bueno. Pero Flash no es ante todo un programa de dibujo, y para realizar tareas de ilustración de alto nivel el lector querrá integrar dibujos tomados de otros programas, como Adobe PhotoShop o Macromedia Freehand.

En este capítulo le mostraré cómo hacerlo.

Además de importar gráficos vectoriales de programas de dibujo, es probable que el lector se encuentre con imágenes de mapa de bits, incluidas como parte del proyecto de película o diseño web en el que trabaje. Si ha leído buena parte de los capítulos precedentes, habrá comprendido que Flash es un entorno gráfico vectorial. Es decir, para definir los gráficos Flash usa un sistema basado en fórmulas matemáticas, que economiza recursos de memoria.

En este capítulo, exploraremos dos opciones disponibles para importación de imágenes de mapa de bits: incorporar las imágenes en la película Flash en la forma de mapas de bits, que consumen gran cantidad de memoria (algo que a veces es inevitable), o convertirlas en imágenes vectoriales.

IMPORTAR GRÁFICOS VECTORIALES A FLASH

Flash no es el único programa que usa formatos de archivo vectoriales para crear y guardar imágenes. Entre otros paquetes de dibujo populares encontramos Freehand (también de Macromedia), Adobe Illustrator, CorelDRAW, y diversos programas de dibujo técnico que guardan los archivos en el formato *.dxf de AutoCAD. Además, Windows usa el formato *.wmf (Windows MetaFile) para copiar y pegar gráficos vectoriales.

Cuando importamos un dibujo guardado en un formato gráfico vectorial, podemos editarlo en Flash como si lo hubiéramos creado con las herramientas de dibujo de Flash.

Importar gráficos vectoriales

Para importar un gráfico vectorial en una capa activa (desbloqueada) de la película abierta, elija **Archivo, Importar**. Al hacerlo, se abrirá el cuadro de diálogo Importar, que se ve en la Figura 20.1.

Figura 20.1

Si elige en la lista desplegable Tipo de archivos del cuadro de diálogo Importar elige Todos los formatos, Flash mostrará todos los archivos que tengan un formato importable.

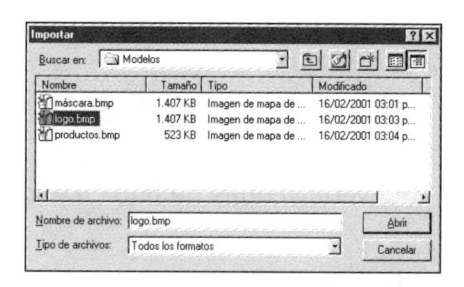

¿Imposible importar?

¿Está tratando de importar un archivo, y la opción **Archivo, Importar**, en el menú está desactivada? Primer paso para solucionar el problema: verifique que la capa activa esté desbloqueada; de lo contrario, no podrá importar archivos a ella.

En el cuadro de diálogo Importar, navegue hasta la carpeta que contenga el archivo deseado y elija el formato de archivo correspondiente en la lista desplegable Tipo de archivos. Luego, haga doble clic sobre el archivo.

Una vez importado el archivo, aparecerá en el escenario, en el fotograma activo de la película. Las imágenes vectoriales importadas ingresan a Flash como objetos agrupados. Para reducirlos a objetos individuales para su edición, seleccione el objeto agrupado importado y elija **Modificar, Separar**. Hecho esto, puede editar los objetos vectoriales importados como si fueran cualquier otro dibujo creado con Flash.

Copiar y pegar gráficos vectoriales

Si se encuentra con un gráfico vectorial que no puede importar a Flash porque no es de uno de los formatos que se pueden importar, le queda siempre la posibilidad de pasar la imagen a Flash usando el Portapapeles.

Ayuda externa: importación de objetos   **Capítulo 20**

Solemos hacerlo a menudo, ya que para crear dibujos uso CorelDRAW, y el formato *.cdr de CorelDRAW no es un tipo compatible para la importación.

Cuando copie un gráfico vectorial desde otro programa al Portapapeles, asegúrese de seleccionar el gráfico entero en el programa original. Luego, no tiene más que elegir **Edición, Copiar**, en la barra de menúes del programa en cuestión.

Para pegar el archivo en una capa activa de una película Flash abierta, elija **Edición, Pegado especial**. Dependiendo del sistema operativo con el que trabaje, y del origen del archivo, aparecerán distintas opciones en el cuadro de diálogo Pegado especial de Flash (como se ve en la Figura 20.2).

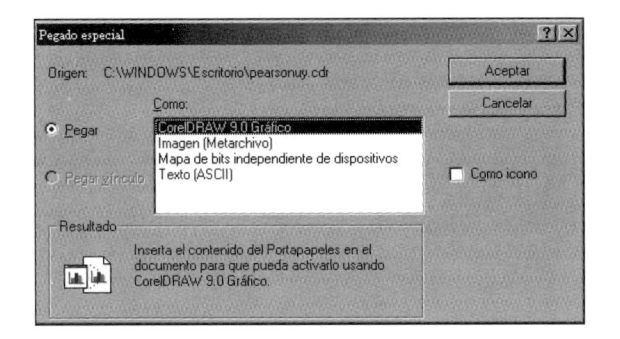

Figura 20.2

Como el dibujo guardado en el Portapapeles originalmente fue creado en CorelDRAW, el Portapapeles ofrece la opción de pegarlo en Flash como un objeto DRAW. Si elige esta opción, podrá abrir nuevamente el objeto en CorelDRAW para su edición, haciendo doble clic en él.

Las opciones ofrecidas en el cuadro de diálogo Pegado especial básicamente se reducen a dos, con ciertas variantes intermedias: pegar como imagen vectorial o pegar como mapa de bits. Si elige la opción mapa de bits, el dibujo importado entrará a Flash como un archivo de mapa de bits. Para una explicación completa respecto del manejo de mapas de bits importados, véase la sección "Importar archivos de mapa de bits", un poco más adelante en este capítulo.

Las otras opciones, como "Metarchivo" importan las imágenes a Flash como imágenes vectoriales agrupadas que es posible dividir (eligiendo **Modificar, Separar**), y editar como dibujos Flash.

IMPORTAR ARCHIVOS DE MAPA DE BITS

James Brown cantaba "Este es un mundo de hombres." Puede que sí; puede que no. Mientras tanto, los usuarios de Flash tenemos que vivir en lo que todavía es, más que nada, un mundo de mapas de bits.

Pase a camarines

Si falla al primer intento...

La importación de imágenes a través del Portapapeles es un poco impredecible. Para poder ver las diferentes opciones use siempre la opción **Pegado especial** (en vez de **Edición, Pegar**). Cuando haya más de una opción de importación disponible, puede experimentar con cada una de ellas.

239

7º Parte — Publicación de Flash en la Web

Entre los mapas de bits, que se definen almacenando datos acerca de cada píxel en la imagen, se cuentan el globalmente aceptado GIF (en español generalmente se pronuncia, "guif"), y JPEG. Como diseñador Flash, prepárese a recibir archivos en toda clase de formatos de mapa de bits, incluyendo el formato PSD de PhotoShop, el formato PNG, y el formato genérico PostScript (EPS).

Detalles

Flash puede importar EPS (bueno, más o menos)

El formato de archivo EPS (*Encapsulated PostScript*, PostCript Encapsulado) es un formato ampliamente usado para la creación de gráficos destinados a impresión. Mis experiencias tratando de importar archivos EPS creados en otros programas, fuera de Freehand, han sido variadas. Sin embargo, Freehand puede abrir la mayoría de los archivos EPS y exportarlos a formatos vectoriales o de mapa de bits que son más fáciles de importar a Flash.

Para importar una imagen de mapa de bits, elija **Archivo, Importar**. Se abrirá el cuadro de diálogo Importar. En la lista desplegable Tipo de archivos elija Todos los formatos de imagen, para que Flash muestre todos los archivos que tengan formatos gráficos importables.

Pase a camarines

Buscar todos los archivos gráficos o buscar solamente algunos

Si está buscando un archivo y no sabe el formato en el que está, elija la opción Todos los formatos de imagen para ver todos los archivos gráficos. Si en una carpeta tiene muchos archivos y quiere ver solamente aquellos que sean de un tipo específico, elija el formato de archivo en la lista desplegable Tipo de archivos.

Haga doble clic en un archivo para importarlo dentro del fotograma y la capa que tenga seleccionados en Flash.

Alternativamente, puede traer a Flash una imagen de mapa de bits copiada al Portapapeles, eligiendo para ello **Edición, Pegado especial**, y seleccionando un formato de mapa de bits en el cuadro de diálogo Pegado especial (véase la Figura 20.3).

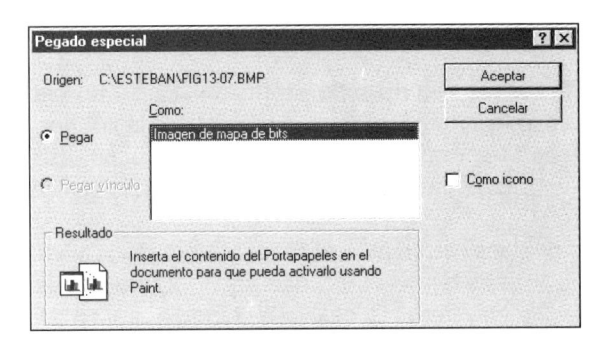

Figura 20.3

Las imágenes de mapa de bits copiadas al Portapapeles solamente se pueden copiar a Flash como tales.

Las imágenes de mapa de bits se pueden mover, rotar y escalar como si fueran dibujos creados en Flash. Pero no se pueden modificar usando las herramientas Borrador, Cubo de pintura o Bote de tinta.

Recortar áreas de color en mapas de bits: la varita mágica

Flash permite eliminar un color de un mapa de bits importado, usando el modificador Varita mágica en la herramienta Lazo. Por ejemplo, al importar una imagen que tiene un color de fondo suele ocurrir que uno quiera eliminar el fondo de la imagen.

Para usar la Varita mágica, siga estas instrucciones:

1. Seleccione un mapa de bits y elija **Modificar, Separar**.
2. Con la herramienta Flecha, haga clic fuera del mapa de bits, para deseleccionarlo.
3. Elija la herramienta Lazo, y haga clic en el ícono Configuración de varita mágica, en la sección de opciones del cuadro de herramientas. Se abrirá el correspondiente cuadro de diálogo, que se muestra en la Figura 20.4.

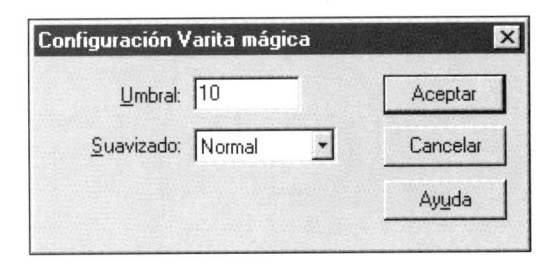

Figura 20.4

La configuración de la varita mágica determina el grado de discriminación que aplicará Flash al seleccionar los colores a eliminar de un mapa de bits.

4. El cuadro de diálogo Configuración de varita mágica permite definir dos cosas: el grado de proximidad a usar al comparar colores para seleccionar un área del mapa de bits (cuadro Umbral), y el tipo de suavizado de los bordes a usar para definir la sección a recortar (cuadro Suavizado). Elija un valor en Umbral.

La Figura 20.5 muestra el efecto de usar diferentes valores de umbral al tratar de recortar el fondo de un mapa de bits importado (en este caso, una flor).

7° Parte ▶ Publicación de Flash en la Web

Configuración de la varita mágica

Un valor de umbral bajo selecciona únicamente píxeles cuyos colores sean muy próximos entre sí. Un valor de umbral alto actúa muy indiscriminadamente, seleccionando todos los píxeles cuyo color se acerque al color del píxel seleccionado.

Una vez determinado un buen valor de umbral (mediante prueba y error), puede afinar la configuración de la varita mágica, experimentando con las cuatro opciones incluidas en la lista desplegable Suavizado.

5. Haga clic en el modificador Varita mágica, en la barra de herramientas del Lazo, y apunte con la varita mágica encima de algún color del gráfico de mapa de bits (como se ve en la Figura 20.6.) Haga clic para seleccionar ese color en la imagen.

6. Puede mover o eliminar esta región como si fuera cualquier otro objeto gráfico seleccionado en Flash, como vemos en la Figura 20.7. Para eliminar el color seleccionado de la imagen, pulse Supr.

Figura 20.5

Los valores para Umbral van desde 1 a 200. Los valores altos recortarán de la imagen que vemos todos los colores oscuros, no solamente el fondo negro.

Figura 20.6

Selección de una región de color con la varita mágica.

Figura 20.7

Una vez seleccionada una región con la varita mágica, se convierte en un objeto gráfico separado que se puede editar (o eliminar).

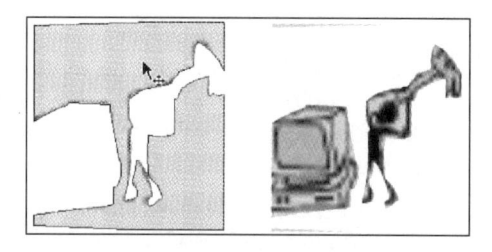

¡Ahora, todos a bailar!   **Capítulo 15**

CONVERTIR MAPAS DE BITS EN GRÁFICOS VECTORIALES DE FLASH

Aunque en Flash se puede trabajar con imágenes de mapa de bits importadas, hacerlo implica una desventaja: los mapas de bits aumentan mucho el tamaño del archivo Flash y atentan contra la velocidad de descarga propia de las imágenes vectoriales de Flash.

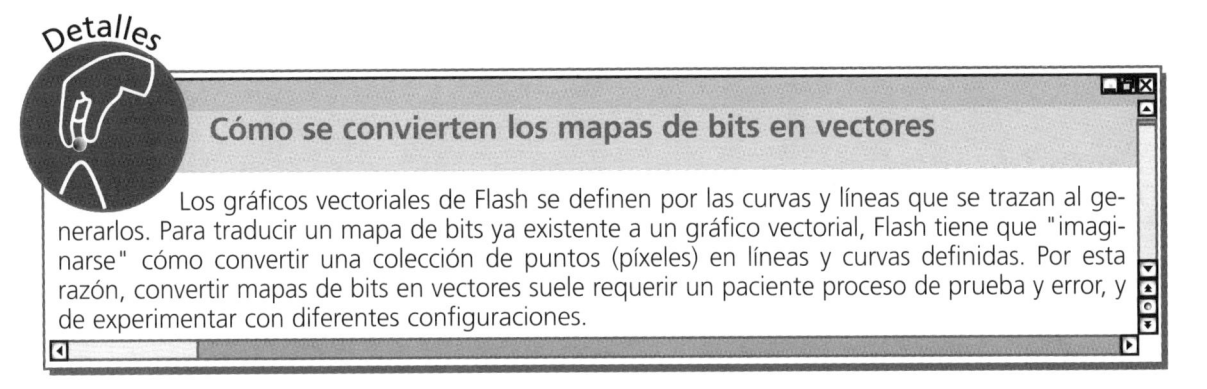

> **Detalles**
>
> **Cómo se convierten los mapas de bits en vectores**
>
> Los gráficos vectoriales de Flash se definen por las curvas y líneas que se trazan al generarlos. Para traducir un mapa de bits ya existente a un gráfico vectorial, Flash tiene que "imaginarse" cómo convertir una colección de puntos (píxeles) en líneas y curvas definidas. Por esta razón, convertir mapas de bits en vectores suele requerir un paciente proceso de prueba y error, y de experimentar con diferentes configuraciones.

Para convertir un mapa de bits en un grupo de figuras de Flash, siga estas instrucciones:

1. Seleccione el mapa de bits en la película Flash.
2. Vaya al menú y elija **Modificar, Trazar mapa de bits**. Aparecerá el cuadro de diálogo Trazar mapa de bits, que se ve en la Figura 20.8.

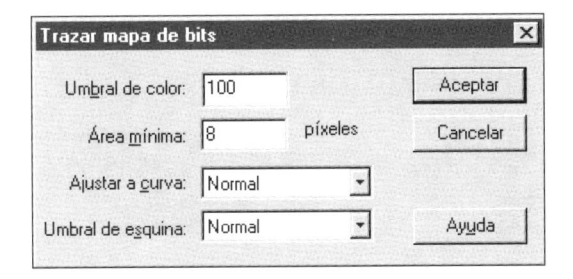

Figura 20.8

El cuadro de diálogo Trazar mapa de bits permite definir el modo como Flash transformará un mapa de bits en una colección de objetos vectoriales.

3. En el cuadro Umbral de color, ingrese un número elevado si quiere crear más cantidad de figuras, o uno bajo si prefiere crear menos.
4. En el cuadro Área mínima, ingrese un valor alto para crear menos figuras vectoriales, o uno bajo para permitirle a Flash generar figuras muy pequeñas (lo que resultará en la creación de montones de figuras a partir del mapa de bits).
5. Use el cuadro Ajustar a curva para definir el grado de suavizado que se le aplicará a los contornos de las figuras vectoriales generadas por el trazado.

7° Parte ▷ Publicación de Flash en la Web

6. Use el cuadro Umbral de esquina para definir el tipo de esquinas a generar para las figuras vectoriales: Muchas esquinas, Normal o Pocas esquinas.

7. Una vez seleccionadas las opciones en el cuadro de diálogo Trazar mapa de bits, haga clic en **Aceptar** para transformar el mapa de bits en una colección de figuras vectoriales.

Convertir imágenes de mapa de bits en vectores suele crear efectos gráficos interesantes, como el que vemos en el mapa de bits convertido de la Figura 20.9.

Pase a camarines

Como se convierten los mapas de bits en vectores

El trazado de mapas de bits lleva tiempo. Después de todo, lo que Flash está haciendo es analizar la imagen de mapa de bits y tratar de encontrar una forma lógica de convertir todos esos píxeles en líneas y figuras; tarea nada fácil. Así que prepárese a tomarse un descanso cuando ponga a Flash a hacer trazados complejos.

Y prepárese también a tener que experimentar un poco. El trazado de mapas de bits no es una ciencia exacta, y usualmente antes de convertir con éxito un mapa de bits en un objeto vectorial de Flash hacen falta algunos intentos. El resultado suele ser una imagen sorprendentemente mejorada.

Figura 20.9

Hemos convertido este mapa de bits en vectores, con lo cual podemos editar cada elemento del gráfico.

Versión Bitmap   Versión Vectorial

La imagen vectorial se puede editar usando todas las herramientas de dibujo de Flash. Y se puede agrandar sin la distorsión que afecta a una imagen de mapa de bits en estos casos.

244

¡Ahora, todos a bailar! **Capítulo 15**

Importar texto

Ya que estamos hablando de importación de archivos, me gustaría decir dos palabritas acerca de la importación de texto.

Flash no permite importar archivos Word, ni de otros procesadores de texto. Pero lo que sí se puede hacer es copiar y pegar en Flash archivos tomados de Word o cualquier otro procesador de texto, como objetos de texto.

Para importar texto, seleccione en el procesador el texto deseado, y cópielo al Portapapeles (**Edición, Copiar**). Luego, en Flash, elija **Edición, Pegado especial** (teniendo seleccionada una capa desbloqueada).

En el cuadro de diálogo Pegado especial aparecerán opciones que le permitirán pegar el texto como texto ASCII, o preservar el formato que tiene en el procesador de texto (véase la Figura 20.10).

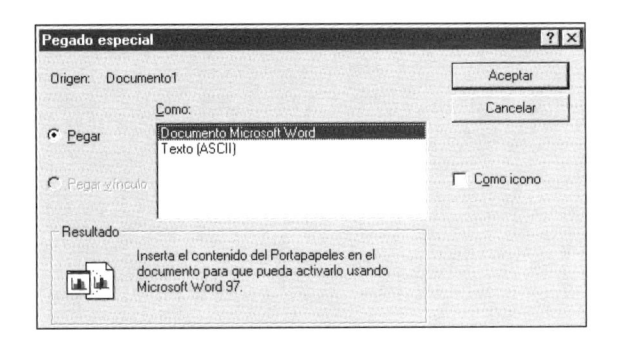

Figura 20.10

No elija Edición, Pegar sino Edición, Pegado especial; así podrá definir el modo como quiere importar el texto copiado.

Si elige importar el texto como objeto de Word (o del procesador de texto que sea), para formatear y editar el texto deberá hacer doble clic en él, y el texto se abrirá en el procesador de texto original. Esto puede resultar un poco confuso. Es más fácil pegar el texto como texto ASCII. Así podrá usar la herramienta Texto, en Flash, para editar el texto importado.

Lo mínimo que tiene que saber

- Puede importar a Flash dibujos tomados de otros programas de dibujo vectoriales (por ejemplo, Adobe Illustrator), y editarlos como si fueran dibujos hechos en Flash.

- También puede importar a Flash dibujos de mapa de bits, desde programas como Adobe PhotoShop. Pero los mapas de bits importados harán más lenta la descarga de la película.

- Puede convertir las imágenes de mapa de bits importadas en dibujos vectoriales de Flash.

- Para importar texto, y poder editarlo y formatearlo en Flash, use **Pegado especial** en el menú **Edición**, y seleccione la opción de importar el texto como texto ASCII.

Capítulo 21

Poner a Flash on-line

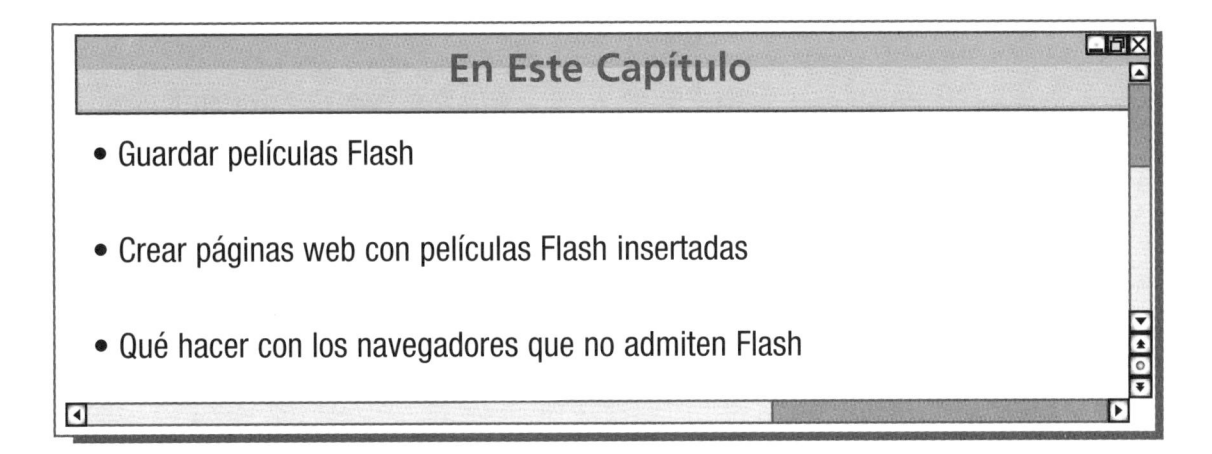

En Este Capítulo

- Guardar películas Flash

- Crear páginas web con películas Flash insertadas

- Qué hacer con los navegadores que no admiten Flash

Para mirar una película Flash no hace falta tener el programa; basta con tener un programa llamado Reproductor de Flash. La gente de Macromedia ha puesto el Reproductor a disposición de cualquiera, gratis, ya sea como programa independiente o como plug-in para navegadores web tales como Internet Explorer y Netscape Navigator, para que los navegantes puedan mirar películas publicadas en sitios web.

El primer paso en la preparación de una película para su presentación es guardar el archivo Flash (*.fla) con el formato de archivo del Reproductor de Flash (*.swf). Los archivos SWF los puede abrir y ver cualquiera que tenga el programa Reproductor de Flash.

VER PELÍCULAS CON EL REPRODUCTOR DE FLASH

Una vez guardada como archivo del Reproductor de Flash, la película ya está lista para salir al mundo. La podemos publicar en un sitio web, ponerla en un CD, o enviarla a través de la Red. Y cualquiera que tenga el Reproductor de Flash (que es gratuito) podrá verla.

Pero el primer paso es guardar la película Flash como archivo *.swf.

7° Parte — Publicación de Flash en la Web

Detalles

Archivos del Reproductor de Flash

Las películas Flash tienen la extensión de archivo *.fla, y solamente se pueden abrir con Flash. Los archivos del Reproductor de Flash son archivos especiales, que incluso aquellas personas que no tienen Flash pueden ver, y tienen la extensión *.swf.

GUARDAR ARCHIVOS DEL REPRODUCTOR DE FLASH

Hay dos formas de guardar una película Flash como archivo del Reproductor de Flash: publicarla o exportarla. Ambas opciones crean lo mismo: un archivo *.swf, que se puede abrir con el Reproductor de Flash. Para exportar una película Flash como película del Reproductor de Flash, siga estas instrucciones:

1. Abra el archivo en Flash.
2. Elija **Archivo, Exportar película**.
3. En la lista desplegable Guardar como archivos de tipo, del cuadro de diálogo Exportar película, elija Flash Player (*.swf) (véase la Figura 21.1).

Figura 21.1

SWF es el formato de archivo que se usa para que una película pueda reproducirse con el Reproductor de Flash.

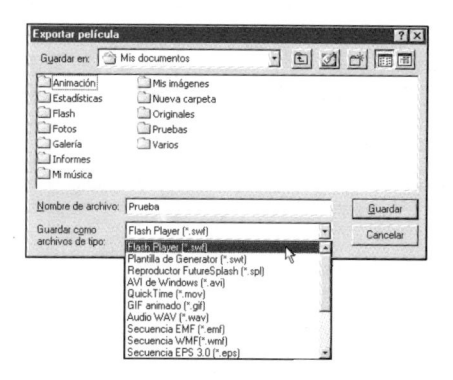

4. En el cuadro Guardar en del cuadro de diálogo Exportar película, navegue hasta la carpeta en la que quiera guardar el archivo. Luego, ingrese un nombre de archivo para la película en el cuadro Nombre de archivo del cuadro de diálogo, y haga clic en Aceptar para guardar el archivo.

También puede crear un archivo para el Reproductor de Flash a partir de una película abierta, eligiendo **Archivo, Publicar**, en la barra de menúes. A diferencia de la opción **Exportar película**, esta otra opción no permite cambiar el nombre de archivo o elegir la carpeta, sino que usa automáticamente la misma carpeta y el mismo nombre de archivo con los que está guardada en disco la película Flash.

Ver la película

Una vez guardada una película como archivo SWF, puede abrirla con el Reproductor de Flash. Si quiere una forma todavía más rápida de iniciar el Reproductor de Flash, en el administrador de archivos del sistema haga doble clic en un archivo SWF.

Poner a Flash On-line **Capítulo 21**

Para abrir una película desde la ventana del Reproductor de Flash, vaya al menú y elija **Archivo, Abrir**. El cuadro de diálogo Abrir archivo (que se muestra en la Figura 21.2) permite ingresar un URL, si el archivo está en la Web, o usar el botón Examinar para encontrar una película en el sistema local.

El menú Ver del Reproductor de Flash ofrece opciones de acercamiento y alejamiento (zoom). Al acercar la imagen, el puntero del mouse se convierte en una mano en garra, que permite ver diferentes partes de la película en la ventana del Reproductor. El menú Control permite Reproducir, Rebobinar, Avanzar o ir hacia Atrás, y activar o desactivar la reproducción continua de la película con la opción Bucle (véase la Figura 21.3).

> **Detalles**
>
> **Archivos del Reproductor de Flash**
>
> ¿Por qué la extensión de archivo de las películas Flash reproducibles es SWF? SWF viene de Shock Wave File (archivo de Shock Wave). Shock Wave es otro nombre que le da Macromedia al Reproductor de Flash.

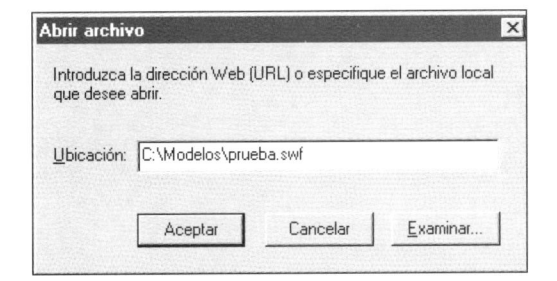

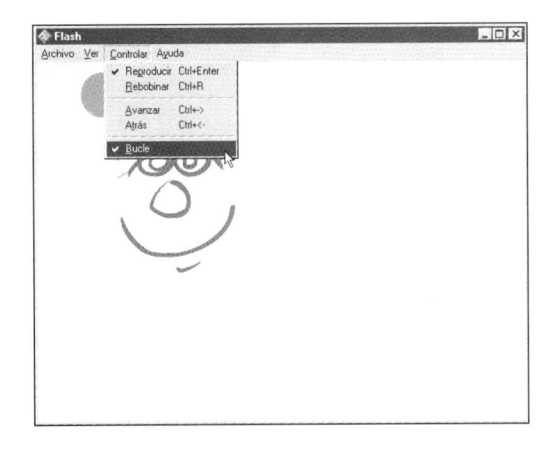

Figura 21.2

Con el cuadro de diálogo Abrir archivo se pueden abrir películas Flash ubicadas en la computadora local, o ingresar un URL para abrir una película publicada en un sitio web.

Figura 21.3

Los espectadores que miren la película con el Reproductor de Flash podrán detenerla, iniciarla, rebobinarla y pasarla fotograma por fotograma.

Además de ver con el Reproductor de Flash una película guardada, al abrir una película en Flash y elegir **Control, Probar película** se activa automáticamente una versión especial del Reproductor de Flash, en la que se presentará la película.

Figura 21.4

Al iniciar una película desde Flash, se tiene acceso a opciones adicionales que los espectadores normales no tienen. Por ejemplo, podemos abrir dentro del Reproductor de Flash el Controlador (eligiendo **Ventana, Barras de herramientas, Controlador**, en la barra de menúes) para rebobinar, reproducir o pasar la película por fotogramas.

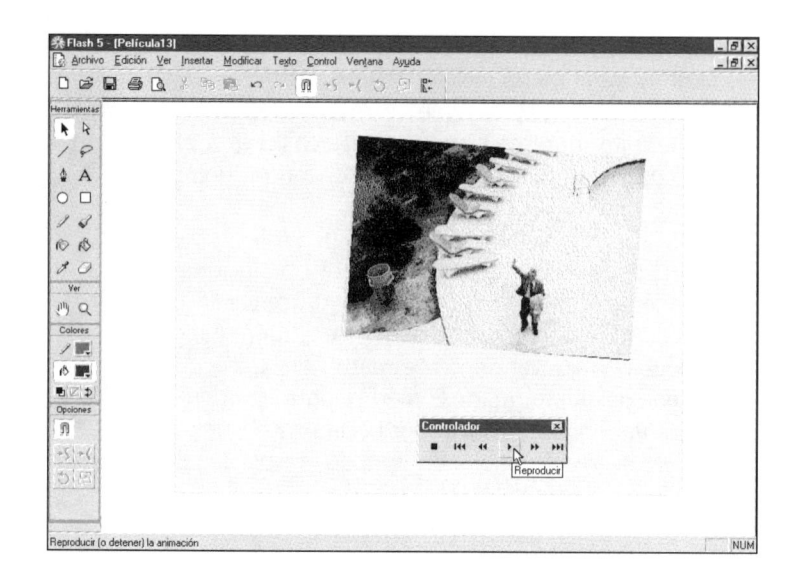

Descargar el Reproductor de Flash

Si el lector tiene el programa Flash, también tiene el correspondiente Reproductor. Pero si está preparando archivos Flash para su distribución, quizá le interese conocer la dirección en la que se puede obtener el Reproductor de Flash, para indicársela a sus espectadores.

El programa Reproductor de Flash se puede descargar gratuitamente en

```
http://www.macromedia.com/software/flash/download
```

Crear páginas web con archivos Flash insertados

La forma más universal de distribuir películas Flash es a través de la Web. Las versiones actuales de los navegadores web pueden abrir archivos SWF directamente. Por ejemplo, la película de la Figura 21.5 no es más que un archivo SWF, abierto en Internet Explorer.

Agregar una película Flash a un sitio web: la forma más fácil

Para agregar un archivo de película Flash a un sitio web una de las formas es transferir el archivo al sitio directamente, usando para ello cualquier herramienta de FTP (File Transfer Protocol, Protocolo de Transferencia de Archivos) o la herramienta de publicación web que use habitualmente.

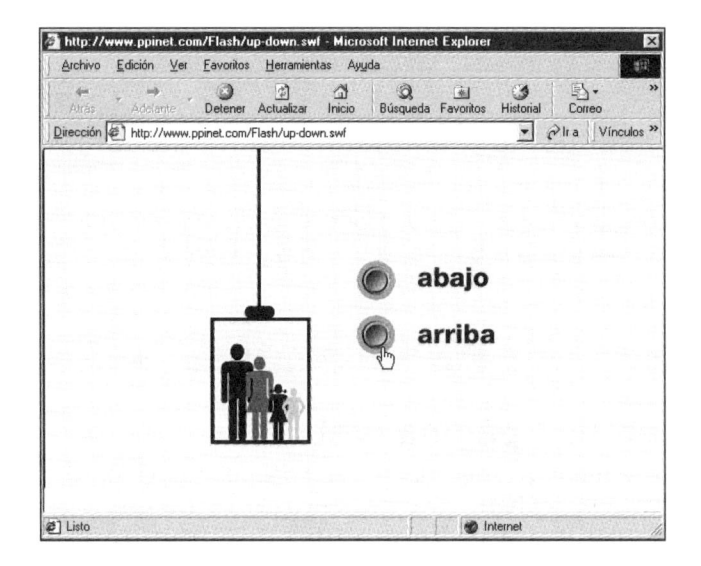

Poner a Flash On-line   **Capítulo 21**

Figura 21.5

El archivo indicado en la barra de título de Internet Explorer no es un archivo HTML, sino un archivo SWF. Abrir y presentar este archivo no representa ningún problema para IE.

¿Quiénes pueden ver películas Flash?

¿Todos pueden ver películas Flash en sus navegadores? No, no todos. En el Capítulo 22, "Exportar películas Flash" obtendrá asesoramiento acerca de cómo preparar películas Flash para navegadores y sistemas desprovistos de Flash.

Sin embargo, la cantidad de sistemas y navegadores que pueden presentar películas Flash es bastante impresionante. Las películas Flash guardadas en formato SWF están al alcance de usuarios de Windows 95/98, MacOS 8.X, Internet Explorer (con el CD), America Online, y Netscape Navigator. Todos estos programas traen integrado un visor Shockwave (Flash).

Luego, basta vincular la película Flash descargada con otras páginas en el sitio web, y podrán verla todos aquellos visitantes cuyos navegadores admitan archivos *.swf o tengan el Reproductor de Flash instalado en sus sistemas.

La forma más sencilla de incluir una película Flash en un sitio web es subir los archivos *.swf al servidor web. Sin embargo, muchos diseñadores querrán combinar sus películas Flash con HTML (páginas web). Esto requiere insertar una película Flash en la página web.

7º Parte ▸ Publicación de Flash en la Web

> **Pase a camarines**
>
> ★ **No es obligatorio insertar las películas Flash en páginas HTML, pero ayuda**
>
> Es perfectamente posible ver una película Flash en el navegador abriendo sencillamente el archivo SWF. Al hacerlo, la película Flash ocupará toda la página web (como ya hemos visto en la Figura 21.5).

Insertar una película Flash en una página web

HTML es el lenguaje de la Web; es el código que usan los navegadores web para detectar el formato del texto, las imágenes gráficas, y... sí, también las películas Flash.

Flash permite crear páginas web con películas Flash insertadas dentro de ellas.

Al insertar una película Flash en una página HTML, es posible controlar el tamaño de la película. Por ejemplo, las películas Flash de la Figura 21.6 solamente ocupan una pequeña porción de la página.

Figura 21.6

Como las tres películas Flash están insertadas en una página web, pueden compartir la página con otros contenidos, por ejemplo texto.

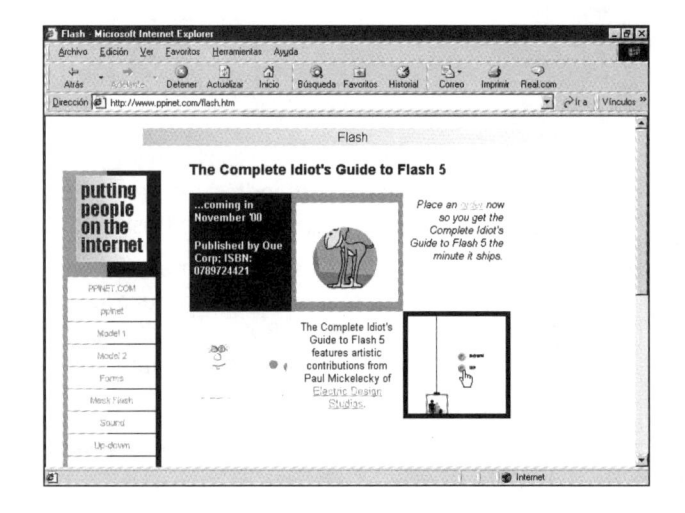

Incluso sin saber nada de HTML, el lector puede ahorrarse el trabajo y dejar que Flash genere la página HTML con la película Flash insertada. He aquí cómo:

1. Con la película Flash abierta y ya guardada, elija **Archivo, Configuración de publicación**. Aparecerá el correspondiente cuadro de diálogo.

2. En la lista de casillas de verificación que se encuentran en la ficha **Formato**s, elija tanto Flash (.swf) como HTML (.html) (véase la Figura 21.7).

Poner a Flash On-line   Capítulo 21

> **Detalles**
>
> ### ¿Qué es HTML y qué tiene que ver con Flash?
>
> El HTML es el lenguaje común que permite a los navegadores web interpretar y presentar el texto y los gráficos. HTML por sí solo no basta para presentar películas Flash; para eso hace falta un plug-in o un navegador (como Internet Explorer) preparado para reproducir películas Flash.
>
> Existe un modo de encarar el diseño web (promovido, como no podría ser de otro modo, por la gente de RR.PP de Macromedia) que consiste en diseñar los sitios completamente en Flash. La limitación de este enfoque radica en que el diseñador no puede aprovechar la combinación de sus películas Flash con el accesible y fácilmente editable HTML. La otra opción, que es la que estamos explorando ahora, es combinar las películas animadas e interactivas de Flash con páginas diseñadas principalmente en HTML.
>
> Para una sólida introducción al diseño de páginas web con HTML, dele un vistazo al libro de Elizabeth Castro HTML for the World Wide Web. Otro modo de generar páginas web HTML sin saber HTML es usar programas como Dreamweaver o FrontPage.

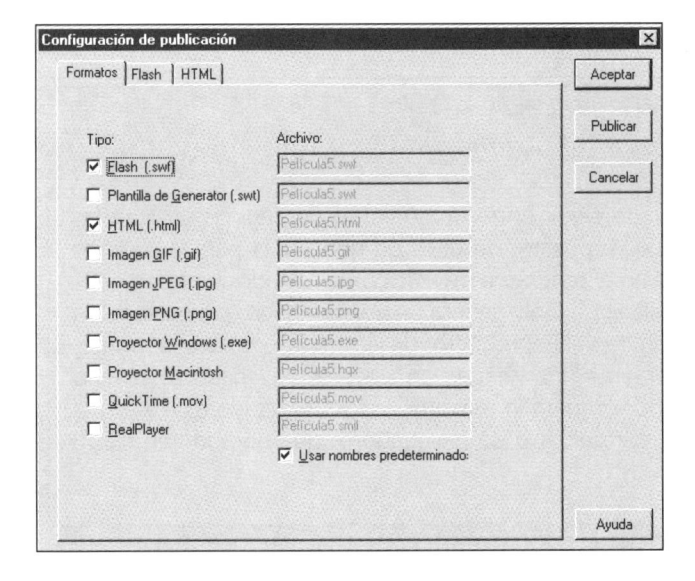

Figura 21.7

La casilla de verificación HTML marcada le indica a Flash que genere una página HTML con la película Flash insertada. El programa configura los nombres de archivo (y carpetas) según el nombre asignado originalmente al archivo Flash, a menos que esté sin marcar la casilla de verificación Usar nombres predeterminados.

3. Para definir cómo se generará la página HTML, abra la ficha HTML, en el cuadro de diálogo Configuración de publicación. La Figura 21.8 muestra la ficha HTML.

253

Figura 21.8

Generalmente, para generar una página web con una película Flash insertada basta aceptar la configuración predeterminada de HTM, tal y como la presenta Flash. Una vez generada esta página, puede editarla modificando directamente el código HTM o usando editores de páginas web como DreamWeaver y FrontPage, con los que podrá refinar la presentación de la película Flash.

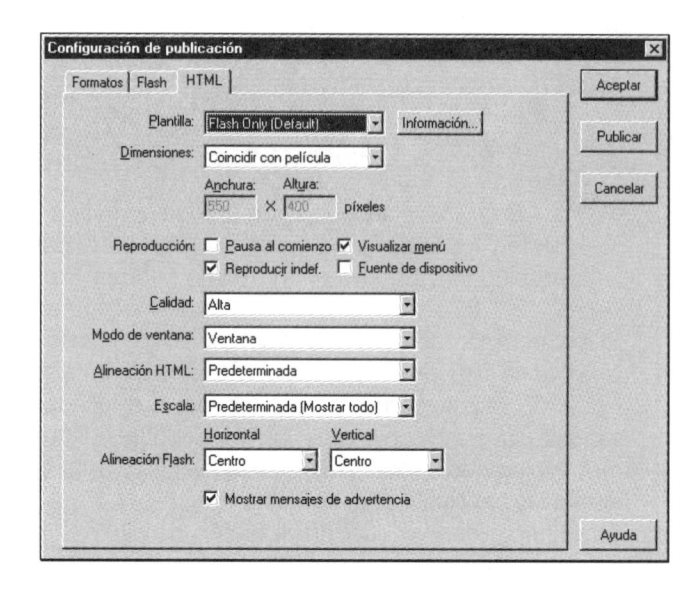

4. En la lista desplegable Plantilla, deje la selección Flash Only, o bien elija una de las otras opciones de presentación de la película en la página web. Generalmente, para la mayoría de los navegadores modernos la opción Flash Only es una buena elección.

Opciones de plantilla

La lista desplegable Plantilla permite elegir entre un conjunto de páginas HTML en las que se puede insertar la película Flash. Por supuesto, después de generar la página HTML en Flash, el diseñador puede abrirla y editarla en el programa de edición de HTML de su preferencia, o agregarle código HTML a mano. La plantilla Flash Only genera una página web que presenta la película en navegadores y sistemas que admiten el Reproductor de Flash. Flash 5 hace lo mismo, pero brinda la opción de presentar únicamente una imagen en aquellos navegadores que no admiten Flash. Flash Only es una buena opción para la mayoría de los espectadores. Para una exposición de otras opciones disponibles para el caso de navegadores que no admiten Flash, véase el Capítulo 22, "Exportar películas Flash".

5. Use la lista desplegable Dimensiones para elegir entre hacer que el tamaño de la película insertada coincida con el de la pantalla (Coincidir con película), o definir el tamaño en Píxeles o en Porcentaje. Si elige una de estas dos opciones, use los cuadros Anchura y Altura para definir el ancho y alto de la película en la página web, respectivamente.

Poner a Flash On-line — Capítulo 21

6. Use las casillas de verificación agrupadas bajo Reproducción para definir cómo se presentará la película Flash en la página web. Las opciones son (puede marcar una o más de las casillas de verificación):

- **Pausa al comienzo.** Requiere que el espectador inicie la película, haciendo clic en un botón contenido en ella, o eligiendo Reproducir en el menú contextual.

- **Reproducir indef.** Repite la película indefinidamente.

- **Visualizar Menú.** Hace que aparezca el menú contextual cuando el visitante hace clic derecho (en Windows) o Cmd+clic (en Macintosh).

- **Fuente de dispositivo.** Esta opción funciona solamente en el caso de espectadores que usan Windows, y permite el uso de fuentes suavizadas cuando las fuentes incluidas en la película no están disponibles en el sistema del espectador.

7. Use la lista desplegable Calidad para definir el grado de suavizado que desea aplicarle a los bordes dentados. Mayor calidad (suavizado) produce gráficos y texto más agradables, pero la velocidad de la reproducción puede verse disminuida.

8. La lista desplegable Modo de ventana permite usar características que únicamente están disponibles en Internet Explorer 4.0 y superiores, y permiten que la película Flash aparezca "encima" de otros elementos de la página.

Detalles

Posicionamiento absoluto de objetos en la página

El posicionamiento absoluto de objetos dentro de la página es un elemento poco confiable de HTML, que entra más bien dentro de la categoría del DHTML (HTML dinámico). El DHTML es una de las formas de agregar contenido a una página que puede presentar más problemas de incompatibilidad con los navegadores (para este tipo de objetos, animados y posicionados, es mejor usar Flash). Si el lector está explorando esta frontera, quizá pueda valerse de la opción Opaco sin ventana, para ubicar la película Flash encima de los otros objetos, o Transparente sin ventana, para ubicar las películas encima de otros objetos de la página, lo que permite que esos objetos situados "debajo" de la película sean parcialmente visibles. Si todo esto le suena confuso, no se haga problemas; quédese con la opción Ventana; es todo lo que necesitará.

9. Use la lista desplegable Alineación HTML para posicionar la película Flash en la ventana del navegador. La opción Predeterminada centra la película; Izquierda y Derecha alinean la película con el costado izquierdo y derecho de la ventana del navegador, respectivamente. Superior e Inferior alinean la película con el extremo superior y el extremo inferior, respectivamente, de la ventana del navegador.

10. La lista desplegable Escala solamente tiene importancia cuando se define una ventana de visualización para la película (en la sección Dimensiones) cuyo tamaño no coincide con el de la película.

Detalles

Tamaño de película y de presentación diferentes

En casi todos los casos, el lector querrá presentar toda la película en la página HTML. Sin embargo, cabe la posibilidad de reservar para la película un área de la página HTML de menor tamaño que el de la película. Si llegara a hacerlo, la opción Predeterminada (Mostrar todo) sirve para ajustar la película entera dentro del espacio definido en la sección Dimensiones del cuadro de diálogo, manteniendo a la vez la proporción original entre el alto y el ancho de la película. La opción Sin borde redimensiona la película de modo que llene el área especificada, manteniendo también la proporción indicada. Pero si usa esta opción, puede ser que parte de la película se recorte y quede fuera de la ventana de presentación. La opción Ajuste exacto obliga a que la película llene el espacio definido en la sección Dimensiones del cuadro de diálogo. Si elige esta opción, la proporción entre el alto y el ancho de la película puede verse distorsionada.

11. Use la lista desplegable Alineación Flash para definir el lugar en el que se presentará la película si el área definida para ella es más grande que la película. Por ejemplo, la película que vemos en la Figura 21.9 está alineada con la esquina inferior derecha de la ventana del navegador.

12. Haga clic en la casilla de verificación Mostrar mensajes de advertencia para hacer que aparezcan posibles mensajes de error en Flash (para usted, el diseñador) si hubiera algún potencial conflicto entre las diferentes opciones seleccionadas en la ficha HTML del cuadro de diálogo Configuración de publicación.

13. Una vez definida la configuración de HTML, haga clic en Publicar, en el cuadro de diálogo Configuración de publicación, y luego en Aceptar para cerrar el cuadro de diálogo.

Poner a Flash On-line Capítulo 21

Figura 21.9

Como el espacio definido para la película es mayor que el área del navegador, y como hemos alineado esta película con la esquina inferior derecha del área reservada a la película, para ver toda la película es necesario el uso de las barras de desplazamiento, y parte de la película está "oculta" a menos que el visitante desplace la ventana hacia abajo y a la derecha.

Una vez generada una página HTML con la película insertada en ella, puede subir la página web al servidor que vaya a usar, donde la podrá ver el mundo entero. Asegúrese de subir el archivo *.swf correspondiente a la película Flash a la misma carpeta/directorio del servidor, para que esté disponible para su inserción en la página web.

> **¿Y si lo único que quiero es poner mi película Flash dentro de una página HTML?**
>
> Si lo único que desea es generar una página web HTML con la película Flash dentro de ella, basta aceptar los valores predeterminados en la ficha HTML del cuadro de diálogo Configuración de publicación, y hacer clic en Publicar.

INSERTAR LA PELÍCULA FLASH ESCRIBIENDO EL HTML MANUALMENTE

Si el lector tiene experiencia en la codificación HTML (no estoy diciendo que haya que tenerla para usar Flash) puede crear por sí mismo la página web en la que insertará la película Flash.

Para insertar una película Flash en una página se usa el comando <EMBED>. Los comandos <WIDTH> y <HEIGHT> definen el tamaño de la ventana de la película. Hallará más detalles acerca del uso de estos comandos, lo mismo que acerca de otros comandos tales como <LOOP>, <ALIGN>, y <AUTOSTART>, en el manual de codificación HTML de su preferencia.

Para los visores en Macintosh, la película Flash se inserta usando la etiqueta HTML <OBJECT>.

De lo único de lo que tiene que asegurarse es de poner la película Flash en el mismo directorio web que la página HTML que contiene la referencia a la película.

7º Parte ▸ Publicación de Flash en la Web

Probar la película en una página web

Una vez definida la configuración de HTML, puede ver la película en el navegador predeterminado del sistema en el que trabaja, pulsando para ello la tecla de función F12, o eligiendo **Archivo, Previsualización de publicación**, HTML.

Flash iniciará el navegador predeterminado del sistema y abrirá la página HTML en la que se presenta la película. Notará que, además del código HTML encargado de insertar la película en la página, Flash generó un título para la página (que aparecerá en la barra de título del navegador), a partir del nombre de archivo de la película Flash.

Pase a camarines

Una forma fácil de escribir manualmente el HTML

La manera más fácil de combinar una película Flash con codificación HTML propia, es generar el HTML en Flash y luego hacerle los agregados pertinentes con un editor HTML o escribiéndolos a mano.

Lo mínimo que tiene que saber

- Se puede ver una película Flash desde dentro mismo de Flash o con el Reproductor de Flash.

- Las películas Flash suelen presentarse dentro de páginas web y los navegadores web actuales pueden reproducirlas sin necesidad de instalar utilidades adicionales.

- La tarea de generar el código HTML necesario para presentar la película Flash en una página web se le puede dejar a Flash.

- Las páginas web generadas por Flash se pueden editar, ya sea cambiando el código HTML manualmente abriendo los archivos correspondientes en un programa editor de HTML (como Dreamweaver, FrontPage o Netscape Composer).

Capítulo 22

Exportar películas Flash

En Este Capítulo

- ¿Para qué sirve la exportación?
- Exportar gráficos estáticos desde Flash
- Exportar secuencias de imágenes estáticas
- Exportar animaciones Flash
- Exportar sonido

Una de las grandes bondades de Flash es su amplia aceptación: Internet Explorer 5 (y posteriores) viene equipado para ejecutar películas Flash, y los usuarios de Netscape Navigator pueden descargar el Reproductor Shockwave/Flash en el sitio http://www.macromedia.com/shockwave.

El problema es que hay personas que no tienen una versión actualizada de Internet Explorer, o quizá no quieren descargar el Reproductor Shockwave/Flash para Netscape.

Y están apareciendo nuevas tecnologías que todavía no tienen soporte para Flash, por ejemplo, navegadores web para Linux, Web TV, y otras formas nuevas de conectarse a la Red.

En pocas palabras, por más amplia que sea la aceptación de Flash, todavía no es del todo global. Aun así, el lector quizá desee tomar películas, gráficos estáticos y archivos de sonido extraídos de Flash y exportarlos a formatos de uso más universal, a fin de poder comunicarse con su audiencia.

7º Parte ▶ Publicación de Flash en la Web

En este capítulo, hablaremos del modo de guardar películas Flash en otros formatos, como gráficos estáticos, y cómo extraer archivos de sonido de una película y guardarlos en archivos separados. Y examinaremos cuál es el formato más apropiado para cada caso.

Exportar películas Flash a gráficos estáticos

Una de las cosas que podemos hacer es tomar un fotograma individual de una película Flash y guardarlo como gráfico estático. Por ejemplo, en la Figura 22.1, hemos configurado la pantalla para guardar el fotograma 11 de la película.

Figura 22.1

Nótese que en la línea de tiempo está seleccionado el fotograma 11; solamente este fotograma será exportado como gráfico estático.

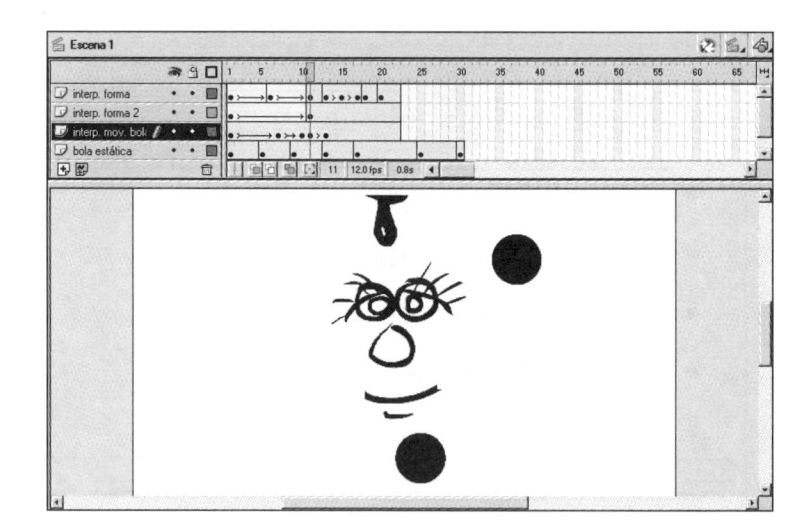

Pase a camarines

¿Qué pasa con las capas ocultas?

Al exportar un fotograma en Flash, se exportan todas las capas presentes en el fotograma, ya sea que estén a la vista u ocultas. Esto puede dar lugar a confusiones, si hay alguna capa oculta; uno se preguntará de dónde salió el material adicional que aparece en el gráfico exportado. Por eso, antes de exportar un fotograma como gráfico estático conviene poner a la vista todas las capas (haciendo para ello clic en el ícono Mostrar todas las capas).

Una vez seleccionado el fotograma que desea exportar, vaya al menú y elija **Archivo, Exportar imagen**. Aparecerá el cuadro de diálogo Exportar imagen (que se ve en la Figura 22.2).

Exportar películas Flash   Capítulo 22

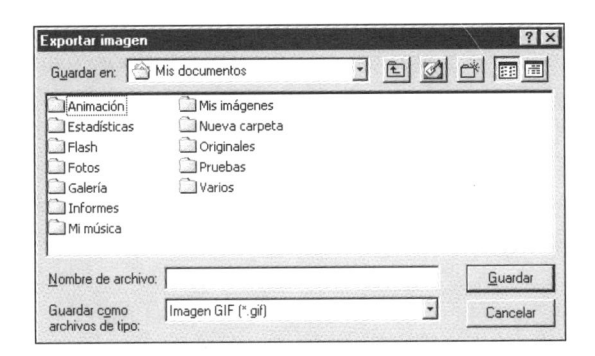

Figura 22.2

Use el cuadro de diálogo Exportar imagen para elegir el nombre de archivo, la carpeta y el formato de la imagen exportada.

Use la lista desplegable Guardar en para navegar hasta una carpeta del sistema. En el cuadro Nombre de archivo ingrese un nombre para el archivo exportado. En la lista desplegable Guardar como archivos de tipo elija un formato de archivo.

Elección de un formato de archivo para la exportación

Para exportar un fotograma de una película Flash destinado a la publicación en la Web, las opciones básicas son GIF y JPEG. Un poco más adelante en este capítulo entraré en detalles respecto de cómo y cuándo usar estos formatos, pero primero, permítame presentarle todos los formatos de gráficos estáticos disponibles:

- **Metarchivo (EMF y WMF)**. Use este formato (también llamado Metarchivo de Windows) para documentos impresos creados en Windows.

- **Postscript (EPS)**. Encapsulated PostScript es uno de los formatos de archivo para impresión más ampliamente reconocidos.

- **Adobe Illustrator (AI)**. El formato de archivo AI es compartido por Illustrator y Macromedia Freehand, y CorelDRAW es capaz de importarlo, así que es un formato conveniente para todos los programas de gráficos vectoriales.

- **AutoCAD (DXF)**. ¿Piensa compartir la imagen con un arquitecto o un dibujante técnico? Si es así, este formato es una buena opción para la exportación.

- **Mapa de bits (BMP)**. Formato gráfico de mapa de bits ampliamente interpretado.

- **JPEG (JPG/JPEG)**. Uno de los dos formatos compatibles con la Web, junto con GIF. JPEG conserva los colores mejor que GIF (para rellenos degradados, use JPEG). El formato JPEG no permite colores transparentes o entrelazado (una técnica que consiste en ir "materializando" gradualmente las imágenes grandes a medida que se descargan).

- **GIF**. El otro formato gráfico compatible con la Web (junto con JPEG). GIF no conserva los colores tan bien como JPEG, pero admite el entrelazado.

- **PNG**. Esta bien, era mentira: hay un tercer formato gráfico compatible con la Web. Pero no es tan universalmente aceptado por los navegadores. PNG es similar al formato GIF.

De las diversas opciones de exportación, para gráficos destinados a sitios web usaremos los formatos GIF y JPEG. Cada formato de archivo ofrece diferentes opciones de exportación.

7° Parte — Publicación de Flash en la Web

Opciones de exportación

La mayoría de los formatos que usaremos para exportar archivos tienen unas pocas opciones en común. Podemos decidir si guardaremos en la imagen exportada todo el escenario, o solamente el área ocupada por la imagen. Muchos formatos de exportación permiten definir las dimensiones exactas de la imagen exportada.

También es posible definir la cantidad de colores a exportar. Más colores implican mayor exactitud de reproducción en la imagen exportada, pero también aumentan el tamaño del archivo (y el tiempo de descarga).

Muchos formatos de exportación tienen una casilla de verificación Suavizar. Seleccione esta casilla si quiere eliminar los bordes dentados que hacen que las líneas diagonales se vean como escaleras.

> **Detalles**
>
> **Aumentar la cantidad de colores con el tramado (dithering)**
>
> ¿Qué pasa si guardamos en color de 8 bits una imagen que tiene 500 colores? La computadora "simulará" los colores "faltantes", no incluidos en una paleta de 8 bits (256 colores), mezclando píxeles de colores que sí se encuentran en la paleta.

Para exportar solamente la imagen (y no todo el tamaño del fondo), abra la lista desplegable Incluir y elija Área de imagen mínima. Para exportar toda el área del escenario, elija Tamaño de documento completo.

Si quiere definir con precisión el tamaño del área que quiere exportar, ingrese las dimensiones en los cuadros Anchura y Altura.

Puede definir la resolución del gráfico exportado cambiando el valor indicado en el cuadro Resolución. 72 ppp es la resolución estándar para gráficos destinados al monitor de la computadora (incluyendo gráficos a publicar en sitios web). Resoluciones más altas se usan para imágenes destinadas a la impresión.

Las opciones de profundidad de color definen la cantidad de colores a guardar en el gráfico exportado. La opción 8 bits guarda la imagen a 256 colores. Para la mayoría de los gráficos destinados a la Web, color de 8 bits es más que suficiente.

También puede exportar imágenes usando una paleta de 24 bits. Esto implica guardar un espectro completo de colores, de alrededor de 16 millones de colores. Use 24 bits solamente al exportar imágenes para imprimir.

Exportar a GIF

Si exporta la imagen en formato GIF, puede agregarle entrelazado. Entrelazar una imagen GIF hace que la imagen, en vez de ir apareciendo desde arriba y en dirección descendente, vaya aumentando gradualmente su resolución, lo que mantiene entretenido al espectador durante la descarga del archivo.

El formato de exportación GIF también permite el uso de transparencia, lo que hace que el fondo de una imagen (usualmente blanco, a menos que hayamos configurado otro color de fondo) no se vea cuando la imagen esté puesta en una página web.

En la Figura 22.3 estamos exportando una imagen GIF y hemos seleccionado entrelazado y transparencia.

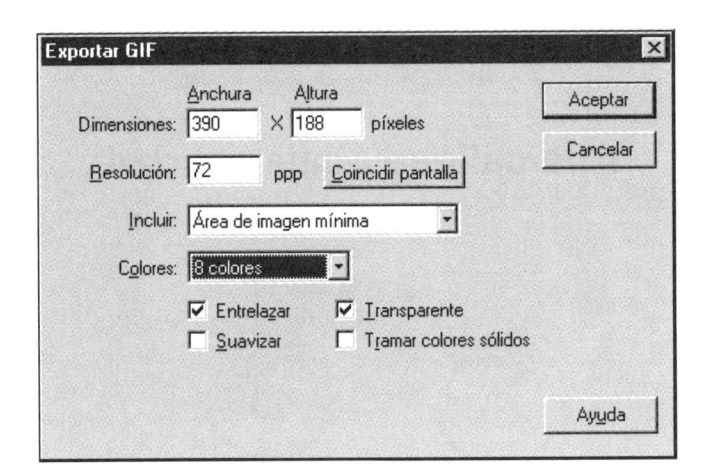

Figura 22.3

Eligiendo ocho colores se minimiza el tamaño del archivo GIF exportado.

La Figura 22.4 muestra la imagen GIF que hemos exportado, insertada en una página web.

Figura 22.4

Como hemos exportado esta imagen como GIF con fondo transparente, la imagen parece estar directamente sobre el fondo de la página.

Exportar a JPEG

Cuando se exportan imágenes que contienen muchos matices de color (fotos o imágenes con rellenos degradados), los colores suelen preservarse mejor si se exporta la imagen a formato JPEG.

El cuadro de diálogo Exportar JPEG incluye una opción que permite regular la calidad de la imagen. Mayor calidad de imagen (donde 100 es el máximo valor posible) crea imágenes de mayor tamaño de archivo, cuya descarga es más lenta, y que son más precisas. Las imágenes de baja calidad tardan menos en descargarse, pero se ven peor. Determinar el nivel de compresión apropiado suele requerir un poco de experimentación (véase la Figura 22.5).

Publicación de Flash en la Web

Figura 22.5

El JPEG de alta calidad fue exportado con una configuración de calidad de 100. Su tamaño es 5 MB. El JPEG de baja calidad se exportó configurando la calidad en 1. Su tamaño es 4 MB. No mucho ahorro en tiempo de descarga, considerando la pérdida de calidad.

EXPORTAR A SECUENCIAS DE IMÁGENES

En Flash hay dos opciones básicas de exportación: exportar a gráficos estáticos (por ejemplo, archivos AIF o JPEG) o exportar a otros formatos de animación (como QuickTime o AVI).

Exportar a secuencias de imágenes está en algún lugar en el medio entre esas dos opciones. Al exportar una película a secuencias de imágenes se exporta cada fotograma de la película a un archivo gráfico estático separado.

Exportar una película a secuencias de imágenes es similar a exportar imágenes, excepto que Flash genera una imagen para cada fotograma de la película.

Para generar una secuencia de imágenes desde una película abierta, elija **Archivo, Exportar película**.

En la lista desplegable Guardar como archivos de tipo del cuadro de diálogo Exportar película, elija una de las opciones de secuencia (secuencia JPEG o secuencia GIF). Ingrese un nombre de archivo y haga clic en Guardar, para generar una imagen a partir de cada fotograma de la película.

Generar secuencias de imágenes puede ser de utilidad si tenemos que presentarle a un cliente un bosquejo impreso de la película. La Figura 22.6 muestra una presentación hecha con imágenes generadas a partir de una película.

Figura 22.6

Presentar unos pocos fotogramas puede dar una idea de la secuencia general de la acción de la película (como de hecho hacen estos cinco fotogramas).

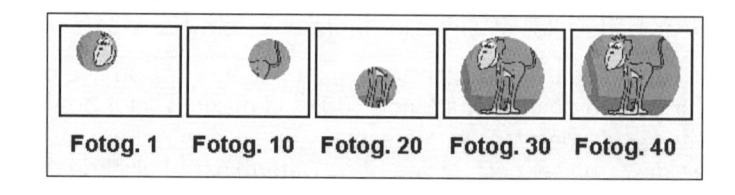

Exportar películas Flash — Capítulo 22

Pase a camarines

¡Son muchísimas imágenes!

Basta hacer un cálculo rápido para ver que una película con 400 fotogramas generará una enorme cantidad de gráficos estáticos (para ser exactos, 400). Así que, tratándose de películas grandes, las secuencias de imágenes no suelen ser una opción práctica. Puede usar este tipo de secuencias para generar copias impresas a partir de la película (algo así como las viejas láminas de animación de los dibujos animados, que se hacían a mano).

Una alternativa es usar únicamente algunas de las imágenes secuenciales generadas. Por ejemplo, en una película con 100 fotogramas podríamos usar únicamente una de cada diez imágenes, y componer de ese modo una versión abreviada de la película. Es lo que hemos hecho en la Figura 22.6, donde redujimos una película más larga a solamente cinco imágenes.

EXPORTAR A OTROS FORMATOS DE PELÍCULA

Flash tiene una mente bastante abierta en cuanto a formatos de archivo de animación. Aunque la gente de Macromedia sigue en campaña para conseguir que todo el mundo adopte el visor Shockwave de Flash, también son concientes de que muchos de los potenciales espectadores de películas Flash dependen de otros visores de películas.

Ningún problema. Flash puede exportar películas a todos los formatos de animación ampliamente usados, incluyendo el Quicktime de Macintosh, el AVI de Windows y el formato de GIF animado, que es compatible con casi todos los navegadores web.

Para exportar una película abierta a otro formato de animación, elija **Archivo, Exportar película**. Navegue hasta la carpeta en la que quiera guardar el archivo, ingrese un nombre de archivo, y luego elija un formato de animación en la lista desplegable Guardar como archivos de tipo.

Además de generar secuencias de imágenes estáticas, o "exportar" al formato propio de Flash, tenemos tres opciones de exportación: AVI, QuickTime y GIF animado.

AVI y QuickTime brindan películas de mejor calidad que los GIF animados. Pero también producen archivos de mayor tamaño. Los archivos GIF animados son compatibles con Internet Explorer o Netscape Navigator versiones 2 y posteriores. Cualquier usuario de Windows puede ver archivos AVI, y cualquier usuario de Macintosh puede ver películas QuickTime.

Detalles

¿Qué elementos se pueden exportar?

No todos los elementos de una película Flash se pueden exportar a cualquier formato de animación. Las acciones asignadas a fotogramas y botones no se pueden exportar al formato AVI o a GIF animado, pero algunas acciones sí se pueden exportar a películas QuickTime.

Exportar al formato AVI de Windows

Si exporta una película al formato de archivo AVI de Windows, en el cuadro de diálogo Exportar a AVI Windows (que aparece en la Figura 22.7) podrá elegir el tamaño de la película, el formato de color y el formato de sonido. También podrá aplicar compresión (para reducir el tamaño de archivo) y usar la casilla de verificación Suavizar para eliminar los bordes dentados en las líneas diagonales.

Figura 22.7

Exportar una animación a formato AVI la pone al alcance de cualquiera que use un sistema operativo Windows. Una película en color de 24 bits será unas tres veces más grande (en tamaño de archivo) que una película en color de 8 bits.

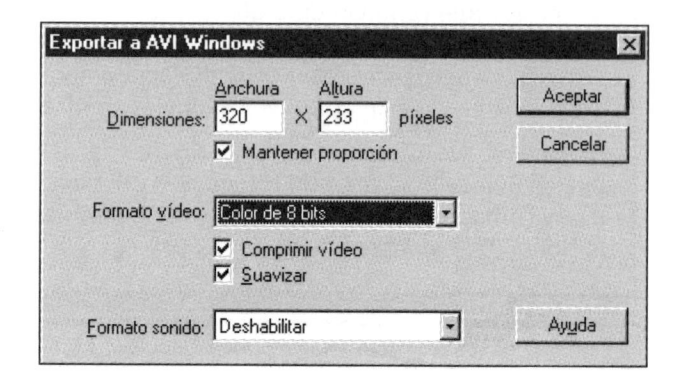

Las dimensiones que aparecen de modo predeterminado reflejan el tamaño necesario para capturar la película entera en formato AVI, así que lo más probable es que sea mejor dejarlas como están. Si decide modificarlas, use la casilla de verificación Mantener proporción para que al redimensionar la película se conserven las proporciones de alto y ancho.

La lista desplegable Formato vídeo permite elegir entre color de 8, 16, 24 y 32 bits. El color de ocho bits casi siempre es suficiente para preservar los colores de las películas Flash, y ahorra espacio en disco.

La lista desplegable Formato sonido permite elegir la calidad de sonido deseada para la animación. Flash sugerirá un formato de sonido, basándose para ello en el contenido de los archivos de sonido de la película (y sugerirá Deshabilitar si la película no contiene archivos de sonido). Puede reducir el tamaño de archivo eligiendo un valor de Mhz o bits más bajo, y puede experimentar para ver si la calidad de sonido sigue siendo lo suficientemente buena al exportar a un archivo de menor tamaño. Alternativamente, puede aceptar el formato de sonido recomendado, para lograr los mejores resultados.

Una vez seleccionadas las dimensiones, el formato de video y el formato de sonido, haga clic en Aceptar, en el cuadro de diálogo Exportar a AVI Windows. Como resultado se abrirá el cuadro de diálogo Compresión de video. El paquete de compresión Microsoft Video 1 trabaja con archivos AVI, y si lo selecciona, verá las opciones que se muestran en la Figura 22.8.

Exportar películas Flash | Capítulo 22

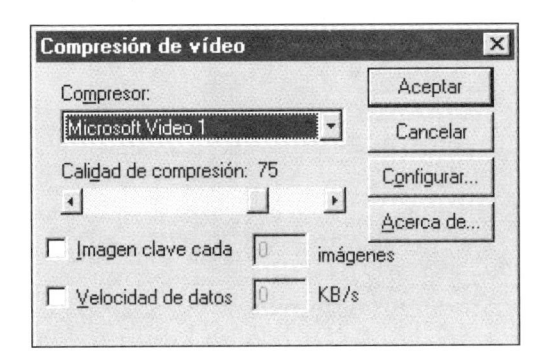

Figura 22.8

Mayor compresión de video crea archivos de película exportados más pequeños, pero reduce la calidad de la película. Comprimir una película al 75 % (como se ve en la figura) reduce el tamaño de archivo de 4.000 KB a 600 KB.

Pase a camarines

La compresión ayuda

Como AVI es un formato de mapa de bits, no vectorial, las películas exportadas a AVI son voluminosas. Así que la compresión a menudo ayuda a crear películas exportadas con tiempos de descarga manejables. Con los videos AVI suele ser necesario experimentar –especialmente cuando se los publicará en páginas web– hasta lograr un equilibrio aceptable entre tiempo de descarga y calidad. Para reducir el tiempo de descarga, aumente la compresión; para mejorar la calidad de imagen, reduzca la compresión.

Exportar a formato de animación QuickTime

Para exportar una película al formato de archivo QuickTime, elija Archivo, Exportar película. Ingrese un nombre de archivo, elija una carpeta de destino, seleccione la opción Quicktime en la lista desplegable Guardar como archivos de tipo, y haga clic en Aceptar.

El cuadro de diálogo Exportar QuickTime, que se muestra en la Figura 22.9, permite manejar unas cuantas características de la película Flash. Los cuadros agrupados bajo Dimensiones permiten redimensionar la película, y otros elementos del cuadro de diálogo brindan control adicional sobre el modo como se convertirá la película en archivo QuickTime.

La lista desplegable Alfa permite controlar cómo encajará la película Flash dentro de las pistas QuickTime existentes. La lista desplegable Capa determina el tipo de transparencia que se le asignará al color de fondo de Flash cuando la película Flash se inserte encima de una película QuickTime.

7º Parte | Publicación de Flash en la Web

Figura 22.9

Los videos QuickTime son relativamente fieles a la película Flash original, y son compatibles con Macintosh.

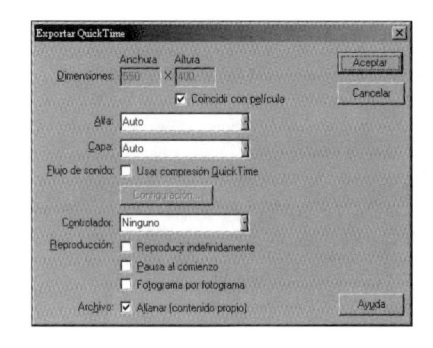

La casilla de verificación Usar compresión de QuickTime sirve para aplicar compresión QuickTime al audio. La lista desplegable Controlador permite seleccionar entre diferentes paneles de control de QuickTime. La Figura 22.10 muestra los controles tipo videograbadora de QuickTime.

Figura 22.10

Cuando exporte una película en formato QuickTime, podrá elegir diferentes tipos de controles de reproducción para insertar, incluyendo estos controles de reproducción al estilo de una videograbadora.

Las casillas de verificación Reproducir sin fin, Pausa al inicio y Reproducir todos los fotogramas controlan cómo y cuándo se reproducirá la película al abrirse en el visor de QuickTime. La casilla de verificación Aplanar reduce el tamaño del archivo, al crear una película QuickTime de una sola capa.

Exportar a GIF animado

Para exportar una película Flash al formato GIF animado, elija Archivo, Exportar película. Ingrese un nombre de archivo, navegue hasta la carpeta de destino, y elija GIF animado (*.gif) en la lista desplegable Guardar como archivos de tipo. Luego haga clic en Guardar para abrir el cuadro de diálogo Exportar GIF.

Este cuadro de diálogo no tiene tantas opciones como las que vimos en los otros casos, pero tiene un cuadro Animación en el que puede elegir si quiere repetir la película (véase la Figura 22.11).

Exportar películas Flash — Capítulo 22

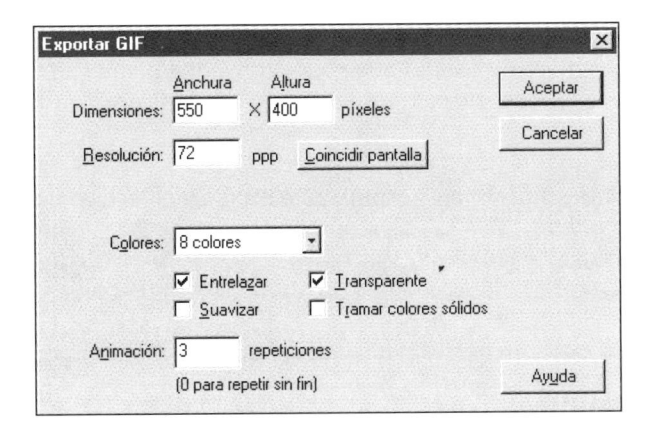

Figura 22.11

Si ingresa un valor en el cuadro Animación del cuadro de diálogo Exportar GIF, la película solamente se reproducirá una cantidad determinada de veces. Una vez agotadas las repeticiones, la película se congelará en el fotograma final.

Use los cuadros agrupados en Dimensiones para cambiar el tamaño de la película, si fuera necesario. La configuración predeterminada de resolución en 72 dpi está bien para películas en formato GIF animado. La lista desplegable Colores permite elegir la cantidad de colores a incluir en la paleta de colores de la imagen, y las casillas de verificación Entrelazar, Suavizar, Transparente y Tramar colores sólidos permiten aplicar los correspondientes atributos al GIF animado.

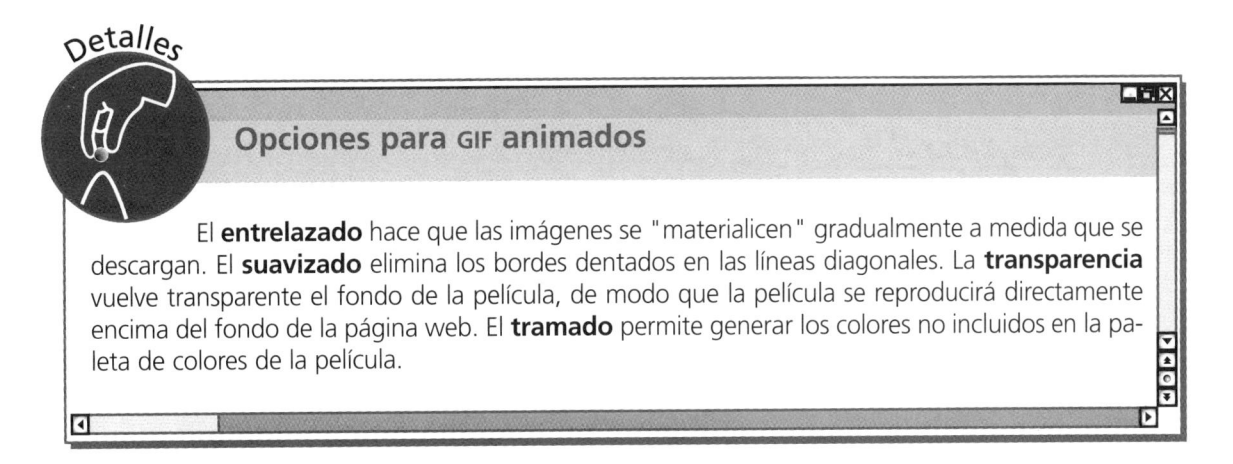

Detalles

Opciones para GIF animados

El **entrelazado** hace que las imágenes se "materialicen" gradualmente a medida que se descargan. El **suavizado** elimina los bordes dentados en las líneas diagonales. La **transparencia** vuelve transparente el fondo de la película, de modo que la película se reproducirá directamente encima del fondo de la página web. El **tramado** permite generar los colores no incluidos en la paleta de colores de la película.

El cuadro Animación permite definir la cantidad de repeticiones de la película (el valor 0 indica repetir la película indefinidamente).

EXPORTAR ARCHIVOS DE SONIDO

También se pueden extraer archivos de sonido de las películas, y exportarlos en formato WAV.

Para hacerlo, elija Archivo, Exportar película. Ingrese un nombre de archivo, y navegue hasta una carpeta en el cuadro Guardar en. En la lista desplegable Guardar como archivos de tipo, elija Audio WAV.

7° Parte | Publicación de Flash en la Web

En cuanto haga clic en Guardar, aparecerá el cuadro de diálogo Exportar WAV de Windows. En la lista desplegable Formato de sonido Flash sugerirá el formato de sonido que mejor convenga para el archivo de sonido. Si no quiere exportar los sonidos asignados a eventos, use la casilla de verificación Ignorar sonidos de evento.

Una vez definidas las opciones del archivo de sonido, haga clic en Aceptar, para exportar el archivo desde la película.

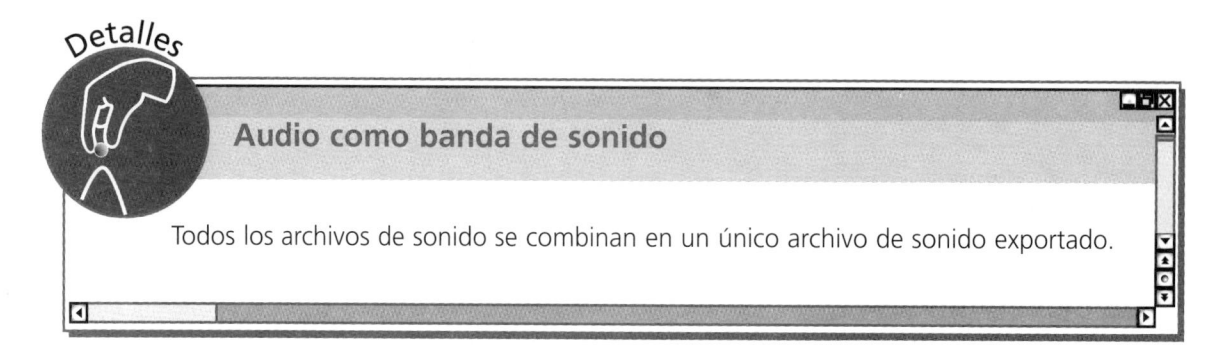

Detalles

Audio como banda de sonido

Todos los archivos de sonido se combinan en un único archivo de sonido exportado.

Lo mínimo que tiene que saber

- Se puede exportar cualquier fotograma de una película a un formato de archivo gráfico, como GIF o JPEG.

- Las películas Flash pueden exportarse como secuencias de imágenes, lo que crea un archivo gráfico por cada fotograma de la película.

- Puede exportar películas Flash a los formatos QuickTime, AVI de Windows o GIF animado.

- También puede extraer los sonidos de una película y exportarlos como archivos de sonido WAV.

Glosario

Flash tiene su propio lenguaje, lleno de términos como películas, vectores, fotogramas clave... Y para trabajar con Flash, también hay que tener algunas nociones del idioma de la Web (GIF, URL, HTML). Cuando se sienta confundido o trabado, use estas breves definiciones para mantener su cabeza en orden.

Acción: Un evento o actividad asociado con un fotograma de la película o un botón.

Acciones condicionales: Acciones en un navegador o en una película Flash que dependen de una variable.

ActionScript: El código de programación que genera Flash cuando asignamos acciones.

Adobe Illustrator: Un programa para la creación de gráficos vectoriales.

Ajuste: Opción que sirve para que los objetos se fijen a puntos establecidos del escenario.

Ajuste entre caracteres: La modificación del espaciado entre los caracteres del texto.

Alineación: La acción de poner objetos en línea en una fila o columna, horizontal o verticalmente.

Animación: La creación del efecto de movimiento en una película Flash mediante la rápida presentación de muchos fotogramas.

AVI: Archivos de video para Windows, compatibles con la mayoría de las computadoras Windows. Bitmap   Véase Mapa de bits.

BMP: Un formato de archivo gráfico de mapa de bits compatible con Windows.

Botón: Un objeto gráfico en una película Flash que reacciona cuando el usuario le apunta con el mouse o hace clic en él.

Campo de texto: Un cuadro de texto que sirve para obtener y guardar datos.

Capa: Las películas Flash suelen estar compuestas de muchas capas superpuestas, cada una de ellas transparente y editable por separado.

Clip de película: Una animación guardada como símbolo para poder reutilizarla en una película.

Colores seguros: Aquellos colores que coinciden con la paleta de 256 colores disponible en todos los navegadores.

Contornos: Una manera de mostrar los objetos en Flash, que consume poca memoria, y consiste en mostrar solamente sus contornos.

CorelDRAW: Un programa para la creación de gráficos vectoriales.

Cuadrícula: Líneas que aparecen en el escenario de Flash pero no salen en las películas, y que sirven para alinear los objetos.

Cubo de pintura: La herramienta que sirve para asignar colores a los objetos.

Cuentagotas: La herramienta usada para tomar un color de un objeto y aplicárselo a otro.

Degradado: Un relleno que mezcla dos o más colores gradualmente, produciendo un efecto similar a un arco iris.

Descargar: Transferir un archivo desde un servidor al navegador.

Dithering: Véase Tramado.

Enlace: Véase Vínculo.

Entrelazado: Un proceso por el cual mientras se descarga una imagen GIF al navegador se la va presentando primero en baja resolución.

EPS: PostScript, un formato de archivo para texto y gráficos.

Escalar: Cambiar el tamaño de un objeto.

Escena: Un componente de una película Flash; un conjunto de fotogramas guardados.

Escenario: El área de dibujo que ocupa la mayor parte de la ventana de Flash.

Etiqueta: Un comando en código HTML.

Evento: Una acción que provoca un resultado como parte de una animación interactiva. Por ejemplo, pasar el mouse por encima de un botón puede provocar una acción, lo mismo que hacer clic en un botón.

Flujo: Un modo de transmisión de la película Flash que permite que comience a reproducirse en el navegador al mismo tiempo que se la va descargando del servidor.

Glosario

Fotograma: Un conjunto individual de imágenes que se proyecta como parte de la película Flash. Las películas Flash se crean mediante la presentación de muchos fotogramas.

Fotograma clave: Un fotograma que señala un cambio en la secuencia animada.

Fuente: Un tipo de letra para el texto.

GIF: Un formato de archivo gráfico compatible con la Web que permite el uso de transparencia y entrelazado.

GIF animado: Una película creada mediante la presentación de varias imágenes GIF en secuencia.

Grupo: Los objetos momentáneamente combinados se agrupan para moverlos o editarlos todos juntos.

Guía de movimiento: Una línea por la que se mueven los objetos en una animación.

HTML: HyperText Markup Language (Lenguaje de Marcado de Hipertexto). El código básico que usan los navegadores para interpretar las páginas web.

Instancia: Cada aparición de un símbolo en una película. En una película un símbolo puede tener múltiples instancias.

Interactivo: Se dice de los objetos que reaccionan ante el usuario, por ejemplo mostrando nueva información o abriendo una nueva página web.

Internet: La infraestructura global que conecta los navegadores con los sitios web.

Interpolación: La automatización del proceso de animación, que se logra al permitirle a Flash la creación de fotogramas secuenciales intermedios entre una figura y la otra.

Java: Un lenguaje de programación compatible con muchos navegadores.

JavaScript: Un lenguaje de programación que se usa para crear interactividad y animación.

JPEG: Un formato de archivo gráfico compatible con la Web, que se suele usar para mostrar fotografías.

Kerning: Véase Ajuste entre caracteres.

Lazo: Una herramienta de Flash que se usa para seleccionar un área irregular y todos los objetos en ella contenidos.

Línea de tiempo: El área encima del escenario en Flash que sirve para elegir el fotograma sobre el cual se trabajará.

Mapa de bits: Una imagen definida por sus píxeles individuales, en un formato como GIF, JPEG o TIFF.

Máscara: Una capa de máscara es una capa que tiene agujeros, como los ojos, la nariz y la boca de una máscara. Estos agujeros dejan ver parte, pero no la totalidad, de las capas subyacentes.

Metarchivo mejorado: (Enhanced metafile) Un formato de archivo gráfico.

Morphing: La transformación de una figura mediante animación.

MP3: Un formato de archivo de sonido.

Navegador: El programa que muestra las páginas web, como Netscape Navigator o Internet Explorer.

Objeto: Un elemento gráfico individual en Flash.

Paleta: Un conjunto de colores.

Panel: Flash 5 tiene un conjunto de 17 paneles, cada uno de los cuales sirve para controlar elementos diferentes de la película.

Película: En Flash, los archivos y todas sus partes componentes reciben el nombre de películas.

PICT: Un formato de archivo gráfico compatible con Macintosh.

Píxel: Cada uno de los puntos que componen una pantalla de monitor (normalmente, 72 por pulgada).

PNG: Un formato de archivo gráfico compatible con la Web, similar a GIF, pero que no logró amplia aceptación en los navegadores.

Portapapeles: El sistema operativo almacena en el Portapapeles los objetos copiados a la memoria, de donde se los puede extraer para pegarlos en otro lugar.

Profundidad de bits: La cantidad de colores con la que se guarda una imagen gráfica. Los archivos de ocho bits conservan 256 colores; los gráficos de 24 bits pueden mostrar más de 16 millones de colores.

Publicar: Crear una página HTML para presentar una película Flash.

QuickTime: Un formato de película compatible con la mayoría de las computadoras Macintosh.

Relleno: El color o el degradado de colores dentro de un objeto.

Reproductor de Flash: Un programa independiente con el que cualquier usuario puede ver películas Flash.

Rotar: Girar un objeto, rotando una de sus esquinas en sentido horario o antihorario.

Selección: La herramienta Selección permite elegir uno o más objetos para moverlos o modificarlos.

Sesgar: Distorsionar un objeto moviendo líneas paralelas en direcciones opuestas.

Símbolo: Una imagen, animación o botón que se puede reutilizar en una película. Cada uso de un símbolo recibe el nombre de instancia.

Sonido: Un archivo de audio que se reproduce como parte de una animación Flash.

Streaming: Véase Flujo.

Suavizado: La eliminación de bordes dentados en texto o gráficos.

SWF: El formato de archivo de las películas Flash.

Texto: Objetos de escritura creados con la herramienta Texto, a los que se puede convertir en figuras.

Tramado: La creación de un color mediante la combinación de píxeles tomados de otros dos colores.

Transparencia: El relleno de color transparente permite que el objeto que cubre sea parcialmente visible.

URL: Uniform Resource Locator, Localizador Uniforme de Recursos. La dirección de un sitio web.

Vectorial: Los gráficos vectoriales definen las figuras basándose en líneas y curvas calculadas, en vez de usar píxeles codificados individualmente.

Velocidad de fotograma: La velocidad a la que aparecen los fotogramas. Mayor velocidad de fotograma produce una animación más continua.

Vínculo: Texto u objeto en una página web que abre otra página web o archivo web.

WAV: Un formato de archivo de sonido.

Web: La World Wide Web, la red global de sitios web.

Zona activa: Un área en un botón, que provoca una acción cuando el usuario pasa el mouse por encima o hace clic en ella.

Índice analítico

Símbolos

- (operador de resta), 177
* (operador de multiplicación), 177
/ (operador de división), 177
+ (operador de suma), 177
+ (símbolo más), 100
< (menor que), 232
<= (menor o igual que), 232
> (mayor que), 232
>= (mayor o igual que), 232

A

Abrir como biblioteca, comando del menú Archivo, 142
Abrir como biblioteca, cuadro de diálogo, 142
Abrir, comando del menú Archivo, 249
Abrir, cuadro de diálogo, 249
acceso a
   capas, 99
   paneles de texto, 117
Acciones (menú), comando Set Variable, 175-176
Acciones básicas, botón, 157
Acciones de fotograma, panel, 169
Acciones de objeto, panel, 161
   acciones
      _Framesloaded, 228
      asignar a botones, 156-161
      básicas
         Get URL, 164
         Go To, 163
         Load Movie, 229
         On MouseEvent, 163, 174
         Stop, 161, 171
      capas, 170
      combinar, 230-233
      fotogramas, 169
      Go To, 163-164
      ifFrameLoaded, 226-227
      parámetros, 227
Acciones, comando del menú Ventana, 161-163, 169, 171, 174
Aceleración, control deslizante, 201
Acierto, estado de botón, 148
acoplados, paneles, 28
ActionScript, lenguaje, 16
activación de eventos del mouse, 159
activar botones con pulsaciones de teclas, 159
actualización de Flash, 15-17
agrandar pinceles, 53
agregar
   a sitios web
      películas, 250
      vínculos, 164-165
   acción Stop a fotogramas, 169, 171
   capas, 100
   colores a paletas, 60
   estilos de fuente, 120
   interpolación, 194-195
   sonido a
      botones, 216-217
      fotogramas, 217-218
   texto a películas, 112
agrupar objetos, 79
   bloquear grupos, 81
   mover grupos al frente o atrás, 80
agujeros para espiar, crear, 106
ai, extensión de archivo, 261
AIFF, archivos, 214
Ajustar a cuadrícula, opción, 91
Ajustar a curva, 243
Ajustar a guías, opción, 91
Ajustar a objetos, botón, 23
Ajustar a objetos, comando del menú Ver, 43
Ajustar a objetos, herramienta, 72
ajuste de objetos, 90-91
ajuste de texto, 113
Alfa, control deslizante, 62
Alfa, lista desplegable del cuadro de diálogo Exportar QuickTime, 267
Alfa, modificación de las opciones, 197-198
Alfa, opción del panel Efecto, 134
<ALIGN>, etiqueta, 257
Alineación Flash, listas desplegables del cuadro de diálogo Configuración de publicación, 256

Alineación HTML, lista desplegable del cuadro de diálogo Configuración de publicación, 256

alinear
　objetos, 91
　párrafos, 121-122

Alinear, comando del menú Texto, 121

Alinear, herramienta, 23

Alinear, panel, 31

almacenar
　objetos como símbolos, 127
　símbolos, 130

Altura de trazo, control deslizante, 40

altura
　cuadros de texto, 113
　líneas, 68

anchura de cuadros de texto, definir, 113

anchura de trazo, configurar, 40-41

ángulos, trazar, 43

animación, 10, 184, 207. Véase también clips de película; películas
　crear, 25
　enmascarar, 200
　fotograma a fotograma, 184-186
　fotogramas, 25, 187-189
　　edición, 190
　　estáticos, 186
　　fotogramas clave vacíos, 187
　generar, 13
　guardar, 189
　interpolada, 184
　línea de tiempo, 184
　objetos, 92
　probar (Reproductor de Flash), 191
　resolución de problemas, 9
　sitios web, 7
　ver, 189

Añadir capa de guías, botón, 100

Aplanar, casilla de verificación, 268

apuntar a botones, 147

Archivo, menú
　Abrir como biblioteca, 142
　Abrir, 249
　Cerrar, 12
　Configuración de publicación, 252
　Exportar imagen, 260

Exportar película, 248, 264-265, 267-268
Guardar, 25
Importar, 238
Nuevo, 25
Previsualización de publicación, HTML, 258
Previsualización de publicación, Predeterminado, 165
Publicar, 248

archivos
　mapa de bits
　　convertir, 243-244
　　formatos, 240
　　importar, 239-241
　　modificar, 241
　　recorte de colores, 241-242
　sonido
　　balance, 220
　　detener, 219
　　exportar, 269
　　grabar, 215
　　modificar, 218
　　reproducción continua, 218
　　sincronización, 217

Área mínima de la imagen, 262

Área mínima, 243

arrastrar capas, 103

Arrastrar fuera, evento del mouse, 159

Arrastrar sobre, evento del mouse, 159

ASCII, ventajas del texto, 245

asignación de acciones a botones, 156-161

Asistente de instalación, 17

audio, archivos. Véase sonido

<AUTOSTART>, etiqueta, 257

Avanzado, opción del panel Efecto, 134

avi, exportar películas a formato, 266

azul, fotogramas sombreados de, 198

B

balance
　edición, 221-222
　sonido, 220

barra de estado, 22, 30-31
barra de herramientas estándar, 23
barras de herramientas, 22-23

Barras de herramientas, Controlador, comando del menú Ventana, 250

Bèzier, curvas, 16, 46
Bèzier, Pierre, 46

Biblioteca de símbolos, ventana
　clips de película, 209
　mostrar símbolos animados, 208
　probar sonidos, 214

Biblioteca, comando del menú Ventana, 130

Bibliotecas comunes, comando del menú Ventana, 138, 149, 157

bibliotecas
　Botones, 138
　compartir, 142
　comunes, 138
　Gráficos, 138
　organizar, 139
　símbolos, 131, 137
　　columna Vinculación, 141
　　organizar, 139
　　ver, 139-140

bifurcación, 227, 232

Bloquear relleno, opción, 55, 66

bloquear
　guías y cuadrícula, 92
　objetos agrupados, 81

Bloquear/desbloquear, ícono, 101

bmp, extensión de archivo, 261

Borrador, herramienta, 25, 55
　Modo de Borrador, 56-57

Borrar dentro, modo del Borrador, 57

Borrar rellenos seleccionados, modo del Borrador, 57

Borrar rellenos, modo del Borrador, 56

Bote de tinta, herramienta, 24, 44, 68, 133

Botón, opción (tipo de símbolo), 150

botón, símbolos de, 206

botones
　Acciones básicas, 157

activar con pulsaciones de teclado, 159
agregar sonido, 216-217
Ajustar a objetos, 23
Añadir capa de guía, 100
apuntar, 147
asignar acciones a, 156-161
bibliotecas, 138
Bloquear relleno, 55
Color de trazo, 39
Con máscara (propiedades de capa), 107, 202
crear, 149-151
definir área activa, 153
estados, 148-149
eventos, 148-149
Guardar, 12
Guía (propiedades de capa), 105
modificar, 150-153
opción Botón (tipo de símbolo), 150
preparar, 147
probar, 150-152, 162
   URL, 165
   Zona activa, fotograma, 153-154
rueda de colores, 39
Brillo, opción del panel Efecto, 134
Brown, James, 239

C

cálculo, operadores, 177
cálculos sobre datos obtenidos del usuario, 176-177
Calidad, lista desplegable del cuadro de diálogo Configuración de publicación, 255
Cambiar nombre, comando del menú Opciones, 142
cambiar tamaño. Véase tamaño, cambiar
cambiar. Véase modificar
campos
   texto, 168, 174. Véase también variables
      formatear, 177-178
      nombres, 172
      presentar datos, 173
      probar, 176

reunir datos, 172-173
Capa, comando del menú Insertar, 99-100
Capa, comando del menú Modificar, 99, 103, 201
Capa, lista desplegable del cuadro de diálogo Exportar QuickTime, 267
capas, 22
   acceder a, 99
   acciones, 170
   agregar, 100
   arrastrar, 103
   capas de guía, 104-105
   capas de máscara, 105-107
   capas enmascaradas, 202
   dividir en
      objetos, 98
      películas, 228
   edición en varias capas , 104
   eliminar, 100
   enmascarar
      crear capas de máscara, 201
      probar, 202
   fotogramas, 184
   línea de tiempo, 27
   mover, 103
   múltiples
      modificar, 101
      propiedades, 104
      ver, 100-102
   no seleccionadas, 101
   objetos, 80
   organizar, 99, 105
   resolución de problemas, 101-102
   tipos, 104-105
   ventajas, 98
Carácter, comando del menú Texto, 118, 177
Carácter, panel, 31
carga (subida) de páginas web, 257
cargar
   fotogramas, 226
   películas, 229-230
carpetas, crear, 140-142
casillas de verificación
   Aplanar, 268
   Deshabilitar acoplamiento de la

línea de tiempo, 33
Deshabilitar PostScript, 32
Dibujo fotograma de Flash 4, 33
Entrelazar, 269
Estilo selección de Flash 4, 33
Expresión, 175
Fuente de dispositivo, 255
Ignorar sonidos de evento, 270
Kerning, 119
Mostrar cursores de precisión, 34
Mostrar información de herramientas, 33
Mostrar mensajes de advertencia, 256
Mostrar puntos sólidos, 34
Pausa al comienzo, 255, 268
Reproducción, 255
Reproducir indef., 255, 268
Reproducir todos los fotogramas, 268
Seleccionar con Mayús., 33
Suavizar, 262, 269
Tramar colores sólidos, 269
Transparente, 269
visualizar menú, 255
Castro, Elizabeth, 253
cerrar películas, 12
Cerrar, comando del menú Archivo, 12
clips de película
   comparados con símbolos animados, 210
   crear, 209-210
   plantillas, 209
   símbolos de, 206
Código fuente, comando del menú Ver, 258
código, eliminar, 163
color de instancias, 133
Color de relleno
   herramienta, 25, 52
   ícono, 60
   opción, 59
   paleta, 63
color de relleno, deshabilitar, 48
Color de resalte, 33
Color de trazo, 25
Color de trazo, botón, 39

Color de trazo, paleta, 68
color
  agregar a paletas, 60
  asignar a rellenos degradados, 64
  aumentar/disminuir en paletas, 60
  cantidad disponible, 60
  crear, 39
  cuadrícula, 90
  de texto, modificar, 119
  fondo, 94
  gráficos exportados, 262
  líneas, 68
  Mezclador, panel, 60
  mezclar, 62
  opacidad, 62
  paletas, 61
  recortar colores en mapas de bits, 241-242
  rellenos, 60
    cambiar, 64-65
    control deslizante Alfa, 62
    copiar colores, 67
    degradados, 62-63
    modificar forma, 66
    opciones de la herramienta Cubo de pintura, 65
    seleccionar, 60
  Rueda de colores, botón, 39
  seleccionar, 61
  transparencia, 62
  trazo
    configurar, 39-40
    modificar, 40
Color, cuadro de diálogo, 39
Colores predeterminados, herramienta, 25
Colores, lista desplegable del cuadro de diálogo Exportar GIF, 269
comandos
  Acciones (menú), Set Variable, 175-176
  Archivo, menú
    Abrir como biblioteca, 142
    Abrir, 249
    Cerrar, 12
    Configuración de publicación, 252
    Exportar imagen, 260
    Exportar película, 248, 264-268
    Guardar, 25
    Importar, 238
    Nuevo, 25
    Previsualización de publicación, HTML, 258
    Previsualización de publicación, Predeterminado, 165
    Publicar, 248
  Control, menú
    Habilitar botones simples, 150,-152, 164
    Probar película, 152, 162, 249
    Rebobinar, 196
    Reproducir, 196
  Edición, menú
    Copiar, 239, 245
    Editar película, 130, 133, 144
    Editar símbolos, 133
    Pegado especial, 239-240, 245
    Preferencias, 32, 45
  Insertar, menú
    Capa, 99, 100
    Convertir en símbolo, 130
    Crear interpolación de movimiento, 11, 194
    Fotograma clave vacío, 27
    Fotograma clave, 27, 151
    Nuevo símbolo, 128, 150
  Modificar, menú
    Capa, 99, 103, 201
    Fotograma, 163
    Fotogramas, 198
    Instancia, 133, 144, 157
    Película, 31
    Separar, 123, 133, 238
    Transformar, Escalar y rotar, 115
    Transformar, Escalar, 115
    Transformar, Rotar, 115-116
    Trazar mapa de bits, 243
  Opciones, menú
    Cambiar nombre, 142
    Duplicar, 142
    Mover a carpeta nueva, 142
    Nueva carpeta, 141
    Nuevo símbolo, 141
    Propiedades, 142
  Texto, menú
    Alinear, 121
    Carácter, 118, 177
    Fuente, 118, 177
    Justificar, 121
    Opciones, 172
    Párrafo, 121, 177
  Ventana, menú
    Acciones, 161-163, 169-171, 174
    Barra de herramientas, Controlador, 250
    Biblioteca, 130
    Bibliotecas comunes, 138
    Bibliotecas comunes, Botones, 149, 157
    Guardar disposición de paneles, 29
    Herramientas, 23
    Paneles, 28, 117
    Paneles, Efecto, 197
    Paneles, Trazo, 40
  Ver, menú
    Ajustar a objetos, 43
    Código fuente, 258
    Origen de la página, 258
combinar acciones (LoadMovie con If), 230-233
comparación, operadores, 231-232
compartir
  bibliotecas, 142
  símbolos, 139
Publicación de Flash en la Web, 250
compresión de películas, 267
Compression de video, cuadro de diálogo, 266
Con máscara, opción, 107, 202
conectar líneas, 45
Configuración de publicación, comando del menú Archivo, 252
Configuración de publicación, cuadro de diálogo, 252
  Alineación Flash, lista desplegable, 256
  Alineación HTML, lista desplegable, 256
  Calidad, lista desplegable, 255
  Dimensiones, lista desplegable, 254
  Escala, lista desplegable, 256
  Modo de ventana, lista desplegable, 255
  Plantilla, lista desplegable, 254
Configuración de varita mágica, cuadro de diálogo, 241
Contorno, vista
  deshabilitar, 48

Índice

ventajas, 103
Contornos de papel cebolla, ícono, 153
Control, menú
   comandos
      Habilitar botones simples, 150, 152, 164
      Probar película, 152, 162, 249
      Rebobinar, 196
      Reproducir, 196
      Reproductor de Flash, 249
Controlador, lista desplegable del cuadro de diálogo Exportar QuickTime, 268
Controlador, ventana (visualización de películas), 191, 250
controles deslizantes
   Aceleración, 201
   Altura del trazo, 40
   Tracking, 118
Convertir en símbolo, comando del menú Insertar, 130
convertir
   archivos de mapa de bits en gráficos vectoriales, 243-244
   objetos en símbolos, 130
   películas en símbolos animados, 208
   texto en formas, 123-124
copiar
   gráficos vectoriales, 238-239
   objetos, 77
   texto, 122
Copiar, comando del menú Edición, 239, 245
cortar objetos, 77
Crear interpolación de movimiento, comando del menú Insertar, 11, 194
crear
   agujeros para espiar, 106
   animación fotograma a fotograma, 184-186
   animación, 25
   archivos de sonido, 215
   botones, 149-151
   capas
      capas de guía, 105
      capas de máscara, 201
   carpetas, 140-142
   colores, 39

cuadros de texto, 171-172
efectos de pincel, 54
escenas, 211
fotogramas clave vacíos, 187
fotogramas clave, 185
fotogramas
   estáticos, 186
   secuenciales, 194
guías, 89, 196
interactividad, 26
objetos, 26
películas, 10-11, 25, 209-210
símbolos animados, 207-208
símbolos, 128-129
Cuadrícula, cuadro de diálogo, 91
cuadrículas, 90
   ajuste a, 90
   bloquear, 92
   eliminar, 92
   mostrar, 90
cuadro de herramientas, 23-25
   paleta Color de relleno, 63
   paleta Color de trazo, 68
cuadros de diálogo
   Abrir como biblioteca, 142
   Abrir, 249
   Asistente, 45
   Color, 39
   Compresión de video, 266
   Configuración de publicación, 252
   Configuración de varita mágica, 241
   Cuadrícula, 91
   Elegir ubicación de destino, 17
   Exportar AVI, 266
   Exportar GIF, 268
   Exportar imagen, 260
   Exportar JPEG, 263
   Exportar película, 248, 264
   Exportar QuickTime, 267
   Exportar Windows, 270
   Guardar disposición de paneles, 29
   Importar, 238
   Intercambiar símbolo, 144
   Modificar película, 31
   Pegado especial, 239, 245
   Preferencias, 32-34
   Propiedades de capa, 99, 201
   Propiedades de película, 192

   Propiedades de símbolo, 128, 150
   Umbral de color, 243
cuadros de texto, 171-172
Cubo de pintura, herramienta, 24, 64-65, 133
   rellenos degradados radiales, 66
   Transformar relleno, opción, 66
Cuentagotas, herramienta, 25, 67
Cursiva, ícono, 120
curvar líneas rectas, 44
curvas
   Bèzier, 16, 46
   controlar los puntos que las definen, 81
   dibujar sinuosas, 46-47
   dibujar, 43
   enderezar, 44
   modificar, 72, 83
   nodos, 82

D

datos, obtenidos del usuario, 168, 172
   campos de texto, 172-173
   formatear, 173
   presentar, 172-173
   procesar, 174-176
   realizar cálculos con, 176-177
   resolución de problemas, 169
definir
   altura y anchura de cuadros de texto, 113
   páginas HTML, 253
   rellenos degradados, 63
   zona activa de botones, 153
degradados, barra de definición, 63
degradados, rellenos, 55, 62
   barra de definición, 64
   color de fondo, 95
   elegir tipos, 63
   guardar, 64
   personalizados, 63
   radiales, 66
descargar
   archivos de sonido, 214
   Reproductor de Flash, 250

Deshabilitar acoplamiento de la línea de tiempo, 33

Deshabilitar PostScript, casilla de verificación, 32

deshabilitar
   color de relleno, 48
   contornos, 48

DHTML (HTML dinámico), 255

dibujar
   ángulos, 43
   curvas sinuosas, 46-47
   líneas rectas, 43
   líneas, 38-39, 43
   óvalos, 48
   rectángulos, 48-49

Dibujo fotograma de Flash 4, casilla de verificación, 33

dibujos complejos, modificar, 98

dibujos
   complejos, modificar, 98
   interpolación de forma, 199- 200
   seleccionar objetos, 76
   Suavizar y Enderezar, opciones, 76

dimensiones
   escenario, modificar, 31
   gráficos exportados, 262

Dimensiones, lista desplegable del cuadro de diálogo Configuración de publicación, 254

disección de objetos, 56

distinguir símbolos, 132, 142

división, operador (/), 177

Dreamweaver, 253

Duplicar, comando del menú Opciones, 142

dxf, extensión de archivo, 261

E

Edición, menú
   Copiar, 239, 245
   Editar película, 130, 133, 144
   Editar símbolos, 133
   Pegado especial, 239-240, 245
   Preferencias, 32, 45

Editar acciones, ícono, 157

Editar envolvente, ventana, 221

Editar líneas, modo del Borrador, 56

editar. Véase modificar

Efecto, panel, 31

efectos de pincel, crear, 54

Elegir ubicación de destino, cuadro de diálogo, 17

Eliminar capa, ícono, 101

eliminar
   capas, 100
   código, 163
   guías y cuadrícula, 92

<EMBED>, etiqueta, 257

emf, extensión de archivo, 261

Encapsulated PostScript, formato, 240

Endererezar, opción de la herramienta Flecha, 76

Enderezar, herramienta, 44

enmascarar capas, 200-201, 202

entrelazado, 262, 269
   suavizado, 269
   transparencia, 262, 269
   trazado, 244

Entrelazar, casilla de verificación, 269

Enviar al fondo, comando, 80

Enviar atrás, comando, 80

eps, extensión de archivo, 261

Escala, lista desplegable del cuadro de diálogo Configuración de publicación, 256

escalar, 114-115

Escalar, herramienta, 23

Escena, panel, 31, 211

escenario, 22, 26, 87
   cambiar tamaño, 93
   cuadrícula, 90
   dimensiones, 31
   estética, 92
   guías personalizadas, 89
   objetos
      cambiar tamaño, 88
      mostrar, 93
   personalizar, 87

escenas

crear, 211
   dividir películas en, 211
   reordenar, 212

espaciado de párrafos, 121-122

estados de botón, 148-149

estáticos, fotogramas, 184-186

estáticos, gráficos
   exportar películas como, 260-261
   formatos, 261

estéreo, separación, 220

Estilo de trazo, opción, 41

Estilo selección de Flash 4, casilla de verificación, 33

estilo
   de fuente, 120
   de línea, 68
   de trazo, 40-42

estirar fuentes, 115

etiquetas
   <ALIGN>, 257
   <AUTOSTART>, 257
   <EMBED>, 257
   <HEIGHT>, 257
   <LOOP>, 257
   <WIDTH>, 257

eventos
   botones, 148-149
   de mouse, 157-159

Expandir/contraer el área de parámetros, ícono, 162, 175

Explorador de películas, 142

exportados, gráficos
   a formato GIF, 262-263
   a formato JPG, 263
   Área mínima de la imagen, 262
   colores, 262
   dimensiones, 262
   resolución, 262
   Tamaño de documento completo, 262

Exportar AVI, cuadro de diálogo, 266

Exportar GIF, cuadro de diálogo, 268-269

Exportar imagen, comando del menú Archivo, 260

Exportar imagen, cuadro de diálogo, 260

Exportar JPEG, cuadro de diálogo, 263
Exportar película, comando del menú Archivo, 248, 264-268
Exportar película, cuadro de diálogo, 248, 264
Exportar QuickTime, cuadro de diálogo, 267
    Alfa, lista desplegable, 267
    Capa, lista desplegable, 267
    Controlador, lista desplegable, 268
Exportar Windows, cuadro de diálogo, 270
exportar
    a secuencias de gráficos, 264
    archivos de sonido, 269
    fotogramas, 260-262
    películas
        a formato AVI, 266
        a formato GIF animado, 268-269
        a formato QuickTime, 267- 268
        a otros formatos de película, 265-266
        como gráficos estáticos, 260-261
Expresión, casilla de verificación, 175
extensiones de archivo
    ai, 261
    bmp, 261
    dxf, 261
    emf, 261
    eps, 261
    fla, 248
    gif, 261
    jpg, 261
    png, 261
    wmf, 261

F

File Transfer Protocol (FTP), 250
fla, extensión de archivo, 248
Flash
    actualizaciones, 15-17
    animación, 184
    barras de herramientas estándar, 23
    conjunto de colores predeterminados, 59
    instalación, 17-18
    interfaces, 15
    interfaz gráfica, 21-22
        barra de estado, 22
        capas, 22
        escenario, 22
        línea de tiempo, 22
    probar formatos, 122-123
    sonido, 214
    texto en películas, 111-112
    ventajas, 12
flecha punteada entre fotogramas clave, 200
Flecha, herramienta, 24
    activar, 72
    modificar
        curvas, 72
        longitud de líneas, 73
        rellenos, 66
    objetos
        agrupar, 79
        enlazar, 74
        seleccionar, 73-74
    Suavizar y Enderezar, opciones, 76
fondos estáticos, 188
    crear, 188
forma, interpolación de, 199-200, 206
formas
    borradores, 55
    dar forma a objetos, 78
    intersección, 49-50, 62
    líneas, 68
    pinceles, 53
    rellenos
        cambiar colores, 64-65
        cambiar forma, 66
    texto, convertir en, 123-124
Format video, lista desplegable del cuadro de diálogo Exportar AVI, 266
formatear
    campos de texto, 177-178
    datos obtenidos del usuario, 173
    probar formatos, 122-123
    texto, 117-118
Formato sonido, lista desplegable, 266, 270
formatos
    archivos de mapa de bits, 240
    Encapsulated PostScript, 240
    gráficos estáticos, 261
Fotograma clave vacío, comando del menú Insertar, 27
fotograma por fotograma, animación, 184
    crear, 184
    fotogramas clave, 186
Fotograma, comando del menú Insertar, 27, 151
Fotograma, comando del menú Modificar, 163
Fotograma, panel, 31
fotogramas clave, 184
    convertir en, 27
    flechas punteadas, 200
    insertar, 185
    interpolación, 194
    movimiento fotograma a fotograma, 186
    vacíos, 184-185
        crear, 187
        insertar, 186
fotogramas, 13
    acción Stop, 169-171
    acciones, 169
    agregar sonido, 217-218
    animación, 25
    cargar, 226
    clips de película, 210
    combinar tipos en películas, 185
    con puntos, 10
    copiar, 209
    creación de la animación, 187-189
    estáticos, 184-186
    exportar, 260-262
    fotogramas clave, 184, 187
    interactividad, 26
    interpolación, 194
        agregar, 194-195
        fotogramas clave, 194
        probar, 196
        quitar, 198
        rotación, 197
        símbolos, 194
        técnicas, 197-198
    ir a, 163-164

modificar, 27, 190
Papel de cebolla, 185, 189-190
reproducción continua, 227
rotular, 163
secuenciales, 194
seleccionar, 27, 150
símbolos animados, 209
sombreados de azul, 198
velocidad de fotogramas, 192

Fotogramas, comando del menú Modificar, 198
_Framesloaded, acción, 228

FrontPage, 253

FTP (File Transfer Protocol), 250

Fuente de dispositivo, casilla de verificación, 255

Fuente, comando del menú Texto, 118, 177

fuentes
agregar estilos, 120
cambiar el tamaño, 118-119
estirar, 115
modificar, 118-119
subíndice, 120
superíndice, 120
tracking, 118-119

G

Garcia, Jorge, 214

generar
animación, 13
páginas HTML, 252

Generator, panel, 31

Get URL, acción básica, 164

GIF animado, exportar películas al formato, 268-269

gif, extensión de archivo, 261

gif, formato de imagen, 262-263

Go To, acción básica, 163-164

Grabadora de sonidos, programa, 215

Gráficos, biblioteca común, 138

Gráficos, símbolos, 206

gráficos. Véase también animación; imágenes

degradados, 65
estáticos, 260-261
exportados
a formato GIF, 262-263
a formato JPEG, 263
Área mínima de imagen, 262
colores, 262
dimensiones, 262
resolución, 262
Tamaño de documento completo, 262
mapas de bits, 14
medir, 89
pixeles, 14
símbolos animados
crear, 207-208
usar en películas, 209
vectoriales, 12, 14
copiar, 238-239
importar, 238
modificar, 238
pegar, 238-239

Grifo, herramienta (Borrador), 56

Guardar colores, comando, 61

Guardar disposición de paneles, comando del menú Ventana, 29

Guardar disposición de paneles, cuadro de diálogo, 29

guardar
animaciones, 189
paletas de color, 61
películas, 12, 248
rellenos degradados, 64

Guardar, botón, 12

Guardar, comando del menú Archivo, 25

Guía, capas de, 104-105

guías
bloquear, 92
crear, 89
eliminar, 92
guías de movimiento, 196

H

Habilitar botones simples, comando del menú Control, 150, 152, 164

<HEIGHT>, etiqueta, 257

herramientas
Ajustar a objetos, 72
Alinear, 23
barra de herramientas de dibujo, 112
Borrador, 25, 55
Bote de tinta, 24, 44, 133
Color de relleno, 25, 52
Color de trazo, 25
Colores predeterminados, 25
Cubo de pintura, 24, 64-65, 133
Cuentagotas, 25
Enderezar, 44
Escalar, 23
Flecha, 24
Grifo, 56
Intercambiar colores, 25
Lápiz, 24, 38, 43
Lazo, 24
Línea, 24, 38
Mano, 25
Modo de borrador, 56-57
Modo de pincel, 51-54
Óvalo, 24, 48
Pincel, 24, 51
Pluma, 16, 24, 46
Rectángulo, 24
Rotar, 23
Selección, 47, 115
Sin color, 25
Suavizar, 44
Subselección, 24, 81
Tamaño de pincel, 52
Texto, 24
versus barras de herramientas, 22
Zoom, 25

Herramientas, comando del menú Ventana, 23

herramientas, panel, 10

Hexadecimal, sistema, 61

HTML (HyperText Markup Language), 112, 253, 257
definir, 253
generar, 252

HTML dinámico (DHTML), 255

HTML For the World Wide Web, 253

HTML para películas, escribir, 257

284

I

íconos
  Bloquear/desbloquear, 101
  Color (panel Relleno), 48
  Color de texto (relleno), 119
  Contornos de papel cebolla, 153
  Cursiva, 120
  Editar acciones, 157
  Eliminar capa, 101
  Expandir/contraer el área de parámetros, 162, 175
  Incorporar fuentes, 173
  Insertar una ruta de destino, 162
  Intercambiar símbolo, 144
  Mostrar como contornos, 101
  Mostrar Info, 142
  Mostrar/ocultar todas, 260
  Mostrar/ocultar, 101
  Negrita, 120
  Propiedades de varita mágica, 241
  Usar presión, 52

If y LoadMovie, combinar acciones, 230-233

ifFrameLoaded, acción, 227

Ignorar sonidos de evento, casilla de verificación, 270

imágenes, 14, 269. Véase también gráficos

importar
  archivos de mapa de bits, 239-241
  archivos de sonido, 214
  gráficos vectoriales, 238
  texto, 245

Importar, comando del menú Archivo, 238

Importar, cuadro de diálogo, 238

Incorporar fuentes, ícono, 173

Info, panel, 30

iniciar
  películas desde otras películas, 228-229
  Reproductor de Flash, 248

insertar símbolos en películas, 130

Insertar una ruta de destino, ícono, 162

Insertar, menú
  Capa, 99-100
  Convertir en símbolo, 130
  Crear interpolación de movimiento, 11, 194
  Fotograma clave vacío, 27
  Fotograma clave, 27, 151
  Nuevo símbolo, 128, 150

instalación de Flash, 17-18

Instancia, comando del menú Modificar, 133, 144, 157

Instancia, panel, 31

instancias, 128
  botones, 150
  instancias de símbolo, 17, 133-134

integrar bibliotecas de símbolos, 137

interactividad, 8
  crear, 26
  fotogramas, 26
  películas, 161-162, 167, 169
  sitios web, 7

Intercambiar colores, herramienta, 25

Intercambiar símbolo, cuadro de diálogo, 144

Intercambiar símbolo, ícono, 144

intercambiar símbolos, 143

interfaz de paneles (Flash), 15

interfaz gráfica, 21-22
  barra de estado, 22
  capas, 22
  escenario, 22
  línea de tiempo, 22

interpolación
  formas, 199-200, 206
  fotogramas, 194-195
    eliminar, 198
    fotogramas clave, 194
    probar, 196
    rotación, 197
    símbolos, 194
    técnicas, 197-198

intersección de líneas y formas, 49-50

ir a fotogramas, 163-164

Ir a y reproducir, parámetro, 164

J

jpg, extensión de archivo, 261

jpg, formato de imagen, 263

Justificar, comando del menú Texto, 121

K

Kerning, casilla de verificación, 119

L

Lápiz, herramienta, 24, 38, 43

Lazo, herramienta, 24, 74
  agrupar objetos, 79
  cortar, copiar o mover objetos, 77
  modo Polígono, 75
  opciones de varita mágica, 76
  selección precisa de objetos, 76
  tecla Mayús, 75

Liberar fuera, evento del mouse, 158

Liberar, evento del mouse, 158

línea de tiempo, 10, 22, 27, 88, 184
  capas, 27, 99
  símbolos animados, 206, 209

Línea, herramienta, 24, 38

lineales, rellenos degradados, 62

líneas, 37. Véase también trazos
  colores, 68
  conectar, 45
  curvas, 43-44
  curvas, controlar los puntos que las definen, 81
  dibujar, 38-39
  intersección, 49-50
  modificar, 47
    altura/estilo, 68
    curvas, 72
    longitud, 73
    personalizadas, 41
    rectas, 43-44

LoadMovie, acción básica, 229
  combinar con If, 230-233

longitud de las líneas, modificar, 73

<LOOP>, etiqueta, 257

M

Macromedia, sitio web, 7
manejar
   objetos, 29
   paletas de color, 61
   paneles, 28-29
   volumen del sonido, 220
Mano, herramienta, 25
mapa de bits, archivos de
   degradados, 65
   formatos, 240
   gráficos vectoriales, 14, 243-244
   importar, 239-241
   modificar, 241
   recorte de colores, 241-242
más, símbolo (+), 100
máscara, capas de, 105-106
   en comparación a capas enmascaradas, 107
   previsualizar, 107
máscara, objetos de, 106
máscaras, aplicar a capas, 202
máscaras, probar, 202
mayor o igual que (>=), 232
mayor que (>), 232
medir gráficos, 89
menor o igual que (<=), 232
menor que (<), 232
Mezclador, panel, 29, 31, 60-61
Mickulekcy, Paul, 108
micrófonos, 215
Modificar película, cuadro de diálogo, 31
modificar
   archivos de mapa de bits, 241
   archivos de sonido, 218
      volumen y separación estéreo, 220
      volumen/balance, 221-222
   botones, 150-153
   capas
      múltiples, 101
      no seleccionadas, 101
   color de línea, 68
   colores
      texto, 119

      trazo, 40
   curvas, 83
   dibujos complejos, 98
   dimensiones del escenario, 31
   en varias capas, 104
   fotogramas, 27, 190
   fuentes, 118-119
   gráficos vectoriales, 238
   instancias, 133-134, 150
   líneas, 47
   objetos, 33
   películas
      escenas, 212
      propiedades, 31-32
      símbolos animados, 205
      velocidad de fotogramas, 192
      velocidad, 32
   pixeles, 56
   símbolos, 132-133
   valor Alfa, 197-198
Modificar, menú
   Capa, 99, 103, 201
   Fotograma, 163
   Fotogramas, 198
   Instancia, 133, 144, 157
   Película, 31
   Separar, 123, 133, 238
   Transformar, Escalar y rotar, 115-116
   Trazar mapa de bits, 243
Modo de ventana, lista desplegable del cuadro de diálogo Configuración de publicación, 255
modos, seleccionar, 33
Mostrar como contornos, ícono, 101
Mostrar cursores de precisión, casilla de verificación, 34
Mostrar Info, ícono, 142
Mostrar información de herramientas, casilla de verificación, 33
Mostrar mensajes de advertencia, casilla de verificación, 256
Mostrar previsualización de pluma, 34
Mostrar puntos sólidos, casilla de verificación, 34
mostrar
   archivos de sonido, 214

   cuadrícula, 90
   datos, 172-173
   objetos, dentro y fuera del escenario, 93
Mostrar/ocultar todas, ícono, 260
Mostrar/ocultar, ícono, 101
Mouse, eventos, 157-159
Mover a carpeta nueva, comando del menú Opciones, 142
mover
   capas, 103
   grupos al frente o atrás, 80
   nodos, 82
   objetos, 77-80
movimiento, guías, 196
MP3, 214
Muestras, panel, 31
multiplicación, operador (*), 177

N

Negrita, ícono, 120
Netscape, plug-in, 18
Ninguno, opción del panel Efecto, 134
Niveles deshacer, opción, 32
nodos, mover, 82
nombres
   campos de texto, 172
   películas, 248
   símbolos, 129, 140
Normal, modo de pincel, 54
Nueva carpeta, comando del menú Opciones, 141
Nuevo símbolo, comando del menú Insertar, 128, 150
Nuevo símbolo, comando del menú Opciones, 141
Nuevo, comando del menú Archivo, 25

O

objetos
   agrupar, 79-81

alineación, 89-91
animación, 92
borrar, 55
color de fondo, 94
copiar, 77
cortar, 77
crear, 26
cuadrícula, 90
disección, 56
forma, 78
manejar, 29
máscaras, 106
modificar, 33, 72
mover, 77
organizar en capas, 98
paneles, 29
posicionar sin la atracción magnética, 91
rotar, 78
seleccionar, 72
   enlazar, 74
   herramienta Flecha, 72-73
   múltiples, 74
   precauciones, 76
símbolos
   convertir en, 130
   guardar como, 127
tamaño, 78, 88
texto, 245

OnMouseEvent, acción básica, 163, 174

opacidad, 62

Opciones de texto, panel, 172

Opciones, comando del menú Texto, 172

Opciones, menú
   Cambiar nombre, 142
   Duplicar, 142
   Mover a carpeta nueva, 142
   Nueva carpeta, 141
   Nuevo símbolo, 141
   Propiedades, 142

operadores de comparación, 231-232

ordenar símbolos, 131

organizar
   bibliotecas, 139
   capas, 99, 105
   símbolos, 131

Origen de la página, comando del menú Ver, 258

Óvalo, herramienta, 24, 48
óvalos, dibujar, 48

P

páginas HTML
   definir, 253
   generar, 252

paletas
   agregar colores, 60
   guardar, 61
   manejar, 61
   Mezclador, 61

paneles, 15
   Acciones de fotograma, 169
   Acciones de objeto, 161
   acoplados, 28
   Alinear, 31
   Carácter, 31
   Efecto, 31
   Escena, 31
   Fotograma, 31
   Generator, 31
   Info, 30
   Instancia, 31
   manejar, 28-29
   Mezclador, 29-31
   Muestras, 31
   objetos, 29
   Opciones de texto, 172
   panel de herramientas, 10
   Párrafo, 31
   Propiedades de fotograma, 171
   Relleno, 30
   Sonido, 31
   Texto, 31, 117
   Transformar, 31
   Trazo, 30, 40
   vacíos, 29
   vacíos, 29
   ver, 28-31

Paneles, comando del menú Ventana, 28, 117

Paneles, Efecto, comando del menú Ventana, 197

Paneles, Trazo, comando del menú Ventana, 40

papel cebolla, 185, 189-190, 195

parámetros
   acciones, 227
   Ir a y reproducir, 164

parlantes, efectos de separación, 221

Párrafo, comando del menú Texto, 121, 177

Párrafo, panel, 31

párrafos, 121-122

Pausa al comienzo, casilla de verificación, 255, 268

Pegado especial, comando del menú Edición, 239-240, 245

Pegado especial, cuadro de diálogo, 239, 245

pegar gráficos vectoriales, 238-239

Película, comando del menú Modificar, 31

películas insertadas en páginas web, 250-252, 255-257

películas, 10. Véase también animación; clips de película
   agregar a sitios web, 250
   capas, 98
   cargar, 229-230
   cerrar, 12
   color de fondo, 94
   compresión, 267
   controladas por el espectador. Véase interactividad
   crear, 10-11, 25
   en la Web, 14-15
   escenario, 88
   escenas, 211-212
   exportar
      a formato AVI, 266
      a formato GIF animado, 268-269
      a formato QuickTime, 267-268
      a otros formatos de película, 265-266
      como gráficos estáticos, 260-261
   fotogramas estáticos, 184

fotogramas
   agregar sonido, 217-218
   clave vacíos, 187
   combinar tipos de, 185
   ejercicio de práctica, 187-189

estáticos, 186
modificar, 190
guardar, 12, 248
HTML, escritura, 257
iniciar desde otras películas, 228-229
insertadas en páginas web, 250-252, 255-257
insertar fotograma, 185
interactividad, 161-162, 167, 169
línea de tiempo, 88
modificar propiedades, 31-32
nombres, 248
organizar en capas, 228
papel de cebolla, 185
personalizar, 168
probar, 12
   en el Reproductor de Flash, 249
   en el Reproductor de Flash, 191
   en páginas web, 258
seleccionar todos los objetos, 74
símbolos animados
   convertir en, 208
   modificar, 205
   uso de, 209
símbolos en, 130-132
sonido
   balance, 220
   formatos, 214
   sincronización, 222
tamaño, 256
texto en, 111-112
Texto, capa, 184
variables en, 230
velocidad, 32
ver, 191, 247-250

personalizar
   degradados, 63
   escenario, 87, 94
   guías (escenario), 89
   líneas, 41-42
   películas, 168

Pincel, herramienta, 24, 51
   herramienta Modo Pincel, 51-52, 54
   herramienta Tamaño del pincel, 52

pinceles
   agrandar, 53
   crear efectos, 54
   formas, 53

rellenos degradados, 55
   seleccionar, 52-53
Pintar dentro, modo de pincel, 54
Pintar detrás, modo de pincel, 54
Pintar selección, modo de pincel, 54
pixeles, 14, 56, 89
Plantilla, lista desplegable del cuadro de diálogo Configuración de publicación, 254
plantillas de clip de película, 209
plug-ins, Netscape, 18
Pluma, herramienta, 16, 24, 46
png, extensión de archivo, 261
Polígono, modo (herramienta Lazo), 75
Poner en primer plano, opción, 80
ppinet, sitio web, 7
Preferencias, comando del menú Edición, 32, 45
Preferencias, cuadro de diálogo, 32-34
preparar botones, 147
Presionado, estado de botón, 148
Presionar, evento del mouse, 158
previsualización de capas de máscara, 107
Previsualización de publicación, HTML, comando del menú Archivo, 258
Previsualización de publicación, Predeterminado, comando del menú Archivo, 165
probar botones de cálculo, 177
Probar película, comando del menú Control, 152, 162, 249
probar
   archivos de sonido, 214
   botones, 150, 152, 162
      botones de cálculo, 177
      fotogramas de zona activa, 153-154
      URL, 165
   campos de texto, 176
   formatos, 122-123
   interpolación, 196
   máscaras, 202

películas, 12, 210
   páginas web, 258
   Reproductor de Flash, 249
   Reproductor de Flash, 191
problemas, resolución
   animaciones, 9
   botones, 150
   capas, 101-102
   dibujar rectángulos, 49
   estilo de línea, 42
   obtención de datos, 169
   secuencias de gráficos, 265
   velocidad de descarga, 226
procesamiento de datos obtenidos del usuario, 174-176
Propiedades de capa, cuadro de diálogo, 99, 201
Propiedades de fotograma, panel, 171
Propiedades de película, cuadro de diálogo, 192
Propiedades de símbolo, cuadro de diálogo, 128, 150, 209
Propiedades de varita mágica, ícono, 241
propiedades
   de película, modificar, 31-32
   múltiples capas, 104
Propiedades, comando del menú Opciones, 142
Publicar, comando del menú Archivo, 248
punteadas, flechas entre fotogramas clave, 200
puntos, fotogramas con, 10

Q

QuickTime, exportar películas al formato, 267-268
quitar interpolación, 198

R

radiales, rellenos degradados, 62, 66
Radio de rectángulo redondeado, opción, 49

Rebobinar, comando del menú Control, 196
Rectángulo, herramienta, 24
rectángulos, 48-49
rectas, líneas
 curvar, 44
 dibujar, 43
Regla, herramienta, 88
Relleno, panel, 30
 ícono Color, 48
Rellenos de pintura, modo de pincel, 54
rellenos, 60
 Alfa, control deslizante, 62
 cambiar la forma, 66
 copiar colores, 67
 Cubo de pintura, opciones, 65-66
 degradados, 55, 62
  elegir tipos, 63
  guardar, 64
  personalizados, 63
 en capas, 62
 herramienta Cuentagotas, 67
 modificar colores, 64-65
 opacidad, 62
 seleccionar, 60
 transparencia, 62
Reposo, estado de botón, 148
reproducción continua
 fotogramas, 227
 sonido, 218
Reproducción, casillas de verificación, 255
Reproducir indef., casilla de verificación, 255, 268
reproducir películas, 191
Reproducir todos los fotogramas, casilla de verificación, 268
Reproducir, comando del menú Control, 196
Reproductor de Flash, 247, 249
 descargar, 250
 iniciar, 248
 menú Control, 249
 menú Ver, 249
 películas
  guardar para el Reproductor, 248

probar en, 249
 ver, 247-250
resolución de gráficos exportados, 262
resolución de problemas. Véase problemas, resolución
resta, operador (-), 177
RioPop Music (BMI), sitio web, 214
rotación, interpolación de, 197
rotar
 objetos, 78
 texto, 115-116
Rotar, herramienta, 23
rotular fotogramas, 163

S

scripts, bifurcación, 232
secuenciales, fotogramas, 194
secuencias de gráficos
 exportar películas como, 264
 resolución de problemas, 265
Selección, herramienta, 47
Seleccionar con Mayús, casilla de verificación, 33
seleccionar
 color de relleno, 60
 colores (no disponibles en paletas), 61
 fotogramas, 27, 150
 modos, 33
 objetos, 72
  en el escenario, 88
  enlazar, 74
  herramienta Flecha, 72-73
  múltiples, 74
  precauciones, 76
  todos los de la película, 74
 pinceles, 52-53
 teclas de método abreviado, 74
 texto, 118
 tipo de degradado, 63
Separar, comando del menú Modificar, 123, 133, 238
sesgar texto, 116

Set Variable, comando del menú Acciones, 176
Shock Wave
 Reproductor. Véase Reproductor de Flash
 Visor. Véase Visor de Flash
símbolos
 almacenar, 130
 animados, 205
  comparados con los clips de película, 210
  convertir películas en, 208
  crear, 207-208
  duración, 206
  películas, 209
  tipos, 206
  ventana Biblioteca de símbolos, 208
 bibliotecas, 131
 columna Vinculación, 141
  integrar, 137
  organizar, 139
  ver, 139-140
 buscar, 142
 carpetas, 140-142
 compartir, 139
 crear, 128-129
 distinguir, 132, 142
 en películas, 130-132
 Explorador de películas, 142
 instancias, 128
  cambiar color, 133
  modificar, 133-134
 instancias, 17
 intercambiar, 143
 interpolación, 194
 modificar, 132-133
 nombres, 129, 140
 objetos
  convertir en, 130
  guardar como, 127
 ordenar, 131
 organizar, 131
 sonidos, 216
 ventajas, 127
 ver, 131
SimpleSound, grabar archivos de sonido, 215

Sin color, opción, 25
sincronización de audio y video, 222
sinuosas, dibujar curvas, 46-47
Situar fuera de objeto, evento del mouse, 159
Situar sobre objeto, evento del mouse, 159
Sobre, estado de botón, 148
Sólo Flash, opción (páginas HTML), 254
sombreados de azul, fotogramas, 198
sonido, 213
   agregar a
      botones, 216-217
      fotogramas, 217-218
   balance, 220
   biblioteca Sonidos, 214
   crear archivos de, 215
   cuestiones legales del uso en sitios web, 215
   detener archivos de, 219
   edición, 218
      volumen y separación estéreo, 220
      volumen/balance, 221-222
   efectos de separación en los parlantes, 221
   exportar archivos, 269
   forma de onda, 214
   formatos, 214
   grabar, 215
   importar archivos a Flash, 214
   probar, 214
   reproducción continua, 218
   símbolos, 216
   SimpleSound, 215
   sincronización, 217, 222
Sonido, panel, 31
Sonidos, biblioteca, 214
sounddogs.com, 214
Special Edition Using Flash 5, 178
Stop, acción básica, 161, 171
   agregar a fotogramas, 169-171
suavizar imágenes, 269
Suavizar, casilla de verificación, 262, 269
Suavizar, herramienta, 44
Suavizar, opción de la herramienta Flecha, 76

subíndice, 120
Subselección, herramienta, 24, 81
suma, operador (+), 177
superíndice, 120
swf, archivos, 191

T

tabletas de dibujo, 52
Tamaño de documento completo, gráficos exportados, 262
Tamaño de hueco, opción del Cubo de pintura, 65
tamaño, cambiar
   cuadro de texto, 113
   diferencia con escalar, 114
   escenario, 93
   fuentes, 118-119
   objetos, 78, 88
   películas, 256
   rellenos, 66
teclado, activar botones con, 159
texto
   agregar a películas, 112
   ajuste de texto, 113
   ASCII, 245
   campos, 168, 174. Véase también variables, campos de texto
   Color de relleno, ícono, 119
   color, 119
   convertir en formas, 123-124
   copiar, 122
   cuadros
      cambiar tamaño, 113
      crear, 171-172
      definir altura y anchura, 113
   en películas, 111-112
   escalar, 114-115
   formatear, 117-118
   fuentes, 118-119
   importar, 245
   objetos de texto, 245
   rotar, 115-116
   seleccionar, 118
   sesgar, 116
Texto, herramienta, 24, 112

Texto, menú
   Alinear, 121
   Carácter, 118, 177
   Fuente, 118, 177
   Justificar, 121
   Opciones, 172
   Párrafo, 121, 177
Texto, panel, 31, 117
Tinta, opción del panel Efecto, 134
tracking, 118-119
Tracking, control deslizante, 118
Traer adelante, opción, 80
tramado de imágenes, 269
Tramar colores sólidos, casilla de verificación, 269
Transformar relleno, opción del Cubo de pintura, 66
Transformar, Escalar y rotar, comando del menú Modificar, 115-116
Transformar, panel, 31
transparencia
   imágenes, 262, 269
   organizar objetos en capas, 62
   rellenos, 62
Transparente, casilla de verificación, 269
trazado de imágenes, 244
Trazar mapa de bits, comando del menú Modificar, 243
Trazo, panel, 30, 40
trazos, 37. Véase también líneas
   ancho, 40-41
   color, 39-40
   estilo, 40-42

U

Umbral de color, cuadro de diálogo, 243
Umbral de esquina, 244
Umbral, configurar, 242
URL, probar (botones), 165
Usar presión, ícono, 52

V

valores
  Alfa, 197-198
  Umbral, 242
variables, 174, 230. Véase también campos de texto
Varita mágica, opciones (herramienta Lazo), 76
vectoriales, gráficos, 12-14
  archivos de mapa de bits, 243-244
  copiar, 238-239
  importar, 238
  modificar, 238
  pegar, 238-239
velocidad de descarga, resolución de problemas , 226
velocidad
  descarga, 226
  películas, 32
Ventana, menú
  Acciones, 161, 163, 169, 171, 174
  Barras de herramientas, Controlador, 250
  Biblioteca, 130
  Bibliotecas comunes, 138
  Bibliotecas comunes, Botones, 149, 157
  Guardar disposición de paneles, 29
  Herramientas, 23
  Paneles, 28, 117
  Paneles, Efecto, 197
  Paneles, Trazo, 40
ver
  animación, 189
  bibliotecas, 139-140
  Controlador, 250
  múltiples capas, 100-102
  múltiples fotogramas con papel cebolla, 189-190
  paneles, 28-31
  películas, 191, 247-250
  símbolos, 131
Ver, menú (Reproductor de Flash), 249
Ver, menú
  Ajustar a objetos, 43
  Código fuente, 258
  Origen de la página, 258
Vinculación, columna de la Biblioteca de símbolos, 141
vínculos a sitios web, agregar, 164-165
Visualizar menú, casilla de verificación, 255
volumen
  edición, 221-222
  manejar, 220

W

WAV, archivos, 214
Web, sitios
  agregar vínculos a, 164-165
  animación, 7
  cargar (subir), 257
  interactividad, 7-8
  Jorge Garcia, 214
  Macromedia, 7
  películas insertadas, 250-252, 255-257
  películas, 14-15, 250
  ppinet, 7
  probar películas, 258
  RioPop Music (BMI), 214
  sonido, 213
    cuestiones legales, 215
    detener, 219
  sounddogs.com, 214
<WIDTH>, etiqueta, 257
wmf, extensión de archivo, 261

Z

zona activa, botones probar, 153-154
zona activa, definir (botones), 153
zoom, 83
Zoom, herramienta, 25

Pearson Educación

Visítenos en: www.pearsonedlatino.com

Argentina
Av. Regimiento de Patricios 1959
(C1266AAF) Buenos Aires
Argentina
Tel. (54-11) 4309-6100
Fax (54-11) 4309-6199
E-mail: info@pearsoned.com.ar

América Central Panamá
Barrio La Guaria, Moravia
75 metros norte
Del Portón Norte del Club La Guaria
San José, Costa Rica
Tel. (506) 235 72 76
Fax. (506) 297 28 52
E-mail: envwong@racsa.co.cr

Brasil
Rua Emilio Goeldi 747, Lapa
(05065-110) San Pablo, SP
Brasil
Tel. (5511) 861-0201
Fax (5511) 861-0654

Caribe
Monte Mall, 2do piso, suite 21-B
Av. Muñoz Rivera 652
Hato Rey
Puerto Rico 00918-4261
Tel. (787) 751-4830
Fax (787) 751-1677
E-mail: awlcarib@caribe.net

Chile
Av. Manuel Montt 1452
Providencia
Santiago, Chile
Tel. (562) 269 2089
Fax (562) 274 6158
E-mail: infopear@pearsoned.cl

Colombia
Carrera 68 #22-55
Santa Fe de Bogotá, DC
Colombia
Tel. (571) 405-9300
Fax (571) 405-9330

España
Núñez de Balboa 120
(28006) Madrid
España
Tel. (3491) 590-3432
Fax (3491) 590-3448

Estados Unidos
815 NW 57th Avenue, suite 400
Miami, Florida
Estados Unidos
Tel. (305) 264-8344
Fax (305) 264-7933

México
Calle 4 N° 25, 2do piso
Fracc. Industrial Alce Blanco
(53370) Naucalpán de Juárez
Estado de México
Tel. (525) 387 07 00
Fax. (525) 387 08 11

Uruguay
Casa Juana de América
Av. 8 de Octubre 3061
(11600), Montevideo
Uruguay
Tel./fax (5982) 486-1617

Pearson Educación

Gracias por confiar en nosotros.

Quisiéramos acercarnos más a nuestros lectores. Por favor, complete y envíe por correo o fax esta ficha.

Título del libro: _____

Autor: _____

Adquirido en: _____

Comentarios: _____

Seleccione los temas sobre los que le interesaría recibir información

- ☐ Administración
- ☐ Marketing
- ☐ Computación
- ☐ Textos universitarios
- ☐ Management

- ☐ Enseñanza del idioma inglés
- ☐ Diccionarios
- ☐ Salud
- ☐ Interés general
- ☐ Contabilidad

- ☐ Divulgación científica
- ☐ Economía
- ☐ Electrónica
- ☐ Negocios
- ☐ Otros

Otros: _____

Nombre: _____

Ocupación: _____

Empresa/Institución: _____ Puesto: _____

Domicilio: _____ C.P.: _____

Teléfono: _____ Fax: _____

E-mail: _____